"十三五"规划高等院校应用型人才培养核心课程系列教材

宏观经济学

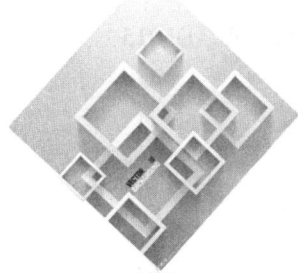

郭静　李亚娜　主编

中国财经出版传媒集团

中国财政经济出版社

图书在版编目（CIP）数据

宏观经济学/郭静，李亚娜主编. —北京：中国财政经济出版社，2016.8

"十三五"规划高等院校应用型人才培养核心课程系列教材

ISBN 978 - 7 - 5095 - 6908 - 5

Ⅰ.①宏… Ⅱ.①郭…②李… Ⅲ.①宏观经济学 - 高等学校 - 教材 Ⅳ.①F015

中国版本图书馆 CIP 数据核字（2016）第 192175 号

责任编辑：周桂元　　　　　　责任校对：刘　靖
封面设计：邹海东　　　　　　版式设计：董生平

中国财政经济出版社 出版

URL：http://www.cfeph.cn
E - mail：cfeph @ cfeph.cn

（版权所有　翻印必究）

社址：北京市海淀区阜成路甲 28 号　邮政编码：100142
营销中心电话：88190406　北京财经书店电话：64033436　84041336
北京财经印刷厂印刷　各地新华书店经销
787×1092 毫米　16 开　18.75 印张　459 000 字
2016 年 8 月第 1 版　2016 年 8 月北京第 1 次印刷
定价：34.00 元
ISBN 978 - 7 - 5095 - 6908 - 5/F·5546
（图书出现印装问题，本社负责调换）
本社质量投诉电话：010 - 88190744
打击盗版举报热线：010 - 88190492，QQ：634579818

前　言

随着经济全球化和一体化的进程不断加快，我们每天都被各种经济术语、经济概念和经济现象包围着。我们经常能从各种媒体上听见或看到许多有关宏观经济形势的描述，诸如各国的 GDP、银行提高或者降低利息率、全球股市的涨跌、失业率的高低，等等。不管你喜欢不喜欢，愿意不愿意，其实都在和宏观经济打交道。

西方经济学是国家教育部规定的高等院校财经类专业核心课程之一，是财经类专业本科生的专业基础课或专业课。宏观经济学是西方经济学的重要组成部分，它和微观经济学一起构成了西方经济学的理论体系。

宏观经济学是研究宏观经济规律的科学，它以整体国民经济运行为主要研究对象，揭示宏观经济运行的规律性。

本书保持了宏观经济学理论体系的完整性，基本涵盖了宏观经济学基本内容，同时又突出应用性。本书以国民收入决定理论为主线，较完整系统地介绍了现代宏观经济学的理论知识。本书第一章对宏观经济研究对象、研究方法、要解决的问题、全书脉络进行简要介绍；第二章介绍宏观经济学中重要的经济变量以及国民收入核算的方法与指标；第三章介绍两部门、三部门以及四部门产品市场均衡；第四章引入货币市场，说明两种市场共同作用的情况；第五章则是运用前面学习的 IS-LM 模型分析解释宏观经济政策；第六章引入前面假定不变的价格变量，利用 AD-AS 模型对国民收入短期变动加以解释；第七章分析国民经济中最重要的两个问题，即失业和通货膨胀；第八章简要说明国民经济长期增长的理论；第九章引入对外贸易部门，研究开放经济下的宏观经济问题；第十章讨论宏观总需求的微观基础。

本书立足于应用型人才的培养目标，主要供高校经管类本科学生使用，书中穿插大量经济数据、实例、小故事，力求深入浅出地讲解宏观经济学基本原理，引导读者主动思考。

由于作者水平所限，书中难免有不当和错误之处，敬请广大读者批评指正。

编　者

2016 年 4 月于天津

目 录

第一章 宏观经济学概述与体系 ………………………………………（ 1 ）
　　第一节　宏观经济学的研究对象 ………………………………（ 2 ）
　　第二节　宏观经济学的理论体系 ………………………………（ 10 ）
　　第三节　本书结构 ………………………………………………（ 17 ）

第二章 国民收入核算 ……………………………………………（ 20 ）
　　第一节　国民收入核算方法 ……………………………………（ 21 ）
　　第二节　国民收入分解 …………………………………………（ 28 ）

第三章 国民收入决定理论 ………………………………………（ 47 ）
　　第一节　均衡国民收入 …………………………………………（ 48 ）
　　第二节　凯恩斯消费理论 ………………………………………（ 50 ）
　　第三节　其他消费理论 …………………………………………（ 56 ）
　　第四节　两部门国民收入决定 …………………………………（ 62 ）
　　第五节　乘数效应 ………………………………………………（ 65 ）
　　第六节　三部门国民收入理论及乘数 …………………………（ 68 ）
　　第七节　四部门国民收入理论及乘数 …………………………（ 71 ）

第四章 产品市场和货币市场的一般均衡 ………………………（ 79 ）
　　第一节　IS 曲线 …………………………………………………（ 80 ）
　　第二节　利率的决定 ……………………………………………（ 88 ）
　　第三节　LM 曲线 ………………………………………………（ 96 ）
　　第四节　产品市场和货币市场的双重均衡：IS－LM 模型 ……（ 99 ）

第五章 宏观经济政策分析 ………………………………………（106）
　　第一节　财政政策 ………………………………………………（108）

第二节　货币政策 …………………………………………………… (118)
　　　第三节　财政政策和货币政策的效果评价 …………………………… (131)

第六章　**总需求和总供给模型** ……………………………………………… (154)
　　　第一节　总需求曲线 …………………………………………………… (155)
　　　第二节　总供给曲线 …………………………………………………… (161)
　　　第三节　总供给与总需求模型的应用 ………………………………… (167)

第七章　**失业与通货膨胀** …………………………………………………… (178)
　　　第一节　失业 …………………………………………………………… (179)
　　　第二节　通货膨胀 ……………………………………………………… (194)
　　　第三节　失业与通货膨胀 ……………………………………………… (207)

第八章　**经济增长与积累** …………………………………………………… (215)
　　　第一节　经济增长的含义与衡量 ……………………………………… (216)
　　　第二节　经济增长理论简介 …………………………………………… (224)

第九章　**开放的宏观经济和政策** …………………………………………… (231)
　　　第一节　关于产品跨国流动的解释 …………………………………… (232)
　　　第二节　汇率和国际收支 ……………………………………………… (240)
　　　第三节　蒙代尔—弗莱明模型及其应用 ……………………………… (251)

第十章　**宏观经济学的微观经济基础** ……………………………………… (261)
　　　第一节　消费 …………………………………………………………… (263)
　　　第二节　投资 …………………………………………………………… (273)

附　录　本书相关经济学专业词汇中英文对照表 …………………………… (284)

参考文献 …………………………………………………………………………… (292)

后　记 ……………………………………………………………………………… (293)

第一章 宏观经济学概述与体系

> 整个科学只不过是日常思考的精炼而已
>
> ——爱因斯坦

内容导读

宏观经济学以国民经济的整体运行情况作为研究对象，研究经济中各有关总量的决定及其变动。1936年凯恩斯公开出版《就业、利息和货币通论》，标志现代宏观经济学的创立。本章将对现代宏观经济学研究的主要问题如经济增长、失业、通货膨胀、国际收支以及宏观经济政策进行做引导性介绍，并对不同经济学派的宏观经济思想和理论做简要阐述。

本章主要知识点

- 宏观经济学的研究对象、内容和方法
- 宏观经济学的主要理论
- 宏观经济学的主要问题
- 宏观经济学的产生与发展以及现代宏观经济学的变化趋势

开篇案例

学过微观经济学的人,都会知道"经济学不会保证使你成为一个天才,但是,没有经济学,你非吃亏不可。"[①] 因为它告诉我们,如何使自己一生的收入增加,作为消费者如何花费这笔收入,作为投资者如何对这笔收入进行投资选择,等等。从此,学过微观经济学的人似乎可以炫耀自己所学的经济学知识了。

然而,现实经济中许多现象,是仅仅学过微观经济学的人无法解释的。

- 同样的地球,同样的世界,美国、日本、德国等国家的平均生活水平比印度、印度尼西亚、尼日利亚等国家高几十倍。
- 当经济危机爆发的时候,我们的工厂还和过去一样,机器也完好无损,可人们却失去了工作,工业生产急剧下滑。
- 在经济过剩时期,我国为了鼓励消费和扩大投资,曾多次降息,但是这期间居民的储蓄存款却每年递增。

这些问题,只有在掌握了宏观经济学的初步知识后才有可能逐步理解。

第一节 宏观经济学的研究对象

一、宏观经济学的研究对象

过去一百多年间,为什么有些国家国民收入迅速增长而另一些国家却处于贫困之中?为什么有些国家通货膨胀率居高不下而另一些国家却总能维持物价的稳定?为什么所有国家都经历过衰退和萧条?而政府应该出台什么样的政策才能够减少这些事件发生的频率和降低其危害程度?宏观经济学研究的正是这些社会总体的经济行为及其后果,力图解释或回答以上问题以及许多相关问题。

我们每天都可以在新闻里看到诸如收入增长缓慢、美联储转而应对通货膨胀,或者在对经济下滑的担忧中股市下跌这样的内容,虽然这些宏观经济事件看起来抽象,但是其实它们与我们的生活息息相关。预测对自己产品需求增加的企业,也必须考虑消费者的收入增长情况;依靠固定收入生活的家庭,必须要考虑物价上涨;大学毕业的学生也必然期望经济繁荣,经济繁荣时企业才会雇用他们。

宏观经济问题在政治中也起着至关重要的作用,意识到经济形势如何,也才可以判断政府政策的走向,并作出相应的决策。

微观经济学,是以个体经济行为作为研究对象,研究单个消费者或企业如何作出分配资

---

① 保罗·A.萨缪尔森.经济学(上).第12版[M].北京:中国发展出版社,1992.

源的决策以及分配是否达到最优。比如：学校在决定是否开设一门新的课程的时候，要进行成本核算，包括：支付教师的工资，课程有关的各种资料和软件购置开支等，开设课程的收益。通过核算，才可以作出决策。因此，微观经济学解决的问题是生产什么（What）、如何生产（How），什么时间生产（When），在什么地方生产（Where），以及为谁生产（Who）。

宏观经济学研究的是社会总体的经济行为及其后果，是指大的经济问题的理论。宏观，就是"大"的意思，宏观经济学就是以整个国民国民经济的运行作为研究对象，其中包括国民经济中物品和劳务的总产出量及各种资源的总使用量如何确定，怎样发生波动，各种物品和劳务的价格总水平怎么变化，经济增长状况如何等。

如果说微观经济学研究的是森林中的树木，则宏观经济学研究的是森林整体。然而，必须强调说明，经济活动本身及其经济学实际上是一个统一的整体，经济学家们只是为了分析问题的便利，才区分出微观经济学和宏观经济学。任何总量都是以个量为基础的，任何个量也都是在总量的框架中发生变动并被决定的。正如斯蒂格利茨在其著作中所说：在许多方面，总量的变动都可以用微观经济学原理来解释。例如，每个人的消费与其收入成一定比例，才有了消费函数，每个厂商的投资随利率上升而减少，才有了投资函数，如果每个从事经济活动的人对未来的预期是理性的，就会有整体的理性预期理论。宏观经济分析有其微观经济基础，但总体经济行为绝非个体经济行为的简单加总。

比如，当每个家庭和企业为了应对不确定的未来而削减支出时，导致的结果就是整个经济活动水平的下降，企业裁减员工，就会导致人们更加节俭，整个经济将陷入更深入的衰退。最终，家庭和企业的境况会比它们不削减支出时的状况更糟糕。

特别需要注意的是，微观经济学和宏观经济学对政府的作用的看法非常不同，在微观经济学里，以亚当·斯密为代表的经济学家，认为市场机制是实现社会资源最优化配置最好的机制，除了一些特别的市场失灵的情形，政府对市场的干预通常会扰乱市场的正常秩序，使整体经济变得更混乱。因此，微观经济学认为政府的作用就是确保市场机制正常发挥作用。而宏观经济学则认为政府在一个国家整体的经济运行中，起着至关重要的作用，因为市场自身的调节通常是自发调节、事后调节，而政府能够积极主动地进行调节，从而可以解决个体自身无法调节的矛盾，有利于缓解经济波动，消除负面事件对整体经济的影响。

二、宏观经济学的内容及体系

宏观经济学具体的研究问题主要包括：经济增长、就业与失业、通货膨胀、国际收支以及宏观经济政策等，相应的理论包括：国民收入核算理论、国民收入决定理论、消费函数理论、投资理论、货币理论、失业与通货膨胀理论、经济周期理论、经济增长理论以及开放经济理论等。

（一）经济增长与经济波动

宏观经济学以一个国家或一个经济体为研究对象。任何一个国家的宏观经济运行的情况都可以通过一些指标加以测度，就像一个人的身体健康状况可以通过血压、心率等一系列指标来衡量，测度宏观经济运行情况，首先要知道的是该经济体的经济产出水平如何。目前表现一个经济体产出水平的指标被称为国内生产总值（GDP），该指标试图通过计算一个经济体所生产的最终产品和服务的价值来近似表现经济活动的全貌。但是，该指标由于无法体现居民家庭内部的活动（如家务劳动）和一些非法的地下活动，同时又要受到价格变化的影响，所以只能是近似表现，更确切地讲，应该用实际GDP（Real GDP）来体现。这一内容，我们在下一章具体阐述。

经济增长（economic growth）是指一个国家或一个经济体的生产可能性边界的扩大，从指标来看，经济学中通常使用的就是一国实际国内生产总值的增长率，例如，我国的经济增长，从总量看，2014年的国内生产总值达到635,910亿元①，比2013年同期增长7.6%，我们可以进一步观察我国自1978年以来的国内生产总值变动（见图1-1），以及2013年世界排名前10位的国家实际GDP及其增长率变化情况（见表1-1）。

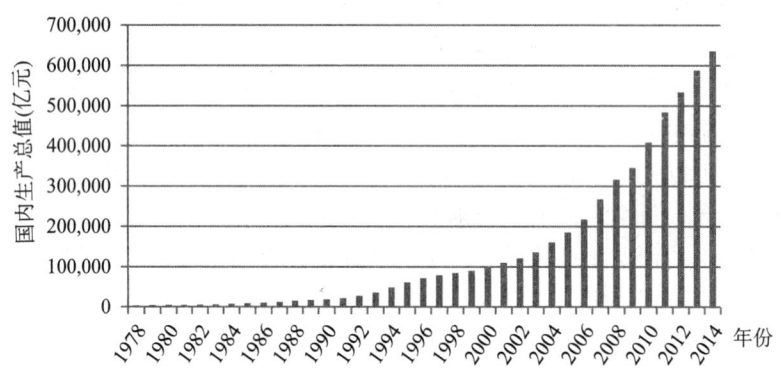

图1-1　1978—2014年中国国内生产总值变动情况

资料来源：国家统计局网站，www.stats.gov.cn。

由图1-1可见，我国自1978年以来，经济增长速度较快，原因是什么呢？为什么有些国家经济增长速度却非常缓慢，甚至有些会下降？如表1-1中的意大利。影响一国经济增长速度的因素有哪些？这些是我们在"经济增长理论"一章要重点研究的问题。

此外，通过图1-1，我们还可以发现，我国的GDP增长率的变化并非持续高速增长，而是呈波动性，这种波动产生的原因是什么？背后的机理是怎样的？其他国家的情况是否也如此？经济增长理论将主要研究这些问题。

表1-1　　　　　　　　　　2013年世界前10位国家实际GDP增长率

排名	国家	实际GDP（万亿美元）	实际GDP增长率（%）
1	美国	16.57	2.5
2	中国	9.40	7.6
3	日本	4.70	2.7
4	德国	3.45	0.4
5	法国	2.70	0.5
6	英国	2.65	1.9

---

① 资料来源：国家统计局网站，www.stats.gov.cn。

续表

排名	国家	实际 GDP（万亿美元）	实际 GDP 增长率（%）
7	巴西	2.50	2.35
8	俄罗斯	2.20	3.5
9	意大利	2.05	−1.0
10	印度	1.90	5.0

人均国内生产总值，是一个国家在某一年度的所有生产的商品和服务除以同年的人口的人均值。国际货币基金组织（IMF）官方网站于2013年发布的数据显示，2013年世界各国人均GDP最高的国家为卢森堡，高达112,135美元，中国以6,629美元排名第86位（未包括香港、澳门、台湾三个地区），只与泰国、安哥拉等国相当。

表1-2　　　　　　　　　2011—2013年世界部分国家人均GDP比较

排名	国家和地区	2013年人均GDP（美元）	2012年人均GDP（美元）	2011年人均GDP（美元）
1	卢森堡	112,135	107,206	114,186
2	挪威	105,478	99,462	98,664
3	卡塔尔	98,737	99,731	98,031
4	瑞士	80,473	79,033	83,073
5	澳大利亚	68,939	67,723	66,289
6	阿联酋	64,780	64,840	63,626
7	瑞典	60,020	55,158	56,800
8	丹麦	58,668	56,202	60,011
9	加拿大	522,364	52,232	51,716
10	新加坡	52,179	51,156	50,000
⋮	⋮	⋮	⋮	⋮
86	中国	6,629	6,078	5,434

资料来源：国际货币基金组织官方网站。

（二）失业

宏观经济学最终形成一个经济学分支的契机，在一定程度上是由于20世纪30年代严重的失业问题，所以失业或就业问题一直是宏观经济学关注的核心问题。

如果一个处于工作年龄（一般为16—65岁）的人愿意并有能力为获取报酬而工作，并且已经努力寻找工作超过一定时间（在美国，这个时间是4周），但尚未找到工作，则被认为处于失业（unemployment）状态。失业目前是一个困扰各国政府的较为严重的全球性经济问题，尽管各国都有失业保障，但其对国民经济以及失业者与家庭的影响都不容低估。

失业之所以成为宏观经济研究的重要议题，是因为从一个国家拥有的资源的角度来看，劳动是最重要的一种资源，而且它又不同于自然资源，因为劳动提供的是劳动时间服务，如果一旦闲置造成的损失就是无法挽回的。同时，在劳动力闲置的时期，没有工作，也无法取得收入，生活负担加重，由此容易发很多社会问题。

由于劳动力不是同质的，个体差异较大，因此，找到适合的工作岗位并不容易，保证每个人都有工作的可能性非常小，一个经济总体，总会有一定数量的人处于失业状态。在经济繁荣时期，劳动力闲置相对会减少，但在经济不景气时，如何减少失业、促进就业，就成为各国政府要解决的重要问题。

在现实中如何衡量一国的失业状况呢？经济学上采用失业率指标。所谓失业率就是失业人数占劳动力总人数的百分比。失业率是各国政府宏观经济政策的重要调控指标，而且通过观察失业率，也可以对一个国家的宏观经济状况作出判断。因为，失业率水平的上升直接体现出经济形势不景气（见图1-2）。

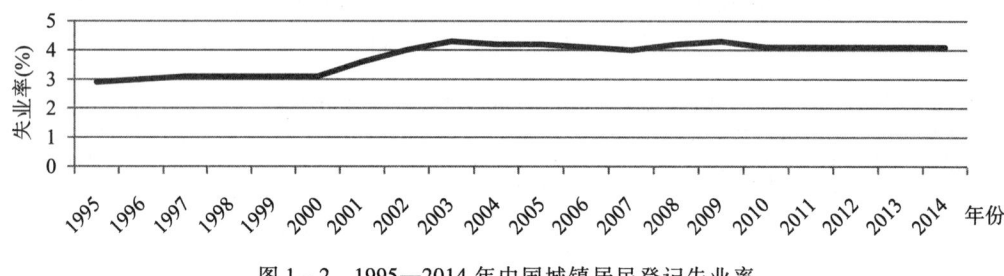

图1-2　1995—2014年中国城镇居民登记失业率

资料来源：国家统计局网站，www.stats.gov.cn。

宏观经济学要解释为什么社会总是存在失业？什么类型的失业是一个社会必须关注的？造成不同失业的原因是什么？失业与其他经济现象之间有什么关系？

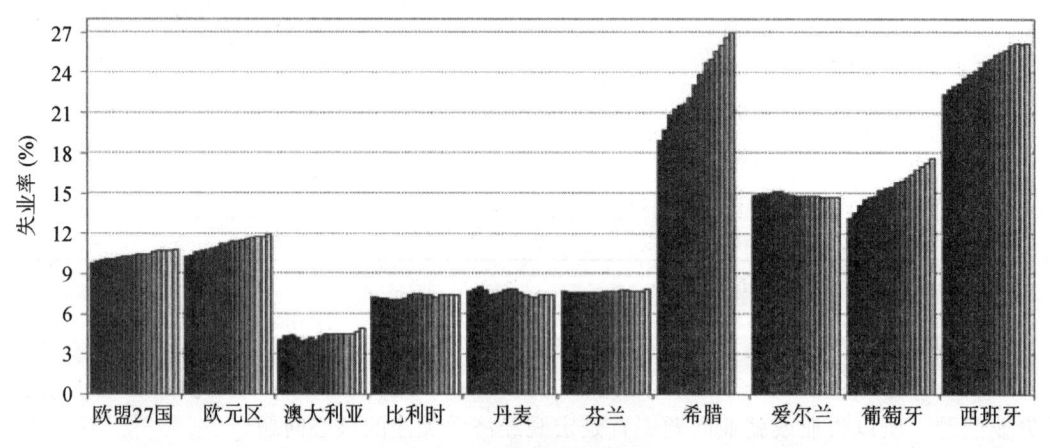

图1-3　西方主要国家失业率

资料来源：OECD官方网站。

（三）通货膨胀

价格是微观经济学关注的核心概念，在宏观经济学里，价格问题同样重要。不过，宏观经济学更多关注的是一般价格水平，通常被称为通货膨胀水平，用消费者价格指数（consumer price index，CPI）来表示。

通货膨胀,作为宏观经济学的研究对象,是因为对一个经济总体而言,人们的决策在很大程度上会受到一般价格水平的影响。同时,一般价格水平也是政府判断经济形势的重要考量标准,也是制定政策的依据。对于企业而言,一般价格水平也是企业经营环境和经营决策的重要影响因素。对于个人而言,一般价格水平直接决定着收入的实际购买力如何,尤其是发生通货膨胀的时候,会带来人们对未来预期改变以及对未来不确定性增加等一系列问题,从而引起收入和财富的再分配。

因此,研究通货膨胀发生的具体原因并且有针对性地制定政策措施,一直是宏观经济学的研究重点。图1-4显示了我国自1995年以来的CPI指数变动情况。由图可见,我国的价格水平在过去20年里,经历了通货膨胀和短暂的通货紧缩,尤其是2008年受全球经济危机的影响,价格水平下降幅度较大。

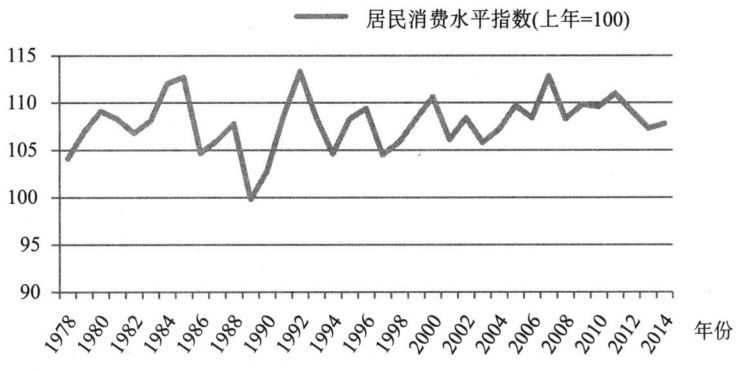

图1-4　1995—2014年中国CPI指数变化情况

资料来源:中国统计年鉴。

表1-3　　　　　　　　　　　1993—2010年一些国家和地区的通货膨胀率　　　　　　　　　　　单位:%

年份	1993—2002	2003	2004	2005	2006	2007	2008	2009	2010
发达经济体	2.2	1.8	2	2.3	2.4	2.2	3.4	0.1	1.6
美国	2.5	2.3	2.7	3.4	3.2	2.9	3.8	-0.3	1.6
欧元区国家	2.1	2.1	2.2	2.2	2.2	2.1	3.3	0.3	1.6
英国	1.8	1.4	1.3	2	2.3	2.3	3.6	2.1	3.3
加拿大	1.8	2.7	1.8	2.2	2	2.1	2.4	0.3	1.8
日本	0.2	-0.3	0	-0.3	0.3	0	1.4	-0.4	-0.7
俄罗斯	95.3	13.7	10.9	12.7	9.7	9	14.1	11.7	6.9
印度	7.2	3.8	3.8	4.2	6.2	6.4	8.3	10.9	13.2
新兴市场和发展中国家	28.6	6.7	5.9	5.9	5.6	6.5	9.2	5.2	6.2

资料来源:International Monetary Fund, World Economic Outlook, April, 2011.

从世界各国1990年以后的情况看(见表1-3),经济发展水平不同的国家,通货膨胀率差异较大,发展中国家的通货膨胀率普遍高于发达国家,发展中国家彼此之间通货膨胀率的差异也比较大,亚洲地区的通货膨胀率要低于非洲国家和地区和拉丁美洲国家和地区。

由以上图表数据可知,各国都会经历通货膨胀(甚至是很高的通胀水平),也会经历通货紧缩,那么,造成通货膨胀或通货紧缩的原因是什么?它们对整个经济会产生怎么样的影响?我们将在后面重点学习。

(四)国际收支

当今世界,经济全球化趋势日益加强,各国间的经济贸易往来越来越密切,彼此之间的影响也越来越深入,因此,当经济活动跨越国境,与其他国家发生商品和生产要素的流动和交换时,就要涉及把国家看成一个整体来分析彼此之间的关系。当一国国际收入大于国际支出时,称为国际收支盈余,反之,则称为国际收支赤字。如图 1-5 所示,近年来我国出口总额始终大于进口总额,呈现国际收支盈余状态,2008 年的美国次贷危机引发了全球经济的大衰退,几乎所有国家和地区都不同程度地受到影响。2009 年我国的进口总额与出口总额均出现下降。

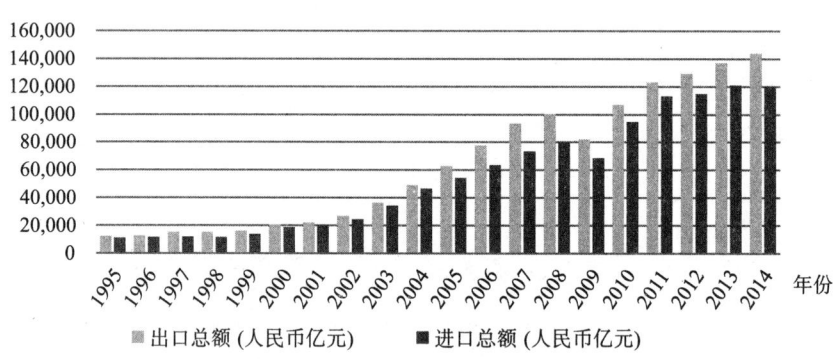

图 1-5　1995—2014 年中国进出口总额对比图

资料来源:国家统计局官方网站。

但是,贸易盈余是好事吗?我们是否应该始终追求贸易盈余?长期的贸易盈余给我国的经济带来了哪些影响?这都是一国经济运行和政府政策制定过程必须要考虑的因素,而这也是宏观经济学研究的主要内容之一。

(五)宏观经济政策

宏观经济理论的研究,只是能够分析产生以上经济现象的原因,但是重要的还在于如何治理这些问题或者如何预防各种经济问题的发生,所以宏观经济政策同样是宏观经济学研究的重要内容之一。

一个经济体,要掌握全局,从而对经济进行宏观层面的管理,这种管理主要的体现就是宏观经济政策。目前的宏观经济政策工具分为两类:一是影响长期经济行为尤其是总供给的政策工具,比如产业政策规划;二是对经济波动进行调整的短期政策工具,主要针对总需求,也就是在宏观经济学里主要涉及的财政政策和货币政策两类。财政政策(fiscal policy)是政府直接使用调节税收或增减政府支出的方法以达到影响总需求的目的。货币政策(monetary policy)是实现宏观金融调控的主要政策手段,通过货币当局对货币供给量的调节和控制来调整利率水平,进而影响产品市场的总需求,从而实现宏观经济目标的政策工具。

从目前对宏观经济的认识来看，上述研究的问题，都应该是政府关注的问题，所以宏观经济政策的目标主要有四个：（1）稳定、持续、合理增速的经济增长；（2）低失业率；（3）低通货膨胀率；（4）避免国际收支失衡和汇率的过度波动。

但是在具体政策执行过程中，面临两个难题：一是怎么确定优先目标？鱼与熊掌不可兼得，宏观经济的目标不可能同时实现。比如，要想治理失业，就有可能会导致通货膨胀；要降低通货膨胀，很可能会导致失业水平上升，经济增长速度下降，国际收支盈余。因此，政府在制定经济政策时，必须要有所取舍，决定经济目标的优先次序，是先治理通货膨胀重要还是降低失业率重要？二是制定政策的时候采取什么理论和思想？不同经济学派对于宏观经济现象背后的原因解释是不同的，因此在政策目标的取舍和采取的方式上也不尽相同，不同学派大致分为两类：主张政府干预或不干预。如此，政策制定者所信奉的经济思想影响着政府所选择的经济政策工具。如果信奉自由放任的思想，认为市场机制是实现四个宏观经济目标的最好选择，则要采取市场自由调节的机制和政策。反之，如果政府认为市场自身无法实现以上目标，就会主张政府干预，加大政府宏观调控力度。

三、宏观经济学的研究方法

从本质上说，宏观经济学的研究方法是总量分析法。总量分析以个量分析为基础，同样也要涉及边际分析、均衡分析、静态和比较静态及动态分析、模型分析等方法，但是同微观经济学的个量分析是不同的，总量分析不是把个量简单加总，对于单个经济单位合理，对于经济总量未必合理。

因此，宏观经济的加总法，有以下几种情况：

第一，宏观经济分析中有些总量可以从微观经济分析的个量中直接加总（大部分是加权平均加总）而得到。比如，每个人的消费支出加总，即可得到社会的消费总支出，每个厂商的投资支出加总就构成全社会总投资。

第二，有时候微观经济学中的一些个体变量尽管可以加总，但是加总之后，对于研究整个社会经济行为是没有意义的。比如，在微观经济学中，我们认为一个企业内的工资减少，可以降低企业生产成本，提高企业的利润。但是，在宏观经济学里，全社会工人的工资水平下降，会引起整个社会的购买力下降，即总需求下降，从而引起国民收入水平下降。

第三，有些情况，微观经济个体的行为根本就不可以加总。比如，个量分析中人们进行消费选择，都有其各自的偏好，而且每个个体的消费偏好差异很大，但是在总量分析中，人们彼此之间的消费偏好差异，可能会相互抵消。

可见，尽管微观是宏观的基础，但总体经济行为并不是个体经济行为的简单加总，对微观经济是正确的，对宏观经济不一定正确。主要原因是经济个体与经济总体所追求的目标并不相同，还有某些行为对经济个体之所以正确或真实，是因为严格的假定，即假定某一个经济个体的行为对其他个体不产生影响，但是宏观经济的研究对象是经济总体，是所有经济个体，因此，假定其他同类个量不变就不能成立。

第二节
宏观经济学的理论体系

一、凯恩斯以前的宏观经济思想

经济学家小传：凯恩斯

如果说英国历史上，对世界举足轻重的两位大人物，其中一个是大文学家莎士比亚，另一个就是经济学家凯恩斯（1883—1946）。凯恩斯被誉为"经济学界的爱因斯坦"、"资本主义的救星"、"战后繁荣之父"，人们加诸凯恩斯的光环，究其一生卓越的成就，实至名归。凯恩斯不仅是经济学理论上的天才，更是大胆的实践者。他勇于打破旧的思想束缚，率先提出国家干预经济的主张，对经济学贡献极大；他对战后财政、货币和社会保障的影响，让英国赢得财政上的独立，并得以应付长达六年的世界大战；他率领英国代表团出席了具有历史意义的布雷顿森林（Bretton Woods）会议，推动国际货币基金和世界银行的成立，使战后的世界金融体系因此建立。凯恩斯终其一生致力于经济学的研究和经济问题的解决，如在战场上奋斗至最后一刻的士兵。他曾说："从长期来看，我们都死了。"然而，凯恩斯的思想却永远活在人们的心中。

现代宏观经济学诞生的标志是凯恩斯1936年出版的著作《就业、利息和货币通论》，但是宏观经济的思想在此前就一直存在，可以上溯到古典经济学时期，经济学说史上，有许多经济思想至今还在发挥作用。比如18世纪法国经济学家魁奈提出的经济表，提出了总体经济循环框架的雏形；英国哲学家大卫·休谟提出的货币数量论思想，即物价总水平是由货币供给量来决定的，经过李嘉图、穆勒等学者的发展，形成了古典货币数量论，现代货币学派代表人物弗里曼又继续发展出了现代货币数量论。

关于"古典"，凯恩斯本人将他之前的所有经济学思想统称为古典经济学，把从亚当·斯密（Adam Smith）、大卫·李嘉图（David Ricardo）、阿尔弗雷德·马歇尔（Alfred Marshall）以及阿瑟·庇古（Arthur Cecil Pigou）等西方经济学家统称为古典学派。

然而，凯恩斯以后的西方经济学教科书中，古典经济学一词特指从19世纪70年代的边际革命开始，到凯恩斯的《就业、利息和货币通论》（以下简称《通论》）出版之前的经济学。而这一时期的主要经济学家被称为古典学派，其集大成者主要是马歇尔和庇古。

古典经济学的特征是只研究微观个体的行为，不研究宏观问题。其背后的逻辑是：经济学不应该有"宏观"和"微观"之分，宏观只是千万个微观个体的综合表现，因此只要把微观主体的行为研究透彻了，那些宏观经济的结论只需要把微观的结论进行简单加总即可得到。

古典经济学的基本特征体现在它的几个假设上：①理性人假设；②完全信息假设；③完全竞争假设；④市场出清假设。古典学派信奉市场自身的调节，也就是主张以价格的波动、资源自由流动以及人们对市场价格信号的反应，来自发将资源配置调整到最优化的状态，从而保证宏观经济中的总供给和总需求始终保持均衡。这种市场自身的机制，正是我们在微观经济学里学习的内容，其理论起源于亚当·斯密的《国富论》，后来经过李嘉图、穆勒、马歇尔等学者不断发展完善。

但是，古典学派的理论虽然包含了后来宏观经济分析的思想和观点，却不能称其为宏观经济理论。因为这一理论的核心是市场机制自身可以保证商品市场、劳动力市场、货币市场都能实现均衡，从而宏观经济整体也能实现均衡。正是因为相信市场机制自身的强大作用，所以后来萨伊提出了著名的萨伊定律，即供给会创造需求，从而供求自然会保持平衡；也就有了资本市场上的储蓄和投资的均衡，因为有了利率的灵活调整，同时，劳动力市场也会因为工资自身的调节而实现均衡。

如此看来，政府就没有必要去干预市场自身的机制正常运行，需要做的只是通过政策，或者国家的法律法规来保护市场正常运行，为市场自身的发展提供良好的环境。

对于宏观问题，古典学派的基本结论如下：

第一，在总产出决定的问题上，古典学派将全部微观厂商的生产函数进行简单加总。由于每一个厂商的产出是资本与劳动力投入的函数，因此总产出是由资本总量与劳动力投入总量（即就业人数）决定的，即 $y = Af(L, K)$。

第二，就业人数则是由劳动力市场上劳动力的供给和需求共同决定。对于劳动力的需求与供给，古典学派认为，它们都是"实际工资"的函数，且劳动力市场均衡时劳动力需求量与供给量相等。而且进一步认为，"实际工资"是完全具有弹性的，即可以快速调整。因此，劳动力市场通常处于均衡状态，即没有非自愿性失业。

第三，资本存量的变化是在资本市场上被决定的。决定过程依然是供求双方共同作用的结果。古典学派认为，对资本的需求来自企业的投资（I），而资本的供给来自于家庭的储蓄（S），而投资和储蓄都是实际利率的函数。因此，在资本市场上，投资与储蓄共同决定了市场的资本数量与均衡的实际利率，即 $I(r) = S(r)$。而由于实际利率具有完全弹性，因此"投资 = 储蓄"这种均衡状态会成为市场常态。在此基础上，法国古典经济学家萨伊提出"萨伊定律"，他认为所有的交换，即使是以货币为媒介的交换，其实质都是商品与商品之间的交换。如果社会中只存在两种商品，那么对其中任意一种商品的需求大小完全取决于另外一种商品的产量。因此，供给会自动创造需求。由此可以得出结论：在长期，大范围内，需求与供给总是会相等的（当然，比价会变化），而供求的失衡只会在局部、短期内出现。

第四，价格是由货币数量决定的。古典学派分析宏观问题时，体现了"古典二分法"，即将整个社会经济区分为"实际部门"和"货币部门"。实际因素（如技术水平、资本数量以及劳动数量）只影响实际部门中的变量；而货币数量变化只能影响以货币表示的变量，即名义变量。而前面总结的三个结论已经将"实际部门"的运行进行了描述。而对于价格之类由货币表示的名义变量，则使用了另一个独立的理论——货币数量论。该理论的基本公式是 $MV = Py$，该理论认为"货币数量 × 货币流通速度 = 总体价格 × 商品总数量"。其中，货币流通速度被认为是非常稳定的,因此,当产品的实际数量既定时,价格的高低完全是由货币数量决定的。此外,古典学派认为,在这个等式中,实际产出 y 是外生变量,即它不会受 M、P 或者 V 的影响。这一观点也被称为货币中性论。

总之,在古典学派的视角中,一个自由竞争的市场是一个完美的世界,置身其中的微观厂商与消费者都会在"一只看不见的手"的指引下达到各自的最优状态。进而,在总体宏观层面上也会处于最优状态,既不会出现需求与供给之间的矛盾,也不会存在长期的非自愿失业。在具体分析时,有两个最根本的假设:实际工资以及所有的实际价格都是完全具有弹性的。在此假设下,市场机制当然是可以完全起作用的。

但是,在20世纪30年代,资本主义国家爆发规模空前的经济危机,主要国家的GDP都出现大幅度下滑,陷入经济大萧条,美国经济衰退长达43个月,生产过剩、工人失业,产品市场、劳动力市场、资本市场都陷于长期失衡状态。这场大危机宣告了"萨伊定律"的破产。

表1-4 大萧条期间GDP下降的幅度 单位:%

国家	GDP下降幅度	国家	GDP下降幅度	国家	GDP下降幅度
阿根廷	-13.72	智利	-30.02	新西兰	-14.64
澳大利亚	-5.78	法国	-14.66	英国	-5.09
奥地利	-19.79	德国	-23.50	美国	-26.99
比利时	-7.09	墨西哥	-17.66	委内瑞拉	-21.20
加拿大	-24.08				

资料来源:Maddidon, Monitoring the world Economy 1820-1992 (OECD Paris, 1995).

二、凯恩斯经济学

大萧条证明市场机制并不是始终都能达到均衡状态,实现经济的总体目标。于是,在此背景下,英国著名经济学家凯恩斯提出了不同于传统经济学的理论,他于1936年出版的《就业、利息和货币通论》一书,否定了古典经济理论的市场会自动达到均衡的假定。他认为,古典经济学中的均衡,是建立在"萨伊定律"基础上的充分就业均衡,这种均衡"只适用于一种特例,不适用于通常情形"[①]。凯恩斯认为,自由经济并不能自动调节以实现充分就业均衡,自由放任也不足以带来经济的复兴,资本主义的通常情形是小于充分就业的均衡。之所以如此,是因为在自由的市场竞争条件下,作用于人的一些基本心理规律会导致有效需求不足,所以就要刺激有效需求来解决这些问题,他从总需求的角度分析了国民收入决定的问题,在政策上提出了放弃自由放任、国家要积极干预经济的主张。

《通论》的出版,不仅带来了理论上的"凯恩斯革命",产生了现代宏观经济学体系框架,而且对政府干预经济奠定了理论基础,从此以后,走进了一个新经济政策的时代。

《通论》发表以后,经济学家们在理解、修正、完善或拒绝凯恩斯理论的基础上发展自己的思想,从而形成了当代经济学界众多的经济思潮和不同经济学派纷争的局面。

---

① 凯恩斯.就业、利息和货币通论[M].北京:商务印书馆,1981.

凯恩斯革命的内容主要体现在以下几个方面。

(1) 研究方法上的革命。凯恩斯提出了总量分析方法,并且创立了一套衡量宏观经济活动的指标体系。特别是对于国民收入的核算,提出了一国的产出取决于消费、投资、政府购买和净出口。为之后的宏观经济学的发展奠定了坚实的基础。同时,在创立了一系列总量指标之后,凯恩斯把宏观经济学的研究转化为对这些总量指标彼此之间关系的研究,即总量分析方法。

(2) 理论内容上的革命。第一,在总产出决定的问题上,凯恩斯认为,在资源、技术水平不变的前提条件下,总产出由就业数量决定。而就业数量取决于企业的投资,而企业投资的大小取决于产品市场上的总需求。因此,凯恩斯的主要理论就是总需求决定总产出。凯恩斯的生产函数与古典学派的生产函数有着本质的区别,古典学派认为先有个体生产函数,然后由个体生产函数加总得到总体生产函数,但是在凯恩斯的观点里,不需要加总,直接就存在总体的生产函数。

第二,就业人数是在劳动力市场上,由劳动力的供求双方共同决定。但在对于劳动力的需求与供给,凯恩斯主义认为,劳动力的需求是"实际工资"的函数;而劳动力的供给则是"货币工资"的函数,均衡就业量由供求双方决定。而且,货币工资具有刚性,特别是在向下的方向上,不再是完全弹性。

第三,资本存量的变化是在资本市场上被决定。决定过程依然是供求双方共同作用的结果。凯恩斯主义认为,对资本的需求来自于企业的投资,而资本的供给来自于家庭的储蓄,而投资是实际利率的函数,储蓄是名义收入的函数。因此,在资本市场上,市场的均衡条件就变成了 $I(r) = S(Y)$。

第四,在货币市场上,货币的供求决定了均衡利率的大小。其中,货币的需求在三种心理动机的作用下,受到利率与收入大小的影响。

(3) 政策上的革命。凯恩斯认为,劳动力市场上存在一定量的非自愿性失业是常态,因为货币工资具有刚性,市场在短期内无法自动调整恢复到充分就业的状态。而失业的出现是因为企业投资不足,企业投资不足的原因是产品市场需求不足,即消费不足、出口不旺盛,从而导致企业生产出的产品无法全部卖出去,因此会导致企业家对未来的悲观预期,从而使市场需求进一步低迷。

按照这一逻辑,当经济体处于萧条状态时,政府应该而且有能力通过增加总需求来消除失业,进而走出萧条。增加总需求的具体措施有:

第一,由于边际消费倾向递减会部分地导致需求不足,因而凯恩斯认为应该通过税收政策将部分财富从富人手里转移到低收入者手中,从而提高整体消费水平。

第二,扩张性财政政策是最主要最直接的手段,具体内容应该是:增大政府开支用于兴建公共工程,而不是用来生产竞争性产品或服务,这样既增加了总需求,也避免了挤出效应。更重要的是,扩大政府财政支出的来源应该是通过发行国债的方式筹集,而不是用增加税收的方法。

第三,扩张性货币政策,会导致货币市场利率下降,而利率下降将会导致投资增加,从而增加总需求。但凯恩斯同时认为,货币政策的作用非常有限。原因有两点:①货币的流通速度是非常不稳定的,它本身也受利率的影响(正相关),因此,当增加货币供给时,利率下降会使货币的流通速度下降,从而抵消掉了货币政策效果;②投资取决于利率与投资边际效率之间的对比,而且事实上,当利率下降时,往往投资的边际效率下降的更厉害,因此货币政策效果在凯恩斯看来,并不显著。

总之,凯恩斯认为,资本主义社会有两个最大的弊病:"第一,它不能提供充分就业;第二,它以无原则的和不公平的方式对财富和收入加以分配"。因此,资本主义经济不能只依靠市场的自发调节,还需要政府的主动干预与引导,但与此同时凯恩斯也不希望由此走向政府的完全干预,二是希望把政府干预的优点和私人的主动性结合起来,从而既能治愈资本主义的弊病,又能保住资本主义经济的效率与自由。

三、凯恩斯以后宏观经济学的发展

进入20世纪60年代,西方主要20世纪70年代初期以后,西方国家出现了大量失业与剧烈通货膨胀并存的"滞涨"现象,凯恩斯主义宏观经济学的地位开始动摇,在凯恩斯主义内部,也出现了分化。一些非凯恩斯主义迅速兴起并开始发展,其中,比较重要的有货币主义、新古典宏观经济学派和新凯恩斯主义等。

1. 货币主义

首先,从凯恩斯主义内部,早在20世纪30年代末,以美国的萨缪尔森和汉森为代表,开始对凯恩斯的宏观经济理论进行修正和补充,完善了凯恩斯的乘数理论,并建立起经济周期理论;20世纪40年代,英国的哈罗德和美国的多马在凯恩斯国民收入平衡式的基础上创建了经济增长理论;随后美国的索洛和英国的斯旺、米德又相继建立了新古典增长模型。在消费理论方面,相对收入假定、永久收入假定、生命周期假定等,也在一定程度上发展了凯恩斯的绝对收入假定。在货币理论方面,英国的希克斯及美国的汉森等人用双重市场同时均衡分析模型补充了凯恩斯的单一均衡市场分析。

进入20世纪60年代后期,西方主要国家的经济运行发生了很大的变化:通货膨胀取代了高失业,成为经济发展的头号敌人。为了遏制通货膨胀,各国按照凯恩斯的药方,采取紧缩型的财政政策。因此按照菲利普斯曲线所揭示的关系,只有减轻经济增长速度(以高失业率为代价)才能把通货膨胀率降下来。但是这样做的结果却导致了"滞涨"局面的出现,即失业率很高,同时,通货膨胀率也很高。这一情况直接导致了菲利普斯曲线的瓦解,进而导致经济学界对凯恩斯主义的质疑。特别是西方各国在实施了多年凯恩斯主义的经济政策之后,发现这样的政策并没有熨平经济波动,反而使波动更大。于是在经济学领域中,出现了批判凯恩斯主义重新回归古典学派的思潮与理论。在这些理论中,首当其冲的就是货币主义——20世纪60年代在西方经济学兴起的一个重要流派,其领袖人物为米尔顿·弗里德曼(Milton Friedman),他在1976年获得了诺贝尔经济学奖。货币主义的基本观点是:

第一,市场机制在长期可以实现宏观经济均衡,应该让市场充分发挥作用。

第二,政府干预尤其是通过财政政策的干预,是造成滞涨的原因。

第三,货币最重要。要让市场发挥作用,政府该做什么?货币主义的观点就是:控制好货币供应量。弗里德曼在古典数量论的基础上提出了新的解释,形成了现代货币数量论。他认为,货币供给对名义收入变动具有决定性的作用。在短期,货币供给量可以影响实际变量,引起产量和就业变动。在长期,货币供应量的作用就只是影响价格而不影响就业量和实际国民收入水平。

货币主义坚持了古典学派的基本思想,即认为市场经济具有内在稳定性,政府没有必要去试图稳定经济;即使有这个必要,事实上政府也是办不到的。因为政府在获得信息方面存在着信息不对称且在时间上也有滞后,同时,政策从制定到产生效果也需要很长的时滞,这会导致政府的干预经常加剧经济的波动。因此,货币主义反对凯恩斯所主张的相机抉择的干预政策。

在对待货币政策效果的问题上,货币主义与凯恩斯的看法也是针锋相对的:凯恩斯认为货币政策效果很有限,而弗里德曼认为效果很大。现在看来,这两种观点也许都对,凯恩斯的结论适用于经济萧条的时候,而弗里德曼的观点在经济过热、高通货膨胀的条件下是正确的。

货币主义的政策主张是:①反对凯恩斯主义的财政政策,货币主义的支持者认为财政政策不但无效,反而对经济有害;②反对"斟酌使用"的货币政策;③力主单一政策规则,货币主义主张以货币供给量作为货币政策的唯一控制指标,在没有通货膨胀的情况下,通过确定货币存量的不变增长率使货币存量稳定增长,以保障经济稳定。

20世纪70年代中期以后,两次石油危机的冲击,导致发达国家的通货膨胀非常严重,当时在西方,许多人都认为凯恩斯主义在控制通货膨胀方面已经失败了,而货币主义的崛起成为当时政治家的救命稻草。在美国,从1981年里根上任后开始实施货币主义政策;在英国,1979年撒切尔夫人就任首相,为了解决两位数的通货膨胀,她开始大刀阔斧地实行货币主义政策。在里根和撒切尔的"推动"下,西方世界在20世纪80年代掀起了一波声势浩大的"放松管制"运动。但是,在随后的几年里,人们发现,虽然通货膨胀得到了抑制,但新的问题又出现了——经济增长出现了停滞。于是到了80年代中后期,西方各国都停止了"货币主义实验"。

2. 新古典宏观经济学派

另外一派对凯恩斯理论进行批判的新古典宏观经济学派诞生了,新古典宏观经济学派(又称新古典主义)是在货币主义基础上发展起来的,因此又称为"货币主义Ⅱ",主要代表人物是卢卡斯、萨金特、华莱士、巴罗等。他们的核心观点是相信市场机制,但对宏观经济存在的问题并不否认,尤其是相信市场能够实现均衡。该学派的主要特征是:①认为应该把分析宏观经济运行建立在个体利益最大化的基础之上;②经济行为人的预期是理性的,即认为人们利用可获得的信息所做出的关于将来的预见是准确的或接近于准确,所以也称为理性预期学派。依据上述观点,他们对宏观经济学提出了许多新的思想和观点,其中很多已经产生了重要影响。比如实际经济周期理论、理性预期、卢卡斯批评、李嘉图等价等。

关于宏观经济政策,他们主要主张回到古典学派相信市场机制的状态,他们认为人们的预期是理性的,并且也会对政府的政策提前做出反应,那么政府在人们预期到的情况下实施的任何政策都是无效的。

新古典主义对宏观经济学的理论研究产生了重大影响,这个影响主要体现在研究方法上。新古典摒弃了直接的总量分析方法,而是将宏观结论直接建立在微观行为研究的基础上。所有的理论模型,都是以个体的最优化作为建模基础。而且将古典理论中大的静态分析扩展到了动态分析,即新古典模型中的个体(消费者、生产者)考虑的都是跨期的最优行为。此外，在具体的研究上，从新古典主义开始，经济学的研究引入了大量的数学工具和计量实证方法，例如"动态规划"、"动态最优"、"随机过程"以及"时间序列分析"等。而且反过来，在此过程中，又创造出了许多新的实证方法，如"校准"、"微观计量"、"协整分析"和"格兰杰因果检验"等。

最后，在政策实践上，由于新古典主义反对凯恩斯式的政府干预，所以在政府实践中无法受到"青睐"。但这也促使政府在制定政策时更多考虑民众的预期。当然，在现实中，新古典主义最重要的影响是和其他新自由主义学派一起推动20世纪80年代以来在西方国家出现的私有化浪潮和放松政府管制的运动。这些运动，显著地改变了这些国家的经济结构，在一定程度上调整了生产关系和所有制结构，而且对全球化的兴起也起到了很大的作用。

3. 新凯恩斯主义

新古典宏观经济学虽然给经济学理论以及实践带来了很大的影响，但是该理论也存在着一些显著的不足。首先，关于工资与价格具有完全弹性的假设与现实明显不符，因此作为其基本结论的市场出清也无法在现实中被观察到；其次，现实中的人们是否具有理性预期的能力很值得怀疑；第三，新古典主义给出的一些结论无法得到实证的支持，例如，认为财政政策和货币政策完全无效的判断，以及真实经济周期理论对波动源的认识都无法得到数据的支持。因此，在20世纪80年代，西方经济学中又出现了一个新的流派——新凯恩斯主义。该学派坚持凯恩斯的一些基本信条，同时也接受了许多新古典宏观经济学的成果。该学派的代表人物都是当代最为活跃的经济学家，比如格里高利·曼昆（Gregory Mankiw）、约瑟夫·斯蒂格利茨（Joseph E. Stiglitz）和奥利维尔·布兰查德（Olivier Blanchard），当今的美联储主席伯南克（Ben shalom Bernanke）等。

新凯恩斯主义的基本假设有：①价格与工资粘性假设，该假设继承于凯恩斯主义，在该假设下，出厂非清是经济学中的常态。②市场非竞争和信息不完全假设，新凯恩斯主义者通常不符合完全竞争的假设而是具有不同程度的垄断因素。同时，每个个体所获得的信息也是不完全的。③理性预期假设，显然这是吸收了新古典宏观经济学的基本假设，但是与之不同的是，新凯恩斯主义者认为，在短期内个人预期受到很多因素影响，因此适应性预期更符合实际。而在长期内，人们有理性预期的倾向。之所以称"倾向"，是因为，新凯恩斯主义者在接受理性预期的同时，还强调信息的不完全性。④理性人假设，这是来自于新古典宏观经济学的研究方法，即力图将宏观结论都建立在个人利益最大化的微观基础之上。

在宏观政策上，新凯恩斯主义者坚持了相机抉择的财政政策，而且曼昆还对各种财政政策工具的乘数作用给出了微观基础；在货币政策上，以保证适当的通货膨胀率为目标，以新凯恩斯主义的菲利普斯曲线为基础，提出了最优货币供给理论。其中，最著名的就是货币供给的"泰勒规则"，该规则从形式上看起来非常简单，但对后来的货币政策规则的研究具有深远的影响。该规则启发了货币政策的前瞻性，即如果中央银行采取泰勒规则，货币政策的抉择实际上就具有一种预承诺机制，从而可以解决货币政策决策的时间不一致问题。

尽管存在争论，但是各学派观点的相互借鉴和融合趋势也非常明显，共同的目的都是用来解释实际的经济问题。

第三节 本书结构

本书通过对国民经济总体的研究,来分析国民经济中的根本性问题,总共 10 章内容,涉及以下几个方面:

第一,国民收入决定理论。这一理论是宏观经济理论的中心理论,主要从总需求和总供给或者从总收入和总支出两个角度出发,分析国民收入的决定及其变动规律,研究国民收入的核算方法等。

第二,失业和通货膨胀理论。失业和通货膨胀是各国经济中经常会面对的两个主要问题,宏观经济学对这两个问题进行具体研究,分析其原因及其相互关系,以便找到有效解决方法。

第三,经济增长理论。经济增长是国民收入的长期趋势,这一理论分析了国民收入短期波动的原因以及长期增长的源泉、经济增长的方式等问题,以期实现国民经济长期、稳定、健康的增长。

第四,宏观经济政策理论。宏观经济政策是为国家干预、调节经济提供具体的措施,这一理论指出宏观经济的调节目标,以及具体包含哪些政策工具,每种政策应该具有哪些效应。

第五,开放经济理论。当今世界各国的经济都已经是开放型的经济,开放经济理论分析一个国家国民收入的决定与变动如何影响其他国家以及如何受到其他国家的影响,同时也研究在开放经济条件下一个国家宏观经济调控的问题。

补充阅读:中国经验对新兴经济体的启示

经过 30 多年的改革开放,中国经济发展成就已为广大发展中国家所称道,越来越多的发展中国家开始学习借鉴中国经济改革发展经验,有些国家甚至开始按照中国经验来制定和实施自己的经济发展方案。鉴于此,有必要探讨中国经济改革发展的经验是什么;对于发展中国家包括其中发展得比较好的新兴经济体而言,哪些经验具有实质性借鉴价值。我认为,可供借鉴的中国经验至少有以下三个方面。

首先是解放思想、实事求是,既正确认识自己,也正确认识别人。所谓正确认识自己,就是客观全面地了解本国的基本国情和条件,包括所处的发展阶段,所具有的自然资源、劳动力、资金等禀赋条件;也要了解过去和现在发展面临的主要问题及其产生的主要原因,等等。所谓正确认识别人,就是对世界上处于不同发展阶段的不同类型的国家作出系统分析,并对本国与这些国家之间的关系包括可比性、差异性、互补性等作出客观判断。其中,特别重要的是对本国和其他国家的要素禀赋及其结构和相对价格,或者说对不同国家的相对比较优势及其阶段性特征进行深入细致的研究。这是不同国家之间相互学习和借鉴的基本前提。

其次，在确立以上正确认识的基础上，制定本国的经济发展战略。经济发展战略包括许多方面，其中比较重要的一个方面是制定适合本国的产业政策。好的产业政策对于促进发展中国家经济发展尤为重要，因为发展中国家要实现经济持续发展，必须不断通过技术创新推动产业升级，而且升级的产业必须符合要素禀赋及其结构所决定的比较优势，这样生产成本才能在世界上处于较低水平。但是，发展中国家基础设施、营商环境、法律制度等条件普遍不好，行政管理效率普遍不高，导致企业经营的交易成本高。只有把交易成本降下来，发展中国家的产品在国内和国际市场上才能提高竞争力。怎么降呢？基础设施、营商环境、法律制度、行政效率的改善工作需要政府来做，但政府的资源和行政能力是有限的，因此需要采用产业政策。好的产业政策能够集中资源和力量，根据所要发展的具有比较优势的产业需要，把工业园区或经济特区办好，让所要发展的产业在整体环境不佳的情况下能够具有较低的生产成本和交易成本，从而在国内和国际市场上迅速形成竞争优势。如此，一边快速发展，一边逐步完善基础设施、营商环境、法律制度，提高行政效率，就能积小胜为大胜。

最后，在正确认识自身比较优势和积极实施经济发展战略的过程中，应注意吸取两种发展思潮的教训。一是吸取20世纪六七十年代结构主义思潮的教训，因其带来发展中国家政府对于经济活动干预过多，制约了经济社会发展；二是吸取20世纪八九十年代新自由主义思潮的教训，因其片面地、激进地反对政府在经济结构变迁中所发挥的积极作用，造成一些市场失灵问题难以解决。要想让经济持续快速健康发展，既要有"有效的市场"，通过市场竞争、根据各种要素的相对稀缺性决定其相对价格，从而使市场在资源配置中起决定性作用；也要发挥好"有为的政府"作用，以克服市场失灵，破除制约产业升级、经济发展的软硬基础设施瓶颈。处理好政府和市场的关系，是我提出的新结构经济学的理论内核，是对上述两种发展思潮教训的总结，也是对中国和其他发展中国家经济发展成功经验的总结。对于发展中国家包括新兴经济体而言，能从中国经济改革发展经验中学到的精华也在于此。

（资料来源：林毅夫. 中国经验对新兴经济体的启示. 中国财经报网，http://www.cfen.com.cn/rwcj/sxh/201605/t20160505_1978118.html）

本章知识总结

1. 宏观经济学的研究对象。宏观经济学将一个国家（或经济社会）作为一个整体来考察，研究经济中各有关总量的决定、变动及其相互关系，以揭示整个经济的运行状况及规律，说明资源如何配置才能得到充分利用。

2. 宏观经济学的内容及体系。宏观经济学具体的研究问题主要包括：经济增长、就业与失业、通货膨胀、国际收支以及宏观经济政策等，相应的理论包括：国民收入核算理论、国民收入决定理论、消费函数理论、投资理论、货币理论、失业与通货膨胀理论、经济周期理论、经济增长理论以及开放经济理论等。

3. 宏观经济学的研究方法。宏观经济学的研究方法是总量分析法。总量分析以个量分析为基础,同样也要涉及边际分析、均衡分析、静态和比较静态及动态分析、模型分析等方法。

4. 宏观经济学的理论体系包括凯恩斯以前的宏观经济思想,凯恩斯经济学以及凯恩斯以后的宏观经济学的发展。

 复习与思考

1. 简答题

(1) 宏观经济理论研究的主要问题有哪些?
(2) 改革开放 30 多年来我国的经济增长有哪些特点?

2. 论述题

(1) 宏观经济学与微观经济学有哪些区别与联系?
(2) 各学派对于宏观问题解释的基本观点是什么?你认为哪一派正确?为什么?
(3) 宏观政策的目标有哪些?政府为实现宏观政策目标可以采用的政策工具有哪些?

第二章 国民收入核算

> 一笔可观的收入是我所听说过的最好的获得幸福的诀窍。
>
> ——简·奥斯汀

内容导读

本章将介绍国民产出和国民收入的测度指标和方法,其中包括国内生产总值、国民收入、个人收入、个人可支配收入等指标。国内生产总值(GDP)是一定时期内一个国家或地区所生产出的全部最终产品和服务的市场价值总和。在经济学中,GDP通常用来衡量一个国家或地区经济发展的综合水平,这是目前各个国家或地区常采用的衡量手段,也是宏观经济中最受关注的经济指标,测算它的方法有支出法、收入法及生产法。

本章主要知识点

- 国内生产总值的概念
- 计算国内生产总值的三种方法
- 衡量国民收入的其他指标的概念及计算
- 与国民收入核算相关的其他相关问题

开篇案例

2016年初,国家统计局发布2015年国民经济运行情况。初步核算,全年国内生产总值676,708亿元,按可比价格计算,比上年增长6.9%。国家统计局负责人对此表示,6.9%的增长速度是一个不低的速度,符合中高速的目标。

该负责人说,2015年GDP增长6.9%,这是大家比较关注的热点指标。首先,判断这个速度的表现要全面看,是在什么样的情况下取得的。从国际环境看,当前世界经济持续复苏乏力,经济形势错综复杂,国际贸易下降,金融风险增加,这些都不可能不对中国经济产生影响。在这种情况下,6.9%是一个不低的速度,是符合中国现阶段经济增长的各种因素约束、有关战略目标客观需求的表现。

第二,要辩证地看。在经济增长下行的情况下,大家更多地是看工业增长回落和PPI的长期下降。从工业增长速度来讲,它肯定会影响中国经济的增长速度,但是从我们的发展目标来看,它恰恰是我们实施创新驱动战略、结构优化升级的一个必然要求,也是转型升级阵痛期的正常表现。比如,六大高耗能工业回落速度是最明显的,但是如果没有高耗能工业的速度下降,资源环境的瓶颈问题怎么解决,绿色发展理念怎么实现,产业结构怎么倒逼升级。眼前看速度虽然回落了,但从长远看,恰恰是我们的目标所在,也是我们的战略取向所在。

第三,要历史地看。当前我们正处在经济发展的结构转型期,三期叠加,在这种情况下,资源环境条件、市场环境条件、供需条件都发生了变化,中国能够取得6.9%的增长速度,确实是来之不易的。尤其是在当前的国际环境条件下,中国6.9%的速度还是一枝独秀,在全世界名列前茅,对世界经济增长的贡献率还是在25%以上。

该负责人说,6.9%的增长速度是符合中高速的目标,是党中央、国务院立足发展阶段、发展周期的现实,保持定力,创新宏观调控的结果,成绩来之不易。

第一节 国民收入核算方法

宏观经济学以一个经济体的整个经济活动为研究对象,那么,首要的问题是解决如何度量一个经济体的总体经济活动呢?如何度量一个经济体的财富水平?宏观经济中的国民收入核算(national income accounting)理论试图采用一套指标来回答这一问题。国民收入核算将定义和计算以国内生产总值为核心的一系列宏观经济指标,以此来近似表现一个经济体的国民产出和国民收入。

一、国内生产总值

历史上有两种国民收入核算体系,一种是物质产品平衡体系(Material Product Balance

System，MPS），MPS 是由苏联创始的，曾在经互会成员国推行。该体系以马克思主义再生产理论为依据，将社会生产总值和国民收入作为反映国民经济活动总成果的基本指标。该体系认为，只有农业、工业、建筑业、货物运输业和商业五大物质生产部门才可计算产值，五大部门以外的文化、教育、卫生、公用事业等都是非物质生产部门，都不计算产值。

另外一种是国民经济账户体系（The System of National Accounts，SNA），SNA 是西方发达国家和大多数第三世界发展中国家普遍采用的国民经济核算体系。该体系最初产生于 1953 年，当时联合国公布了由剑桥大学教授斯通（R. Stone）主持编制的《国民经济核算体系》1953 年版，通称为"旧 SNA"；1968 年，联合国公布了仍由斯通教授领导编制修订的 1968 年版，又称"新 SNA"；1993 年，联合国、世界银行、国际货币基金组织、欧共体等国际组织，根据各国国民经济核算理论研究和实践中的新成果，共同编写了 SNA1993 年版，具有高度权威性。该体系以西方经济理论为依据，认为创造物质产品和提供服务的劳务活动都是创造价值的生产活动。本章内容主要以 SNA 为基础介绍国民收入核算理论。

国内生产总值（gross domestic products，GDP）是 SNA 核算体系中一个重要的综合性指标。它是指经济社会（即一个国家或地区）在一定时期内运用生产要素所生产的全部最终产品和服务的市场价值总和，被认为是衡量国家经济状况的最佳指标。它不但可以反映一个国家的经济表现，一定程度上也能反映一个国家国力与财富。

对国内生产总值这一概念应做以下理解。

1. GDP 使用市场价值而非数量进行计算

在微观经济学中，我们可以用数量表示产出，如总产量、平均产量和边际产量。在宏观经济学里，我们把一个国家或经济体作为整体，就面临如何表示总产出水平的难题。一国每年生产的产品千千万万，每个企业生产的产品也各不相同，怎么加总？因此，我们需要用货币去度量一国所生产的各种产品，使数量上不能加总的各种物品能够进行加总，从而得到一国国民产出的总价值。例如，某国第一年生产服装 100 件，食品 500 吨，提供医疗服务 10 次；第二年同样的产品和服务为 80 件、600 吨、12 次，那么该国的国民产出水平是提高了还是降低了？由于无法进行加总，所以无法判断。如果借助货币去度量这些产品和服务，就可以进行比较（见表 2 – 1）。

表 2 – 1　　　　　　　　　　某国一年国民产出

产品	数量	单价（元）	价值（元）
服装	100（件）	100	100 × 100 = 10,000
食品	500（吨）	20	20 × 500 = 10,000
医疗服务	10（次）	300	300 × 10 = 3,000

因此，GDP = 10,000 + 10,000 + 3,000 = 23,000（元）。第二年，按同样的方法计算当年的 GDP 值。

2. GDP 只计算通过市场交易的价值

既然是用价值计算 GDP 的值，那么这里的价值应该是市场价值，即纳入 GDP 计算的产品和服务，应该是用市场交易后形成的价格来计算。也就意味着，自给性产品和服务等不经过市场销售或交换的最终产品,无法计入国内生产总值中。西方一则流行的笑话说:如果女佣人嫁给单身男主人将导致该国 GDP 水平下降!其中的原因就是:一个女佣人给一位单身男主人提供有偿家务劳动时,因为是雇佣关系,所以其劳动所得的工资(即其创造的价值)可以计入 GDP;一旦她嫁给了男主人,同样的家务劳动,因为已经不属于市场交换活动,因此不能计入 GDP。市场经济越发达,官方统计的国内生产总值越能真实地反映实际生产活动的水平;市场经济越不发达,官方统计的国内生产总值越低。

还有一些非生产性交易不能计入 GDP 中。非生产性的交易具体表现为三类:证券买卖、政府的转移支付(如福利补助、救济金、公债利息等)、个人转移支付(赠与)。证券的买卖仅仅是货币与证券之间金融资产的转移,与生产行为无关;政府和个人的转移支付只是简单地把收入从一些人或组织转移给另一些人或组织,并没有引起本年度生产价值的增加,只引起了国民财富的重新分配。

3. GDP 是用最终产品价值来计算的

GDP 是用最终产品价值来计算的,即最终产品在该时期的最终出售价值。根据产品的实际用途,一般把产品分为中间产品和最终产品。最终产品是指在一定时期内生产的可供人们直接消费或使用的物品和服务,它们不能作为原料或半成品投入到其他产品和劳务的生产过程中去,如各种日用消费品。中间产品是指为了再加工或转卖用于供别种产品生产使用的物品和劳务,如原材料、燃料等。GDP 必须按当期最终产品计算,中间产品不能计入,否则会造成重复计算。应该注意,投资品是作为最终产品计入 GDP 的(具体解释见后文)。

我们以一块儿蛋糕的制造和在淘宝销售为例来说明。农民种植小麦,以 3 元的价格卖给面粉厂;面粉厂把小麦磨成面粉,以 6 元的价格卖给食品厂;食品厂将面粉做成蛋糕,以 10 元的价格批发给淘宝的卖家 A,然后由 A 通过淘宝网销售给买家小明,每块价格是 15 元。上述过程小麦、面粉、蛋糕,都是作为生产要素投入到下一阶段的生产(流通)中,其价值也随之转移到下一阶段,因此都是中间产品,而最后阶段,蛋糕卖给买家小明后,小明购买该蛋糕时,蛋糕称为最终产品。计算该蛋糕对 GDP 的贡献,只是计算最终的 15 元价值,并不计算此前阶段中间产品的价值。如果不区分中间产品与最终产品,将所有产品的价值进行加总,即 $3+6+10+15=34$(元),就会出现重复计算,GDP 的值就会夸大,夸大了 $34-15=19$(元)。

4. GDP 只与一定时期(如本年度)的产出有关

GDP 只包括计算期内(如 2010 年度)所生产的而不是所售卖掉的最终产品的价值。例如,某企业建造了两套新房,在本年度只卖掉一套,另一套未售出。GDP 测度的是现期即本年度的产出,所以这套未售出的房屋的价值同样应计入本年度的 GDP 中。又例如,某人以 10 万元转卖掉一辆去年购进的国产小汽车,那么这 10 万元就不能计入本年度的 GDP,因为它在生产的当年已经计入 GDP 了。

5. GDP 按"国土原则"来核算

GDP 核算的是一国范围内生产的最终产品的市场价值,也就是说,只要是在一国领土内生产的产品和劳务,无论它是否属于本国公民生产,都要核算,GDP 是一个地域概念。

二、国民收入核算方法

如何核算一个国家的 GDP 呢？描述宏观经济运行的简单收入循环图，可以帮助我们理解国内生产总值的核算（见图 2-1）。当把一个经济体作为一个整体来对待时，经济体总产出的价值，从收入最终分配的归属来看，应该属于该经济体所有要素所有者（假设为全体居民），即产品价值可分解为：工资＋利息＋地租＋利润。这些收入自然也是该经济体的要素所有人作为消费者购买商品时的支出，从一个经济体总体来看，所有居民的总收入应该等于总支出（没有储蓄等漏出）。

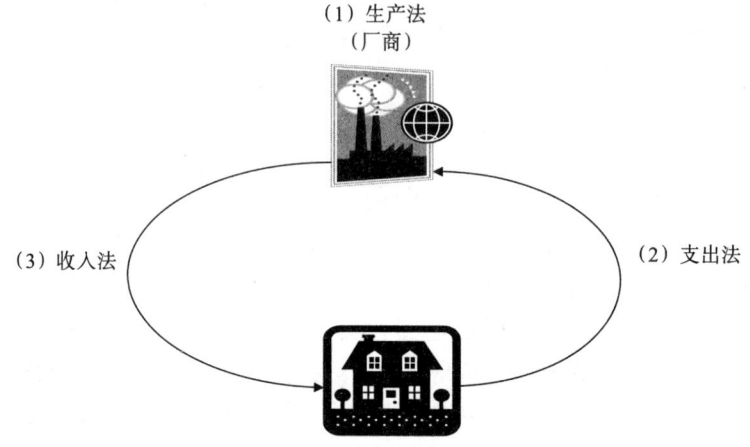

图 2-1 国民收入循环图

核算国内生产总值的三种方法，分别是生产法、支出法和收入法。

（一）生产法

生产法是把一国一年内各行业的所有最终产品的价值加总计算国内生产总值。最终产品的价值其实等于每一生产阶段的价值增加值的和，所以也可以称为"增加值法"。每一阶段的增加值等于该阶段产品的价值减去购入的中间产品的价值。各部门增加值的总和就是国内生产总值，它反映了一定时期内各产业部门生产经营活动的最终成果。例如，2015 年 2 月 28 日国家统计局发布的《2014 国民经济和社会发展统计公报》指出：初步核算，全年国内生产总值 634,043.4 亿元，比上年增长 8.1%。其中第一产业增加值 58,336.1 亿元，增加 5.4%；第二产业增加值 271,764.5 亿元，增加 5.8%；第三产业增加 29,923 亿元，增加 10.8%。公式为：

$$GDP = \sum (各部门的总产出 - 该部门中间消耗) = \sum 各部门的增加值$$

（二）支出法

支出法（expenditure approach）又称商品流动法，是从产品与服务的使用角度出发，把一年内购买的各项最终产品的支出加总起来，计算出该年内生产出来的产品与服务的市场价值，即把年内购买各种最终产品所支出的货币数额加在一起，得出最终产品货币价值的总和。谁是最终产品的购买者呢，只要看谁是产品和劳务的最后使用者。在现实生活中，产品和劳务的最后使用，除了居民消费，还有企业投资、政府购买及出口。因此，用支出法核算

GDP，就是核算经济社会（指一个国家或一个地区）在一定时期内消费、投资、政府购买以及出口这几方面支出的总和。现实的经济社会一般由厂商、居民户、政府和国际贸易四个部门组成，因此，总支出包括消费支出、投资支出（私人国内总投资）、政府购买和净出口。

1. 消费支出

消费支出（C）的全称为居民最终消费支出，是指核算期内由居民个人直接购买消费性产品和服务所花费的支出。它包括耐用消费品支出（汽车、家电）、非耐用消费品（食品、服装）和劳务（如医疗、理发）的消费支出。注意，购买新建住宅的支出和购买建房材料所花费的支出不包括在内，计入消费的只是代表住房服务的房租支出。消费支出主要受收入的影响。

2. 投资支出

投资支出（I）是指国内的厂商和居民户在一年内建造厂房、设备的支出以及存货的增加，包括固定资产投资、居民住宅投资和企业存货投资等。固定资产投资是新厂房、新设备、新商业用房等的增加。

企业存货投资是指企业掌握的存货价值的增加或减少，企业为了保持连续的生产和经营，必须掌握一定的存货，从这个意义上讲，存货同厂房、设备一样，是人们生产出来的用于生产其他产品的资本品，所以存货价值的变动，被看做投资。它可能是正值，也可能是负值，等于年终存货量与年初存货量的差额。如果全国企业年末的存货为 2,500 亿美元而年初的存货为 1,000 亿美元，那么存货价值增加，存货投资为 1,500 亿美元，存货投资是正值。反之，年末存货投资小于年初存货，存货价值减少，存货投资为负值。

居民新建住房为什么属于投资，而不属于消费？因为住宅可以出租，和厂房、商业用房一样，都可以获得租金，即使自用住宅不出租时，理论上也可以估算房租。所以购买新住宅应计入投资。

3. 政府购买

政府购买（G），政府购买指各级政府购买物品和劳务的支出。如政府花钱修建公路、设立公安局、检察院，提供国防、开办学校以及给政府工作人员发工资等，这部分计入GDP。还有一部分不计入 GDP，包括政府转移支付用于社会保障、医疗保险、失业救济等的支出，以及政府对所借债务支付的利息。政府购买主要受经济形势和税收的影响。

4. 净出口

净出口（$X-M$）是指一国出口总值与进口总值的差额。当出口总值与进口总值相等时，称为"贸易平衡"；当出口总值大于进口总值时，称为"贸易顺差"；当进口总值大于出口总值时，称为"贸易逆差"。一国的进出口贸易收支是其国际收支中经常项目的重要组成部分，是影响一个国家国际收支的重要因素。本国商品和外国商品的价格以及汇率是进出口的主要影响因素。

如果用 C 表示消费支出，I 表示投资支出，G 表示政府购买支出，X 表示出口，M 表示进口，则有以下关系式：

$$\text{GDP} = C + I + G + (X - M) \tag{2.1}$$

表 2-2　　　　　　2014 年我国用支出法核算的 GDP 总额及其构成

项目	金额（亿元）	所占比例（%）
国内生产总值	640,696.9	100
最终消费支出	329,450.8	51.4
资本形成总额	293,783.1	45.9
货物和服务进出口	17,463	2.7

资料来源：国家统计局. 中国统计年鉴 2015［M］. 北京：中国统计出版社，2015.

表 2-3　　　　　1978—2014 年用支出法核算的我国 GDP 的构成及其对 GDP 增长的贡献率

年份	最终消费支出		资本形成总额		货物和服务净出口	
	贡献率（%）	拉动（百分点）	贡献率（%）	拉动（百分点）	贡献率（%）	拉动（百分点）
1978	39.4	4.6	66.0	7.7	-5.4	-0.6
1980	71.8	5.6	26.4	2.1	1.8	0.1
1985	85.5	11.5	80.9	10.9	-66.4	-8.9
1990	47.8	1.8	1.8	0.1	50.4	1.9
1995	44.7	4.9	55.0	6.0	0.3	
2000	65.1	5.5	22.4	1.9	12.5	1.0
2001	50.2	4.2	49.9	4.1	-0.1	
2002	43.9	4.0	48.5	4.4	7.6	0.7
2003	35.8	3.6	63.2	6.3	1.0	0.1
2004	39.5	4.0	54.5	5.5	6.0	0.6
2005	37.9	4.3	39.0	4.4	23.1	2.6
2006	40.0	5.1	43.9	5.6	16.1	2.0
2007	39.2	5.6	42.7	6.1	18.1	2.5
2008	43.5	4.2	47.5	4.6	9.0	0.8
2009	47.6	4.4	91.3	8.4	-38.9	-3.6
2010	36.8	3.8	54.0	5.6	9.2	0.9
2011	50.2	4.8	47.3	4.5	2.5	2.4
2012	50.8	3.9	46.5	3.6	2.7	2.1
2013	51	3.9	46.5	3.6	2.5	1.9
2014	51.4	3.8	45.9	3.4	2.7	1.9

注：1. 贡献率指三大需求增量与支出法国内生产总值增量之比。2. 拉动指国内生产总值增长速度与三大需求贡献率的乘积。

资料来源：根据各年《中国统计年鉴》整理。

表2-4是美国用支出法得到的2010年GDP值。

表2-4　　　　　　　　　　2010年美国用支出法计算的GDP值

项　目	金额（10亿美元）	占GDP比例（％）
个人消费支出（C）	10,285	70.5
私人国内投资（I）	1,842	12.6
政府购买产品和服务支出（G）	2,991	20.5
产品和服务净出口（$X-M$）	-539	-3.7
国内生产总值GDP（Y）	14,579	100.0

资料来源：U.S Bureau of Economic Analysis.

（三）收入法

收入法，又称要素收入法、要素支付法，是企业为使用的生产要素支付的报酬之和。我们知道，生产要素主要包含4种：劳动、资本、土地和企业家才能，所以相对应的收入分配也可以分为4种：①劳动者工资或薪金；②资本利息；③土地租金；④利润。

在核算GDP的账户中，上述收入可以具体对应如下项目。

（1）雇员报酬：对劳动者提供服务的报酬。包括雇员的工资或薪金，还包括一些辅助项目，如社会保险、养老金和其他福利费等项目。

（2）净利息：它是个人从企业获得的因资金借贷所产生的利息。因为企业借入资金的目的是用于生产，代表资本这种生产要素在一国的生产中作出了贡献，所以应计入GDP。但它不包括个人之见因借贷关系而发生的利息以及国家发型国债所支付的利息，因为购买公司债券，实际上是借钱给公司用，公司从人们手中借到了钱用作生产用，比如购买机器设备，就是提供了生产性服务，可被认为创造了价值，因而公司债券的利息可看作是资本这一要素提供生产性服务的报酬或收入，当然要计入GDP。但政府的公债利息则被看作转移支付，因为政府借的债不一定投入生产活动，而往往是用于弥补财政赤字。政府公债利息常常被看作从纳税人身上取得的收入加以支付的，因而习惯上被看作转移支付。

（3）租金：对土地和其他资源支付的报酬。包括房屋的租赁收入、专利权、版权收入等。

（4）企业利润：主要指公司利润，一部分以红利形式发放给投资人，另一部分以未分配利润形式留存。

（5）独资业主收入：既是公司所有者也为公司经营者所获得的收入，是对其作为劳动所有者所付出的劳动以及使用自有资本等所给予的报酬，然后再加上所获利润。

以上5项属于要素收入，应计入GDP。这5项之和也是以要素成本来衡量的国内生产总值的净值。也就是生产最终产品的要素总成本。现在使用的GDP概念是用产品和劳务的市场销售价格来衡量的。这样两者之间也就有了一些差异，在这些要素收入之外，折旧、企业的间接税等项目也包含在产品和劳务的销售价格中，所以在计算GDP时在要素收入之外加上折旧、企业的间接税。

（6）企业的间接税：间接税是消费者对所购买的商品和劳务支付的税收，通过企业再转交给政府，所以称为间接税。间接税虽然不是要素收入，却都被企业作为成本反映在销售价格中。所以企业间接税,也应计入 GDP。

此外,政府对企业还有补贴,这样消费者对补贴产品支付的价格要低于厂商所得,为了从要素成本推出市场价格,我们要从市场价值中减去补贴。

(7)折旧:它是对一定时期内因经济活动而引起的固定资本消耗的补偿。折旧不同于中间产品,也是企业投资的一部分。

这样用收入法来核算 GDP 为

GDP = 雇员报酬(含社会保险费) + 净利息 + 租金 + 企业利润(红利 + 未分配利润) + 所有者收入 + 折旧 + 企业的间接税和对企业的转移支付 − 补贴(即政府或者企业对个人的转移支付)

统计国内生产总值时,从理论上说按收入法得到的"总收入"和按支出法得到的"总支出"应该相等,但在实际核算中常有误差,因而还要加上调整和统计误差。由表 2-5 可以看出,2010 年按两种方法统计的美国 GDP 误差为 1,800 亿美元。

表 2-5　　　　　　　　2010 年按收入法计算的美国 GDP

项目	数额(10 亿美元)	占 GDP 的比例(%)
1. 雇员报酬	7,929	54.4
2. 净利息	924	6.3
3. 租金收入	299	2.1
4. 企业利润	1,210	8.3
5. 独资业主收入	1,050	7.2
按要素成本计算的净国民收入	11,412	78.3
6. 间接税 − 政府对企业补贴	1,127	7.7
按市场价格计算的净国民收入	12,539	86.0
7. 折旧	1,860	12.8
国内生产总值(收入法计算)	14,399	98.8
统计误差	180	1.2
国内生产总值(支出法计算)	14,579	100.0

资料来源:U.S Bureau of Economic Analysis.

第二节　国民收入分解

在上面分析的基础上,可以得到国民收入构成的基本公式,并进而得到对分析宏观经济行为一个十分重要的命题,这就是储蓄—投资恒等式。

一、两部门经济的收入构成及储蓄—投资恒等式

假设经济中只有居民和厂商(企业)两个部门。国民经济的收入流量循环模型可以用图2-2来表示,箭头代表货币的流向。与此同时,还存在着与货币数量相应的实物(包括产品、劳务与生产要素)流动。

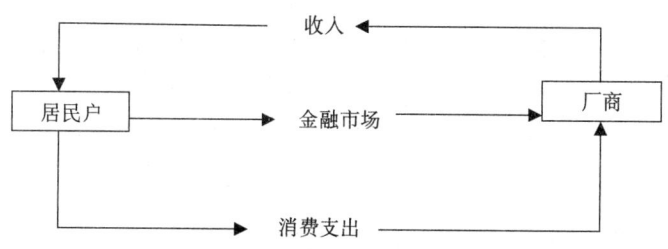

图2-2 两部门经济中的收入流量循环

(1)居民向厂商提供各种生产要素,同时从厂商那里得到相应的货币收入。

(2)居民向厂商购买消费品,相应的用于消费的货币支出流向厂商。

(3)如果居民不把所有的收入用于消费,那么就会发生储蓄。这些储蓄流入金融市场,厂商则从金融市场得到贷款,进行投资。

由于没有税收和政府购买,也没有出口,因此,在这样的经济中,从支出(需求)的角度看,GDP=消费+投资=$C+I$,从收入(或供给)的角度看,如果把储蓄(S)定义为国民总收入中没有用于消费的部分,则 GDP=$C+S$,由于$C+I=C+S$,所以$I=S$,这就是两部门经济中的储蓄—投资恒等式。只要遵循这些定义,储蓄和投资一定相等,而不管经济是否处于充分就业,是否处于通货膨胀,是否处于均衡状态。然而,这一恒等式决不意味着人们意愿的或者说事前计划的储蓄总会等于企业想要有的或者说事前计划的投资。在实际经济生活中,储蓄主要由居民户进行,投资主要由企业进行,个人储蓄动机和企业投资动机也不相同。这就会形成计划储蓄和计划投资的不一致,形成总需求和总供给的不均衡,引起经济的收缩和扩张。以后我们分析宏观经济均衡时所讲的投资等于储蓄,是指只有计划投资等于计划储蓄,或者说事前投资等于事前储蓄时,才能形成经济的均衡状态,这和我们这里所讲的储蓄——投资恒等式不是一回事。

还要说明,这里所讲的储蓄等于投资,是指整个经济而言,至于某个人、某个企业或某个部门,则完全可以通过借款或贷款使投资大于或小于储蓄。

二、三部门经济的收入构成及储蓄—投资恒等式

三部门经济是指在两部门经济的基础上加上政府部门。三部门经济中的收入流量循环模型可以用图2-3表示。政府的经济活动主要包括政府收入(主要是向企业和居民征税)和政府支出(包括政府对商品和劳务的购买,以及政府给居民的转移支付),因此政府与居民户、政府与厂商之间的货币流向是双向的。

从支出(需求)角度看,国内生产总值等于消费、投资和政府购买的总和,即 GDP=C

$+I+G$。从收入（供给）角度看，总收入除了用于消费和储蓄外，还要纳税。然而，居民一方面要纳税，另一方面又得到政府的转移支付收入，税金扣除转移支付才是政府的净收入，也是国民收入中归政府的部分。假定 T_0 表示全部税收，T_r 表示政府转移支付，T 表示政府净收入，则 $T = T_0 - T_r$。这样，从收入方面看，国民收入的构成将是 $GDP = C + S + T$。

由于 $C + I + G = C + S + T$，所以 $I = S + (T - G)$，其中 S 是私人储蓄，$(T - G)$ 是政府的储蓄，当 $T > G$ 时，差额为预算盈余；当 $T < G$ 时，差额为预算赤字。

这样 $I = S + (T - G)$，也就是三部门经济中的储蓄—投资恒等式。这里的储蓄指的是私人储蓄和政府储蓄的总和。

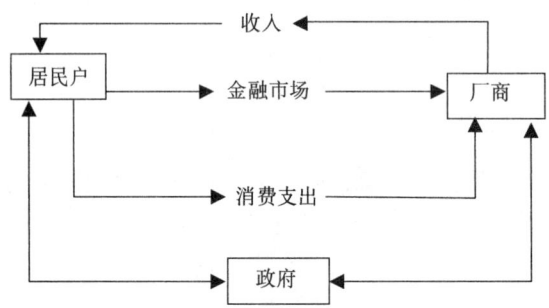

图 2-3　三部门经济中的收入流量循环

三、四部门经济的收入构成及储蓄—投资恒等式

四部门经济是指在三部门经济的基础上加上国外部门。在宏观经济学中，我们把本国以外的所有国家和地区看作国外部门。四部门经济中的收入流量循环模型可以用图 2-4 表示。

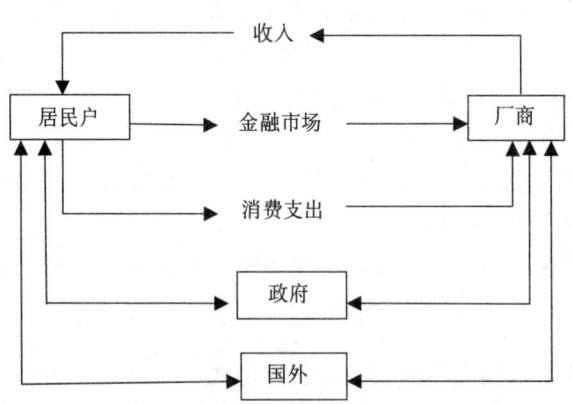

图 2-4　四部门经济中的收入流量循环

国外部门的经济功能主要体现在两方面：一是进口（用 M 表示），向国内各经济主体提供商品和劳务，构成社会总供给的一部分；二是出口（用 X 表示），把国内生产的商品和劳务提供给国外，构成社会总需求的一部分。

从支出（需求）的角度看，国内生产总值等于消费、投资、政府购买以及国外需求（即出口）的总和，即 $GDP = C + I + G + X$。从收入（供给）角度看，总收入除了用于消费、储蓄、纳税外，还包括对国外产品的购买（即进口），则 $GDP = C + S + T + M$，根据 $C + I + S + X = C + S + T + M$，整理得 $I = S + (T - G) + (M - X)$。

其中 S 代表私人储蓄，$(T - G)$ 代表政府储蓄，而 $(M - X)$ 代表外国对本国的储蓄。若 $M > X$，本国为贸易逆差（trade deficit），即外国对本国的收入大于支出，于是外国对本国有了正储蓄；反之，$M < X$，本国为贸易顺差（trade surplus），外国对本国有负储蓄。这样，$I = S + (T - G) + (M - X)$，就表示四部门经济储蓄（私人、政府、国外）和投资的恒等式。

四、名义 GDP 与实际 GDP

1. 名义国内生产总值与实际国内生产总值

（1）名义国内生产总值。名义国内生产总值也称货币 GDP，是按当年市场价格计算的最终产品的货币价值。名义 GDP 的变动可以有两种原因：一是一国所生产的最终产品的数量发生变动；二是最终产品的价格发生变动。数量变动引起的名义国内生产总值变动，反映了国民产品总量的实际变动，而价格变动引起的变动，只能反映国民产品价值量的变化。

（2）实际国内生产总值。实际国内生产总值是按不变价格计算的最终产品的货币价值。不变价格是指统计时确定的某一年（基年）的价格，也是国际上公认的反映一国一定时期（年）国民产品总量最好的综合指标。以后各章所讲的 GDP，如果不作特殊说明，均指实际 GDP。两者的差别可以用图 2-5 来帮助理解。

(a) 名义GDP

(b) 实际GDP

图 2-5　名义 GDP 与实际 GDP

例如某国生产 3 种最终产品面包、衣服和医疗服务，这些产品在 2010 年，2015 年的价格如表 2-6 所示。

表 2-6　　　　　　　　　　实际 GDP 计算

产出	(a)			
	2010		2015	
	数量	价格	数量	价格
面包	800	20	1,000	30
衣服	900	50	1,200	60
医疗	200	80	300	90

续表

(b)			
	2015年产量	2010年价格	实际GDP
面包	1,000	20	20,000
衣服	1,200	50	60,000
医疗	300	80	24,000
			114,000

2010年的名义GDP为2010年的价格×2010年的产出，即：

$20 \times 800 + 50 \times 900 + 80 \times 200 = 77,000$（元）

2015年的名义GDP以此类推，为129,000元。

2015年的实际GDP则是以2010年作为基期，按2010年价格来计算出的GDP值。

某年份名义GDP和实际GDP的差别，可以反映出这一时期和基期相比价格变动的程度。名义GDP与实际GDP的比值称为GDP缩减指数，计算公式如下：

GDP缩减指数 =（名义GDP/实际GDP）×100

在表2-6中，基期（2010年）的GDP缩减指数为100，则2015年的GDP缩减指数为：$129,000/114,000 \times 100 = 113.2$。缩减指数的变化，反映了这一时期物价水平的变化情况。从2010年，到2015年，物价水平上涨了：

$[(113.2 - 100)/100] \times 100\% = 13.2\%$

这表明2010—2015年物价水平上涨了13.2%。因此，GDP缩减指数可以用来反映社会经济物价变动的程度，一般来说，GDP缩减指数的大幅上升意味着通货膨胀，而大幅下降意味着通货紧缩。

表2-7列出了我国按2010年价格计算的2010—2014年的实际GDP和名义GDP之差，可见实际GDP与名义GDP之间的差额比较大。2011年相差23,053.5亿元，2012年相差39,565.0亿元，2013年相差58,272.1亿元，2014年相差73,157.8亿元，相当于名义GDP膨胀较多。

表2-7　　　　按2010年价格计算的我国实际GDP和名义GDP　　　　单位：亿元

年份	①按2010年价格计算的GDP	②按当年价格计算的GDP	两种价格算法的差额（③=②-①）
2010	408,903.0	408,903.0	0
2011	461,070.0	484,123.5	23,053.5
2012	494,558.3	534,123.0	39,565.0
2013	529,746.7	588,018.8	58,272.1
2014	562,752.2	635,910.0	73,157.8

资料来源：国家统计局. 中国统计年鉴2015 [M]. 北京：中国统计出版社，2015.

2. 其他相关指标

在国民收入核算体系中，还包括其他衡量国民收入的指标，如人均国内生产总值、国民总收入或称国民生产总值、国民生产净值、国民收入、个人收入、个人可支配收入。

（1）人均国内生产总值。GDP 反映了一国总产出、总收入的大小，考虑到人口规模，把 GDP 除以人口总数就得到人均 GDP，用人均 GDP 有助于更好的衡量一国经济发展水平。例如：我国的 GDP 总量虽然大，但是人均 GDP 水平却比较低。

$$某年人均 GDP = \frac{某年 GDP}{某年人口数量}$$

（2）国民生产总值。与 GDP 密切相关的另一概念是国民生产总值或国民总收入。国民生产总值（gross national product，GNP）是指在一定时期（通常为一年）内由一国公民所生产的最终产品的市场价值总和。GDP 是按国土原则计算的，凡是在本国领土上创造的价值，不管是不是本国国民所创造的，都被计入本国 GDP，而本国企业在外国创造的价值就不应被计入。而 GNP 则是按国民原则计算的，凡是本国国民（包括本国公民以及常驻外国但未加入外国国籍的居民）所创造的价值，不管生产要素是否在国内，都被计入本国 GNP，而外国公司在该国子公司创造的价值则不应该计入该国 GNP。

比如一个在中国工作的美国公民的收入要计入美国的 GNP 中，但不计入美国的 GDP 中，而计入中国的 GDP。反之，一个在美国制造业中开设公司的中国老板取得的利润是中国 GNP 的一部分，不是美国 GNP 的一部分，但他是美国 GDP 的一部分。因此，若某国一定时期内的 GNP 超过 GDP，说明该时期该国公民从外国获得的收入超过了外国公民从该国获得的收入，而 GDP 超过 GNP 时，说明情况正好相反。在 1991 年 11 月之前，美国均是用 GNP 作为对经济总产出的基本测量指标。后改用 GDP，原因是大多数国家都用 GDP。同时，由于国外净收入数据不足，GDP 则较易测量，再加上 GDP 相对于 GNP 来说是国内就业状况的更好衡量指标（本国使用外资时解决的是本国就业问题）。当然，对美国来说，GDP 和 GNP 的差异还比较小。

国民生产总值（GNP）＝国内生产总值（GDP）＋本国公民在外获得的要素收入 − 外国公民在本国获得的要素收入

从"本国公民在国外所获得的要素收入"中扣除"外国公民在本国所获得的要素收入"，称为"净国外要素收入"。所以，

国民生产总值（GNP）＝国内生产总值（GDP）＋净国外要素收入

与 GNP 相同但表现角度不同的另一个概念是国民总收入（gross national income，GNI），等于国内生产总值加上来自国外的净要素收入。

国民总收入＝国内生产总值（GDP）＋净国外要素收入

国民总收入与国内生产总值（或国民生产总值）不同，国民总收入是个收入概念，而国内生产总值是个生产概念。我国 2000 年后国民收入与国内生产总值如表 2 – 8 所示。

表 2 – 8　　　　　2005—2014 年我国 GDP 和 GNI　　　　　单位：亿元人民币

年份	国民收入（GNI）	国内生产总值（GDP）	差额（GNI – GDP）
2005	184,575.8	185,895.8	−132
2006	217,246.6	217,656.6	−410
2007	268,631.0	268,019.4	611.6

续表

年份	国民收入（GNI）	国内生产总值（GDP）	差额（GNI – GDP）
2008	318,736.7	316,751.7	1,985
2009	345,046.4	345,629.2	–582.8
2010	407,137.8	408,903.0	–1,765.2
2011	479,576.1	484,123.5	–4,547.4
2012	532,872.1	534,123	–1,250.9
2013	583,196.7	588,018.8	–4,822.1
2014	634,043.4	635,910	–1,866.6

资料来源：国家统计局．中国统计年鉴2015［M］．北京：中国统计出版社，2015．

表2–9　　2012年中国与世界前十位国家和地区人均国民总收入比较　　单位：美元

位次	2012年	
	国家和地区	人均国民总收入
	世界	8,728
1	摩纳哥	186,950
2	列支敦士登	136,770
3	百慕大地区	106,920
4	挪威	988,860
5	瑞士	82,730
6	卡塔尔	78,720
7	卢森堡	76,960
8	丹麦	59,770
9	澳大利亚	59,570
10	瑞典	56,210
：	：	：
：	：	：
112	中国	5,740

资料来源：世界银行数据库。

（3）国民生产净值。国民生产净值（net national product，NNP）是指在一定时期（通常为一年）内由一国公民新创造出来的最终产品的价值。它等于GNP扣除折旧后的剩余部分。任何产品的市场价值中不但包含有消耗的原材料、燃料等的价值，还包含有使用的资本的折旧。最终产品价值中并未扣去资本消耗的价值，因此还不是净增价值。如果把最终产品价值中消耗的资本价值也扣除了，就得到净增加值，因而从GNP（最终产品的价值总和）中扣除折旧，就得到NNP。

国民生产净值（NNP）= 国民生产总值（GNP）– 折旧

同样，国内生产净值 = 国内生产总值（GDP）– 折旧

（4）国民收入。通常所说的国民收入是所谓"广义"的国民收入，它包括国内生产总

值、国内生产净值（国民生产总值、国民生产净值）。这里所讲的是"狭义"的国民收入。国民收入（national income，NI）是指一国在一定时期（通常为一年）内基于生产要素所提供生产性服务而分配给生产要素所有者报酬的总和，包括雇员报酬、业主收入、租金、公司利润和利息，它等于国内生产净值减去间接税和企业转移支付，再加上政府补贴。间接税和企业转移支付虽构成产品价格，但没有成为要素收入；政府给予企业的补助金虽不列入产品价格，但成为要素收入。因此，前者应扣除，后者应加入。所以，国民收入的计算公式为：

国民收入 = 国内生产净值 − 间接税 − 企业转移支付 + 政府补贴

(5) 个人收入。个人收入（personal income，PI）是指一国在一定时期（通常为一年）内所有个人得到的全部收入之和。生产要素报酬总和构成的国民收入并不会全部变成个人收入。比如公司利润收入中，一部分要向政府缴纳所得税，一部分公司留存（为分配利润），剩下的部分才会以红利和利息形式分配给个人。另外，个人得到收入后还须缴纳社会保险等费用。与此同时，个人也会通过诸如政府和企业转移支付（失业救济金、职工养老金、企业的捐款等）等途径来得到收入。因此，从国民收入中减去公司所得税、未分配利润、社会保险费，加上政府和企业给予个人的转移支付就得到个人收入。

个人收入（PI）= 国民收入（NI）− 公司所得税 − 公司未分配利润 − 社会保险费 + 政府和企业向个人的转移支付

(6) 个人可支配收入。个人可支配收入（personal disposable income，DPI）是指一国在一定时期（通常为一年）内所有个人可以随意支配的全部收入。它等于个人收入扣除所得税后的余额。个人可支配收入可以分为个人消费和个人储蓄两部分。

个人可支配收入（DPI）= 个人收入（PI）− 个人所得税

3. 国民收入核算的缺陷

GDP 主要用来衡量一个国家的总产出，可以说是"20 世纪最伟大的发明之一"，具有较强的科学性，目前世界上几乎所有国家都在利用这个指标反映本国在一定时期内生产活动的最终成果，并用其增长速度来说明本国经济的增长情况，以人均 GDP 来近似衡量本国的福利水平，但是 GDP 核算也存在一些缺陷。

本章所述国民收入核算的基本内容是 SNA，这套核算体系以西方宏观经济理论为依据，将国内生产总值（GDP）作为核算国民经济活动的核心指标。这有其合理性，因为 GDP 确实代表了一国或一个地区所有常住单位和个人在一定时期内全部生产活动（包括产品和劳务）的最终成果，可以对一国总体经济运行表现作出概括性衡量，反映出一国（或地区）的经济实力，便于国家间和地区间作比较，为制定国家和地区经济发展战略、分析经济运行状况以及政府调控和管理经济提供依据和参考。

但是 SNA 以 GDP 作为核算国民经济活动的核心指标也是有局限性的，也就是说，尽管 GDP 是宏观经济学所有概念中最重要的指标，但 GDP 并不是万能的。

第一，它不能反映社会成本。例如，某地赌博和黄色交易盛行，也许 GDP 水平很高，但并不能说该地区经济发展给人们带来了幸福，而只能说明社会生活腐朽。二是它不能反映经济增长方式付出的代价。比如，如果只顾经济总量和速度增长，而不顾环境污染、生态破坏，那么经济可能增长了，但环境可能严重污染了，今天 GDP 上去了，未来可能要为治理环境污染付出比今天增加的 GDP 高好几倍的代价。

在发展中国家，由于传统 GDP 不能真实反映人类社会的经济活动对自然资源的消耗和环境的破坏，往往会误导经济走上高耗能、高污染和高浪费的粗放型发展道路，从而对人类社会的可持续发展构成威胁。为了弥补传统 GDP 在资源和环境核算方面的缺陷，一些政府和国家逐步开展了绿色 GDP 的核算工作。

延伸阅读：绿色 GDP 的思考

绿色 GDP 最早由联合国统计署倡导的综合环境经济核算体系提出。推行绿色 GDP 核算，就是把经济活动过程中的资源环境因素反映在国民经济核算体系中，将资源耗减成本、环境退化成本、生态破坏成本以及污染治理成本从 GDP 总值中予以扣除。其目的是弥补传统 GDP 核算未能衡量自然资源消耗和生态环境破坏的缺陷。这个指标要求产品的生产和经济的发展要在一个良好的自然和生态环境下进行；要合理、有效地开发和利用自然资源，并且要符合可持续发展的要求。实际上，经济的增长是 GDP 的增长，而经济的发展是绿色 GDP 的增长。绿色 GDP 的计算公式如下：

绿色 GDP = GDP − 生产中使用的非生产自然资产

中国 20 多年来在世界上市经济增长最快的国家，但在经济高速增长的背后，也付出了较高的资源和环境代价。据世界银行和国内有关研究机构测算，20 世纪 90 年代中期，中国的经济增长有 2/3 是在对生态环境透支的基础上实现的。中国的生态环境问题虽然有其自然环境脆弱、气候异常的客观原因，但主要还是认为不合理的行为和粗放型资源开发方式导致的。多年计算的平均结果显示，中国经济增长 GDP 中有 18% 是靠资源和生态环境的"透支"实现的。比如 2003 年，我国单位 GDP 所消耗的能源是日本的 10 倍、美国的 5 倍、加拿大的 3 倍；消耗的金属是世界平均水平的 2—4 倍。单位工业产值产生的固体废弃物要高出 10 倍以上，2004 年全国因环境污染造成的经济损失 5,118 亿元左右，占 GDP 的 3% 左右。于是，在 2006 年，我国发布了第一份也是唯一一份绿色 GDP 核算报告——《中国绿色国民经济核算研究报告 2004》。2004 年开启的绿色 GDP 研究，对我国环保工作是一个巨大的推动。2003 年，联合国公布了一个比较完整的环境经济核算版本（简称 SEEA2003），详细说明了将资源耗减、环境保护和环境退化等问题纳入国民经济核算体系的概念、方法、分类和基本准则，构建了经济环境一体化基本框架。"当时，欧美发达国家也提出了一些绿色 GDP 核算办法，但都还停留在研究层面，从政府层面推进绿色 GDP 核算研究，中国是首例。"

绿色 GDP 研究开启，特别是首份绿色 GDP 研究报告的发布，在社会上引起了强烈反响。据了解，此后多年里，一批民间环保组织、社会公益组织、环保学生社团等纷纷组建起来，形成了"百团大战"、"万人共赴"的公众参与环保热情。广东更是计划用 5 年时间在全省培育扶持 300 个环保社会组织。

在公众环保意识提高的同时，日益严峻的环境形势更加凸显出来，频繁发生的大面积雾霾成了社会关注的焦点。严重的污染给靓丽的 GDP 数据蒙上一层阴影。环境保护部环境规划院 2013 年发布的 2010 年度绿色国民经济核算的部分结果显示，2010 年，全国生态环境退化成本达到 15,389.5 亿元，占 GDP 的比例为 3.5% 左右。和 2004 年相比，环境退化成本增长了200.7%。

日益严峻的现实加快了绿色GDP复出的脚步。

党的十八大提出,把生态文明建设纳入到"五位一体"的总体布局;日前审议通过的《关于加快推进生态文明建设的意见》首次将"绿色化"与新型工业化、城镇化、信息化、农业现代化并列,生态文明建设被提高到前所未有的高度。

与此同时,各地绿色GDP评价实践也在争议中积极前行。2011年,湖南省正式启动绿色GDP评价体系建设。2013年,在长沙、株洲、湘潭三市全面试行绿色GDP评价体系。2012年底,安徽省发布《生态强省建设实施纲要》,将16个市的生态竞争力综合指数与市长政绩直接挂钩……

绿色GDP一度遭到地方政府的抵制,如今随着政绩观的改变,绿色GDP实施的障碍正被逐步破解。

2004年开始的研究,被课题组专家称为绿色GDP1.0,现在重启的研究则称为绿色GDP2.0。

绿色GDP2.0的启动,无疑吊足了公众的胃口,公众期待的不仅是研究成果,更期待绿色GDP能成为地方政府考核的约束性指标。

一方面,绿色GDP主要是做减法,把经济活动过程中的资源环境因素反映在国民经济核算体系中,将资源耗减成本、环境退化成本、生态破坏成本以及污染治理成本从GDP总值中予以扣除。一旦实施绿色GDP,会让一些地区的经济增长数据大大缩水,巨大的反差可能让很多地方政府"面上无光"。一个最为典型的例子就是,2007年,本已承诺发布的《2005年度中国绿色GDP核算研究报告》,在承诺发布期过后仍无声息。不少试点省、市纷纷退出,个别省市甚至公开发函给环保总局和国家统计局,要求不要公布。在地方政府考核仍"以GDP论英雄"的前提下,绿色GDP遭到一些地方政府的抵制就不足为怪了。

另一方面,客观核算的技术难度也不容回避。从各国开展绿色核算的情况来看,目前还没有一个国家拥有真实全面的环境账户。其中,最根本的自然资源要素、环境破坏成本与治理成本的市场化定价问题仍无定论,包括资源和环境的物理存量如何转化为经济现值问题;环境污染对人体健康损害的经济评价问题;污染损失的评估问题。由于环境要素大部分没有进入市场买卖,如何衡量环境要素的价值始终是争论的焦点。比如,砍伐一片森林,卖掉原木,原木的售价即可表达原木的价格,但是,砍伐森林造成水土流失和物种减少,这个损失又如何定价?此外,绿色GDP1.0主要做减法,资源循环利用、废弃物资源化没有体现在GDP增加值中。

除了核算技术与方法复杂、政绩观偏颇外,相关的法规制度安排基本还处于空白状态,主要包括有关资源环境与统计法规、政策和评价标准、资源环境信息共享等,都制约了绿色GDP核算工作的开展。

这些因素是阻滞绿色GDP1.0实施的障碍,也将是影响绿色GDP2.0前行的主要原因。可喜的是,经过十余年的沉淀、积累,这些障碍正在逐步破解:2013年,习近平总书记指出,要把资源消耗、环境损害、生态效益等体现生态文明建设状况的指标纳入经济社会发展评价体系。同年12月,中组部出台规定,强调不能仅仅把GDP作为考核政绩的主要指标。

创新科学核算体系

科学的绿色GDP核算,需要科学、完整的环境统计指标体系,更需要数据与标准的对接。变化的不仅仅是政绩观,核算技术与方法也在不断完善。

过去,由于基础数据的缺失和技术水平的限制,我国现在的环境统计指标只限于部分环境污染物,并没有纳入自然资源、生态服务功能等指标。比如,绿色GDP1.0中的自然资源耗减成本还无法纳入进来,只能计算生态环境退化成本。《中国绿色国民经济核算研究报告2004》只计算了生态环境退化成本中的环境污染成本,2008年之后的核算增加了生态破坏成本,统计范围更全面了。

建立绿色GDP核算体系,应建立一套科学、完整的环境统计指标体系。2014年3月,首个环境经济核算体系的国际统计标准——《2012年环境经济核算体系:中心框架》(SEEA2012),其英文版终稿在联合国统计司网站发布,这对我国的资源环境核算工作具有十分重要的指导意义。

第二,GDP不能全面反映经济增长的效率与效益。例如,如果为了经济增长有高速度,而拼命耗费资源,对资源采取低效的、掠夺式的利用,那么可能经济一时发展了,但是持续增长的潜力却丧失了。

第三,GDP只记录货物产品和市场化服务产品,对于自产自用的服务,因未进入市场,而不予统计。比如,在外就餐,就可列为消费支出,统计在GDP中,但是如果在家自己做饭,尽管同样投入了劳动,就不计入GDP,因为是在家庭内完成的,未参与市场活动,类似的还包括许多家务劳动和DIY活动。

除此之外,还包括地下经济活动,即那些没有上报政府机构和统计机构的经济活动,其中包括合法活动(如私下进行的一些临时性质的雇佣),目的是逃避税收;当然也包括非法活动(如毒品、走私等)。

第四,GDP统计不能反映人们的生活质量。即使GDP相同,但是闲暇时间不同,福利水平也就不同。但是GDP未能反映闲暇时间的变化,如果GDP的增长是因为加班,延长劳动时间获得的,那么,人们的实际生活水平则下降。同时,收入分配状况也没有得到反映。许多国家的情况都证明,在经济增长后,如果收入分配不公平等,给居民带来的可能是福利水平的下降,从而会引发社会不稳定等问题。

正因为GDP指标的这些局限性,因此,自1990年以来,联合国开发计划署每年发表一份《人类发展报告》,把作为衡量社会经济的指标体系由单纯的"GDP"指标变成了"社会指标"(经济、社会、环境、生活、文化等)。同时,在国外关于GDP的争论中,引入了绿色GDP的概念。这是指在名义GDP中扣除了各种自然资源消耗之后,经过环境调整的国内生产净值,也称绿色国内生产净值(EDP)。世界银行1997年开始利用绿色GDP国民经济核算体系来衡量一国(地区)的真实财富。尽管绿色GDP目前在核算上还存在不少技术难题,但这一设想的方向是正确的,也符合科学发展观。

新中国成立以后很长一段时期曾经使用MPS即物质产品平衡表体系。这一体系与高度集中的计划管理体制相适应,在过去经济管理中曾发挥过重要作用。但是,随着经济体制改革的深入,扩大开放和经济运行机制的转变,使这一核算制度的缺陷日益暴露,主要是不能反映非物质生产部门发展状况,尤其是第三产业发展情况,不能全面反映社会资金运行情况,不利于政府实行间接宏观调控和管理,不能反映国民经济循环全貌以及各环节间衔接情况,不利于社会经济总体平衡的调控,也不利于进行国家或地区之间的交流。因此,从20世纪80年代中期起,我国在继续实行MPS体系的同时,逐步引进和采用SNA即国民账户体系,采用国内生产总值指标作为考核国民经济发展和制定经济发展目标的主要指标。1984—1992年,国家统计局会同有关部门制定了《中国国民经济核算体系(试行)方案》。这一方案的试行,体现了我国国民经济核算体系从MPS向MPS和SNA并存的混合体系的转变,也是我国国民经济核算体系的第一次转变。这次转变实现了从指导思想向核算技术的多方面突破,体现了根据我国实际情况从MPS向SNA的过渡。

补充阅读:中国经济增长的转型压力

中国在过去几年的快速增长意味着,中国面临向新的增长阶段转型的急迫任务。中国一直快速地积累着物质资本和人力资本。除了我们在上文提到的基础设施发展以外,由于新工厂和新住宅的快速开工,物质资本存量的增长也很快。但一直以来,人力资本的增长也不慢。一直到2000年,大专和大学毕业生也还只有100万之众,但截至2009年,这个数字已经超过500万。小学入学情况的改善意味着,教育金字塔的底部正在强化。这个数字的变化表明,中国的要素禀赋也在发生变化。中国不再只是劳动丰裕和土地及资本稀缺的经济体,中国现在正在发展资本和技术密集型部门的比较优势。20世纪80年代和90年代,中国由于采用了与其要素禀赋相一致的向劳动密集型部门倾斜的增长策略而衍生出巨大的优势。(在这一过程中,中国放弃了计划经济时代过分偏向资本密集型部门的战略。)现在,依赖于劳动密集型部门的增长期也已经走到了终点。变化的要素禀赋和要素价格正在使中国离开传统劳动密集型部门,把中国推向新的生产部门。

大体上,这种转变会在一个相当长的时期内渐进而平稳地发生。但这里有两个原因使我们怀疑,这个过程在中国将会更加混乱。首先,有证据表明,中国的劳动力市场正在发生巨大的变化。多年来,中国一直依赖于表面看来取之不尽用之不竭的农村劳动储备。随着工业和城市建设的发展,差不多无限量供给的农民工愿意进入城市从事这类工作。从20世纪90年代到21世纪头10年,非熟练劳动的工资几乎没有增长。与此同时,因为相对而言劳动在农村不能得到充分利用,所以在外出打工人员离开以后,农业生产还能维持。但现在这一阶段已经走到了尽头。日渐增多的农村调查表明,所有身强体壮的年轻人都已经外出,至少在中国中东部交通条件较好的那些村庄里,年轻人都已经外出。这些年轻人外出打工时,几乎都处于15—30岁这个年龄段。现在,整整一代生于农村长于农村的人完全没有直接的农作经验,他们的成长岁月都在求学和寻找城市工作中消耗掉了。为了从更为遥远的乡村吸引农民外出打工,为了吸引那些可能已经在农村接受过其他良好的职业教育的人外出打工,城里用人单位不得不提高工资。在城市劳动力市场都可以看到这些变化。比如在珠江三角洲地区,工资已经开始大幅上涨。有迹象表明这一过程始于2006—2007年。然而,这一过程却因2008—2009年的全球金融危机和出口下滑而中断,当时,许多城市工人尤其是出口部门的工人都失去了工作。但由于中国在2009年下半年的快速复苏,对劳动的需求又重新振奋起来。因此,珠江三角洲出口加工区的工资上涨压力较之以前更为明显。在其他发达地区,尤其是浙江和苏南地区，也明显具有相同的压力。

对很多观察者来说，这些变化表明中国已经到了一个"转折点"，或是取之不尽的劳动力供应时期已经走到尽头。1954年，阿瑟·刘易斯（Arthur Lewis）第一次提出了"劳动力过剩"经济的概念，20世纪60年代，费景汉和古斯塔夫·拉尼斯对这一思想作了详尽阐述。费景汉（Fei Jinghan）和古斯塔夫·拉尼斯（Gus Ranis）强调，成功的发展可以通过"转折点"来推动经济。费景汉和古斯塔夫·拉尼斯认为，过了这一转折点，工资将会大幅上涨，收入不平等现象会减少，他们经常引用中国台湾的经济发展来支持自己的理论。按照这种观点，中国现在正在经历转折点，接下来将会出现社会和经济的急速变化。然而，并不是所有的经济学家都确信他们所谓的"转折点"真的能带来这种激烈而突兀的变化。或许，类似于中国台湾这种小型经济体能够出现这种独特的转折点，而中国这种大型经济体是否也会因一个突然的转折点而成为某种经济体，眼下还不甚清楚。或许中国将发生的这些变化会成为更为渐进和长期的转型过程的组成部分。

无论如何，由于人口变化，中国的劳动力市场条件也在发生变化。我们在第7章已经描述过在过去20年使中国获益的人口"良机窗"。从现在开始——2010年之后——这个"良机窗"将逐渐关闭。因为中国人口出生最多的年份在20世纪90年代初期，所以新生劳动力的最大群体已经在过去5到10年中进入了市场，大批新工人的出现也使中国的经济增长率总体保持了较高水平（也会对那些寻找工作的工人形成挑战）。从现在开始，进入市场寻找工作的新人将逐渐减少，预期这种情况也会使中国的总体增长率有一定程度的下滑（也会使寻找工作的年轻工人感觉轻松）。这些变化也会促成类似刘易斯和费景汉及古斯塔夫·拉尼斯所描述的由于"转折点"而发生的劳动力市场的变化。

理论上，向新的发展阶段的转变可以以一种平稳而渐进的方式进行。然而，其他东亚发展中经济体的经验表明，要从由劳动密集型产业推动的超快增长阶段转型，常常会引出动荡。1950年到1972年，日本经济每年增长10.4%，但1973年之后，就再也没有超过6%。韩国的增长模式也在20世纪90年代经历过严重的困难。与这些经济体相比，中国向前发展的增长潜力似乎更大。中国国内市场非常庞大，而中国的平均生活水平仍然低于这些先行经济体在到达劳动密集型增长阶段末期时的生活水平。因此，中国仍然存在基于国内市场继续高速发展的巨大潜力，中国没有理由重蹈日本和其他先行经济体经历过的增长率暴跌的覆辙。但是，这种经历也可以成为一种警示，即从一种增长模式向另一种增长模式的转换并不总是那么容易。此外，理论上较为平稳的经济变化也常常会受到现实中不可预期事件的扰乱。中国现在正在进入通常已经预见到的转型时期，但人们并没有预见到这一转型会在2015年之前开始。驾驭好这一转型对中国经济的重要意义绝不亚于1978年开始的向市场经济的转型。

（资料来源：巴里·诺顿.中国经济：转型与增长[M].上海：上海人民出版社，2010）

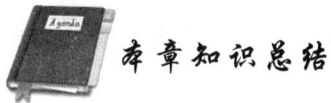
本章知识总结

1. 国内生产总值的含义。它是指经济社会（即一个国家或地区）在一定时期内运用生产要素所生产的全部最终产品和服务的市场价值总和。

2. 国内生产总值的核算方法

（1）生产法，它是把一国一年内各行业的所有最终产品的价值加总计算国内生产总值。最终产品的价值其实等于每一生产阶段的价值增加值的和，所以也可以称为"增加值法"。

（2）支出法（expenditure approach）又称商品流动法，是从产品与服务的使用角度出发，把一年内购买的各项最终产品的支出加总起来，计算出该年内生产出来的产品与服务的市场价值，即把年内购买各种最终产品所支出的货币数额加在一起，得出最终产品货币价值的总和。

（3）收入法，又称要素收入法、要素支付法，是企业为使用的生产要素支付的报酬之和。

3. 国民收入的分解

（1）两部门经济中的储蓄——投资恒等式 $I = S$；

（2）三部门经济中的储蓄——投资恒等式：$I = S + (T - G)$，即储蓄（私人储蓄和政府储蓄的总和）和投资恒等式；

（3）四部门经济中的储蓄——投资恒等式：$I = S + (T - G) + (M - X)$，即储蓄（私人、企业政府和国外）和投资恒等式。

4. 名义 GDP 与实际 GDP

（1）名义 GDP：称货币 GDP，是按当年市场价格计算的最终产品的货币价值。

（2）实际 GDP：是按不变价格计算的最终产品的货币价值。

5. 与 GDP 相关的其他指标

（1）人均国内生产总值：把 GDP 除以人口总数就得到人均 GDP。

（2）国民生产总值（gross national product, GNP）是指在一定时期（通常为一年）内由一国公民所生产的最终产品的市场价值总和。

国民生产总值（GNP）= 国内生产总值（GDP）+ 本国公民在国外获得的要素收入 − 外国公民在本国获得的要素收入

（3）国民生产净值（net national product, NNP）是指在一定时期（通常为一年）内由一国公民新创造出来的最终产品的价值。

国民生产净值（NNP）= 国民生产总值（GNP）− 折旧

（4）国民收入（national income, NI）是指一国在一定时期（通常为一年）内基于生产要素所提供生产性服务而分配给生产要素所有者报酬的总和，包括雇员报酬、业主收入、租金、公司利润和利息，它等于国内生产净值减去间接税和企业转移支付，再加上政府补贴。

国民收入 = 国内生产净值 − 间接税 − 企业转移支付 + 政府补贴

（5）个人收入（personal income, PI）是指一国在一定时期（通常为一年）内所有个人得到的全部收入之和。

个人收入（PI）＝国民收入（NI）－公司所得税－公司未分配利润－社会保险费＋政府和企业向个人的转移支付

（6）个人可支配收入（personal disposable income，DPI）是指一国在一定时期（通常为一年）内所有个人可以随意支配的全部收入。它等于个人收入扣除所得税后的余额。

个人可支配收入（DPI）＝个人收入（PI）－个人所得税

6. GDP核算的缺陷。

 复习与思考

1. 名词解释

国内生产总值　国民生产总值　名义GDP　实际GDP　国民生产净值　国民收入　个人收入　个人可支配收入　人均国内生产总值　收入法　支出法　生产法

2. 简答题

（1）举例解释最终产品和中间产品的区别不是根据产品的物质属性而是根据产品是否进入最终使用者手中。

（2）为什么人们从公司债券中得到的利息应计入GDP，而从政府公债中得到的利息不计入GDP？

（3）为什么人们购买债券和股票从个人来说是投资，而在经济学上不算是投资？

（4）为什么政府发给公务员的工资要计入GDP，而给灾区或困难人群发放的救济金不计入GDP？

（5）下列项目哪些应计入GDP中？为什么？

①政府的转移支付　　　　②购买一辆二手车

③购买普通股票　　　　　④购买新建住宅

（6）在统计中，社会保险税的增加对GNP、NNP、NI、PI和DPI这五个总量中哪个总量有影响？为什么？

（7）从下列资料中找出：

①国民收入　　　　　　②国民生产净值

③国民生产总值　　　　④个人收入

⑤个人可支配收入　　　⑥个人储蓄

资本消耗补偿	356.4
雇员酬金	1,866.9
企业利息支付	264.9
间接税	266.3
个人租金收入	34.1
公司利润	164.8
非公司企业主收入	120.8
红利	66.4
社会保险税	253.9
个人所得税	402.1
消费者支付的利息	64.4
政府支出的利息	105.1
政府和企业转移支付	374.5
个人消费支出	1,991.9

(8) 将下列交易归入美国四个支出部分之一：消费、投资、政府购买以及净出口。
①波音公司向本国空军出售一架飞机。
②波音公司向法国空军出售一架飞机。
③波音公司向本国航空公司出售一架飞机。
④波音公司向法国航空公司出售一架飞机。
⑤波音公司向阿米拉·艾尔哈特（美国最早的飞行员）出售一架飞机。
⑥波音公司制造了一架下一年出售的飞机。

(9) 假设一经济社会生产5种产品，它们在2000年和2005年的产量和价格分别如下表所示，试计算：
① 2000年和2005年的名义GDP；
② 如果以2000年为基期，则2005年的实际GDP为多少？
③根据表，计算2000—2005年的国内生产总值缩减指数，2005年的价格比2000年的价格上升了多少？

产品	2000年产量	2000年价格（美元）	2005年产量	2005年价格（美元）
A	25	1.5	30	1.7
B	50	7.5	60	8
C	40	6.0	50	7
D	30	4.0	35	6.0
E	60	1.8	65	2.5

3. 案例分析

【材料Ⅰ】据世界银行和国内有关研究机构测算，20世纪90年代中期，中国的经济增长有 2/3 是对生态环境透支的基础上实现的。中国的生态环境问题虽然有其自然环境脆弱、气候异常的客观原因，但主要还是人为不合理的经济行为和粗放型资源开发方式导致的。多年计算的平均结果显示，中国经济增长的 GDP 中至少有 18% 是靠资源和生态环境的"透支"实现的。绿色 GDP 是指用以衡量各国扣除自然资产损失后新创造的真实国民财富的总量核算指标，就是从现行统计的 GDP 中，扣除由于环境污染、自然资源退化、教育低下、人口数量失控、管理不善等因素引起的经济损失成本，从而得出真实的财富总量。

（资料来源：中国发展门户网）

问题：①什么是 GDP？什么是绿色 GDP？
②绿色 GDP 如何核算？
③GDP 指标存在哪些缺陷？

【材料Ⅱ】在美国参议员罗伯特·肯尼迪 1968 年竞选总统时的一篇演讲中，他对 GDP 讲了以下一段话：（GDP）并没有考虑到我们孩子的健康、他们的教育质量或者他们游戏的快乐。它没有包括我们的诗歌之美或者婚姻的稳定，没有包括我们关于公共问题争论的智慧或者我们公务员的廉洁。它既没有衡量出我们的勇气，我们的智慧，也没有衡量出我们对祖国的热爱。简言之，它衡量一切，但并不包括使我们的生活有意义的东西，它可以告诉我们有关美国人的一切，但没有告诉我们，为什么我们以作为美国人而骄傲。

问题：
肯尼迪的话对吗？如果对的话，我们为什么要关注 GDP？

【材料Ⅲ】中国 GDP 被高估？听听国家统计局怎么说

在中国披露 2015 年全年 GDP 为 6.9% 之后，有个别机构和媒体提出了数据可能被高估的质疑。对此，国家统计局副局长许宪春 21 日撰文称，目前一些关于我国 GDP 增速高估的观点，所使用的方法不够科学，资料不够完整，因而得出的结论不符合我国实际情况。

简单用部分产品产量推算工业增加值增速存在较大偏差。在对中国的数据质疑中，有的学者利用部分工业产品产量的增速，通过加权平均的方法来推算整个工业增加值增速，并进而认为我国 GDP 增速被高估了。

国家统计局认为，这种推算方法有明显缺陷，存在较大偏差。许宪春分析，首先，产品代表性严重不足。这种研究所选取的产品种类较少，并且煤炭、石油、钢铁等初级产品和传统产品所占比重较大，而各年出现的新产品被选中的很少。因此，这种估算方法存在较大偏差，难以全面反映整个工业的增长情况。一般而言，由于新产品产量增长相对较快，这种估算方法会低估工业增速。特别是近年来我国经济增速回落，传统产品产量增速回落幅度更加明显，采用这种估算方法就会明显低估工业增速。而在个别年份，由于代表性产品产量增长很快，这种估算方法可能会高估工业增速。

其次，他认为这样的估算方法无法反映产品质量变化。用产品产量推算的方法只考虑了产品的数量变化，而没有考虑产品的质量变化。这就意味着技术进步和质量提升带来的增长会被忽视，这是产品产量推算法的内在缺陷。2008 年 SNA 指出，两种不同质量的产品，其数量不能直接对比；如简单对比会低估因质量提高而带来的增长。我国在工业化进程中，技术不断进步，产品更新换代很快，新产品层出不穷，产品质量大幅提升。比如，早期的普通手机仅有通话等极少数功能，而现在的智能手机则相当于几年前的个人电脑，质量提高很快。因此，简单用产品产量进行估算会低估工业增速。

再次，无法反映产品结构变化。产品千差万别，相同产品内部也有不同的产品类型和规格，而不同类型和规格产品的附加值不同，其结构变化会影响增长速度。比如，近年来我国汽车结构变化较大，运动型多功能轿车（SUV）占全部汽车的比重，从 2010 年的 5.2%，上升到 2015 年的 24.8%，而相比于普通汽车，SUV 的附加值更高。如果不考虑这些产品结构的变化，则会低估工业增速。

许宪春认为，产品产量推算法仅适用于计算少数工业行业的增长速度。国际标准并不推荐使用这种方法来测算全部工业行业增速。联合国对编制工业生产指数给出的建议是，将产品产量推算法和价格缩减法结合起来使用。对产品种类比较单一的行业，使用产品产量推算法，如煤炭、石油行业；对产品种类繁多、难以选择合适代表性产品的行业，使用价格缩减法。

用较低的劳动生产率增速评估服务业增速不符合我国实际情况，在认为中国数据高估的评论中，有观点认为，利用我国服务业增加值数据计算的改革开放以后的劳动生产率增速过快，不仅比改革开放前大幅加快，也比发达国家相应时期的劳动生产率增速快很多，据此推断我国服务业增加值增速被高估，进而以较低的劳动生产率来推算我国服务业增速。

许宪春回应称，这种推断不符合我国实际情况。在许宪春看来，改革开放以后我国劳动生产率提高较快，有其合理因素。首先，我国的劳动力素质大幅提高。从受教育程度看，1982 年大专及以上受教育人口占总人口的比重仅为 0.6%，而 2014 年已上升到 10.7%。其次，制度因素发挥了重要作用。我国的经济体制改革解放和发展了生产力，极大地激发了广大劳动者的积极性和创造性，促进了劳动生产率快速提高。最后，作为后发展的发展中国家，我国在发展本国经济中具有明显的后发优势。

许宪春指出，这类研究还忽视了我国新兴服务业的快速发展。改革开放以后，特别是本世纪初以来，我国金融业、互联网和相关服务业、软件和信息技术服务业、商务服务业等行业发展迅猛。例如，2004—2014 年，证监会统计的股票成交量年平均增长 29.8%，远快于同期证券业从业人员 10.7% 的年均增速。如果不考虑这些新兴服务业对经济增长的贡献，则会大大低估我国 GDP 的增长速度。

2015 年，我国正式加入了国际货币基金组织制定的数据公布特殊标准（SDDS）。SDDS 在数据覆盖范围、公布频率、公布及时性、数据质量、公众可得性等方面都有很高的要求。许宪春认为，这表明我国的统计数据质量是有保障的，为国际社会所认同。联合国、世界银行和国际货币基金组织等国际机构均认可我国政府统计数据，并在其数据库中直接采用这些数据。因此，我国的 GDP 数据是真实可信的。

许宪春也提到，当前我国社会主义市场经济发展产生了许多新情况，宏观经济管理对 GDP 核算信息产生了许多新需求，社会各界对 GDP 核算有许多新期待，国际社会也对我国 GDP 数据更加关注，这都要求我们不断探索改进 GDP 核算工作。我们将全面深化统计改革，进一步完善统计调查制度和 GDP 核算方法，不断提高 GDP 数据质量。

问题：
你认为我国的 GDP 是否被高估？为什么？我国的 GDP 核算中存在哪些问题？

 名校历年考研试题

1. 如果美国制造的汽车价格上涨,那么中国的（　　）。(北京大学2011年)
   A. GDP平减指数和CPI都上涨
   B. GDP平减指数上涨和CPI不变
   C. GDP平减指数不变和CPI上涨
   D. GDP平减指数和CPI都不变

2. 二手车交易商在卖掉一辆旧车后,得到了100元佣金,他随机就用这笔钱吃了一碗20元的面条,GDP增加了（　　）。(北京大学2011年)
   A. 120　　　　　B. 80　　　　　C. 20　　　　　D. 100

3. 就国民收入核算来说,实际经济活动当中没有售出的商品（　　）。(中央财经大学2012年)
   A. 要在核算的GNP当中扣除　　　B. 要在核算的GDP当中扣除
   C. 要在核算当中计为存货投资　　D. 要在核算当中计为政府投资

4. 已知某一经济社会的如下数据：(中南大学2011年)
   工作100亿元　　利息10亿元　　租金30亿元　　消费支出90亿元
   利润30亿元　　投资支出60亿元　　出口额60亿元　　进口额70亿元
   所得税30亿元　　政府转移支付5亿元　　政府用于商品的支出30亿元
   试求：(1) 按收入法计算的GDP；(2) 按支出法计算的GDP；(3) 计算政府预算赤字；(4) 计算储蓄额；(5) 计算净出口。

第三章 国民收入决定理论

经济进步在资本主义社会意味着动荡。

——约瑟夫·熊彼特

内容导读

国民收入决定模型是宏观经济学的核心理论。凯恩斯主义的全部理论涉及四个市场：产品市场、货币市场、劳动市场和国际市场。仅包括产品市场的国民收入决定理论称为简单的国民收入决定理论。该模型假设总支出（总需求）决定国民收入水平，并进一步得出结论，总支出的变化将使国民收入成倍变化，通过乘数理论对此作了较为全面的分析。最后运用乘数——加速模型对于经济周期性波动进行了阐述。

本章主要知识点

- 均衡国民收入
- 消费函数与储蓄函数
- 不同部门国民收入的决定以及乘数理论

 **开篇案例**

李克强总理在2016年《政府工作报告》中指出，2016年是全面建成小康社会决胜阶段的开局之年，也是推进结构性改革的攻坚之年。做好政府工作，必须高举中国特色社会主义伟大旗帜，全面贯彻党的十八大和十八届三中、四中、五中全会精神，以邓小平理论、"三个代表"重要思想、科学发展观为指导，深入贯彻习近平总书记系列重要讲话精神，按照"五位一体"总体布局和"四个全面"战略布局，坚持改革开放，坚持以新发展理念引领发展，坚持稳中求进工作总基调，适应经济发展新常态，实行宏观政策要稳、产业政策要准、微观政策要活、改革政策要落实、社会政策要托底的总体思路，把握好稳增长与调结构的平衡，保持经济运行在合理区间，着力加强供给侧结构性改革，加快培育新的发展动能，改造提升传统比较优势，抓好去产能、去库存、去杠杆、降成本、补短板，加强民生保障，切实防控风险，努力实现"十三五"时期经济社会发展良好开局。

今年发展的主要预期目标是：国内生产总值增长6.5%—7.0%，居民消费价格涨幅3%左右，城镇新增就业1,000万人以上，城镇登记失业率4.5%以内，进出口回稳向好，国际收支基本平衡，居民收入增长和经济增长基本同步。单位国内生产总值能耗下降3.4%以上，主要污染物排放继续减少。

经济增长预期目标6.5%—7.0%，考虑了与全面建成小康社会目标相衔接，考虑了推进结构性改革的需要，也有利于稳定和引导市场预期。稳增长主要是为了保就业、惠民生，有6.5%—7.0%的增速就能够实现比较充分的就业。

我国每年的《政府工作报告》中，经常有对下一年的GDP增长率的预测。从西方经济学来看，这种预测的理论基础是什么？要回答这些问题，必须学习并掌握宏观经济学中的均衡国民收入决定理论。

第一节 均衡国民收入

凯恩斯学说的中心内容就是国民收入决定理论，其中涉及四个市场：产品市场、货币市场、劳动市场和国际市场。只包括产品市场的理论称为简单的国民收入决定理论。

根据凯恩斯的理论，经济社会的产量或者说国民收入就决定于总需求。和总需求相等的产出称为均衡产出或均衡国民收入。当产出水平等于总需求水平时，企业生产就达到了均衡稳定的状态。如果生产超过需求，企业库存增加，企业就会减少生产；反之，如果生产低于需求，企业库存会减少，企业就会增加生产。由此可见，企业会根据产品销路来安排生产，把生产定在和产品需求相一致的水平上。

所以，以两部门经济为例，因为没有政府和对外贸易，所以总需求只有居民的消费 c

和企业投资 i。均衡国民收入（y）可用公式表示为：

$$y = c + i$$

在本书中，我们用大写字母表示名义量，如 Y、C、I 分别代表名义产出、名义消费量和名义投资量。用小写字母表示剔除了物价变动的实际量，如 y，c，i 分别代表剔除物价变动的实际产出或收入、实际消费和实际投资量，并且这里的 c 和 i 代表居民和企业愿意消费和投资的数量，而不是实际发生的消费和投资。在国民收入核算理论中，实际产出就等于计划支出加非计划存货投资，但在国民收入决定理论中，均衡国民收入指与计划需求相一致的产的。

均衡国民收入是和总需求相一致的产出，也就是经济社会的收入正好等于全体居民和企业想要有的支出。假定企业生产 100 亿美元产品，居民和企业要购买产品的支出也是 100 亿美元，则此 100 亿美元的生产就是均衡产出或者说均衡收入。也就是说，社会经济要处于均衡收入水平上，就有必要使实际收入引起一个相等的计划支出量。因为只有这样才能使这一收入水平继续被维持下去。例如，假定企业生产 100 亿美元产品，居民和企业要购买产品的支出也是 100 亿美元，则此 100 亿美元的生产就是均衡产出或者说均衡收入。

如果用 E 代表支出，y 代表收入，则经济均衡的条件是 $E = y$，也就是总支出等于总收入。这个关系可以用图 3-1 表示。

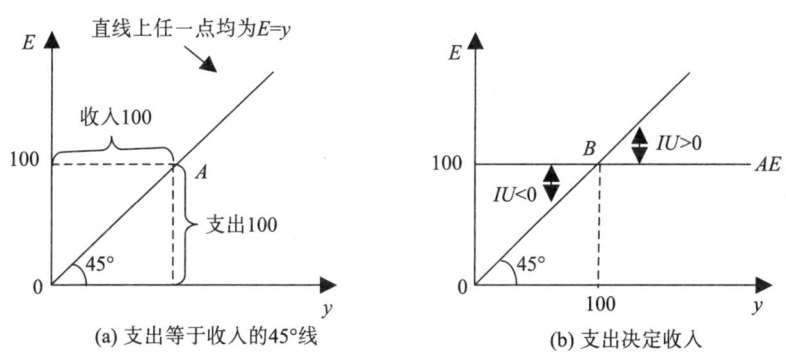

图 3-1 均衡条件下的收入与支出

在上图中，纵轴表示支出，横轴表示收入，单位均为亿美元。从原点出发的 45°角分线上的点都表示支出和收入相等。如 A 点表示支出和收入各为 100 亿美元。均衡产出指与总需求相等的产出这一点，也可在图（b）中得到这个结论。在图中，假定总支出为 100 亿美元，则总产出为 100 亿美元时就是均衡产出，B 为均衡点。也就是说 B 点对应的支出和收入都为 100 亿美元，说明生产数额正好等于需要支出也就是消费加投资的数额。如产出大于 100 亿美元，也就是在 B 点右侧的点，说明产出大于支出，非自愿存货投资（图中用 IU 表示非自愿存货投资）大于零，企业就会减少生产。反之，如果产出大于 100 亿美元，也就是在 B 点右侧的点，说明产出小于支出，非自愿存货投资小于零，企业就会扩大生产。因此，经济总要趋于 100 亿美元产出水平。再假定总需求为 90 亿美元，则均衡产出必为 90 亿美元。若总需求为 110 亿美元，则均衡产出为 110 亿美元。

从均衡产出概念可见，要增加均衡产出，关键是要增加总需求，因为均衡产出水平决定于总需求或者说总支出水平。

第二节 凯恩斯消费理论

一、消费函数

了解了均衡产出这个概念后,我们来考察总支出的决定因素。为了简化起见,我们暂时不考虑政府和对外贸易。只有家庭和企业的经济模型我们称之为两部门经济模型。

首先我们要分析消费支出,因为消费是总需求重要的组成部分,同时知道了消费数额,我们就可以得到相应的储蓄量。现实中影响消费支出的因素很多,如收入水平、商品价格水平、利率水平、收入分配状况、消费者偏好、家庭财产状况、消费信贷状况、消费者年龄构成、社会保障制度、风俗习惯等等。也有很多理论研究消费支出,这里我们首先介绍凯恩斯消费理论。凯恩斯认为,在种种影响消费的因素中,收入是最为重要的。消费支出随着收入的增加而增加,收入较高的家庭的消费多于收入较低的家庭,而且,收入较高的国家一般具备较高的总消费水平。表示消费和收入之间的关系的函数就是消费函数。凯恩斯在观察和研究了大量消费者的消费行为的基础上得到了"消费心理法则",即人们当其收入增加时,将会增加其消费支出。但消费支出的增加量将小于其收入的增加量。也就是说,随着收入的增加,其消费支出在其收入中所占的比例将会越来越小,而储蓄在收入中所占的比例会越来越大。这个心理法则反映了社会公众普遍的消费规律,也为多数经济学家所接受。

所以,如上所述,我们可以构造出消费函数。如果用 c 代表消费,y 代表收入,消费与收入这两个经济变量之间的关系称为消费函数。表示如下:

$$c = c(y) \tag{3.1}$$

同时,在其他条件不变的情况下,消费随着收入同方向变动,也就是说收入增加消费增加;收入减少,消费减少。但是由上面的"消费心理法则"可知,消费并不随收入同比例变动。我们可以定义增加的消费与增加的收入之比率,也就是增加1单位收入中用于增加消费部分的比率为边际消费倾向(MPC),公式为:

$$MPC = \frac{\Delta c}{\Delta y}, \quad 或 \beta = \frac{\Delta c}{\Delta y} \tag{3.2}$$

若收入增量和消费增量均为极小时,上述公式可写成:

$$MPC = \frac{dc}{dy}, \quad 或 \beta = \frac{dc}{dy} \tag{3.3}$$

我们也可以定义在任一收入水平上消费支出在收入中的比率为平均消费倾向(APC),公式为:

$$APC = \frac{c}{y} \tag{3.4}$$

由边际消费倾向的表达式可知,边际消费倾向是 $c=c(y)$ 曲线的斜率。一般来说,边际消费倾向是递减的,且 $0<MPC<1$。

我们用一个例子来进一步说明(见表 3-1)。

表 3-1　　　　　　　　　　　　某家庭消费函数　　　　　　　　　　　　单位:美元

	收入(y)	消费(c)	边际消费倾向(MPC)	平均消费倾向(APC)
A	9,000	9,110		1.01
			0.89	
B	10,000	10,000		1.00
			0.85	
C	11,000	10,850		0.99
			0.75	
D	12,000	11,600		0.97
			0.64	
E	13,000	12,240		0.94
			0.59	
F	14,000	12,830		0.92
			0.53	
G	15,000	13,360		0.89

表 3-1 中的数字显示,当收入是 9,000 美元时,消费为 9,110 美元,此时人们入不敷出。当收入是 10,000 美元时,消费为 10,000 美元,此时人们收支平衡。当收入是 11,000 美元或者更多时,人们开始有结余。这说明,随着人们收入的增加,消费也在增加,但是增加得越来越少,消费占收入的比例越来越小。也就是说 MPC 和 APC 都在减小。

根据表 3-1 可以得到消费曲线(见图 3-2)。

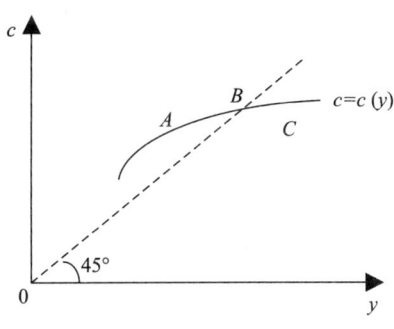

图 3-2　消费曲线

在图 3-2 消费曲线上,横轴表示收入 y,纵轴表示消费 c,45°角分线上的任一点到横纵轴的垂直距离都相等。$c=c(y)$ 曲线是消费曲线,表示消费和收入之间的关系。B 点是消费曲线和 45°线的交点,表示此时消费支出和收入相等,即表 3-1 中收入 10,000 美元时消费也是 10,000 美元。在 B 点左方的点,表示消费大于收入。如 A 点即表 3-1 中收入 9,000 美元,消费是 9,100 美元,消费大于收入。在 B 点右方的点,表示消费小于收入。如 C 点即表 3-1 中收入是 11,000 美元,消费是 10,850 美元。随着消费曲线向右延伸,这条曲线和 45°线的距离越来越大,表示虽然消费随着收入的增加而增加,但增加的幅度越来越小于收入增加的幅度。消费曲线上任一点的斜率都是这点对应的边际消费倾向,而消费曲线上任一点与原点相连而成的射线的斜率,则是与这一点对应的平均消费倾向。图 3-2 消费曲线的形状也表明,随着这条曲线向右延伸,也就是随着收入的增加,边际消费倾向递减,平均消费倾向也递减，但是平均消费倾向始终大于边际消费倾向。这与表 3-1 的数据一致。因为消费的增量只是收入增量的一部分，$\Delta c < \Delta y$，因此边际消费倾向总大于零小于 1，即 $0 < MPC < 1$。但是因为人们的消费习惯不同，人们的消费可能大于、等于或小于收入，即平均消费倾向可能大于、等于或小于 1。

图 3-2 表示的是边际消费倾向递减的情况。为了简化起见，我们假定消费和收入之间存在线性关系，则边际消费倾向不变，也就是说边际消费倾向是一个常数。此时，消费函数可以用下列方程表示：

$$c = \alpha + \beta y \quad (\alpha > 0, \beta > 0) \tag{3.5}$$

式中，α 为自发消费也称自主消费，也就是收入为 0 时，为了维持生存举债或者动用以前的储蓄也必须要有的基本生活消费。β 为边际消费倾向，β 与 y 的乘积表示由于收入变动引致的消费。所以公式 3.5 表示的是，人们的消费由两部分组成，一部分是自发消费，一部分是引致消费。

当消费和收入之间呈线性关系时，消费函数就是一条向右上方倾斜的直线，其斜率就是边际消费倾向。

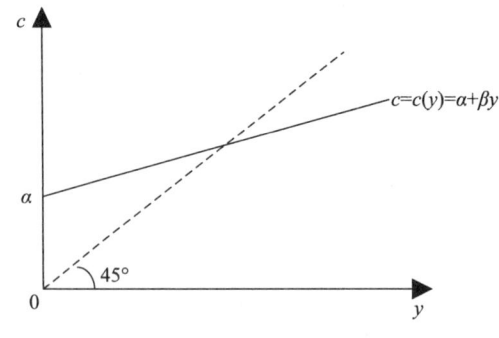

图 3-3　线性消费曲线

图 3-3 表示的是线性消费曲线，纵截距 α 表示当收入为零时的消费，也就是自发消费。斜率为 β，这里是一个不变的常量。

但是，如果从长期的角度分析，人们如果没有收入，则不可能有消费。所以长期消费函数应该是 $c = \beta y$，是一条从原点出发的射线。

二、储蓄函数

与消费函数相对应的是储蓄函数的概念。储蓄是指没有用于当前消费的那部分可支配收入，或者说，储蓄是收入中用于消费支出后剩余的部分。凯恩斯假定收入是决定消费的唯一因素，那么收入也就是决定储蓄的唯一因素。既然消费随收入而增加的比率是递减的，那么可知储蓄也随收入增加而增加，但是比率递增。储蓄与收入之间的关系构成储蓄函数，其公式是：

$$s = y - c(y) = s(y) \tag{3.6}$$

储蓄函数也可以用边际储蓄倾向和平均储蓄倾向来分析。

边际储蓄倾向（MPS）是指增加 1 单位收入中用于增加储蓄部分的比率，其公式是：

$$MPS = \frac{\Delta s}{\Delta y} \tag{3.7}$$

如果收入与储蓄的增量极小，上述公式可写成：

$$MPS = \frac{ds}{dy} \tag{3.8}$$

平均储蓄倾向（APS）是指在任一收入水平上储蓄支出在收入中的比率，其公式是：

$$APS = \frac{s}{y} \tag{3.9}$$

根据表 3-1 的数据，我们可以列出某家庭的储蓄表（表 3-2）。

表 3-2　　　　　　　　　　　某家庭储蓄函数　　　　　　　　　　单位：美元

	收入（y）	消费（c）	储蓄（s）	边际储蓄倾向（MPS）	平均储蓄倾向（APS）
A	9,000	9,110	-110		-0.01
				0.11	
B	10,000	10,000	0		0
				0.15	
C	11,000	10,850	150		0.01
				0.25	
D	12,000	11,600	400		0.03
				0.36	
E	13,000	12,240	760		0.06
				0.41	
F	14,000	12,830	1,170		0.08
				0.47	
G	15,000	13,360	1,640		0.11

由表 3-2 的数字表明，当收入是 9,000 美元时，储蓄为 -110 美元，表示此时人们是在举债度日或者是用到了以前的储蓄。当收入是 10,000 美元时，储蓄为 0 美元，此时人们收支平衡。当收入是 11,000 美元或者更多时，储蓄额越来越多，人们开始有结余。这说明，随着人们收入的增加，储蓄也在增加，而且增加得越来越多，储蓄占收入的比例越来越小。也就是说 MPS 和 MPC 都在增加。

根据表 3-2，我们可以画出储蓄曲线，见图 3-4。

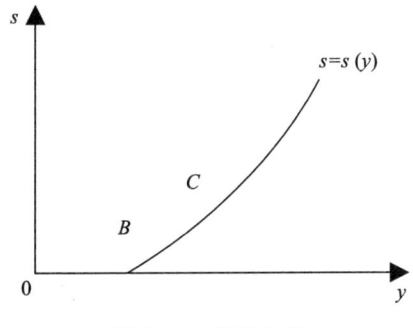

图 3-4　储蓄曲线

图 3-4 上，$s = s(y)$ 曲线表示储蓄和收入之间的函数关系。B 点是储蓄曲线和横轴的交点，也就是表示收支平衡，储蓄为零的点。对应的就是表 3-2 中收入 10,000 美元，消费 10,000 美元，储蓄为零。在 B 点的左侧，是负储蓄，如表 3-2 中收入 9,000 美元，消费 9,110 美元，储蓄为 -110 美元。在 B 点的右侧，是正储蓄。且随着储蓄曲线向右延伸，表

示随着收入越来越多,储蓄随收入增加,而且增加的幅度越来越大。

如果储蓄和收入呈线性关系的话,那么消费曲线和储蓄曲线均为一直线,又由于 $s = y - c$,且 $c = \alpha + \beta y$,则有:

$$s = y - c = y - (\alpha + \beta y) = -\alpha + (1 - \beta) y \tag{3.10}$$

储蓄曲线如图 3-5 所示。

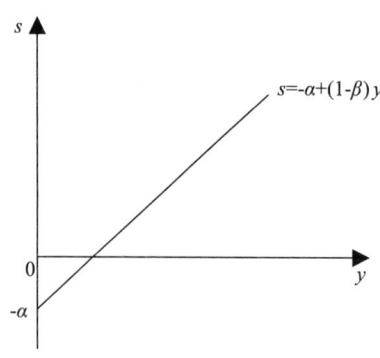

图 3-5 线性储蓄曲线

线性储蓄曲线的纵截距为 $-\alpha$,也就是负储蓄;斜率为 $1 - \beta$。

三、消费函数和储蓄函数的关系

消费函数和储蓄函数存在着如下的关系:

第一,消费函数和储蓄函数互为补数,从公式可以看出

$c = \alpha + \beta y$

$s = -\alpha + (1 - \beta) y$

则有 $c + s = \alpha + \beta y - \alpha + (1 - \beta) y = y$

第二,因为 APC 和 MPC 都随收入增加而递减,但 $APC > MPC$,所以,APS 和 MPS 随收入增加而递增,但 $APS < MPS$。

第三,APC 和 APS 之和恒等于 1,MPC 和 MPS 之和也恒等于 1。证明如下:

$y = c + s$

$\dfrac{y}{y} = \dfrac{c}{y} + \dfrac{s}{y}$

即:$APC + APS = 1$

由此可知:$1 - APC = APS$,$1 - APS = APC$

MPC 和 MPS 的情况亦是如此:

$\Delta y = \Delta c + \Delta s$

$\dfrac{\Delta y}{\Delta y} = \dfrac{\Delta c}{\Delta y} + \dfrac{\Delta s}{\Delta y}$

即:$MPC + MPS = 1$

由此可知:$1 - MPC = MPS$,$1 - MPS = MPC$

根据以上性质,消费函数和储蓄函数只要有一个确定,那么另一个也就确定。也就是

说，已知消费函数我们可以求得储蓄函数，已知储蓄函数我们可以求得消费函数。

需要注意的是，以上分析的是家庭的消费和储蓄函数，而宏观经济学更关心整个社会的消费和储蓄函数。社会消费函数并不是家庭消费函数的简单加总，因为还要考虑其他的限制条件，如国民收入分配、政府税收政策、公司未分配利润在利润中所占的比例等等。因此社会消费曲线并非家庭消费曲线的简单加总，但在考虑了种种限制条件后，社会消费曲线的基本形状仍和家庭消费曲线有很多相似之处。

延伸阅读：假日经济与收入

在"十一长假"和"春节长假"及五一、清明等"小长假"期间，外出旅游的人增加，商店的顾客也人头攒动，人们称其为假日经济。那么假日经济究竟对国民经济的拉动作用有多大呢？凯恩斯的消费理论有助于我们深化对假日经济的认识。

经济学家认为，影响消费的因素很多，但最重要的还是消费函数。消费函数理论最早是凯恩斯所提出来的。他确定了消费支出和收入之间的关系，把收入作为影响消费支出的最重要的因素，这是一个贡献。凯恩斯主观地推测边际消费倾向递减，即随着收入的增加，消费支出也会增加，但增加的消费在增加的收入中所占的比例越来越小。但是以后的经济学家研究了长期中的消费与收入的关系的数据，得出的结论是，并不存在凯恩斯所说的边际消费倾向递减。在长期中，平均消费倾向等于边际消费倾向，而且是稳定的。这就是消费函数的稳定性。

回到假日经济这个问题，消费函数表明消费取决于收入而不是有没有时间消费——假期的长短。也就是说，刺激消费的方法是增加收入，而不是放假。如果收入水平不提高，就很难增加消费。对于低收入者来说，刺激他们消费更重要的是要增加收入。特别是农村人口占我国人口的绝大部分，是消费的主力军。从改革开放以来，农民解决了温饱问题，这是一个巨大的历史进步。但是，由于各种原因，农民收入增加缓慢。所以许多人强调启动农村消费市场，但总是启而不动，其原因就在于农民收入增加较慢，所以消费增长也缓慢。

对于高收入者而言，假日经济也起不到刺激消费的作用。长期来看，消费函数是稳定的，即人们收入中消费的比例，从整个社会来看是稳定的。假日经济消费并没有增加总消费或提高边际消费倾向，只是改变了消费的方式和时间而已。假日出去旅游的人以旅游这种形式的消费支出增加了，很可能要减少其他消费，例如，要少买几件时尚服装，少去几次饭店，或推迟购车计划。商店更多遇到的情况是，节假日人头攒动，销售额猛增，但节假日过后冷冷清清，平均起来并没有什么增加。假日期间消费增加仅仅是消费方式不同和季节性变化，对整体经济并没有什么影响。在国外，圣诞节也是消费高峰，有些地方，圣诞节的购物要占一年购物的1/3左右。但没有什么圣诞节经济之后，也没有人希望由圣诞节经济去拉动经济。

所以，假日经济在一定程度可以刺激经济，但是不应过度扩大和神话假日经济对刺激整个经济的作用。

第三节 其他消费理论

凯恩斯提出的消费函数,是西方消费函数最简单的形式,被称为凯恩斯的绝对收入消费理论。凯恩斯的《就业、利息和货币通论》出版以后,这一简单的消费函数得到了补充、修改,产生了其他一些理论。这一节主要介绍关于消费函数的其他理论。

一、相对收入消费理论

相对收入消费理论由美国经济学家杜森贝利在 1947 年提出。该理论认为消费者会受自己过去的消费习惯以及周围消费水准的影响来决定消费,从而消费是相对决定的。

这解释了短期和长期消费函数的差异。从短期来看,如果人们的收入提高了,他们就会觉得比其他人的境况相对更好,因为他们只是适度增加他们的消费。从长期看,国民收入增加,人们并没有感觉到比其他人的境况相对更好。随着平均收入的增加,当人们看到其他人增加消费时,他们一般也会增加自己的消费。

经济学家小传:杜森贝利

美国经济学家詹姆斯·杜森贝利(James Stemble Duesenberry),出生于 1918 年,青年时期就读于密执安大学和哈佛大学,曾先后获得文学学士、硕士和哲学博士学位。1946 年任美国麻省理工学院讲师,从 1948 年开始在哈佛大学任教。历任助理教授、副教授、教授,并于 1972 年至 1977 年任哈佛大学经济系主任。

主要著作有《收入、储蓄和消费者行为理论》、《经济周期与经济增长》、《货币与信用:冲击与控制》、《美国经济计量模型入门》(合著)、《70 年代的资本需要》(合著)、《货币、银行和经济》(合著)等。

杜森贝利的理论有两个核心,一个是"示范效应",一个是"棘轮效应"。"示范效应"是指消费者的消费行为要受到周围人们消费水准的影响。比如一个人收入不变,而别人的收入和消费增加了,人们往往会估计自己在社会上的相对低位,打肿脸充胖子增加消费。这种心理会使短期消费函数随着社会平均收入的提高而整体上移。

延伸阅读:寓言中的经济学:楚王好细腰的示范效应

楚王好细腰的寓言出自《墨子》,讲的是楚灵王喜欢苗条细腰的宫女。众宫女为了得到楚灵王的宠爱而纷纷节食,追求"骨感"。结果各个饿得面黄肌瘦,弱不禁风。这个寓言的劝讽意义是显而易见的,但从现代经济学角度来看,我们完全可以赋予楚王好细腰一个全新的含义。

消费者购买产品，购买的欲望来自消费者的偏好。消费者购买物品消费是为了获得效用（即满足程度）。效用是消费者的主观感觉，它取决于消费者对这种物品的喜欢程度，即偏好。消费者对某种物品的偏好越大，这种物品给他带来的效用就越大，他就越愿意购买，需求就越高。那么，消费者的偏好又取决于什么呢？偏好是一种心理现象，因人而异。但人的心理现象也是有共同规律可以寻找的。人的偏好来自欲望，或者是生理欲望，或者是由社会引发的心理欲望。在现代社会中，生存的基本生理欲望容易满足，重要的是由社会引发的心理欲望。人由这种欲望而产生的偏好，显然要受社会影响，即整个社会消费时尚的影响。因此，我们必须了解消费时尚的形成。乍看起来，消费时尚是无规律的，但是更多的还是来自示范效应。示范效应就是某个人（或群体）的行为被作为榜样，其他人向他学习而产生的影响。这就是我们爱说的"榜样的力量是无穷的"。那么谁能当榜样呢？我们设想，如果楚国宫中某个官员喜欢苗条细腰，能有这种减肥的时尚么？恐怕不仅不行，这个官员还会受别人嘲笑。只有楚王的偏好能作为榜样，这不是因为他的审美情趣高，而是因为他国王的地位。所以，示范效应就是上层人做榜样，其他人模仿而形成的一种时尚。

那么为什么只有上层人才能做榜样呢？动物行为学用实验证明了这一点。找一个小猴子由人教会它吃水果之前先洗干净。把这个小猴子放进猴群，结果众猴子不仅不学，还打她。再找一个猴王教它洗水果，把这个猴王放进猴群，众猴子纷纷效仿，洗水果再吃成为猴子的一种时尚。人类的示范效应根源于这种动物本能并由社会因素而形成。就消费时尚而言，在国际上，发达国家是发展中国家的榜样，消费时尚总是由发达国家消费方式的示范效应而形成。在国内，引起消费时尚的总是上层人士，这就是只有楚王才能引起减肥时尚的原因。

（资料来源：梁小民. 寓言中的经济学 [M]. 北京大学出版社，2005）

杜森贝利的理论另一个核心概念是"棘轮效应"。"棘轮效应"是指人们的消费易于随着收入的增加而增加，但是不易于随着收入的减少而减少。也就是说人们在决定当期消费时，不能摆脱过去的消费习惯。

延伸阅读：棘轮效应

棘轮效应可以用宋代政治家和文学家司马光一句著名的话来概括：由俭入奢易，由奢入俭难。这句话出自他写给儿子司马康的一封家书《训俭示康》。除了"由俭入奢易，由奢入俭难"的著名论断，他还说："俭，德之共也；侈，恶之大也"，司马光秉承清白家风，不喜奢侈浪费，倡导俭朴为美，他写此家书的目的在于告诫儿子不可沾染纨绔之气，保持俭朴清廉的家庭传统。

商朝时，纣王登位之初，天下人都认为在这位精明国君的治理下，商朝的江山一定会坚如磐石。有一天，纣王命人用象牙做了一双筷子，十分高兴地使用这双象牙筷子就餐。他的叔父箕子见了，劝他收藏起来，而纣王却满不在乎，满朝文武大臣也不以为然，认为这本是一件很平常的小事。箕子为此忧心忡忡，有的大臣莫名其妙，问他原因，箕子回答说，纣王用象牙做筷子，必定再不会用土制的瓦罐盛汤装饭，肯定要改用犀牛角做成的杯子和美玉制成的饭碗；有了象牙筷、犀牛角杯和美玉碗，难道还会用它来吃粗茶淡饭和豆子煮的汤吗？大王的餐桌从此顿顿都要摆上美酒佳肴了。吃的是美酒佳肴，穿的自然是绫罗绸缎，住的就要求富丽堂皇，还要大兴土木筑起楼台亭阁以便取乐了。对这样的后果我觉得不寒而栗。仅仅5年的时间，箕子的预言果然应验了。商纣王恣意骄奢，便断送了商汤绵延500年的江山。

二、生命周期的消费理论

美国经济学家弗兰科·莫迪利安尼提出了生命周期消费理论。该理论与凯恩斯消费理论不同之处在于，凯恩斯消费理论强调消费与人们的收入相关，而生命周期消费理论强调人们会在更长时间内统筹安排他们的生活开支，进而使他们在整个生命周期内消费达到最佳配置。

经济学家小传：莫迪利安尼

弗兰科·莫迪利安尼（Franco Modigliani，1918—2003），意大利籍美国人，第一个提出储蓄的生命周期假设，这一假设在研究家庭和企业储蓄中得到了广泛应用。1985年获得诺贝尔经济学奖。

他把人生全程分为三个阶段：青年期、壮年期和老年期。处于青年期时，家庭收入偏低，这时消费可能会超过收入。随着他们进入壮年和中年，收入日益增加，这时收入会大于消费。不但可能偿还青年时代欠下的债务，更重要的是可以储蓄用于养老。等到年老退休时，收入下降，消费又会超过收入，形成负储蓄。也就是说，人们会在整个生命周期内计划他们的消费。如图3-6所示：

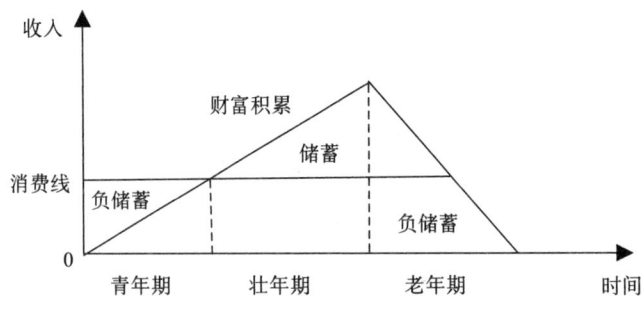

图3-6　生命周期消费理论与消费函数

由图3-5可以看出，按照生命周期消费理论，人们在青年期和老年期会出现负储蓄，在壮年期会形成正储蓄。

用一个实例也可以说明上面的理论。

假定某人20岁开始工作，计划60岁退休，预期80岁去世。工作时间用 WL 表示为40年（60-20）。生活年数用 NL 表示为60年（80-20）。若每年工作收入 YL 为24,000元，则终身收入为 $YL \times WL = 24,000 \times 40 = 960,000$（元）。

按照生命周期理论,人们会将一生的收入统筹安排,使消费平滑化,那么他每年的消费是

$$C = \frac{960,000}{60} = 16,000 = \frac{WL}{NL} \times YL = \frac{40}{60} \times 24,000 = \frac{2}{3} \times 24,000(元)$$

也就是说某人每年工作收入的 2/3 用于消费,1/3 用于储蓄,那么一生的收入到预期寿命结束时刚好用完。

当然这里含有一系列假定,如工作期间收入不变、不存在不确定因素、个人初始没有积累,每年没有储蓄财富的增值、不留遗产给后代等。然而,即使抛开这些假定,加进现实因素的考虑,生命周期消费理论的基本结论已然成立。可用下列公式表明:

$$c = aWR + bYL \tag{3.11}$$

这里,WR 为实际财富,a 为财富的边际消费倾向,即每年消费掉的财富的比例,YL 为工作收入,b 为工作收入的边际消费倾向,即每年消费掉工作收入的比例。

根据生命周期消费理论,如果社会上年轻人和老年人比例增大,则消费倾向会提高,如果社会上中年人比例增大,则消费倾向会下降。因此,总储蓄和总消费会部分地依赖于人口年龄分布,当有更多人处于储蓄年龄时净储蓄就会上升。

三、永久收入消费理论

美国经济学家米尔顿·弗里德曼在 1957 年提出永久收入消费理论。他认为收入分为现期收入和永久收入,那么消费也可分为现期消费和永久消费。消费者的消费支出主要不是由他的现期收入决定,而是由他的永久收入决定。永久收入是指一个人预期在一生中获得的平均(贴现后)收入,为了估计出这类收入,人们不仅要看到现在的工资水平,还要看未来可能挣得的收入。正是以此为基础,人们做出正常的支出计划。

按这种消费理论,一个有前途的大学生可能会在其暂时收入以外多花不少钱,这会使他欠不少债,但他相信自己将来收入会非常高。再如,当经济衰退时,虽然人们收入减少了,但消费者仍然按永久收入消费,故衰退期消费倾向高于长期平均消费倾向。相反,经济繁荣时尽管收入水平提高了,但消费者按永久收入消费,故这时消费倾向低于长期平均消费倾向。也就是说,暂时性收入是指临时的、预料之外的收入。人们在做消费计划时并不会以此为基础。如果人们意料之外的收入增加了,他们若不是把其全部存起来,也很可能把其大部分存起来。

永久收入消费理论和之前的生命周期消费理论有联系也有区别。联系是,两者都有一个基本思想,即单个消费者是前向预期决策者。也就是说两者都认为消费不只同现期收入相关,而是以一生或永久的收入作为消费决策的依据;一次性暂时收入变化引起的消费支出变动很小;当政府想用税收政策影响消费时,如果减税或增税只是临时性的,则消费并不会受到很大的影响。只有永久性税收变动,政策才会有明显效果。两个理论的区别在于,生命周期消费理论偏重从储蓄动机来分析,从而提出以财富作为消费函数的变量的重要理由;而永久收入消费理论则偏重于个人如何预测自己的未来收入。

四、影响消费的其他因素

上述的理论都强调收入是影响消费最重要的因素。但是在日常生活中,除了收入,还有

其他一些因素会影响消费行为。

（一）利率

按照现代西方经济学家的观点，提高利率是否会增加储蓄，抑制当前消费，要根据利率变动对储蓄的替代效应和收入效应而定。

替代效应是指当利率提高时，人们认为减少目前消费、增加将来消费比较有利从而增加储蓄；反之当利率降低时，人们会用目前的消费来代替将来的消费，减少储蓄。收入效应是指利率提高使人们将来利息收入提高，认为自己更加富有，以致增加当前消费，减少储蓄；反之，利率降低，人们会减少当前消费增加储蓄。

对于低收入者来说，利率提高，主要是发生替代效应（因为他们储蓄少，利率提高不会大幅增加他们的未来收入），也就是说利率提高会增加储蓄。对于高收入者来说，利率提高主要发生收入效应，从而减少当前储蓄。就全社会来看，利率提高时增加还是减少储蓄，需要看两部分人群增加和减少的储蓄的具体变动。

（二）价格水平

价格水平也是影响消费的重要的因素。货币收入（名义收入）不变时，物价上升，实际收入下降，若消费者要保持原有的生活消费水平，则平均消费倾向会提高；反之，物价下跌时，平均消费倾向会下降。

若物价与货币收入以相同比例提高，实际收入不变，理论上不会影响消费。但假如消费者只注意到货币收入增加而忽略了物价上升，会误以为实际收入增加，从而增加消费，平均消费倾向会上升，这就是所谓的"货币幻觉"。

延伸阅读：货币幻觉

货币幻觉是美国经济学家欧文·费雪（Irving Fisher）于1928年提出来的，是货币政策的通货膨胀效应。它是指人们只对货币的名义价值作出反应，而忽视其实际购买力变化的一种心理错觉。也就是说理财的时候不应该只把眼睛盯在哪种商品价格降或是涨了，花的钱多了还是少了，而应把大脑用在研究"钱"的购买力、"钱"的潜在价值还有哪些等方面，只有这样，才能真正做到精打细算，花多少钱办多少事。否则，在"货币幻觉"的影响下，如意算盘打到最后却发现自己其实是吃亏了。

无数的科学家都在研究为什么世界经济衰退得如此迅速和剧烈，其中行为经济学家的研究受到越来越多的关注，他们主要将人们决策时的心理行为作为研究对象。脑科学家对腹内侧前额叶皮层及颅内其他区域进行扫描，检测结果也支持行为经济学家观点。值得注意的是，2009年3月《美国国家科学院院刊》报道，德国波恩大学和美国加州理工学院的研究者通过对大脑扫描，观察到人脑部分决策回路有发生货币幻觉的迹象。如果受试者获得一笔金额更大的钱，即使因为物价上涨，多出来的这部分钱并没有带来更大的购买力，腹内侧前额叶皮层部分区域的活动也会异常明显。

（资料来源：十分钟读读系列之货币幻觉. 经管之家. http://bbs.pinggu.org）

（三）收入分配

如前所述，收入高的家庭消费倾向小，收入低的家庭消费倾向大，因此，国民收入分配越平均，全国的平均消费倾向就会比较大；收入分配越不平均，全国的平均消费倾向就会比较小。

延伸阅读：中国居民的消费特点

中国是一个有几千年传统文化的发展中国家，拥有世界上人数最多的消费者群体，且处于经济转型时期，这就使得中国居民的消费以及消费函数的形成具有与西方资本主义发达国家明显的不同之处。

（一）中国居民的消费特点

1. 消费市场潜力巨大

中国是一个人口大国，又处于经济快速增长阶段，居民收入持续较快增长，决定了中国消费市场的巨大潜力。自改革开放以来，中国的消费市场持续快速发展，消费结构在不断升级，这已经成为当前拉动中国经济快速增长的因素之一。

首先，消费市场的规模在不断扩大，总体空间巨大，前景广阔。2010年中国的人均GDP已经达到了2,456美元，居民的消费能力随着收入的大幅增加而不断加强。中国的社会消费品零售总额从1978年的1,559亿元增加到了2007年的89,210亿元，增加了约56倍。目前，我国正在向消费型过渡，中国是世界上第一大手机市场、宽带市场、国内旅游市场等。尽管如此，中国的消费率相对于世界平均水平还是偏低的，提升的空间很大。

其次，消费市场发展的速度快。改革开放以来，中国的消费市场快速增长，年均增速达到14.4%，约为世界水平的3倍，称为世界上消费市场增长最快的国家之一。近年来，随着中国家庭收入的增长，家庭的消费支出激增。据统计，1990—2000年，中国家庭消费支出年均增长率为8.9%，比世界平均水平高5.9个百分点。而2000—2005年，中国家庭消费支出年均增长率为6.9%，比世界平均水平高出4.3个百分点，比发展中国家高出2.4个百分点，比发达国家高出4.6个百分点。

最后，消费结构升级加速。中国居民生活消费结构发生了巨大变化，经历了数次消费结构升级：第一次始于20世纪80年代初，在这一阶段，随着居民收入水平的提高，消费的重点主要以满足基本的生活需求（即解决温饱问题）为目标。食品和衣着等支出约占居民消费支出的70%—80%，以自行车、手表、缝纫机为代表的"老三件"成为该时期的标志性商品。第二次是80年代中期至90年代初，此时期一般耐用消费品开始普及，电视机、冰箱、洗衣机"新三大件"成为该时期标志性商品。从90年代初至2000年，是主要以居住、家庭设备等为重点的优化生活品质阶段。居民的住房消费支出增加，居住条件得到明显的改善；消费产品如手机、电脑等更新换代加快，空调、彩电、健身器材等热点产品大量进入寻常百姓家庭。除此之外，居民用于通信、旅游和保健的支出增加。自进入21世纪起为新一轮的消费结构升级阶段，此阶段是以住房、汽车、文化教育、旅游等为重点的发展型阶段。家用汽车、住房等大型耐用消费品成为居民关注和消费的热点，而教育、文化娱乐、旅游等服务类消费也大幅攀升。

2. 居民消费倾向呈下降趋势

在改革开放初期，居民以解决温饱为目标，增加的收入首先是进行消费，平均消费倾向在 90% 以上。20 世纪 80 年代末 90 年代初时，中国居民的消费结构又一次发生了变化，进入大规模普及耐用消费品时期。此后，居民的平均消费倾向和边际消费倾向开始明显下降，1995 年城镇居民和农村居民的平均消费倾向分别为 64% 和 74%。导致消费倾向下降的因素有很多。首先是由于预期的不确定性。我国经济社会制度处于重大改革时期，国有企业的改革、经济结构的调整伴随其中，居民收入中工资性收入的比重减少，非工资性收入的比重越来越大。收入结构的变化使得居民的收入变得更加不可预期，而居民在医疗卫生、教育等方面承受着巨大的压力，除此之外，房价不断攀升，使得部分有需求的家庭不得不抑制其他消费，对未来预期不稳定，储蓄意愿变得更加强烈。其次，我国正处于全面建设小康社会的阶段，城市化进程明显加快，存在大规模的基础设施建设。大力发展外向型经济，增加投资项目以带动经济增长都导致了较高的投资率。由于居民的可支配收入中相当一部分以储蓄的形式在银行沉淀下来，导致消费倾向下降。最后，收入分配差距越来越大，整个社会消费不均衡现象越来越严重，造成消费断层以及总体消费不足。消费环境欠佳，例如近年来食品安全方面屡屡出现问题，对居民消费也造成了一定影响。

（资料来源：武拉平. 宏观经济学案例集［M］. 北京：中国人民大学出版社，2013）

第四节 两部门国民收入决定

我们首先从最简单的经济关系开始。首先我们假定这一节分析的经济体不存在政府，也不存在对外贸易，只有家庭和企业，也就是两部门经济。消费行为和储蓄行为是家庭行为，生产和投资行为是企业行为。虽然储蓄和消费受多种因素影响，在分析国民经济时，为简单起见我们仍运用凯恩斯的收入决定消费理论。同时我们假定企业投资是自主的，也就是既定的，不随利率和产量的变动而变动。进一步的，我们假定折旧和公司未分配利润均为零，这样 GDP、NDP、NI 和 PI 就都相等。我们可以从几个角度来研究两部门国民收入决定。

一、使用消费函数决定收入

均衡收入是指与计划总支出相等的收入。两部门经济中，总支出包括家庭的消费和企业的投资，我们已假定企业投资既定，那么把收入恒等式和消费函数结合起来就可以得到均衡收入。

$$\begin{cases} y = c + i \\ c = \alpha + \beta y \end{cases}$$

联立，可得

$$y = \frac{\alpha + i}{1 - \beta} \tag{3.12}$$

所以，已知消费函数和投资量的话，可得到均衡国民收入。

我们用数据和图表也可以说明均衡的过程。

由表 3-3 可以看出，当收入是 3,000 亿美元时，消费是 3,400 亿美元，投资是既定的 600 亿美元，此时 $c+i=4,000$ 亿美元，大于收入，也就是总需求大于总收入（总产出）。此时需求旺盛，对于企业来说扩大生产是有利可图的。于是，企业会多雇佣工人，多购买机器，增加产出。当收入（产出）是 4,000 亿美元时，消费是 4,200 亿美元，投资仍是 600 亿美元，此时 $c+i=4,800$ 亿美元，仍旧大于收入，也就是说总需求仍旧大于总收入（总产出），企业仍会增产。但是对比收入是 3,000 亿美元，可以看出，当收入是 3,000 亿美元时，总需求是 4,000 亿美元，此时相差 1,000 亿美元；当收入是 4,000 亿美元时，总需求是 4,800 亿美元，此时相差 800 亿美元，也就是说，差距越来越小。所以我们可以合理的外推，随着收入逐渐增大，总需求会逐渐接近总收入。当收入是 8,000 亿美元时，消费是 7,400 亿美元，投资是 600 亿美元，此时 $c+i=8,000$ 亿美元，与总收入（总产出）相等。这说明 8,000 亿美元是均衡的收入。当收入大于 8,000 亿美元时，也会出现收入向均衡收入靠拢的情况。如收入是 9,000 亿美元，此时消费是 8,200 亿美元，投资是 600 亿美元，$c+i=8,800$ 亿美元，小于收入。也就是说总需求要是总收入（总产出）。这说明企业生产出来的产量大于市场的需求量，存货会增加。为了降低存货，增加利润，企业便会减少生产，收入会下降。从上述的描述可以看出，只有收入达到均衡水平时，既没有非计划存货投资，也没有非计划存货负投资（即存货意外减少），产量正好等于销量，存货保持正常水平，这就是企业愿意保持的产量水平。

表 3-3　　　　　　　　　　　均衡收入的决定过程　　　　　　　　　　　单位：亿美元

收入	消费	储蓄	投资
3,000	3,400	-400	600
4,000	4,200	-200	600
5,000	5,000	0	600
6,000	5,800	200	600
7,000	6,600	400	600
8,000	7,400	600	600
9,000	8,200	800	600
10,000	9,000	1,000	600

用图 3-7 也可以表示均衡价格的决定过程。

图中横坐标表示国民收入，纵坐标表示消费加投资之和。消费曲线 c 在垂直距离加上一个固定的数值（投资 i 既定）得到消费加投资曲线 $c+i$。在 45°角分线上的点表示国民收入和消费加投资相等的点，也就是总收入等于总支出的均衡点。所以 E 点即是总收入和总支出相等的均衡点，此时均衡收入为 y_0。如果收入小于均衡 y_0，也就是在 y_0 左侧的点，此时总需求 $c+i$ 大于总收入（总产出），企业库存会减少，企业会扩大生产，总产出会增加。对应在图上，就是均衡点向 y_0 靠拢。反之，在 y_0 右侧的点，也就是总需求 $c+i$ 小于总收入（总产出），企业存

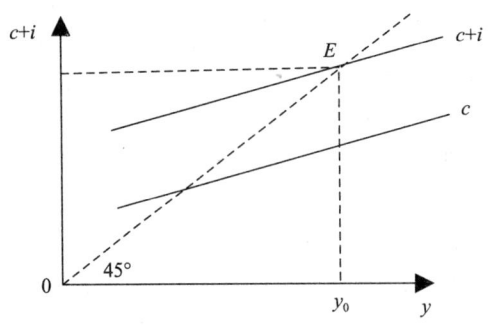

图 3-7 消费加投资曲线与均衡收入

货会增加,企业为了获得更大的利润就会减少产出。对应在图上,均衡点也会向 y_0 靠拢。也就是说,只要收入不在均衡点,企业就会扩大或收缩生产,直到回到均衡点为止。

二、使用储蓄函数决定收入

使用储蓄函数,也可以求得均衡收入。投资既定为 i,在两部门经济中,$i=s=y-c$,储蓄函数为 $s=-\alpha+(1-\beta)y$。两式联立:

$$\begin{cases} i=s=y-c \\ s=-\alpha+(1-\beta)y \end{cases}$$

求解可得均衡收入为 $y=\dfrac{\alpha+i}{1-\beta}$

这与用消费函数求得的均衡收入结果一致。

我们用图 3-8 也可以表示均衡收入形成的过程。图中,横轴表示均衡收入,纵轴表示投资和储蓄。投资既定,不随收入变动而变动,所以投资曲线是一条平行于横轴的直线。当均衡产量小于 y_0,也就是在 y_0 左侧的点,投资大于储蓄,社会上的产量会供不应求,企业存货减少,收到利润的驱使,企业会增加生产,使收入水平右移。同理,当均衡产量大于 y_0,也就是在 y_0 右侧的点,投资小于储蓄,社会上的产量供过于求,企业存货增加,会减少生产,使收入水平左移。也就是说,只要收入不在均衡点,企业就会扩大或收缩生产,直到回到均衡点为止。

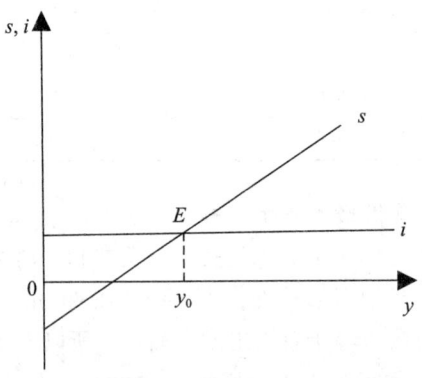

图 3-8 储蓄曲线加投资曲线与均衡收入

无论是用消费函数求得均衡收入还是用储蓄函数求得均衡收入最终得到的均衡收入是一

样的,因为它们是从同一关系中引申出来,即储蓄函数本来就是从消费函数中派生出来的。

我们用一个例子也可以说明:假设消费函数为 $c = 1,000 + 0.8y$,自发性投资为600亿美元,求均衡收入。联立方程为:

$$\begin{cases} y = 1,000 + 0.8y + 600 \\ c = 1,000 + 0.8y \end{cases}$$

求解可得 $y = 8,000$ (亿美元)。

我们也可以将消费函数转换为储蓄函数,即 $s = -1,000 + 0.2y$。

当 $i = s$,即 $600 = -1,000 + 0.2y$,$y = 8,000$(亿美元)时,达到均衡收入。

这和用消费函数求得的结果是一样的。

第五节 乘数效应

在上一节的例子中,我们求得如果自发性投资是600亿美元,均衡国民收入是8,000亿美元;若投资增加到700亿美元,用同样的方法,我们可以求得均衡国民收入是8,500亿美元。也就是说,投资增加100亿美元,均衡国民收入增加500亿美元。由此可以看出,当投资也就增加时,国民收入增长会数倍于投资的增加。这样一个规律,我们可以用乘数来解释。经济学们试图理解为什么战时大量军事开支会导致GDP的快速增长?为什么20世纪60年代和80年代的减税引发了一场时间较长的经济扩张?这些都可以在乘数理论中找到最简单的解释。乘数理论是一个用来解释如何决定短期产出水平的宏观经济理论。一般来说,自发总需求的增加会引起国民收入的增加,但是,一定量自发的总需求的增加会使国民收入增加多少,即总需求增加与国民收入增加之间量的关系如何,这正是乘数理论所揭示的内容。

乘数理论最初是由俄国经济学家杜根巴拉诺斯基等提出来的,但从未在理论上正式阐明过。1931年,英国经济学家卡恩具体地发展了这种分析,他在《经济学杂志》上发表的《国内投资与失业的联系》一文中,用就业乘数来估计投资净增量与由此引起的总就业增量之间的实际数量关系,后来被凯恩斯吸收到他的《通论》里。

乘数理论中包含多种乘数概念,这里我们首先介绍投资乘数。在存在闲置生产能力的条件下,如果自发投资一次性增加,必然会提高有效需求,引起国民收入增加,而且国民收入增加是自发投资增加的一个倍数,这就是投资乘数理论。投资乘数我们用 k 来表示。也就是

$$k = \frac{\Delta i}{\Delta y} \tag{3.13}$$

如前面的例子,自发性投资增加100亿美元,均衡国民收入增加500亿美元,增加的收入是增加的投资的5倍,也就是说投资乘数 k 是5。那么为什么投资增加100亿美元,收入会增加5倍呢?因为这100亿美元以工资、利息、利润和租金等形式流入要素所有者手中,也就是居民手中,从而居民收入增加100亿美元,也就是投资对国民收入的第一轮增加。假

定该社会的边际消费倾向 MPC 是 0.8，也就是说增加的这 100 亿美元中会有 80 亿美元用于购买消费品。于是，这 80 亿美元又以工资、利息、利润和租金等形式流入消费品的生产要素所有者手中，从而使该社会居民收入增加 80 亿美元，这是国民收入的第二轮增加。同理，这 80 亿美元里又有（$80 \times 0.8 = 64$）64 亿美元用于购买消费品，这些资金又转移到了消费品的生产要素所有者手中。这个过程不断继续下去，最后使国民收入增加 500 亿美元，其具体过程是：

$$100 + 100 \times 0.8 + 100 \times 0.8 \times 0.8 + \cdots + 100 \times 0.8^{n-1}$$
$$= 100 \times (1 + 0.8 + 0.8^2 + \cdots + 0.8^{n-1})$$
$$= 100 \times \frac{1}{1 - 0.8}$$
$$= 500 \text{（亿美元）}$$

这个式子表明投资乘数 $k = \frac{1}{1 - 0.8} = 5$。

也就是说两部门经济中，投资乘数 $= \frac{1}{1 - 边际消费倾向}$，或 $k = \frac{1}{1 - MPC}$ (3.14)

如果用 β 代表 MPC，则 $k = \frac{1}{1 - \beta}$ (3.15)

又由于 $MPS = 1 - MPC$，因此 $k = \frac{1}{1 - MPC} = k = \frac{1}{1 - MPS}$ (3.16)

由此可见，乘数大小和边际消费倾向有关，边际消费倾向越大，或者边际储蓄倾向越小，则乘数就越大。

投资增加引起收入成倍增加的乘数称为乘数正作用，减少投资会引起国民收入成倍减少，减少的规模恰好是投资减少量乘以乘数，这就是乘数的反作用。

由前面的分析我们也可以看出，乘数的大小是由边际消费倾向决定的，其效应主要反映在最初几轮消费上，因此最初几轮的实际边际消费倾向对国民收入的影响很大。乘数有正作用也有反作用。一般地，当国民经济呈现萧条的时候，要注意发挥乘数的正作用，以通过消费、投资等增量来实现国民经济的高涨；当国民经济高涨过度，呈现通货膨胀的时候，则要利用乘数的反作用，以通过消费、投资等减量来使国民经济的高涨有所收敛。

同时需要注意的是，要发挥投资乘数的作用需要具备两个条件。第一，由于投资乘数取决于边际消费倾向和边际储蓄倾向，只有当消费函数或储蓄函数在相当长时期内保持稳定，投资乘数作用才可以相当顺利的发挥出来，并且使投资乘数有一个稳定的数值，否则会引起一定程度的波动。第二，要有一定数量的劳动力和存货可以被利用，也就是在社会上各种资源没有得到充分利用时，总需求的增加才会使各种资源得到利用，产生乘数作用。如果社会上各种资源已经得到了充分利用，或者某些关键部门（如能源、原料或交通）存在着制约其他资源利用的"瓶颈状态"，乘数也无法发挥作用。

延伸阅读：恭喜你的橱窗被打破了——经济学上的乘数效应

一群无法无天的小流氓砸碎了一家商店的橱窗，然后逃之夭夭。店主自认倒霉，只好花1,000元买了一块玻璃换上。这个时候一个经济学家走过来，说要恭喜店主。正在窝火的店主见有人说风凉话，气得要打这个经济学家一顿。经济学家不慌不忙的一番解释，居然让店主目瞪口呆。

经济学家这样说，玻璃店老板因为商店橱窗的损失得到1,000元收入，假设他支出其中的80%，即800元用于买衣服，衣服店老板得到800元收入。再假设衣服店老板用这笔收入的80%，即640元用于买食物。食品店老板得到640元收入，他又把这640元中的80%用于支出⋯⋯如此一直下去，你会发现，最初是商店老板支出1,000元，但经过不同行业老板的收入与支出行为之后，所有人的总收入增加了5,000元。所以商店的橱窗被打破了是一件可喜可贺的事情。

其原因何在呢？经济学家用乘数原理回答了这一问题。

在社会经济中，增加一笔投资很可能引起国民收入成倍增加，这就是宏观经济学中的乘数效应。乘数是指最初投资增加所引起的国民收入增加的倍数。在上述例子中，最初的投资就是商店老板购买玻璃的1,000元，这种投资的增加引起的玻璃店、衣服店、食品店等部门收入增加之和为5,000元，所以乘数就是5（5,000除以1,000元）。

经济中为什么会有乘数效应呢？因为国民经济中各部门之间是相互关联的，一个部门的支出就是另一个部门的收入。如此循环下去，一个部门支出的增加就会引起国民经济各部门收入与支出增加，最终收入的增加将是最初支出增加的好几倍。

不过乘数效应也不能生搬硬套，否则就会失之毫厘，谬之千里。

2001年，美国遭遇"9·11"恐怖袭击，两栋大厦被摧毁。当美国人沮丧万分的时候，有些不知趣的经济学家却跳出来发表了一番令人哭笑不得的言论，说这次恐怖袭击对美国的宏观经济大有好处。

他们的理由是美国国会批准了400亿美元的经济预算，这些钱创造了第一轮的需求和增收，估计一年内就会见效，这个开支增加又会继续创造下一轮的需求。经济学家经过一番推算后认为，在美国经济目前不景气的时候，这400亿美元的增加开支，可以使国民经济生产总值最终增加1,000亿美元⋯⋯在一个经济已经不景气的时刻，财政开支的增加不失为一剂强心针。

这些似乎有些奇怪了，如果损失两栋大楼可以促进国民经济发展的话，美国为什么不自己动手炸掉几栋大厦？何必劳恐怖分子的大驾呢？

也有人根据乘数原理得到了相反的结论：乘数原理既然可以放大好处，也同样可以放大坏处。那几栋大楼很值钱，里面时尚的各路精英更是无价之宝，所以美国经济将会节节败退，进入恶性循环。

然而事实证明，美国经济在"9·11"之后，既没有突飞猛进，也没有一败涂地，两种结论都错了吗？或者是乘数效应错了？

（资料来源：王晓月. 恭喜你的橱窗被打破了——经济学上的乘数效应［J］. 大科技. 2006（9））

第六节 三部门国民收入理论及乘数

前面我们研究的是没有政府的两部门经济,也就是最简单的经济模型,现在我们加入政府部门,研究三部门的均衡国民收入以及相关的乘数。

一、三部门均衡国民收入决定

加入政府部门后,国民收入从总支出的角度,也就是总需求的角度来看,在消费、投资的基础上增加了政府购买,而从总收入的角度看,则在消费、储蓄的基础上增加了税收。也就是说,加入政府部门后的均衡收入应是计划的消费、投资和政府购买之总和,同计划的消费、储蓄和净税收之总和相等的收入。

注意,这里的税收是指总税收减去政府转移支付以后所得的净纳税额。税收通常有两种情况,一种是定量税,即税收量不随收入变动而变动,用 t 代表;另一种为比例所得税,即随收入增加而增加的税收量。这里我们只讨论定量税的情况。我们在这里假定政府购买支出 g 和政府税收 t 以及政府转移支付 t_r 均为外生变量,与当期国民收入水平没有关系。另外,在两部门经济中,消费函数为 $c = \alpha + \beta y$,在没有税收和转移支付时,个人可支配收入 y_d 等于国民收入 y。而加入政府部门后,税收和转移支付不为0,个人可支配收入就不再等于国民收入。个人可支配收入与国民收入的关系为:

个人可支配收入 = 国民收入 - 税收 + 转移支付

此时消费函数由 $c = \alpha + \beta y$ 变为 $c = \alpha + \beta y_d = c = \alpha + \beta(y - t)$

那么三部门经济中国民收入的均衡条件是:

$$c + i + g = c + s + t$$

消去等号两边的 c,可得

$$i + g = s + t \tag{3.17}$$

(3.16) 式即是三部门经济中国民收入的均衡条件。

我们用一个例子来具体说明。假设消费函数 $c = 1,600 + 0.75 y_d$,定量税 $t = 800$ 亿美元,自发性投资 $i = 1,000$ 亿美元,政府购买 $g = 2,000$ 亿美元,求解均衡国民收入。

这里消费函数为 $c = 1,600 + 0.75(y - 800)$,则储蓄函数为 $s = -1,600 + 0.25(y - 800)$。

由 (3.16) 均衡条件可得:

$$1,000 + 2,000 = -1,600 + 0.25(y - 800) + 800$$

可以求出,此时均衡国民收入为16,000亿美元。

我们再用图3-9进行分析。

在图3-8中,E 点即为均衡点,此时 $s + t = i + g$。在 E 点左侧的点,$i + g > s + t$,此时

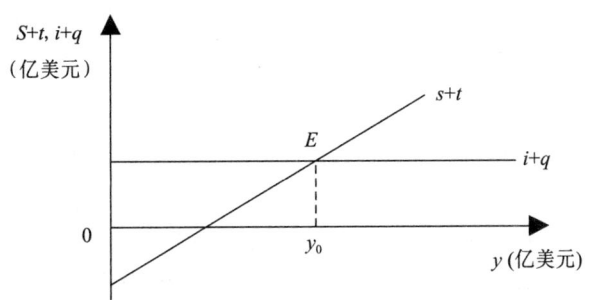

图 3-9 三部门经济收入的决定

总需求大于总收入,企业库存减少,为了追逐利润,企业会购买机器,增雇员工,扩大生产,总收入 y 会慢慢增大,也就是向均衡点靠拢。同理,在 E 点右侧的点,$i+g<s+t$,此时总需求小于总收入,企业库存增多,企业会减少生产,总收入 y 会慢慢减少,也会向均衡点靠拢。此为均衡收入调整的过程。

二、三部门经济中各种乘数

引入政府部门后,不仅存在着由于投资变动产生的乘数效应,政府购买、税收和政府转移支付的变动同样具有乘数效应。

1. 政府购买支出乘数

政府购买支出乘数是指政府购买支出变动引起国民收入变动的倍数。Δg 表示政府支出变动,Δy 表示收入的变动,k_g 表示政府购买支出乘数,则:

$$k_g = \frac{\Delta y}{\Delta g} = \frac{1}{1-\beta} \tag{3.18}$$

其中,β 表示边际消费倾向,也就是说政府购买支出乘数和投资乘数相等。这是因为投资和政府购买支出均是常数,如果其他条件不变,那么变动政府购买支出和变动投资对国民收入的影响是一样的。

2. 税收乘数

税收乘数是指税收变动引起国民收入变动的倍数。这里我们只讨论税收绝对量变动对总收入的影响,也就是定量税对总收入的影响。Δk 表示税收变动,Δy 表示收入的变动,k_t 表示税收乘数,则:

$$K_t = \frac{\Delta y}{\Delta t} = \frac{-\beta}{1-\beta} \tag{3.19}$$

三部门经济中,存在均衡等式:

$$y = c + i + g = \alpha + \beta(y-t) + i + g$$

求得均衡收入为:

$$y = \frac{\alpha + i + g - \beta t}{1-\beta} \tag{3.20}$$

如果税收 t 变动,从 t_0 变动到 t_1,则有:

$$y_0 = \frac{\alpha + i + g - \beta t_0}{1-\beta}$$

$$y_1 = \frac{\alpha + i + g - \beta t_1}{1 - \beta}$$

$$y_1 - y_0 = \Delta y = \frac{-\beta t_1 + \beta t_0}{1 - \beta} = \frac{-\beta \Delta t}{1 - \beta}$$

$$K_t = \frac{\Delta y}{\Delta t} = \frac{-\beta}{1 - \beta}$$

税收乘数为负值，这表示收入随税收增加而减少，随税收减少而增加。其原因是税收增加，表明人们可支配收入减少，从而消费会相应减少，因而税收变动和总支出变动方向相反。税收乘数的绝对值等于边际消费倾向对1减边际消费倾向之比，或边际消费倾向对边际储蓄倾向之比。税收乘数小于政府购买乘数，这一点也说明了税收对国民收入的影响与政府购买支出对国民收入影响的途径不同，前者是通过消费支出来影响总支出，而后者是直接影响总支出。

3. 政府转移支付乘数

政府转移支付乘数是指政府转移支付变动引起收入变动的倍数。政府转移支付增加，增加了人们的可支配收入，因而消费会增加，总支出和国民收入增加，政府转移支付乘数为正值。用 k_{tr} 表示政府转移支付乘数，则有：

$$K_{tr} = \frac{\beta}{1 - \beta} \tag{3.21}$$

具体的证明过程与前面乘数的证明方法类似。政府转移支付乘数与税收乘数的值相等，因为它也是通过影响消费支出来影响国民收入的，但是符号与税收乘数相反。

4. 平衡预算乘数

平衡预算乘数是指政府收入和支出以相等数量增加或减少时国民收入变动对政府支出变动的比率。

假设边际消费倾向 $\beta = 0.8$，当税收增加200亿美元时，国民收入减少800亿美元；当政府购买支出增加200亿美元时，国民收入增加1,000亿美元。这样，税收和政府购买同时增加200亿美元时，政府预算是平衡的，国民收入却增加200亿美元，即国民收入增加了一个与政府支出和税收变动相等的数量。具体推导如下：

$$\Delta y = k_g \Delta g + k_t \Delta t = \frac{\beta}{1 - \beta} \Delta g + \frac{-\beta}{1 - \beta} \Delta t$$

由于假定 $\Delta g = \Delta t$，因此

$$\Delta y = \frac{\beta}{1 - \beta} \Delta g + \frac{-\beta}{1 - \beta} \Delta t = \frac{\beta}{1 - \beta} \Delta g + \frac{-\beta}{1 - \beta} \Delta g = \Delta g$$

所以平衡预算乘数 $\frac{\Delta y}{\Delta g} = 1$

我们用 k_b 表示平衡预算乘数，其值为1。

第七节 四部门国民收入理论及乘数

一、四部门均衡国民收入决定

自从地球被称作"地球村"以来,任何一个国家都不再是孤独的,而是不同程度的与其他国家发生着这样或那样的联系。经济生活越发达,开放程度就越高,国与国之间的相互依赖性也就越强。这种开放性的经济与前面的两部门、三部门经济有明显的不同,对外贸易活动成为新的影响国民收入的因素。在开放经济中,一国均衡的国民收入不仅取决于国内消费、投资和政府支出,还取决于净出口,即:

$$y = c + i + g + nx \tag{3.22}$$

这里的 nx 表示净出口,或称贸易余额,是指一国在一定时间内的出口总值与其进口总值的差额。

$$nx = x - m \tag{3.23}$$

净出口构成一国总需求的一部分,因为需要计算如下几个概念:出口(x),即本国商品在外国的销售,这部分商品实际上是外国对本国商品的需求,来自国外的"支出";进口(m)即本国对外国的商品需求,这部分商品实际上是本国对外国商品的需求,是走向国外的"支出";净出口(nx)即国外对本国的"支出"余额,就是我们常见的"贸易顺差"或"贸易逆差"。

之所以要涉及进口的概念,是因为 $c + i + g$ 描述的是封闭经济模式下来自本国的家庭、企业和政府的全部支出,意味着这些支出全部用于消费本国生产的商品上,既没有来自国外的购买(出口)也没有本国向国外的购买(进口)。而这种现象在开放经济模式下几乎是不可能的。现实的情况是,不仅仅企业会购买外国的商品比如机器设备,政府、家庭也会购买来自国外的商品。因此,消费支出中必然有一部分支出并没有出现在国内,而是出现在其他国家,形成了他国的收入。所以应当从国内总支出中扣除进口部分的支出才是真正代表本国产品的总支出或总需求。

同其他影响国民收入的变量一样,进出口的变动也会影响国民收入。影响进出口的因素主要有国民收入水平和汇率及汇率制度。一般认为,当提高国民收入水平时,nx 会减少,而国民收入水平下降时,nx 会增加。这是因为,在 $nx = x - m$ 中,出口 x 是由外国的购买力和购买需求决定的,本国难以左右,因而一般假定是个外生变量,即 $x = \bar{x}$。反之,进口却会随本国收入提高而增加。因为本国收入提高后,人们对进口消费品和投资品(如机器设备、仪器等)的需求会增加。

除了国民收入以外,汇率和汇率制度也是影响进出口的因素。一国货币的实际购买力会影响货币的兑换比率。当本国货币与外国货币的交换比率发生变化时,进口和出口都会收到影响。同时，决定汇率的机制也会影响汇率的高低。关于这方面情况，留到本书后面讲国际经济部门的作用时再讲。这里假设其他条件不变，只讨论进口和收入的关系，这样，进口可以写成收入的一个函数：

$$m = m_0 + \gamma y \tag{3.24}$$

这里 m_0 为自发性进口，也就是不随收入变动而变动的进口，例如本国不能生产，但本国居民又必须消费的产品。γ 表示边际进口倾向（MPM），也就是增加一单位国民收入会导致进口增加多少。

$$\gamma = \frac{\Delta m}{\Delta y} \tag{3.25}$$

净出口函数为：

$$nx = x - m = x - m_0 - \gamma y \tag{3.26}$$

引入净出口函数以后，我们就可以求得四部门均衡国民收入。这里我们仍旧假定投资 i 不变，政府购买支出 g 不变：

$$y = c + i + g + nx$$
$$y = \alpha + \beta y_d + i + g + x - m$$
$$y = \alpha + \beta(y - t + t_r) + i + g + x - m_0 - \gamma y$$
$$y = \frac{1}{1 - \beta + \gamma}(\alpha + i + g - \beta t + \beta t_r + x - m_0) \tag{3.27}$$

二、四部门经济中的乘数

通过四部门经济中均衡收入决定的公式，可以得到四部门经济中的各种乘数。这里介绍对外贸易乘数。

对外贸易乘数也称出口乘数，是指出口变动引起国民收入变动的倍数。用 k_x 表示对外贸易乘数，可得：

$$k_x = \frac{\Delta y}{\Delta x} = \frac{1}{1 - \beta + \gamma} \tag{3.28}$$

由于 $\gamma > 0$，因此 $\frac{1}{1-\beta} > \frac{1}{1-\beta+\gamma}$。也就是说，引入对外投资后，不仅出口的变动，而且投资、政府支出、税收的变动对国民收入变动的影响与封闭经济相比也发生了变化。在封闭经济中，投资、政府支出增加，国民收入增加的倍数是 $\frac{1}{1-\beta}$，而在开放经济下，变成了 $\frac{1}{1-\beta+\gamma}$，乘数小了。这主要是有一部分增加的收入用到进口商品上去了。

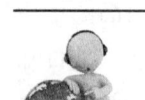

延伸阅读：经济生活中的乘数效应

在华盛顿，经济萧条的打击来得如此之快，以致没有人知道它是如何发生的。前一天人们还在享受牛奶加蜂蜜，第二天就只有馊了的乳酪和食品补贴券。这里有一种解释。

在华盛顿的一个郊区，弗吉尼亚州汤姆卡特市，雪佛兰汽车的一位推销员霍夫伯杰给利特尔顿男士服装专卖店的老板利特尔顿先生打电话，告诉他："好消息，新的'诺娃'型汽车到了，我给您和您妻子留了一辆。"

利特尔顿说："霍夫伯杰，我不能要了，我和妻子正在闹离婚。"

"非常抱歉！"利特尔顿接着说，"我今年买不起新车，和妻子离婚后，能买一辆自行车就很幸运了。"

霍夫伯杰挂断了电话。几分钟后他的电话铃响了起来。

"我是油漆匠比得切克"，电话那边的人说，"你想什么时候开始油漆房子啊？"

"我改变主意不准备漆房子了"，霍夫伯杰回答说。

"但我已经订了油漆"，比得切克说，"你为什么要改变主意？"

"因为利特尔顿要离婚，买不起新车了。"

当天晚上，比得切克回到家，妻子对他说，"从格拉德斯通电视机商店购买的新彩电到了。"

"把它退回去"，比得切克告诉妻子。

"为什么？"她质问道。

"由于利特尔顿要离婚，霍夫伯杰不准备漆房子了。"

第二天，比得切克夫人把电视机装进箱子拉回到了格拉德斯通的电视机商店："我们不想要了。"

格拉德斯通先生脸沉下来，马上打电话给他的旅行代理商桑德斯托："你给我安排了去维尔京群岛度假的计划了吗？"

"是啊，票都出好了。"

"取消掉，我去不了。比得切克刚把彩电退回来，因为霍夫伯杰没能把车卖给利特尔顿。利特尔顿正在闹离婚，他妻子拿走了他全部的财产。"

桑德斯托撕碎了飞机票，去见他的银行家格里普肖蒙："这个月我没法还贷款，因为格拉德斯通不去维尔京群岛了。"

格里普肖蒙非常生气。当鲁道梅克来为他餐桌的新厨房借款时，格里普肖蒙给他泼了一股凉水："桑德斯托都没还他借的钱，我怎么能借钱给你？"

鲁道梅克打电话给工程承包人伊格尔顿说他付不起新厨房的费用。伊格尔顿随机解雇了八个人。这时通用汽车公司宣布给新车型打折。霍夫伯杰立刻打电话给利特尔顿："好消息"，他说，"即使你离婚也买得起新车了。"

利特尔顿说："我没有要离婚啊，那只不过是个误会，我们已经和解了。"

"太好了"，霍夫伯杰说，"现在你可以买辆'诺娃'了。"

"不行"，利特尔顿说，"店里的生意这么糟糕，我都不知道为什么我还继续开门。"

"我没觉得啊"，霍夫伯杰说。

"你没意识到这一个多月我都没看到比得切克、格拉德斯通、桑德斯托、格里普肖蒙、鲁道梅克，还有伊格尔顿吗？如果他们不光顾我的店铺，我这生意怎么做？"

（资料来源：坎贝尔·麦克康奈尔. 经济学——原理、问题和政策（上）. 第14版 [M]. 北京：北京大学出版社，2000）

三、缺口理论与宏观经济失衡

这一章我们分析均衡国民收入时指出,与总支出相一致的收入为均衡国民收入。凯恩斯主义宏观经济理论认为,经济社会在任何时期都存在一个最大的国民收入水平,这个收入水平是当资源(主要是值劳动力)实现充分就业时所能生产出来的,我们称之为充分就业国民收入或潜在国民收入。从含义上看,均衡国民收入与充分就业国民收入是两个完全不同的概念。均衡国民收入可以等于充分就业的国民收入,但也可以小于或大于充分就业时的国民收入。

延伸阅读:大萧条时期的财政政策

美国经济大萧条笼罩着整个20世纪30年代,直至第二次世界大战爆发才结束。在这一时期诞生了凯恩斯主义经济学。根据凯恩斯主义经济学,扩张性财政政策,即减税和增加支出会帮助经济走出衰退,那么,凯恩斯主义的财政政策是否真的在大萧条时期被运用了吗?

根据麻省理工学院早期的经济学教授E·加里·布朗的研究,"看来在30年代财政政策似乎一直不成功的经济复苏措施——这不是因为它无效,而是因为它根本就没有被使用"。在30年代,政治家并不相信凯恩斯主义财政政策,这主要是因为他们惧怕政府预算赤字带来的后果。根据布朗的研究,在大萧条时期,只有1931年和1936年两年的财政政策具有扩张性。这两年,国会提出给老兵增加薪金,但最终却被赫伯特·胡佛和富兰克林·罗斯福总统否决了。虽然30年代政府支出是增加的,但税收收入也得到了增长,因此最终并不存在净的财政扩张。

(资料来源:阿瑟·奥沙利文,史蒂芬·M. 谢菲林. 经济学 [M]. 杜焱等译. 北京:北京大学出版社,2001:577)

当一个国家的均衡国民收入水平小于充分就业国民收入时,这个经济社会就存在过剩的生产能力,需求不足的失业就出现了。我们把这一状态称为存在通货紧缩缺口。与通货紧缩缺口正好相反,如果在充分就业国民收入水平上,总支出大于国民收入水平,此时,经济就会出现需求过度的问题。这个结果变产生了需求拉起的通货膨胀,也就是出现了通货膨胀缺口。

补充阅读:中国政府四万亿元应对 2008 年国际金融危机

(一)2008 年国际金融危机的基本情况

1. 表层原因

这次次贷危机的本质是信用危机,是由美国房地美和房利美两大房屋贷款中介发生危机引起的。这两个公司占全国房屋贷款比重过大,购房者资质越来越低,房产公司为了自己的财物流动性,又将这些贷款统一打包证券化,变为债券卖给各个投资人,在全球市场推销。以 2007 年 4 月美国第二大次级房贷公司新世纪金融公司破产事件为标志,由房地产市场蔓延到信贷市场,进而演变为全球性金融危机。

2. 深层原因

（1）长期超前消费酿成的恶果。美国长期盛行超前消费，鼓励人民买房子、买汽车、买高档消费品，银行为追求高额利润，向居民发放各种信用卡，鼓励超前消费。"用明天的钱为今天享受"。一旦经济不景气，出现大批失业者，还不出欠款，消费者的支付能力急剧下降，美国次级债凸显于世人面前，银行呆账成堆，一些投资银行面临破产境地。

（2）美国银行被高薪所累。美国银行业长期以来养尊处优，似乎是"天之骄子"。高层领导皆是高薪，年薪数百万美元比比皆是，中等白领阶层年薪也达数十万美元。银行业长期以来由于借贷额巨大，获利甚丰，掩盖了矛盾。虽然年复一年支付高薪，但尚能过得去。一旦债务人难以偿付债款，出现大量呆账，形成"三角债"。银行开始周转不灵，继而巨额亏损，只有大批裁员。

（3）美国目前缺乏新兴产业。美国多年来常有新兴产业引领世界潮流。但近十年来，美国这些领先的产业已处于徘徊状态，而世界上许多国家正在迅速追赶，电脑和手机等电子产业发展神速。美国的优势相对削弱，或者说正在逐步失去优势。

3. 总的影响

部分企业缩减规模，部分企业破产倒闭，失业增加，最终使得生产停滞，消费减少，经济发展缓慢。

（1）对美国经济的影响：危机首先对美国经济产生严重影响。美国银行破产倒闭案明显增加。据统计，2008年至2009年2月，有39家银行倒闭，其中，华尔街排名前五名的投资银行三家倒闭。金融危机必然影响实体经济。美国经济陷入衰退。

（2）对全球经济的影响：美国作为全球最大的经济体，其金融危机的蔓延，必然拖累全球经济。

（二）中国的应对措施

这次危机对中国的影响主要是对实体经济的影响。美国是中国主要的出口市场，美国经济的衰退导致我国出口市场急剧萎缩。为了应对这次金融危机，国家再次提出刺激内需，2009年实行家电下乡和汽车下乡政策，同时，在2009年和2010年两年新增4万亿元政府投资，以此对行业、产业以及增加就业岗位产生直接和间接拉动作用。

（三）中国政府四万亿元投资的影响

这次金融危机爆发以来，很多国家陆续宣布了各自的救市计划。但中国的4万亿元全部用于拯救实体经济，比美欧填"窟窿"的救市计划更加扎实。中国公布的4万亿元人民币经济刺激计划，对世界的意外影响也大大超过中国人的想象——2008年11月10日，亚太股市全面飘红，欧洲股市大幅拉升。这是全球投资者第一次向中国政府的决定集体敬礼，并给予明确的响应。在此之前中国的单个行动从没引发全球股市的普遍上涨。

我们从这个案例可以了解和认识，决定GDP增长的三大需求结构。从需求的角度看，GDP由最终消费支出、资本形成总额以及货物和服务净出口三个部分构成。GDP增长的动力主要是来自消费、投资还有出口。在出口面临大幅度下降的情况下，4万亿元救市计划旨在通过投资拉动内需，再通过拉动内需来稳定经济的增长。

（资料来源：王志伟，胡东华. 宏观经济学（西方经济学·下）[M]. 武汉大学出版社，2014）

 **本章知识总结**

1. 与总需求相等的产出称为均衡产出,或者说均衡的国民收入。在均衡产出水平上,计划或愿意的投资一定等于计划或愿意的储蓄。

2. 消费与收入的依存关系称为消费函数和消费倾向,消费倾向有边际消费倾向和平均消费倾向之分。相应地,储蓄倾向也有边际储蓄倾向和平均储蓄倾向之分。

3. 投资是未来生产能力形成的基本源泉,也是国民收入均衡分析中的一个重要变量。在本章中假定投资不变,为常数。

4. 其他的消费理论如相对收入消费理论、生命周期消费理论和永久收入消费理论都是对凯恩斯理论的补充和发展。

5. 在两部门经济中,均衡国民收入决定于 $i=s$;三部门经济中,均衡国民收入决定于 $i+g=s+t$;四部门经济中,均衡国民收入决定于 $c+i+g=c+i+g+(x-m)$。

6. 乘数理论是均衡国民收入决定中的重要内容,对于不同的领域和方面有不同的乘数。常见的乘数有:投资乘数、政府支出乘数、税收乘数、平衡预算乘数、出口乘数等。

 **复习与思考**

1. 名词解释

边际消费倾向　边际储蓄倾向　平均消费倾向　平均储蓄倾向　边际消费倾向递减规律　收入乘数　投资乘数　政府支出乘数　税收乘数　平衡预算乘数　出口乘数

2. 单项选择题

(1) 如果边际消费倾向 MPC 小于平均消费倾向 APC,那么,随着可支配收入的增加(　　)。

A. APC 下降　　　　　　　　　　B. APC 上升
C. MPC 下降　　　　　　　　　　D. MPC 上升

(2) 假定其他条件不变,厂商投资增加将引起(　　)。

A. 国民收入增加,但消费水平不变　　B. 国民收入增加,但消费水平下降
C. 国民收入增加,同时消费水平提高　D. 国民收入增加,储蓄水平下降

(3) 下列(　　)情况可能使国民收入增加的最多。

A. 政府对高速公路的抚养开支增加250亿美元

B. 政府转移支付增加250亿美元

C. 个人所得税减少250亿美元

D. 上述三种情形所增加的国民收入一样多

(4) 已知某个经济实际的均衡国民收入是5,000亿美元，充分就业的国民收入是6,000亿美元，投资乘数是4。由此可以断定，这个经济的（　　）。

A. 通货膨胀缺口等于1,000亿美元　　B. 通货膨胀缺口等于250亿美元
C. 通货紧缩缺口等于1,000亿美元　　D. 通货紧缩缺口等于250亿美元

(5) 假设某个经济目前的均衡国民收入水平为5,500亿美元，如果政府要把国民收入提高到6,000亿美元，在 MPC 为80%的条件下，应增加支出（　　）。

A. 1,000亿美元　　B. 500亿美元
C. 100亿美元　　D. 以上答案都不对

(6) 边际消费倾向与边际储蓄倾向之和是（　　）。

A. 大于1的正数　　B. 小于1的正数
C. 零　　D. 等于1

(7) 消费函数引起消费增加的因素是（　　）。

A. 价格水平下降　　B. 收入增加
C. 平均消费倾向一定为负　　D. 利率提高

(8) 下列表达式中，正确的是（　　）。

A. $APS + MPS = 1$　　B. $APC + APS = 1$
C. $APC + MPS = 1$　　D. $APC + MPC = 1$

(9) 如果边际储蓄倾向为0.3，投资支出增加90亿美元，可以预期，这将导致均衡水平 GDP 增加（　　）。

A. 30亿美元　　B. 60亿美元
C. 200亿美元　　D. 300亿美元

(10) （　　）变量对国民收入有同样大的乘数作用。

A. 政府支出和出口　　B. 消费和投资
C. 政府减税和投资　　D. 以上说法都不对

3. 简答题

(1) 能否说，如果边际消费倾向递减，平均消费倾向也一定递减；反之，平均消费倾向递减，边际消费倾向也一定递减？

(2) 能否说，边际消费倾向和平均消费倾向都总是大于零而小于1，为什么？

(3) 简述凯恩斯的绝对收入假说的主要观点。

(4) 一些经济学家经常断言，将一部分国民收入从富有者转给贫者，将会提高总收入水平，你认为他们的理由是什么？

(5) 解释相对收入假说中的"棘轮效应"。

(6) 生命周期假说中的主要观点是什么？

(7) 税收、政府购买和转移支付这三者对总支出的影响方式有何区别？

(8) 如何理解凯恩斯的"有效需求"概念？

(9) 什么是凯恩斯定律，凯恩斯定律提出的社会经济背景是什么？

4. 计算题

（1）假设经济模型为 $Y = C + I + G$，$I = 20 + 0.15Y$，$C = 40 + 0.65Y$，$G = 60$　求：Y、C、I 的均衡值；投资乘数；平均消费倾向。

（2）假设某经济社会储蓄函数为 $S = -1,000 + 0.25NI$，投资从 300 增加到 500 时，均衡收入增加多少？

（3）假设某经济中有如下行为方程：$C = 100 + 0.6DI$；$I = 50$；$GP = 250$；$NT = 100$，试求：均衡收入和可支配收入；消费支出；私人储蓄和政府储蓄；乘数 I。

（4）假定某经济社会的消费函数 $C = 30 + 0.8DI$，$NT = 50$，投资 $I = 60$，$GP = 50$，净出口函数 $NX = 50 - 0.05NI$，求：均衡收入；在均衡收入水平上净出口余额；投资乘数；投资从 60 增加到 70 时的均衡收入和净出口余额；当净出口函数从 $NX = 50 - 0.05NI$ 变为 $NX = 40 - 0.05NI$ 时的均衡收入和净出口余额 f，变动国内自发性支出 10 和变动自发性净出口 10 对净出口余额的影响何者大一些，为什么？

 名校历年考研试题

1. 试证明：平衡预算乘数等于 1。（上海财经大学 2001 年）

2. 如果政府决定削减转移支付，同时增加等量的政府购买，均衡收入水平是增加、减少还是不变？（中央财经大学 2011 年）

3. 假定自发消费为 100 亿美元，边际消费倾向是 0.8；投资是 50 亿美元，政府购买为 200 亿美元，政府转移支付是 62.5 亿美元，税率是 25%，求：
（1）如果实际收入是 2,000 亿美元，国民收入核算恒等式如何？经济如何调整？调整结果如何？（2）调整之后的政府预算结余是多少？（3）当政府减少购买 10 亿美元时，均衡收入水平是多少？（4）如果充分就业的收入水平是 2,000 亿美元，政府应该采取什么措施？（5）如果政府决定削减转移支付，同时增加等量的政府购买，均衡收入水平是增加、减少还是不变？（中央财经大学 2012 年）

4. 在三部门经济中，已知消费函数为 $c = 100 + 0.9y_d$，y_d 为可支配收入，投资 $i = 300$ 亿元，政府购买 $g = 160$ 亿元，税收 $t = 0.2y$，试求：（1）均衡的国民收入水平；（2）政府购买乘数；（3）若政府购买增加到 300 亿元时，新的均衡国民收入。（武汉大学 2000 年）

5. 假设某人从 25 岁开始工作，年收入为 50,000 元，60 岁退休，预期寿命为 85 岁，现在他已经 45 岁，试求：（1）此人的财富边际消费倾向和劳动收入的边际倾向；（2）假定此人现有财富 100,000 元，则他的年消费为多少？（南开大学 2000 年）

6. 假设某经济的消费函数为 $c = 100 + 0.8y_d$（其中 y_d 为个人可支配收入），投资 $i = 1,000$ 亿美元，政府购买支出 $g = 2,000$ 亿美元，政府转移支付 $t_r = 625$（亿美元），税率 $t = 25\%$，试求：（1）均衡国民收入是多少？（2）投资乘数和政府税收乘数分别是多少？（3）当政府将一笔支出用在政府购买上对国民收入的影响是否和将这一笔支出用在政府转移支付上对国民收入的影响一样？为什么？（对外经济贸易大学 2012 年）

第四章 产品市场和货币市场的一般均衡

> 对凯恩斯体系的灵活对待,意外地导致了新的分析概念,这也许对改进人们对世界上已发生的和正在发生的情况的理解增添了一些动力。
>
> ——希克斯

内容导读

如本书开篇所述,宏观经济学研究四部门三市场之间的关系。每个市场之间都有千丝万缕的联系。市场经济里不只有产品还有货币,不但有产品市场还有货币市场,而且两个市场是相互依存、相互影响的。凯恩斯经济学一个重要特点是说明产品市场和货币市场并非相互独立,货币对经济并非中性。本章主要用 IS-LM 模型来研究产品市场和货币市场之间的关系。这一模型是由英国学者希克斯根据凯恩斯的《通论》发展出来的。一直到现在,IS-LM 模型被大多数西方学者认为是宏观经济学最核心的理论。

本章主要知识点

- 产品市场均衡（*IS* 曲线）
- 货币市场均衡（*LM* 曲线）
- 产品市场和货币市场的双重均衡（IS-LM 模型）
- IS-LM 双重均衡的变动

 **开篇案例**

在市场经济条件下，一个国家的市场不仅有产品市场，还有货币市场。

1993年，党的十四届三中全会《关于建立社会主义市场经济体制若干问题的决定》和《国务院关于金融体制改革的决定》提出了利率市场化改革的基本设想：建立以市场资金供求为基础，以中央银行基准利率为调控核心，由市场资金供求决定各种利率水平的市场利率体系和相应的管理体系。1995年，人民银行撤销了各商业银行组建的融资中心等同业拆借中介机构。1996年1月1日，央行建立全国统一的银行间同业拆借市场，形成银行间同业拆借市场利率（China Interbank Offered Rate），标志着利率市场化正式起航。2002年，党的十六大报告重申"稳步推进利率市场化改革，优化金融资源配置"。人民银行统一了中外资金融机构外币利率管理政策，实现中外资金融机构在外币利率政策上的公平待遇。2003年，党的十六届三中全会《关于完善社会主义市场经济体制若干问题的决定》进一步指出"稳步推进利率市场化，建立健全由市场供求决定的利率形成机制，中央银行通过运用货币政策工具引导市场利率"。2003年7月，放开了英镑、瑞士法郎和加拿大元的外币小额存款利率管理，由商业银行自主确定。2003年11月，对美元、日元、港币、欧元小额存款利率实行上限管理，商业银行可根据国际金融市场利率变化，在不超过上限的前提下自主确定。2003年11月，商业银行农村信用社可以开办邮政储蓄协议存款（最低起存金额3,000万元，期限降为3年以上不含3年）。1996年以后，先后放开了银行间拆借市场利率、债券市场利率和银行间市场国债和政策性金融国债的发行利率；放开了境内外币贷款和大额外币存款利率；试办人民币长期大额协议存款；逐步扩大人民币贷款利率的浮动区间。尤其是2004年，利率市场化迈出重要步伐：再次扩大了金融机构贷款利率浮动区间；实行了再贷款浮息制度；放开了商业银行贷款利率上限，城乡信用社贷款利率浮动区间扩大到0.9%—1.7%，实行人民币存款利率下浮制度。此后浮动区间逐渐扩大。

这些政策措施都充分说明利率市场化是建设市场经济体制、发挥市场配置资源作用的重要内容。但是货币市场不可能割裂存在，就像产品市场不可能单独存在一样。两个市场之间有着千丝万缕的联系。它们之间有什么联系？通过什么联系起来？对经济发展有怎样的影响，是本章要解决的问题。

（资料来源：祁华清. 宏观经济学［M］. 清华大学出版社，2007）

第一节 IS 曲 线

产品市场均衡是指产品市场上总供给和总需求相等。之前我们学习过两部门均衡，即投资等于储蓄（$I = S$），所以我们用IS曲线来描述产品市场的均衡。在上一章国民收入决定的简单模型里,投资只是简单作为一个既定的外生变量参与总需求的决定。但是在现实生活中,投资是会变化的。这一节我们首先来研究一下这些投资数额的变化与什么有关。

一、投资的决定

决定投资的因素有很多,主要的因素有实际利息率水平、预期收益率、投资风险以及企业股票的市场价值。注意经济学里所说的投资,是指社会实际资本的增加,如厂房、存货的增加、新建住宅等。

(一)实际利息率水平

一个企业在进行决策投资时,首要考虑的该项投资的预期收益率与借入资金所必须付出的价格即利率之间的差。若大于零,投资是值得的。因此在投资的预期收益率既定时,企业是否进行投资,首先就取决于利率的高低。注意,这里我们考虑的是实际利息率,即名义利息率减去通货膨胀率。当实际利息率上升时,企业借入资金需要付出的价格变高,投资需求减少;当实际利息率下降时,企业借入资金需要付出的价格变低,投资需求增加,所以投资是实际利息率的减函数。可以表示如下:

$$i = i(r) = e - dr \tag{4.1}$$

其中 e 称作自主投资,即不依存利率的变动而变动的投资,也就是说即使实际利息率 r 为零时也有的投资量。d 是投资对利率的敏感度,大于零,$-dr$ 表示投资需求中与利率有关的部分,且为负相关。我们可以画出投资需求曲线,如图 4-1 所示。

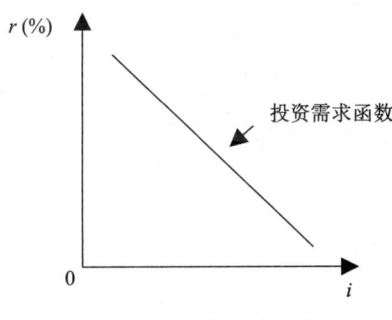

图 4-1 投资需求函数

延伸阅读:住房需求是投资

在许多人的观念中购买住房是一种消费,与购买冰箱、彩电、汽车一样。在经济学家看来,购买住房实际是一种投资行为,即投资于不动产。

为什么购买住房不是消费而是投资呢?我们先从这种购买行为的目的来看。消费是为了获得效用,例如购买冰箱、彩电、汽车等都是为了使满足程度更大,消费不会增值,但投资是为了获得利润,或称投资收益。在发达的市场经济中,人们购买房子不是为了住或得到享受(如果仅仅为了住可以租房子),而是作为一种投资得到收益。住房的收益有两个来源。一是租金收入(自己住时所少交的房租也是自己的租金收入),二是房本身的增值。土地总是有限的,因此,从总趋势来看,房产是升值的。正因为这样,许多人把购买住房作为一种收益大而风险小的不动产投资。

把住房作为消费还是投资在经济学家看来是十分重要的，因为决定消费与投资的因素不同。在各种决定消费的因素中最重要的是收入，但在决定投资的各种因素中最重要的是利率。因为利率影响净收益率。只有利率下降，收益率提高，人们才会投资，而且只要净收益率高，就愿意借钱投资。因此，要投资就要降低利率。如果经济政策的目标是刺激人们购买住房，关键不是增加收入，而是降低利率。

(资料来源：曼昆. 经济学原理［M］. 北京大学出版社，1999)

(二) 资本边际效率

资本边际效率（MEC）是凯恩斯提出的一个概念，是一种贴现率，这种贴现率正好使一项资本物品在使用期内各预期收益的现值之和等于这项资本品的供给价格或者重置资本。

凯恩斯在《就业、利息和货币通论》中用相当多的篇幅讨论投资引诱。投资引诱理论是该书的最重要的部分。按照凯恩斯的看法，只有资本资产的预期收益超过资本资产的供给价格或者重置成本，继续投资才是有利可图的，才能对资本家产生投资引诱。

(三) 预期收益

上述两个因素是从投资使用的资金成本角度探讨投资需求，而预期收益的高低是在进行项目投资时必须要考虑的另一个因素。影响这种预期收益的因素也是多方面的，包括对投资项目的产出需求预期、产品成本和投资税抵免等。需求预期是指企业在投资时会首先考虑市场对该项目的产品在未来的需求情况，如果需求旺盛，企业会考虑增加投资。投资的预期收益在很大程度上也取决于产品成本尤其劳动者的工资成本。在其他条件不变时产品成本上升会降低企业利润，减少投资预期收益，反之产品成本下降会增加企业利润，增加投资预期收益。政府是否有大力度的投资优惠政策也是影响投资预期收益的因素。如政府为刺激经济宣布某一年实行投资减免，则该年的投资可能大幅度增加。

(四) 投资风险

投资是现在的事情，而受益是未来的事情，所以未来的结果如何总有不确定性，即投资风险。一般说来，整个经济在趋于繁荣时，企业会对未来更看好，从而认为投资风险较小；而经济呈下降趋势时，企业对未来看法会悲观，会感觉投资风险较大。

(五) 企业股票的市场价值

除了以上影响因素以外，美国经济学家托宾（J. Tobin）提出了股票价格会影响企业投资的理论。按照他的说法，企业的市场价值与其重置成本之比，可作为衡量要不要进行新投资的标准，他把此比率成为"q"，也就是 q = 企业的股票市场价格/新建企业成本。如果 $q<1$，说明够买旧企业比新建企业便宜，所以企业会选择购买旧企业，不会选择新投资；如果 $q>1$，说明新建企业比购买旧企业便宜，所以会产生新投资。

以上介绍了几种投资需求理论，这里我们主要把投资当做利率的函数来讨论 IS-LM 模型。

经济学家小传：托宾

美国经济学家詹姆斯·托宾（1918—2002）生于美国伊利诺伊州的香潘，就读于哈佛大学。1940 年取得文学硕士学位，1947 年取得博士学位。1946—1950 年，在哈佛大学的经济系和社会系任教,1950 年转入耶鲁大学。1961 年脱离教学工作,担任美国肯尼迪总统的经济顾问。1962 年转回耶鲁大学任教。1968—1969 年、1974—1978 年任耶鲁大学经济系主任。此外,他还担任众多的社会职务,1957 年和 1958 年分别担任经济计量学会的副会长和会长,1970—1971 年担任美国经济学会会长。1981 年获得诺贝尔经济学奖。主要著作有:《美国商业信条》(The American Business Greed,与 E. S. 哈里斯合著,1956)、《国民经济政策》(National Economic Policy,1966)、《经济学论文集:宏观经济学》(Essays in Economics:macroeconomics,1971)、《十年来的新经济学》(The New Economics One Decade older,1974)《经济学论文集:消费和经济计量学》(Essays in Economics:Consumption and Economics,1975)。主要论文有:《动态总量模型》(A Dynamic Aggreyative model)、《作为对风险行为的流动偏好》(Liquidity preference as behavior towards risk)、《货币、资本和其他价值储备》(Money,capital,and other stores of value)、《货币与经济增长》(Money and economic growth)等。

  托宾的学术成果众多,范围广泛。从经济学流派来说,他是凯恩斯主义在美国最突出的代表人物之一。他最重要的理论研究成果集中在宏观经济理论和货币理论方面。托宾是较早地运用宏观经济理论分析经济问题的学者。早在 20 世纪 40 年代后期,他就发表过这方面的著作。特别是他的资本构成理论,是一项开创性的研究成果,在西方被认为是奠定了现代金融理论基础的一项成就。所谓资本构成选择理论就是在各种资产所构成的社会总财富中,研究如何选择各种资产的构成的最佳比例的理论。他认为,要选择最佳的资产构成,必须首先规定社会财富资产中的项目,相应于这些项目,存在各种收益率。托宾甚至把各种物质资本也包括在资本构成选择理论中。而且认为也存在这些资本的相应的收益率。据此,他认为,每一种资产都存在一个市场,因此,他建立了一系列金融部门模型。在这些模型中,最重要的变量就是估计率,也即托宾模型当中所谓的 "q",它是对某项资产的市场估价与其重置成本价值的比。托宾认为,正是这个估价率,衡量了投资刺激的大小。而对资产的评价,也就是这个 "q" 的值取决于这项资产的供求。对这项资产的需求取决于该项资产的收益相对于可能得到的其他资产的收益所进行的比较。首先这一理论对宏观经济理论有一定意义,强调存在各种各样的资产,而这正是现代市场经济存在各种各样的金融部门的复杂情况的反映。托宾的模型中所运用的 LM 曲线,不再只是对货币市场均衡状况的描述,而是整个金融部门均衡状况所显示出的结果。其次,如果货币经济学用一系列的资产来进行处理,就可以把各种资产的集合进行分类,统一称它们为货币,从而在西方经济学当中在货币定义问题上遇到的麻烦,就可能以统一的方式给予处理。

  托宾的资本构成选择理论是他独创性地把一般均衡分析用于分析重大理论问题的一个实例。他还应用一般均衡分析方法,对实际市场和金融市场如何相互作用进行了分析。托宾的研究还涉及经济增长与波动的重大问题,并为这些理论问题的最终解决作出了贡献。此外他还发展了新的统计技术和经济计量方法,对社会的贫困和失业问题所采取的社会政策提出了有远见的看法。

  "不要将你的鸡蛋全部都放在一只篮子里。"——詹姆斯·托宾

(资料来源:杨德明. 詹姆斯·托宾 [J]. 世界经济,1979 (1))

 **延伸阅读：中国投资函数的特征**

中国投资函数，有如下特征：

(1) 投资空间巨大。中国是一个人口众多、幅员辽阔、资源总量丰富的大国，自改革开放来一直维持着较高的 GDP 增长率。经济的快速成长，决定了中国投资空间极其巨大。一是体现在行业规模上，目前，相对于发达国家来说，中国的许多行业刚刚兴起，行业中企业数量少、规模小，远远不能满足国内巨大的需求缺口，行业中巨大的空白留给各个企业投资和发展的空间；二是在行业发展的质量水平上，相对于发达国家各个行业技术相对成熟的局面，中国白手起家，很多行业发展的起点低，技术水平落后，各个行业之中不仅存在着规模经济的增长，更具有结构调整、技术投资的增加和经济质量水平提高的巨大空间。由此可以预见，在如此巨大的空间和利益的诱惑下，中国将在未来较长时期内继续保持投资的较快增长。

(2) 投资主体的多元化。经过 30 多年的改革开放，中国已经由计划经济时代几乎完全由政府包揽所有投资转变为政府投资、国内私人投资、外商投资等多元化投资格局。并且，私人投资从"资本主义的尾巴"转变为享受"国民待遇"的市场主体，再到今天私人投资对 GDP 的贡献逐渐增大，私人投资发挥着越来越重要的作用。

(3) 国内资本市场发育不成熟。企业的投资活动需要从资本市场上获得稳定的支持。一方面，目前除政府和外商投资以外，国内私人投资一般多依靠自有资金和银行贷款，只有一小部分通过股市筹资。国内居民个人投资股市的资金也只占一个较小的比例，整个证券市场规模还有待扩大，操作管理不够规范，内控机制不完善，抗风险能力差，再加上投机气氛浓重，导致了证券市场不健康发展，使企业难以从股市获得资金的支持，闭塞了其资金支持的渠道，使其只能更加倚重贷款。另一方面，在贷款方面，相对于国企，在同等贷款利率和担保的情况下，私人企业难以获得银行的贷款，尤以中小企业为甚，而这些企业则更需要资金的扶持，用于企业自身的发展壮大。总的来说，中国资本市场目前尚处于发育阶段，有待进一步完善。因此，在促进投资方面，货币政策的效应比较微弱。

(4) 国内政策的变化。不同时期国内投资政策也不相同。1978 年 12 月党的十一届三中全会拉开了我国经济改革的序幕，1978 年至 2002 年 10 月为前转型时期，在此时期，我国主要实行的是速度型投资政策。2002 年 11 月党的十六大和随后的十六届三中全会之后为后转型时期，我国的社会主义经济体制改革以建立完善的社会主义市场经济体制为目标。在此时期，政府采取效益型的投资政策，以追求高效率、低成本、可持续发展与充分就业为主要目标，稳定投资总量，优化投资结构，强化投资调控，提高投资效益。

(5) 投资结构呈劳动密集型特点。我国拥有世界上最丰富的人力资源，劳动供给数量极其庞大，因而中国工资总体水平显著低于一般发达国家，这已成为目前中国吸引外资的一个重要因素。由于工资相当低，一般企业在进行投资时，往往更多地倾向于使用劳动力资源，从而使投资总体结构呈现劳动密集型特点，这种劳动密集型投资，首先会相对减少机器设备等资本品的投资需求，不利于资本品的生产及发展。

(6) 投资比较分散，目前中国投资总量比较大，但投资流量相对分散。首先，一般企业规模普遍偏小；其次，中国投资的地区分布不均衡。改革开放以来，中国东部沿海地区发展比较快，包括政府投资、国内私人投资和外商投资都大量集中于东部沿海省区，使东部沿海地区经济快速发展，而广大中西部地区投资则严重不足。有鉴于此，中央政府于20世纪90年代末作出了西部大开发的战略决策，促使相当数量的投资转向西部地区。

(7) 教育和住房投资是拉动中国"投资"的两驾马车。

上述多方面的原因，决定了中国投资函数比较复杂，不宜简单地套用西方经济学中投资函数的模式。特别是政府投资，仍然在中国"投资"中起着决定性作用。近年来，数千亿元的国债投资在拉动经济增长、促进私人投资方面所起的作用是有目共睹的。再如中国由于资本市场发育不成熟，因而利率对投资的调节作用也比较有限，这些都不同于西方发达国家。

(资料来源：武拉平. 宏观经济学案例集 [M]. 北京：中国人民大学出版社，2012.)

二、IS 曲线

IS 曲线表示产品市场均衡时，利率与国民收入之间的关系。所谓产品市场均衡是指产品市场上总供给与总需求相等。

(一) IS 曲线及其推导

我们以两部门经济为例，介绍 IS 曲线的两种推导方法：代数方法和几何方法。

1. 代数方法

两部门经济包括家庭和企业。如前所述，家庭的消费函数为 $c = \alpha + \beta y$（其中 α 为自主消费，β 为边际消费倾向，α 和 β 均为正值），投资函数为 $i = e - dr$。依据总收入等于总支出的均衡条件：

$$y = c + i$$

$$\Rightarrow y = \alpha + \beta y + e - dr。$$

$$\Rightarrow y = \frac{\alpha + e - dr}{1 - \beta}$$

$$\Rightarrow y = \frac{\alpha + e}{1 - \beta} - \frac{d}{1 - \beta} r \tag{4.2}$$

显然，这是一个线性方程。等式右边第一项是一个常数。因为 $d > 0$, $0 < \beta < 1$，所以第二项中的 $\frac{d}{1-\beta} > 0$，即 y 与 r 之间存在反向关系。这一公式表达了产品市场的均衡条件，也就是说要使产品市场保持均衡，即储蓄等于投资，则均衡的国民收入与利率之间存在着发方向变化的关系。

图 4-2 表达了这两者的关系。以 r 为纵轴，y 为横轴画出的一条向右下方倾斜的斜率为负的直线，线上每一点都代表一定的利率和收入的组合。这些组合满足产品市场均衡的条件，投资等于储蓄（$i = s$），因此这条曲线称为 IS 曲线。

2. 几何方法

西方学者也常用四象限图来描述 IS 曲线的推导过程。

在图 4-3 (a) 中任取一个利息率如 r_1，则可以得到对应的投资量 i_1。由图 4-3 (b)

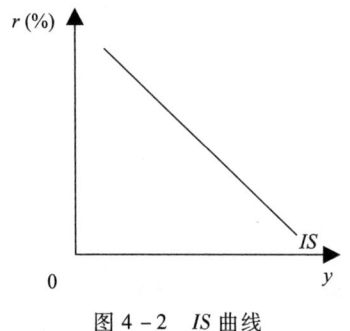

图 4-2 IS 曲线

投资储蓄均衡可以得到对应的储蓄量 s_1。由图 4-3（c）又可以得到对应的国民收入 y_1。这样可以在图 4-3（d）得到一个利率与均衡收入的组合点（y_1，r_1）这个点就是投资等于储蓄即产品市场均衡时的利息率和国民收入的组合点。以类似的方法，可以得到不同的利率和均衡收入的组合点。把这些组合点连接起来，可以得到一条曲线。这条曲线就被称为 IS 曲线。

在 IS 曲线上的任何一点都表示产品市场的一个均衡状态，意味着不在 IS 曲线上的点代表着产品市场处于非均衡状态。例如图 4-3（d）中的 A 点，处于 IS 曲线的左下方。它对应的利息率为 r_2，比均衡利息率 r_1 低。由投资需求和利息率成反比可知，r_2 决定的投资量比均衡投资量高。因为 A 点是在 IS 曲线左下方任意取的，也就是说凡是在 IS 曲线左下方的点，$i>s$。同理，凡是在 IS 曲线右上方的点，如 B 点，$i<s$。

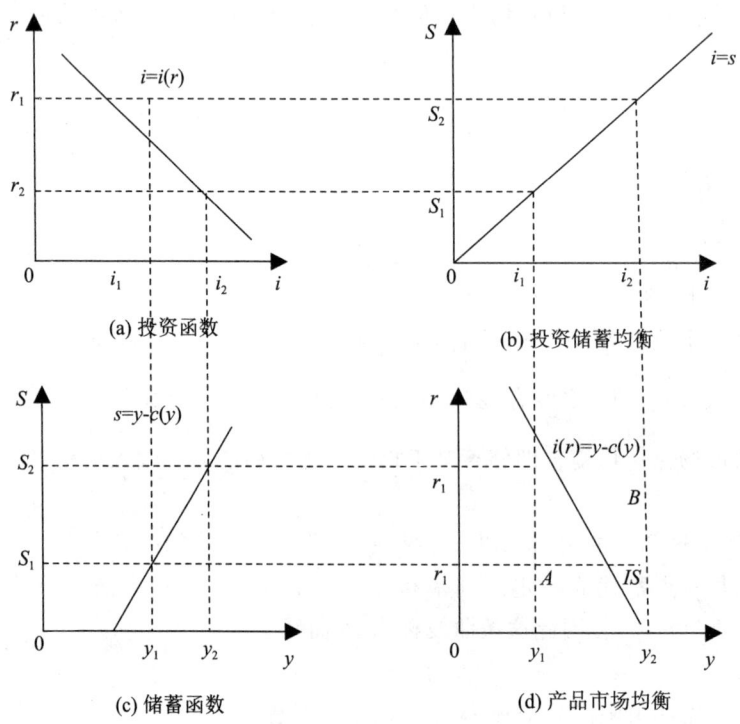

图 4-3 IS 曲线推导

(二) IS 曲线斜率大小影响因素

IS 曲线的表达式 $y = \frac{\alpha + e}{1 - \beta} - \frac{d}{1 - \beta}r$ 可以转化为 $r = \frac{\alpha + e}{d} - \frac{1 - \beta}{d}y$。由此可以看出，IS 曲线的斜率取决于边际消费倾向 β 和投资对利息率的反应程度 d。

如果 β 值越大，则 $1 - \beta$ 越小，IS 曲线斜率的绝对值会越小，IS 曲线越平缓；反之，如果 β 值越小，则 $1 - \beta$ 越大，IS 曲线斜率的绝对值会越大，IS 曲线越陡峭。

如果 d 值越大，则 IS 曲线斜率的绝对值会越小，IS 曲线越平缓；如果 d 值越小，IS 曲线斜率绝对值会越大，IS 曲线就越陡峭。

在三部门经济中，由于存在税收和政府支出，消费是可支配收入的函数。但是由于我们这里只讨论定量税，所以 IS 曲线斜率的绝对值仍是 $\frac{1 - \beta}{d}$。只有在比例所得税情况下，此时 $c = \alpha + \beta(1 - t)y$（式中 t 表示边际税率，即增加的税收在增加的收入中的比率），上述 IS 曲线斜率绝对值就相应变为 $\frac{1 - \beta(1 - t)}{d}$。

在这种情况下，IS 曲线的斜率除了与 d 及 β 有关外，还与税率 t 的大小有关；当 d 和 β 一定时，税率 t 越小，IS 曲线越平缓；t 越大，IS 曲线会越陡峭。这是因为在边际消费倾向一定时，税率越小，乘数会越大；税率越大，乘数会越小。

(三) IS 曲线的移动

我们仍以两部门 IS 曲线为例。根据 IS 曲线的表达式 $r = \frac{\alpha + e}{d} - \frac{1 - \beta}{d}y$ 可知：

(1) 如果自发性支出 $\alpha + e$ 增大，IS 曲线纵截距变大，IS 曲线向右平移；反之，向左平移。

(2) 如果边际消费倾向 β 增大，IS 曲线斜率绝对值会变小，IS 曲线变得更平缓；反之，更陡峭。

(3) 如果投资对利息率的反应程度 d 增大，即投资对利息率更敏感，IS 曲线斜率绝对值会变小，IS 曲线变得更平缓；反之，更陡峭。

延伸阅读：2013 年投资铁路 6,500 亿元，拉动钢材消费多少亿吨？

2012 年，铁路部门完成固定资产投资 6,309.8 亿元，是"十二五"年均投资规模的 1.3 倍。在 2012 年全国铁路工作会议上，盛光祖提出的计划是，2012 年安排固定资产投资 5,000 亿元。经测算，铁道部对固定资产投资比计划高出 26.2%。盛光祖在报告中说，根据"十二五"后三年铁路建设规划，2013 年全国铁路安排固定资产投资 6,500 亿元，其中基本建设投资 5,200 亿元、投产新线 5,200 公里以上。

（资料来源：2013 年需要完成铁路投资 6,000 亿—6,500 亿元，人民网．finance.people.com.cn

第二节 利率的决定

如前所述,利率决定投资,并且影响国民收入。那么利率本身又是如何决定的呢?凯恩斯认为利率不是由储蓄和投资决定的,而是由货币的供给量和对货币的需求量决定的。货币的实际供给量一般由国家控制,是一个外生变量。所以要研究利率如何决定需要分析货币需求。

一、货币需求

现实生活中,人们可以选择以各种不同方式持有货币。所谓货币需求,人们愿意持有货币而放弃持有其他的生息资本。它实质上是反映了人们对资产持有形态的选择。那么人们为什么要持有不生息的货币呢?经济学说史上有很多的解释。

如古典学派的货币数量论。美国经济学家欧文·费雪的古典货币数量论概括了交易需要与货币需求的关系,提出了著名的费雪交易方程式:$MV = PT$。这里 M 是一定时期内流通的货币数量,V 是货币的流通速度,P 是价格水平,T 是该时期商品和服务的交易量,所以 PT 表示商品和服务交易的总价值。由于交易量数据难以获得,通常用国民收入代替交易量,即方程式变为:$MV = PY$。其中 Y 是一定时期内不变价格表示的国民收入,而 PY 则是名义国民收入。货币流通速度 V 取决于交易习惯、信用、支付技术条件等,与流通中的货币量无关,在短期内变化不大。这个方程式可变形为 $M = (1/V) \times PY$。这表示货币需求与名义国民收入有关,名义国民收入越高,货币需求量越大,名义国民收入越低,货币需求量越小。

这里我们主要介绍凯恩斯的货币需求理论。

货币需求,又称流动性偏好。是指由于货币具有使用上的灵活性,所以人们宁可牺牲利息收入而储存不生息的货币来保持财富的心理倾向。凯恩斯认为人们之所以持有货币主要是出于三种动机,即交易动机、预防动机和投机动机。

第一,交易动机。交易动机是指个人和企业为了进行日常正常的交易活动而在手头上保留的货币。这部分货币对于个人和家庭来说是作为日常支出的费用,对于厂商来说则是周转资金。由于收入和支出在时间上不同步,比如人们往往一个月一次性领取工资,而通常交易则发生在一个月中的每一天,所以人们必须手头留有一部分货币。按照凯恩斯的说法,出于交易动机的货币需求量与利息率无关,主要取决于收入。一般来说,收入越高,人们为交易动机而持有的货币就越多,反之亦然。

第二,预防动机或称谨慎动机。预防动机是指人们为了应付意外支出而保留的一部分货币。由于人们无法准确预测未来一段时间难以避免的事件,如疾病、失业或其他天灾人祸,所以必须要事先持有一定数量的货币。在人们对待风险态度既定的条件下,由于预防动机而形成的货币需求仍与收入水平有关,大体成正比。一个有较高收入的人有必要且有能力比低收入者持有更多的货币以防意外需求。

由于上述两个动机所需要的货币都与收入有关，且成正比，为了简化分析，我们把这两个动机归于一类，用 L_1 表示，可以简称为交易性需求。交易性需求与收入有关，成正比。

$$L_1 = L_1(y) = ky, k > 0 \tag{4.3}$$

其中 k 表示上述两个动机所需货币量与实际收入的比例关系。如图 4-4 所示。

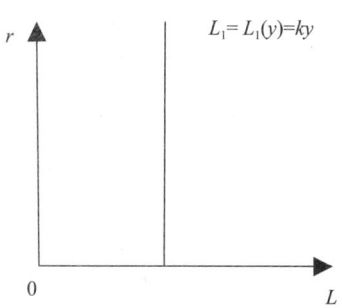

图 4-4 货币的交易需求

因为货币的交易需求与利息率无关，所以 L_1 曲线垂直于横轴。

第三，投机动机。投机动机是指人们为了抓住购买有价证券的有利时机而持有一部分货币的动机。在实际生活中，有价证券的价格与预期收益成正比，与市场利率成反比。也就是说，利息率越高，有价证券的价格越低，预期上涨的可能性越大，这时候人们更愿意买进有价债券，因而人们手中出于投机动机的货币量就会减少。反之，利息率越低，有价证券的价格越高，预期下降的可能性越大，这时候人们会抛出债券，手中出于投机动机的货币量就会增加，等待更有利的投机机会。这表明货币的投机动机取决于利率，并且和利率成反比。

如果用 L_2 表示货币的投机需求，货币投机需求和利率的关系可表示为：

$$L_2 = L_2(r) = -hr, h > 0 \tag{4.4}$$

h 是货币投机需求的利率系数，负号表示投机需求与利率变动的负向关系。

随着利率越来越高，人们的投机需求货币量会越来越小。但是当利率极高时，人们认为利率不会再上升，有价证券的价格不会再下降，因而所有持有的货币会全部购入有价证券，此时投机需求货币量为零。反正，随着利率越来越低，人们的投机需求货币量会越来越大。但是当利率极低时，人们认为利率不会再下降，有价证券的价格不会再上升，此时人们会抛出所有的有价证券，全部换成货币，也就是说此时投机需求的货币量会无限大。人们不管有多少货币都愿意持在手中，这种情况称为凯恩斯陷阱或流动偏好陷阱。凯恩斯陷阱是凯恩斯提出的一种假设，是指当一定时期的利率水平降低到不能再低时，货币的投机需求弹性会变得无限大，即无论增加多少货币，都会被人们储存起来。货币的投机需求如图 4-5 所示。

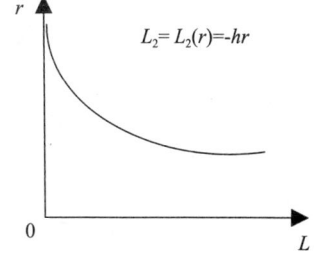

图 4-5 货币的投机需求

投机需求与利率负相关。随着利率的下降，货币投机需求增大，即货币的投机需求曲线是一条向右下方倾斜的曲线。随着利率的不断下降，货币的投机需求增加，最后为水平状，即流动偏好陷阱。

 **延伸阅读：日本90年代末陷入流动性陷阱及原因**

日本是首个掉入流动性陷阱和长期通缩的主要工业国。日本在资产泡沫破灭后曾持续减息以期提振经济，却在20世纪90年代掉入流动性陷阱。名义利率在1999年下降至零，但物价进入通货紧缩状态，日本央行此时已无法通过减息降低实际利率。经济陷入十余年的长期低迷，失业率持续上行。

日本陷入流动性陷阱并在相当长时间内经济持续低迷可从信贷的需求与供给两方面来解释。需求方面与美国现状非常相似。第一，资产泡沫破灭是导致投资需求不振的直接原因。由于对未来经济的过度乐观，日本80年对房地产及股市过度投资。而随着房地产及股市泡沫的破灭，日本家庭及企业的资产负债表急剧恶化。至2000年，土地价格从1991年的高位下降了35%，商用土地价格跌幅超过50%。股市在1992年中期时已较1989年年底暴跌60%，此后资产价格的长期不振也抑制了其投资房市和股市的意愿。此外，对实体经济的过度投资亦导致泡沫破灭后的产能过剩，产能利用率大幅下滑带动企业投资显著萎缩。尽管在1997年和2000年产能利用率有所反弹，但主要是由于外部需求带动。由于日本内需依然低迷，产能利用率仍远低于90年代初的高位。过度投资在相当长的时间内难以被消化，直接导致企业投资及贷款需求不振。

第二，人口红利拐点的出现是造成投资需求疲软的长期性因素。根据联合国的数据，日本老龄人口赡养比例从80年代末起大幅度上升，至2025年将达到50%。人口老龄化将造成工作人口的萎缩。那么即便资本存量保持不变，单位资本对应的劳动力也在下滑，直接造成了预期资本回报率下降，并抑制了投资意愿。

从供给方面来看，一方面，资产负债表的恶化大大限制了银行信贷的供给能力。股市与楼市等资产泡沫的破灭给银行带来大量的不良资产，银行与企业的交叉持股又加剧了银行资产负债表的恶化。从90年代中期开始日本银行资产不断萎缩，而Tankan银行借款指数亦在10年内趋于下行。至1999年3月，银行不良资产达到44.6万亿日元，占当时GDP的9%。由于大量拨备，银行税前收益也自1997年变成巨额亏损。另一方面，从90年代中期开始银行体系大量的不良资产加上金融市场巨大的市场风险使银行的放贷意愿下降。同时由于经济景气度下降，银行对贷款发放相当谨慎。因此，尽管日本央行不断放宽货币政策，将利率降至接近零的水平，但仍无法促进贷款的显著增长，M_2增速显著低于M_0，显示货币乘数大幅下降，以致经济掉入流动性陷阱。

(资料来源：美国会陷入通缩吗？日本的前车之鉴 [R]. 中金公司研究部报告. 中国国际金融有限公司，2008.10)

我们已经分别介绍了人们持有不生息的货币的三种动机，把这些货币相加，即得到了货币总需求。

货币总需求函数可以描述为：

$$L = L_1 + L_2 = L_1(y) + L_2(r) = ky - hr, \quad k > 0, \quad h > 0 \tag{4.5}$$

货币总需求的图形为：

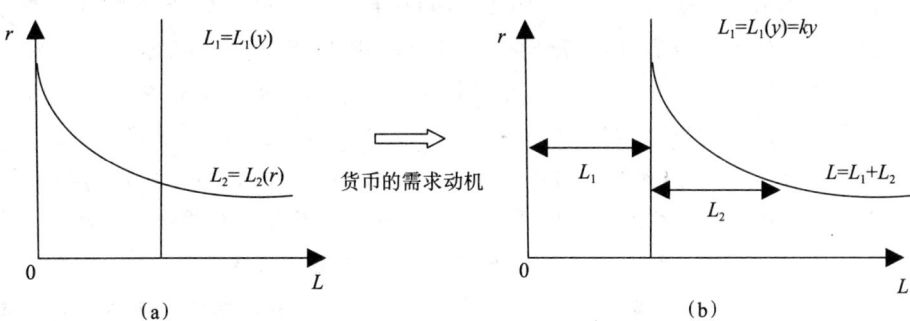

图4-6 货币需求曲线

延伸阅读

马明和小欣是一对感情不错的情侣,今年同时从一所名牌大学毕业。驼明进了某国家机关,待遇很是不错,每个月可以拿5,000元左右的工资。小欣进了一家国际贸易公司,做对外贸易工作,她的工资和奖金加在一起,每个月大概有1万元。看来这对情侣的前途一片光明。不过前几天,他们为了将来存钱的问题着实大吵了一架。

马明认为现在他们刚刚大学毕业,虽然单位都不错,工资也不低,但将来用钱的地方还很多,所以要从毕业开始,除了留下平常必需的花费以及预防发生意外事件的钱外,剩下的钱要定期存入银行,不能动用,这样可以获得稳定的利息收入,又没有损失的风险。而小欣大概是受在外企的工作环境的影响,她以为,上学苦了这么多年,一直过着很节俭的日子,现在终于自己挣钱了,考虑那么多将来干什么。她说发下工资以后,先要买几件名贵的服装,再美美地吃上几顿。然后她还想留下一部分钱用来炒股票,等着股市形势一好,立即进入。大学时看着别人炒股票她一直很羡慕,这次自己也要试试。但驼明却认为中国股市行情不太稳定,运行不规范,所以最好不进入股市。如果一定要做,那也只能投入很少的钱。

上述这样的情境,我们在生活中经常遇见。它说明人们持有货币主要是出于三个动机,即交易动机、谨慎动机和投机动机。

继凯恩斯货币需求理论以后,鲍莫尔和托宾等经济学家建立了更精确的理论来解释和修正凯恩斯提出的三个动机。货币学派的代表人物弗里德曼则扩大了资产的选择范围,把债券、股票及各种实物资产都列为替代货币的资产,从而得到了与凯恩斯完全不同的结论。他认为货币需求量是由财富总量、人力财富与非人力财富的比例、持有货币的预期报酬率、其他资产的报酬率等因素共同决定。

经济学家小传:费里德曼

美国经济学家米尔顿·弗里德曼(1912—2006)是当代著名的经济学家,货币主义的创始人。1976年诺贝尔经济学奖获得者。

弗里德曼于1912年出生在纽约城,是贫穷的犹太移民的儿子。20岁时,在拉特格斯大学获文学学士学位,1933年在芝加哥大学获文科硕士学位。在1934—1935年,任芝加哥大学社会科学研究委员会研究助理。在 1935—1937 年，任美国国家资源委员会副研究员。1937—1945 年，出任全美经济研究局研究员。1945—1946 年，任明尼苏达大学经济和商业管理学副教授，并于 1946 年获哥伦比亚大学哲学博士学位。第二次世界大战期间，他曾任职于美国财政部税收研究所。1948 年以后，他回到芝加哥大学担任教授，直至 1997 年退休。在 1969—1971 年期间，他曾任尼克松总统的经济顾问，退休后，任斯坦福大学胡佛研究所高级研究员。他到过世界上许多国家，1980 年 9—10 月曾来我国讲学访问。

弗里德曼常被描述为一个"对其信念有勇气"、"乐意引起争论"的人，在经济学同行中被誉为最伟大的坦率正直的辩论者。他外貌平平，个头矮小，嗓音纤细而带有鼻音，举止温和殷勤，但是，在他参与的任何公开讨论的几分钟内，立即显现出无情的辩论风格，到争论结束时，他从来就是毫无疑问的赢家。

早在 20 世纪 50 年代初，他成为反对凯恩斯的有名先驱者，发动了一场旷日持久的有关货币理论与政策的论战。他一再强调货币最重要，并认为货币数的变化通过支出和包括货币在内的各种资产的利率、收益率的变化影响价格和产量的变化。经过这场论战，货币主义不仅站稳了脚跟，而且成为与凯恩斯主义分庭抗礼的主要流派。弗里德曼的主要贡献是重新强调货币在经济波动中的作用，经济波动的根源是政府所实行的错误政策。为此，他一直大声疾呼，政府应放弃干预，充分发挥市场经济的自我调节机制，实行"单一规则"的货币政策。

弗里德曼的著作颇多。他的第一部出版物是关于统计学的。1946 年，他因博士论文《独立职业活动的收入》（与西蒙·库兹涅茨合著）而一举成名。随后在 1953 年出版了《实证经济学论文集》，该书包括了一系列他早期发表的经济学方法论、马歇尔的需求曲线及收入的边际效用等著名论文。1957 年出版的《消费函数理论》提出了"持久性收入"概念，重新解释了凯恩斯的消费函数。1962 年发表的《资本主义与自由》展示出他使经济学通俗化的才能，并力图证明市场机制能够解决当今时代的几乎所有突出的问题。只是在《货币数量论研究》（1956 年）中，他才转向了货币经济学的研究。1963 年，与 A. J. 施瓦茨的合著《美国 1867—1960 年的货币史》，树立了他的"货币主义"权威。1968 年 3 月，他向美国经济学会所作的会长就职演说《货币政策的作用》提出了著名的"自然失业率"概念，并试图说明"滞胀"的原因。他认为，长期菲利普斯曲线垂直于使劳动力市场有效出清的失业率（自然失业率）上。在《货币分析的理论结构》（1971 年）和《诺贝尔演讲：通货膨胀与失业》（1977 年），他继续详细阐述上述思想，并且提出了"衰退膨胀"概念，即上升的失业水平与上升的通货膨胀率同时发生。1982 年出版的《美国与英国的货币趋势》曾风靡一时。

弗里德曼的理论体系相当完整，涉及的范围很广，各个部分相互渗透，联成一体。他的主要经济理论与政策包括：经济自然主义，主张尽量减少政府对经济的干预；实证经济学的方法论；恒久收入假说，认为决定消费的是持久收入水平，且消费是稳定的；现代货币数量论，说明货币在经济中的重要作用；自然失业率假说；"简单规则"的货币政策，浮动汇率制等。

（资料来源：魏知．米尔顿·弗里德曼：他赢了，他走了 [M]．名人传记财富人物，2007）

二、货币供给和均衡利率的决定

(一) 货币供给

货币供给是一个存量的概念，它是一个国家在某一时点上所保持的不属于政府和银行所有的硬币、纸币和银行存款的总和。为了更好地观察经济内部的货币总量，依据货币流动性程度的高低，经济学家把货币划分为不同种类或层次。

货币供给有狭义和广义之分。M_1是各国普遍采用的狭义货币标志，包括硬币、纸币和银行活期存款之和。M_1是流动性最强的金融资产，可以用于直接支付，因而在货币量中居于核心地位。广义的货币供给M_2是在M_1的基础上加上定期存款等，也能以较小的成本很快变现。世界各国中央银行货币估计口径不完全一致，但划分的基本依据是一致的，即流动性的大小。见表4-1

表4-1　　　　　　　　美联储有关货币总量的几种衡量指标

符号	所包括资产的范围
C	现金（纸币、硬币）
M_1	C加活期存款、旅行支票和其他支票存款
M_2	M_1加零星货币市场共同基金余额、储蓄存款（包括货币市场存款账户）、小额定期存款
M_3	M_2加大额定期存款、回购协议、欧洲美元、仅为机构服务的货币市场共同基金余额
L	M_3加其他资产，如储蓄债券和短期财政部有价证券

我国的货币量指标分为四个不同的层次：

M_0 = 现金。是指经济中企业和居民手中持有的现金。

M_1 = M_0 + 企业活期存款 + 机关团体部队存款 + 农村存款 + 个人持有的信用卡类存款

M_2 = M_1 + 城乡居民储蓄存款 + 企业存款中具有定期性质的存款 + 外币存款 + 信托类存款

M_1和M_2之差称为准货币。

M_3 = M_2 + 金融债券 + 商业票据 + 大额可转让定期存单

延伸阅读：中外银行卡的产生及作用

信用卡作为电子货币的主要形式，20世纪初起源于美国。它最早是由商家发行的。商家们为了推销商品，刺激购买，有选择地向一些讲信用的客户发放一种信用筹码，客户可以凭借这种筹码，先赊购商品，然后再用现金或是银行存款转账等来支付款项。后来，这种筹码被演变成为一种小小的塑料卡片，也就有了现代信用卡的雏形。由此看来，信用卡不过是一种赊购商品的许可证，最后完成交易，还是需要支付现金或是银行存款转账等实现付款形式。

1950年，美国商人弗兰·麦克纳马拉与他的好友施奈德合作投资1万美元，在纽约创立了"大莱俱乐部"，这家俱乐部后来成为了著名的大莱信用卡公司。俱乐部向会员们发放了一种能证明身份的特殊卡片，会员可以凭卡片记账，一定时期后再统一结账。这时的信用卡就已有了现代形式了。由于信用卡使用方便，它一推出，就广受社会关注。1952年，美国加州的富兰克林国民银行进入发行行列，率先发行了银行信用卡。随后，许多银行都随之而来，信用卡迅速在美国乃至在世界流行开来。1985年，中国银行珠江分行发行了第一张"中行卡"，开创了中国信用卡发行的先河。

由于受我国商业信用卡发展的限制，同时受社会信用卡体系还不健全的影响，除了几家银行发行的国际卡之外，在国内使用的完全赊账性质的信用卡直到20世纪90年代末才开始发行，大量的信用卡是不具有"信用特色"的。我国最先发行的信用卡称为"借记卡"。它的特点是，在银行发卡给你时，你必须现在卡中存足一笔钱，你消费支付时，不得超过这笔钱的数额。这种卡相当于"存款卡"，其实是"储蓄卡"。目前，我国这种卡的数量还不少，有的就直接取名"储蓄卡"。随后发行的有"准贷记卡"。它的特点是，在银行发卡给你时，你同样必须存一笔钱，但在你消费时，你可以有限制地透支一些额度。如果你存入3,000元，而你消费时，可以达到4,500元，这样你就可以有1,500元的透支。不过，你透支通常必须支付相当高的利息，许多持卡者在透支之后，一般是尽快到银行将透支的钱补上，免得负担太重。

现在我们有了真正能够赊账用的而且是以人民币记账、在国内使用的信用卡，它被称为"贷记卡"。你不需要存入任何钱，银行凭据你的信誉发给你卡。当然，你的卡是有级别的，在一定时间内，并不是你花多少钱就可以透支多少钱，你有一个花钱的限制线。而且在一定时期内，你花了钱是不用支付利息的，只有超过期限之后，你才需要负担正常的利息。

商家实际上收到钱，并不是从信用卡里收到的，而是从银行收到的。这就告诉我们，你使用信用卡消费，在没有最后结算之前，你其实没有真正的花钱，但却真正享受了商品。完全可以享受而最后不付钱。那么，银行为什么会发卡给你呢？这就是你的信用了。信用卡的最根本之处，也就在这里。银行根据你的信用向你发卡，信用越好，你就能够得到级别越高的信用卡，如所谓的"金卡"等，你可以在没有付款之前，使用很大数额的钱。如果你有一次赖账不付，以后你就会有不良记录，就再也别想得到信用卡了。在现代经济社会中，银行尤其是大银行的信誉通常是很高的，它所发行的信用卡是商家们放心来"刷"的，因为银行不会赖账。这样，你持有那种信誉很好的大银行发行的信用卡，就可以走遍天下。

（资料来源：陈彩虹．钱说．货币金融学漫画[M]．北京：生活·读书·新知三联书店，2002．）

中国人民银行从1994年第四季度开始公布数据，M_3指标是考虑到未来金融创新而增设的，目前尚未公布数据（见表4-2）。

表4-2　　　　　　　　2008—2015年中国的货币供应量（各年年底数值）　　　　　　单位：亿元人民币

年份	货币和准货币（M_2）		货币（M_1）		流通中的现金（M_0）	
	数量	同比增长	数量	同比增长	数量	同比增长
2008	475,166.6	17.82%	166,217.13	9.06%	34,218.96	12.65%
2009	610,224.52	27.68%	221,445.81	32.35%	38,246.97	11.77%
2010	725,851.79	19.70%	266,621.54	21.20%	44,628.17	16.70%
2011	851,590.90	13.60%	289,847.70	7.90%	50,548.46	13.80%

续表

年份	货币和准货币（M_2）		货币（M_1）		流通中的现金（M_0）	
	数量	同比增长	数量	同比增长	数量	同比增长
2012	974,148.80	13.80%	308,664.23	6.50%	54,659.77	7.70%
2013	1,106,524.98	13.60%	337,291.05	9.30%	58,574.44	7.10%
2014	1,228,374.81	12.20%	348,056.41	3.20%	60,259.53%	2.90%
2015	139,230.00	13.30%	401,000.00	15.20%	63,200.00	4.90%

数据来源：中国人民银行网站（www.pbc.gov.cn），东方财富网（data.eastmoney.com）。

货币供给分为名义货币供给和实际货币供给。经济学一般讨论实际货币供给，即剔除物价因素的实际货币供给量。

$$m = \frac{M}{P} \tag{4.6}$$

这里，M代表名义货币供给量，即包含物价因素的货币供给量；P代表一般价格水平。

因为货币供给是由国家的货币政策调节，是外生变量，其大小与利率无关，因此货币供给曲线垂直于横轴，见图4-6所示。

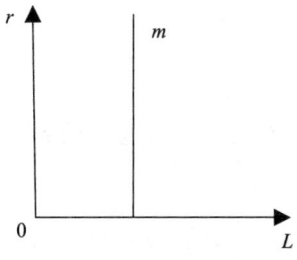

图4-6 货币供给曲线

（二）均衡利率的决定

货币供给曲线和货币需求曲线的交点，决定了均衡利率。如图4-7所示。

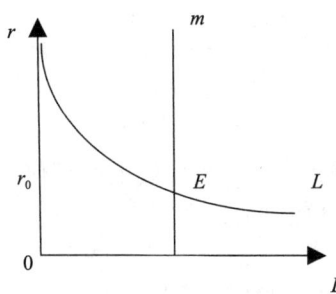

图4-7 均衡利率的决定

当货币需求与货币供给相等时，得到了均衡利率r_0。如果市场利率高于均衡利率，货币供给大于货币需求，也就是说人们手中的钱太多了，这时人们会多购买有价证券，有价证券价格上升，利率下降；反之，如果市场利率低于均衡利率，货币供给小于货币需求，也就是说人们手中的钱太少了，这时人们会卖出有价证券以获得流动性。当有价证券价格下降，利率上升。这样的变动会一直持续到货币供求相等。

第三节 LM 曲线

一、LM 曲线及其推导

1. 代数方法

在货币市场均衡时,货币需求和货币供给相等。也就是:

$$m = L_1(y) + L_2(r)$$
$$m = ky - hr, \ (k > 0, \ h > 0)$$

我们可以得到货币市场均衡时收入和利息率之间的关系:

$$r = \frac{ky}{h} - \frac{m}{h} \tag{4.7}$$

或 $y = \dfrac{hr}{k} + \dfrac{m}{k}$,$(k > 0, \ h > 0)$ (4.8)

这个方程,我们称为 LM 曲线方程,表示这一关系的图形,就被称为 LM 曲线,如图 4-8 所示。

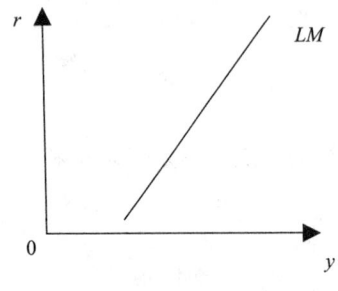

图 4-8 LM 曲线

LM 曲线是向右上方倾斜的曲线。在这条曲线上的任何一点,都代表货币需求和货币供给相等,即货币市场均衡时利率和收入的组合。

2. 几何方法

西方学者也常用四象限图来描述 LM 曲线的推导过程,如图 4-9 所示。

图 4-9(b) 曲线上的点表示货币需求和货币供给相等。因为货币供给是一个外生变量,所以图 4-9(b) 是向右下方倾斜的直线。在这条线上,我们可以得到,当货币交易需求是 L_{11} 时,货币的投机需求是 L_{21}。由图 4-9(a) 可以看出货币交易需求是 L_{11} 时,对应的收入是 y_1。由图 4-9(c) 可以看出货币的投机需求是 L_{21} 时,对应的利率是 r_1。这样我们在图 4-9(d) 上得到一个使货币市场处于均衡的收入和利率的组合点 (y_1, r_1)。以类似

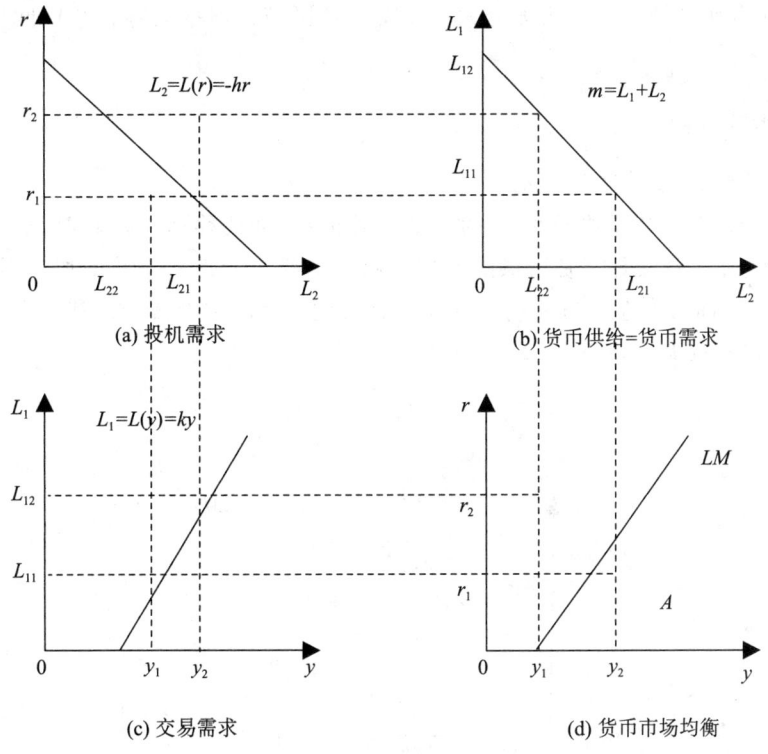

图 4-9 LM 曲线推导

的方法我们可以得到其他点,将这些点连起来,就得到了一条曲线,即 LM 曲线。

在这条线上的任一点都表示货币市场上一个特定的均衡状态,而在 LM 曲线以外的点表示货币市场处于不均衡状态。我们以 A 点为例,A 点位于 LM 曲线右下方,对应的收入为 y_2,利率为 r_1。由于 y_2 大于 y_1,货币交易需求与收入成正比,所以 A 点对应的货币交易需求为 L_{12},大于 L_{11}。也就是说 A 点对应的货币需求 $L_{12}+L_{21}$ 大于 $L_{11}+L_{21}$,即大于货币供给 M。由于 A 点是任意找的点,所以我们可以得到结论:凡是在 LM 曲线右下方的点,货币需求大于货币供给,$L>m$;凡是在 LM 左上方的点,货币需求小于货币供给,$L<m$。

考虑到 r 很高时,人们的投机需求为零,以及 r 很低时出现流动偏好陷阱,LM 曲线如图 4-10 所示。

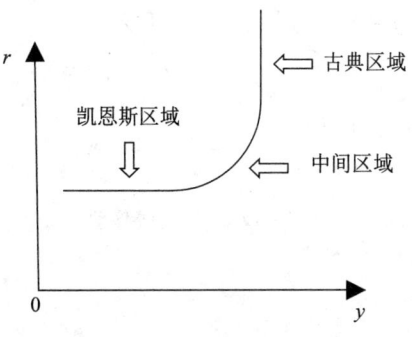

图 4-10 LM 曲线的三个区间

LM 曲线在古典区域,斜率为无穷大;在凯恩斯区域,斜率为零;在中间区域,斜率为正值。

二、LM 曲线移动

1. 名义货币量供给量 M 的移动

价格 P 不变,名义货币供给量 M 的变动会引起 LM 曲线移动。如果 M 增加,LM 曲线向右下方移动。其经济意义是,货币供给增加,利率下降,投资和消费增加,国民收入增加。如果 M 减少,LM 曲线向左上方移动。其经济意义是,货币供给减少,利率上升,投资和消费减少,国民收入减少,如图 4-11 所示。

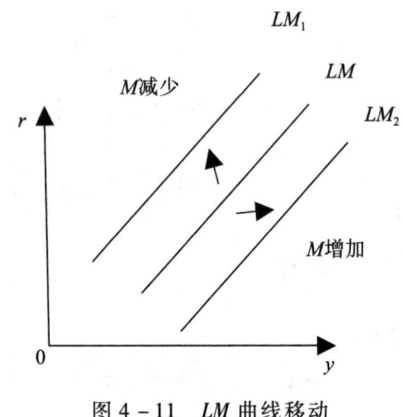

图 4-11 LM 曲线移动

2. 价格水平 P 变动

如果名义货币供给量不变,价格水平 P 上升,实际货币供给量 m 就减少,LM 曲线向左上方移动;价格水平 P 下降,实际货币供给量 m 就增加,LM 曲线向右下方移动,如图 4-12 所示。

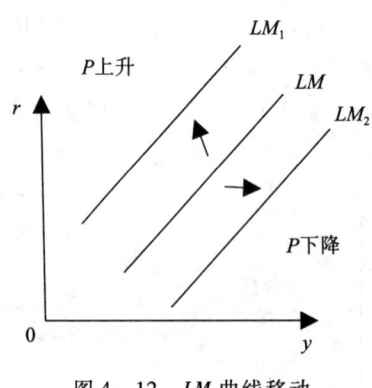

图 4-12 LM 曲线移动

第四节 产品市场和货币市场的双重均衡：IS-LM 模型

一、产品市场和货币市场双重均衡时的利率和国民收入

由前面所讲的 IS 曲线和 LM 曲线的表达式可知，它们都同时存在两个变量：实际利息率和国民收入。我们在 IS 曲线和 LM 曲线放在同一个图形中，就得到了 IS-LM 模型，如图 4-13 所示。

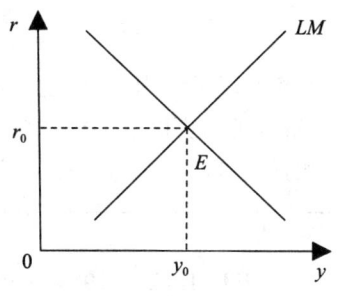

图 4-13　IS-LM 模型

在图 4-13 中，IS 与 LM 曲线相交于 E 点。这个点既在 IS 曲线上，也在 LM 曲线上，意味着产品市场和货币市场同时达到均衡。E 点决定的 r_0 和 y_0 就是同时满足两个市场均衡时的利息率和国民收入水平。

二、产品市场和货币市场双重均衡变动

由图 4-14 可知，IS 曲线和 LM 曲线相交的 E 点表示两个市场同时均衡；IS 曲线上的点表示产品市场均衡，货币市场失衡；LM 曲线上的点表示货币市场均衡，产品市场失衡；既不在 IS 曲线上也不在 LM 曲线上的点，表示产品市场和货币市场同时失衡。

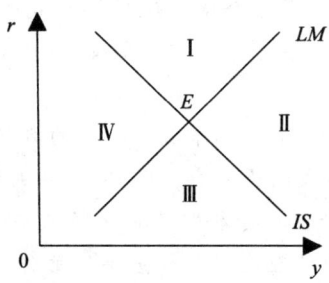

图 4-14　IS-LM 模型变动

由前面对于 IS 曲线和 LM 曲线研究可得到如下结论：

区域Ⅰ：$i<s, l<m$，即投资小于储蓄，货币需求小于货币供给。
区域Ⅱ：$i<s, l>m$，即投资小于储蓄，货币需求大于货币供给。
区域Ⅲ：$i>s, l>m$，即投资大于储蓄，货币需求大于货币供给。
区域Ⅳ：$i>s, l<m$，即投资大于储蓄，货币需求小于货币供给。

产品市场不均衡会导致国民收入的变动，货币市场不均衡会导致利率变动。在任何失衡状态，国民收入和利率水平都会从非均衡状态向均衡状态调整。

以区域Ⅲ为例，在此区域中，存在超额产品需求，导致国民收入 y 上升，使得区域Ⅲ中的点向右移动。同时由于货币需求大于货币供给，存在超额货币需求，导致利率 r 上升，使得区域Ⅲ区域中的点向上移动。两方面的力量合起来，使得区域Ⅲ区域中的点向右上方移动，运动至 IS 曲线，从而 $i=s$。这时货币需求仍大于货币供给，利率继续上升，最后调整至 E 点。

三、对 IS–LM 模型的评价

在 1937 年，英国经济学家希克斯发表了"凯恩斯先生和古典学派"一文，文中指出了凯恩斯利息利率的缺陷，通过将产品市场和货币市场相结合，论述了均衡收入和均衡利率决定问题，使得凯恩斯的利息轮和它的整个理论体系相一致。

经济学家小传：希克斯

约翰·理查德·希克斯（J. R. Hicks, 1904—1989）1972 年诺贝尔经济学奖获得者，一般均衡理论模式的创建者。

希克斯 1904 年出生于英格兰瓦尔维克郡一个记者家庭。他从小具有数学天赋，由于当时很缺少经济学家，所以，大学毕业后，他在伦敦经济学院获得了临时讲师职位。于 1932 年获伦敦大学博士学位，同年出版了《工资理论》一书，逐渐从一个经济学知识贫乏的初学者成长为一名颇有理论建树的经济学家，并发表了他的第一批学术成果。1935 年，希克斯转到剑桥大学当讲师，并与凯恩斯有所接触。当时凯恩斯的《通论》还没有出版，而希克斯的思想倾向已发生变化。他在剑桥大学的主要成果是写了《价值与资本》一书。此外他还为凯恩斯的《通论》写了两篇颇具影响的书评，其中《凯恩斯先生与古典学派》一文产生了深远的影响。1938 年，希克斯到曼彻斯特大学当教授，成为首任斯坦利·杰文斯政治经济学讲座教授，并在那里度过了整个第二次世界大战的年代。1946 年后回到牛津大学担任研究员，1971 年以万灵学院研究员身份退休。此外他还参加了厄休拉关于公共财产的著作以及其他著作的写作。

希克斯对宏观经济学和微观经济学都作出了重要的贡献。作为一名宏观经济学家，在 1937 年将凯恩斯的《通论》浓缩成两条曲线，即 IS–LM 曲线。作为一名微观经济学家，希克斯更是获得了极高的荣誉。《价值与资本》是希克斯主要著作之一，在西方经济学界，这本书被认为是最近 30 年来论述价值理论问题最重要的著作。一般均衡理论原本具有规范分析的特征，但是在《价值与资本》这本专著中，希克斯抛弃这一传统而赋予这一理论一种强大的经济实质性。他就商品、生产要素、信任和货币的整体性提出了一个完整的均衡模型。在西方经济学界,这本书被认为是最近30年来论述价值理论问题的最重要的著作。由于该书的首创性贡献,1972年,他与K. J. 阿罗共同获得了诺贝尔经济学奖。

(资料来源:希克斯个人简介. 孔夫子旧书网. http://www.kongfz.com)

但是,该模型被经济学界认为存在几方面的缺陷。

首先,IS 和 LM 曲线交点上的点,代表了产品市场和货币市场的双重均衡时的收入和利率。这个结论的前提假设是两个市场均衡是相互独立的,也就是说一条曲线的移动不会引起另一条曲线的移动。但是,事实上,两条线是相互依存的。如萧条时期,悲观的气氛会导致资本家减少对资本产品的需求,增加对货币的需求,这样,LM 曲线也相应左移。所以说明 IS 曲线和 LM 曲线不是相互独立而是相互关联的,而这样,IS-LM 模型就失去了它的理论和政策上的意义,因为它不能决定国民收入的均衡值,从而也就不能预测经济前景和政策效果。

其次,这一模型遭到了英国新剑桥学派的坚决反对。其原因是:IS-LM 模型用一套联立方程体系代替了凯恩斯的因果次序关系,从而模糊了凯恩斯理论中最本质的东西。

最后,IS-LM 模型分析初的均衡理论也不一定与现实相符。在20世纪30年代市场经济几乎崩溃的时候,按 IS-LM 分析,IS 曲线向左移动时,LM 曲线的右移可以使收入不变,即国家采用扩张型货币政策就能够加以补救,这种说法显然与事实不符。在1929年开始的大萧条中,西方银行存有多余的准备金,并不缺乏资金的来源,但是,那时的货币政策并不能使 LM 曲线右移来解决萧条问题。

由此,我们可以看到,尽管 IS-LM 模型能清晰简明的阐述产品市场和货币市场的关系,但是现实情况远不如模型那样精确和美妙。

当然,尽管经济学界对 IS-LM 模型提出了疑问,但它至今仍然受到重视,仍被认为是现代宏观经济学的核心,准确地说,是凯恩斯主义宏观经济学的核心。这个模型在西方经济学家看来在理论上和政策上都具有十分重要的意义。

在理论上,新古典综合派认为,它不仅实现了凯恩斯理论与新古典理论的结合,以及凯恩斯收入决定论与货币理论的结合,同时也完成了财政政策和货币政策的结合,甚至也体现了凯恩斯主义与货币主义的结合。

在政策上,它为政府的宏观经济政策选择提供了更为具体的工具。根据这个模型的性质和特点,国家为实现收入的均衡增长,在利率很低时可实行扩张性财政政策;在利率很高时,可视性扩张性货币政策;同时,在任何情况下,都必须使财政政策与货币政策相配合,既要保持产品市场均衡,也要保持货币市场均衡,不能顾此失彼。

补充阅读:安倍经济学

"安倍经济学"(Abenomics)是指日本第96任首相安倍晋三2012年底上台后加速实施的一系列刺激经济政策。

最引人注目的就是宽松货币政策,日元开始加速贬值。

统计发现,从安倍履新的2012年12月26日到2013年2月15日不到两个月的时间,日元对美元贬值幅度就超过8.4%。结合国际环境,一些国家由此担忧日本此举可能引发全球货币竞相贬值并助推新一轮贸易战。

安倍经济学的目的是创造通货膨胀预期,当消费者预期日本物价要上涨时,对于一些本来就要购买的商品,就会尽快地去购买,因而带动消费及投资,进而扭转日本长年消费与投资极度低迷的状况。

中国是日元贬值最大输家?

日元贬值的杀伤力究竟有多大?"日元突破90,可令其与韩国在电子、汽车、机械领域的竞争力发生逆转,日韩之间必在汇率上角力;日元接近110,日本制造在许多产品上可以击败中国制造。"最近《华尔街日报》网站刊文分析说,中国将成为日元贬值的最大输家。

是否真的如此,目前尚无权威结论。不过日元贬值的确已波及我国出口企业的业务。广东省中山市一家大型家电公司的市场部人士对记者透露,日元贬值对公司的出口业务已经产生了一定的负面影响,主要表现在减弱了产品的价格竞争力。"出口日本的产品主要是通过美元结算,企业正在考虑通过与银行做远期汇率锁定的方法来降低风险,希望国家能够针对出口日本的商品作出一定的税务优惠,以支持出口日本的商品维持价格竞争力"。(参考消息网,2013.5)

"安倍交易"索罗斯狂赚10亿,借QE各国开打"货币战争"。

"我们把做空日元潮,称为安倍交易。"一位对冲基金经理调侃道。他所说的安倍交易,即去年底安倍晋三当选日本首相起推出的将通胀目标提高至2%及2014年实施开放式购债等量化宽松货币政策,引发索罗斯基金、绿光资本、Third Point等全球大型对冲基金集体押注日元贬值,其中索罗斯基金过去4个月通过做空日元赚取近10亿美元。(21世纪经济报道)

"安倍经济学"被质疑,民众承受日用品涨价之苦

安倍经济学实施以来最大的变化是日元贬值和股市上升,而这种变化的主要原因并非受到成长战略的影响,而主要是货币和金融政策推动的。不少日本各界人士都曾对《环球时报》记者表示过,尚未感受到安倍经济学带来的好处,就已经开始承受面粉、卫生纸、食用油等日常用品涨价之苦。(环球时报,2013.5)

由此可见,一国的产品市场和货币市场是紧密相连的。

(资料来源:解密"安倍经济学",人民网日本频道,http://japan.people.com.cn)

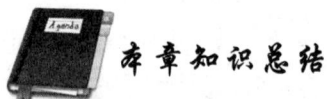

本章知识总结

1. 把货币因素纳入收入决定模型时,投资成为一个内生变量,受到多种因素影响。其中,利率是最重要的。投资函数表明投资与利率成反向关系。储蓄包括把收入扣除支出后的所有项目,不管是把未支出的收入存在银行,还是用于购买股票或债券,都看作储蓄。投资是指厂房、机器设备、建筑物等新资本的购买。例如,向银行贷款盖新房子是投资,卖出股票获得资金建新工厂也属于投资。投资是经济增长或经济发展的动力,是经济增长的主要因素。

2. IS 曲线表示产品市场均衡时利率和国民收入的相互关系。斜率主要由边际消费倾向和投资对利率变动的敏感程度决定。当投资意愿、储蓄意愿、政府支出、税收以及进出口发生变化时，IS 曲线就会移动。

3. 利率取决于货币需求和货币供给。货币需求包括交易需求、谨慎需求和投机需求。其中交易和谨慎需求取决于国民收入，并且成正比。投机需求取决于利率，并且成反比。当利率极低时，会出现流动性陷阱。

4. LM 曲线表示货币市场均衡时利率和国民收入的相互关系。其斜率取决于货币需求对利率和收入变动的敏感程度。名义货币供给和价格水平的变动会引起 LM 曲线的移动。

5. IS 曲线和 LM 曲线交点对应的利率和收入就是产品市场和货币市场同时均衡时的利率和收入。这一利率和收入的数值可以通过 IS 方程和 LM 方程联立求解而获得。任何不在均衡状态上的利率和收入会在市场充分自由地调整下趋向于均衡。

 复习与思考

1. 名词解释

IS 曲线 LM 曲线 货币需求 交易需求 谨慎需求 投机需求 流动性陷阱

2. 单项选择题

（1）经济系统的一般均衡要求（　　）。

A. 投资等于储蓄，但货币需求可以超过或小于货币供给

B. 货币需求等于货币供给，但储蓄可大于或小于投资

C. 投资等于储蓄而且货币需求等于货币供给

D. 利率由货币市场决定，收入水平由产品市场决定，无需把两个市场联系起来

（2）假定 IS 曲线和 LM 曲线在中段相交，价格水平的下降将（　　）。

A. 使 LM 曲线向上移，减少收入，提高利率

B. 使 IS 曲线和 LM 曲线均向外移动，因此增加收入

C. 使 IS 曲线和 LM 曲线向内移动，因此降低收入水平

D. 由于模型是建立在实物基础上的，所以不影响 IS 曲线或 LM 曲线

（3）不能使 LM 曲线产生位移的是（　　）。

A. 公开市场业务　　　　　　　B. 降低法定准备金

C. 通货膨胀　　　　　　　　　D. 扩大政府购买

（4）如果利率和收入都能按供求情况自动得到调整，则利率和收入的组合点出现在 IS 曲线左下方、LM 曲线右下方的区域中时，有可能（　　）。

A. 利率上升，收入减少　　　　B. 利率上升，收入增加

C. 利率上升，收入不变　　　　D. 利率上升，收入无法确定

(5) IS 曲线为 $Q = 500 - 2{,}000r$，下列组合中不在 IS 曲线上的是（ ）。

A. $r = 0.02$，$Q = 450$　　　　　　B. $r = 0.05$，$Q = 400$

C. $r = 0.07$，$Q = 360$　　　　　　D. $r = 0.10$；$Q = 300$

(6) 灵活偏好曲线表明（ ）。

A. 利率越高，债券价格越低，人们预期债券价格越是会下降，因而不愿意购买更多债券

B. 利率越高，债券价格越低，人们预期债券价格回涨可能性越大，因而越是愿意更多购买债券

C. 利率越低债券价格越高，人们为购买债券时需要的货币就越多

D. 利率越低债券价格越高，人们预期债券可能还要上升，因而希望购买更多债券

3. 简答题

(1) 什么是货币需求？人们需要货币的动机有哪些？

(2) 怎样理解谨慎需求是收入的增函数

(3) 位于 IS 曲线左右两边的点各表示什么？

(4) 位于 LM 曲线以外的点是如何表示货币市场非均衡状态的？

4. 计算题

(1) 假定一国有下列资料（单位：10 亿美元）

小额定期存款	1,100
大额定期存款	420
活期存款	350
小额定期储蓄存款	375
通货	120

试计算 M_0、M_1、M_2、M_3 的数值。

(2) 假设一个只有家庭和企业的二部门经济中，消费 $c = 100 + 0.8y$，投资 $i = 150 - 6r$，货币供给 $m = 150$，货币需求 $L = 0.2y - 4r$（单位都是亿美元）。

①求 IS 和 LM 曲线；②求商品市场和货币市场同时均衡时的利率和收入。

(3) 已知某小国在封闭条件下的消费函数为 $C = 305 + 0.8r$，投资函数 $I = 395 - 200r$，货币的需求函数为 $L = 0.4Q - 1{,}000r$，货币供给 1,120。

①求解 IS 和 LM 曲线的方程；②计算均衡的国民收入和利率。

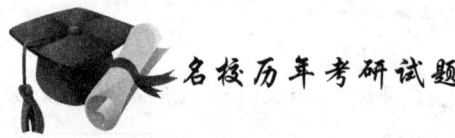

1. 名词解释并画图：流动性陷阱。（中央财经大学 2004 年；武汉大学 2002 年；中国人民大学 2000 年；厦门大学 2006 年；北京邮电大学 2006 年；南京航空航天大学 2006 年）

2. 名词解释：IS 曲线。（中国人民大学 2002 年；中南财经政法大学 2003 年；南京大学 2005 年）

3. 名词解释：货币交易需求。（南开大学 1999 年）

4. 为什么不能用讨论货币交易需求的思路来分析货币的预防性需求？（北京大学 2010 年）

5. 怎样理解 IS-LM 模型是凯恩斯主义宏观经济学的核心？（华中理工大学 2011 年）

6. 请画出 IS 曲线，并作简要说明与分析。（武汉大学 2012 年）

7. 如果 LM 曲线既定，IS 曲线斜率变小，那么扩张性财政政策的效果将发生什么样的变化？（南京财经大学 2012 年）

8. 简述 IS-LM 模型的内容和意义。（上海理工大学 2004 年；华中科技大学 2012 年）

9. 试说明凯恩斯的三种货币需求动机，并画出相应的货币需求曲线以及总的货币需求曲线。（上海财经大学 2012 年）

10. 评论凯恩斯的货币需求理论。（中南财经政法大学 2012 年）

11. 用 IS-LM 模型说明为什么凯恩斯主义者强调财政政策的作用，而货币主义者强调货币政策的作用。（华中科技大学 2012 年）

12. 比较国民收入与利息率均衡的分析（IS-LM 分析）和凯恩斯的现代国民收入理论，说明 IS-LM 分析在哪些方面得出了与凯恩斯的现代国民收入理论不同的结论。（北京师范大学 2011 年）

第五章 宏观经济政策分析

> 我们所需要的不是不断转动经济之车的方向盘和对不可预期的无规则之路进行调整的高超的货车司机，而是需要一些手段，避免使作为稳定物坐在后座上的货币客车不时俯过身来猛拉方向盘，使汽车面临翻下公路的危险。
>
> ——米尔顿·弗里德曼

内容导读

前面已经对宏观经济学的基本理论进行了介绍，但是经济学是致用之学，所以宏观经济学的重要内容之一是对宏观经济政策的讨论，本章主要介绍财政政策和货币政策，及其相互协调机制，并运用 IS-LM 模型对两种政策的效果进行分析。

本章主要知识点

- 宏观经济政策目标
- 财政政策和货币政策的内容
- 对财政政策工具效果的分析
- 对货币政策工具效果的分析

 **开篇案例**

超人在回归的路上,不仅有了体面的经济数据,也有了花钱的底气。

2015 财年美国联邦政府财政赤字降至八年新低的局面将在新财年发生改变。美国国会预算办公室(CBO)19 日预测,由于美国政府决定永久性延长一些税收减免措施,将在今年 9 月底结束的 2016 财年,美国政府财政赤字率有可能升至 2.9%,这也是 2009 年金融危机以来首次上升。

赤字七年首增

2009 年,奥巴马总统上任伊始,受政府收入减少但开支急剧增加的影响,美国政府财政赤字一度高达 1.4 万亿美元,达到"大萧条"以来的最高水平。此后,美国的财政赤字鲜有提高,如今减赤执行良好的奥巴马似乎有意要在任期最后一年作出改变。

美国国会预算办公室(CBO)将 2016 财年的预算赤字预期从 4,140 亿美元上调至 5,440 亿美元。CBO 表示,上调预算赤字预期主要是由于实施永久性减税政策。

预计 2016 年预算赤字占美国 GDP 的比例将达 2.9%,高于此前预期的 2.2%。美国政府的财年从 10 月开始,结束于次年的 9 月。

中国社科院世界经济与政治研究所研究员孙杰在接受《北京商报》记者采访时表示:"2016 财年预算上调实际上应该考虑 2015 财年联邦政府财政赤字降至八年最低的基础,这次上调可以理解为一次'主动'调整,调整的幅度基本符合预期并未触及 2009 年金融危机高点。"

彼时正值美国经济深陷危机,政府财政收入只有 2.1 万亿美元,比上一财年下降 16.6%;但失业救济、养老等福利开支增加,加上一系列经济刺激措施和救市计划导致政府开支达到 3.52 万亿美元,比上一财年增加 18.2%,财政赤字占国内生产总值的比例创纪录地接近 10%。

规避"财政悬崖"

财政赤字创下历史新高之后,奥巴马采取了一系列减赤措施,联邦财政赤字总额在 2013 年减少到 1 万亿美元以下。2015 财年,由于税收增加和政府开支减少,美国联邦政府的财政赤字达到 2007 年以来的最低水平。2015 财年联邦政府的财政赤字占国内生产总值的比例为 2.5%,低于 3% 的国际警戒线。

值得关注的是,预算赤字缩小为 2007 年以来最小值的同时,2015 财年个人和企业税收收入达到创纪录高点。在孙杰看来,在财政赤字的调整中,国会与白宫之间实际上存在一定分歧。一方面国会希望政府立即减免税收为企业投资和个人消费增加动力,白宫则希望在保证社保福利支出的基础之上,进一步加大科教文卫投入,为未来支出增长做铺垫。

事实上,在美国经济复苏的过程中,规避税收增加与支出削减一直是公共财政的必考题。2012 年,时任美联储主席伯南克提出"财政悬崖",当时布什政府设立的减税政策在 2012 年底到期;同时,2011 年美国国会在商讨提高债务上限时通过的《2011 预算控制法》在 2013 年生效,规定在 2013—2021 年,每年的政府预算都要减 1,090 亿美元。二者叠加,美国人民面临税收增加以及政府开支削减的双重打击,十分不利于美国的经济复苏，故被称之"财政悬崖"。

因此，美国自金融危机以来，为了提振国内经济、降低失业率、刺激民众对经济的信心，政府一直实行的是扩张性的财政政策。通过减税、增支进而扩大财政赤字的财政分配方式，增加民众及企业手中的可支配资金，增加和刺激社会的总需求，促进消费提振经济。

铺路经济复苏

"赤字率调整可以看出美国政府兼顾经济发展长远周期的基本理念，不机械地追求财政平衡，在美国经济逐步复苏的背景下，避免政府过多的财政'挤出'，积极还税于民，加强经济投资社会开支，为美国经济持续复苏提供动力"，孙杰表示。

长期以来，两党在减税和增支方面一直存在分歧。共和党主张减税、限制开支和削减债务，不支持政府过多干预，主张回归自由市场；民主党寻求保持或者扩大政府支出和增税，主张政府"作为"，使用税收、监管和扩大支出政策来使经济保持增长并保护国民免受市场动荡之苦。

去年美联储加息的"靴子"落地，长达七年的全球"超级宽松"时代正式落幕，种种迹象显示美国经济正走出危机。美国劳工部数据显示，美国去年12月非农就业人口增长29.2万人，超过预期增长20万人；非农数据好过预期、失业率稳定、在低油价冲击下的通胀水平基本接近美联储2%的心理目标，这都为美联储加息扫除了最后障碍。

经济增长虽然温和，但在奥巴马任内美国经济比大多数的发达国家复苏表现强势。美国税收在2014年10月1日至2015年9月30日的一年里增加7.6%，同期支出增加5.2%。

中国国际经济交流中心经济研究部副研究员刘向东在接受《北京商报》记者采访时指出："赤字率调高将有利于奥巴马最后一年中积累更多政治遗产，其中包括平价医疗法案，同时在财政支出的大项国防支出、福利支出方面都会有更多空间。"

无论是伊核破冰还是TPP法案通过，尽管白宫与国会存在分歧，但可以看出在推进美国经济复苏关乎国家核心利益等方面依旧能达成共识。

（资料来源：中国学网，http://xue163.com/1810/1/18108475.html）

西方国家的经济政策包括两种类型，一种是计划型，即通过行政命令手段予以执行。例如，对公用事业产品的定价，对企业兼并政策的制定及实施，对金融机构的管理等。另一种可以说是市场调控型，即对市场机制进行干预并通过该机制的作用来达到政策目标。要严格区分两种类型的经济政策时比较困难的，因为各种经济政策往往不是单独使用，其差别在于使用程度的不同。

第一节 财 政 政 策

财政政策（fiscal policy）是国家干预经济的主要政策之一，是为促进就业水平提高、减

轻经济波动、防止通货膨胀、实现稳定增长而对政府支出、税收、和借债水平所进行的选择，或对政府收入和支出水平所作出的决策。由于研究角度不同，财政政策可以划分成不同的类型，一般来说按内容可以区分为税收政策、政府支出政策和转移支出政策；按其对总需求的影响可以划分为扩张性财政政策和紧缩性财政政策；按作用机制可以分为相机抉择的财政政策和自发的财政政策等。

一、财政的构成与财政政策工具

西方国家是市场经济国家，但是政府也直接参与经济活动，并在经济活动中发挥重要作用，这种作用与西方国家的财政直接相关。在西方国家，近几十年来政府参与经济活动的规模增长迅猛，政府支出占 GDP 比例不断增加，比如美国政府在第一次世界大战之前的 1913 年，政府支出不足 GDP 的 1/10，但是现在已经达到 1/3，而在西方主要工业化国家中，德国和法国政府的支出水平接近 GDP 的一半。国家财政包含政府支出和政府收入两个方面。下面分别就政府支出和收入进行分析。

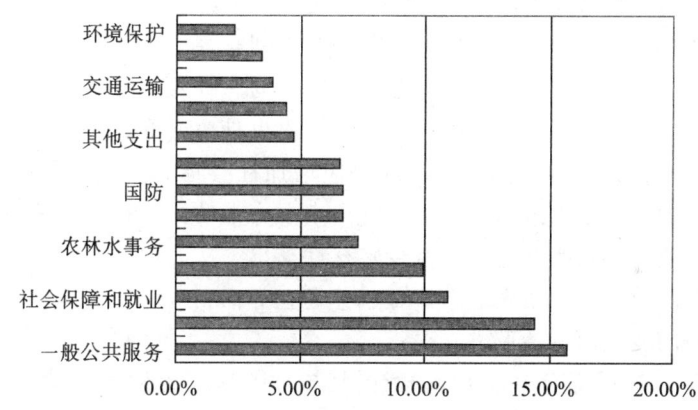

图 5-1　2008 年中国财政支出各种类所占比例

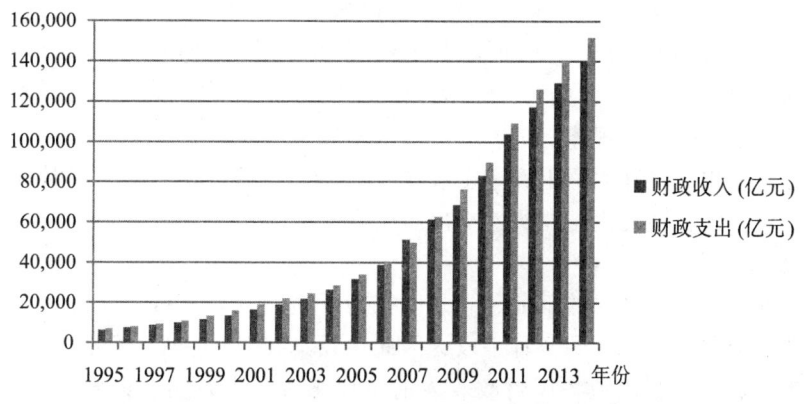

图 5-2　1995—2014 年中国财政收支情况

资料来源：中国财政部网站。

1. 政府支出

政府支出（government spending）是指一个国家各级政府支出的总和，由许多具体的支出项目构成，主要可以分为政府购买和政府转移支付两类。

政府购买是指政府对商品和服务的购买支出，如购买军需品、政府部门公共用品、支付给政府雇员的薪金和福利待遇以及公共工程项目所需的支出等。政府购买是一种实质性支出，形成商品和服务的实际交易，因而直接形成社会需求和购买力，是国民收入的一个组成部分。因此，政府购买支出是决定国民收入大小的主要因素之一，其规模大小直接影响社会总需求的规模。政府购买支出对整个经济社会的总支出水平具有十分重要的调节作用，在经济体的总支出水平过低时，政府可以通过提高购买支出水平，比如大规模修建基础设施，来增加社会整体需求水平，以此来抵制经济的衰退。反之，当总支出水平过高时，政府可以采取减少政府购买支出的政策，降低社会总需求，来抑制通货膨胀。因此，政府购买支出水平的变化，是财政政策的有力手段。

政府支出中另一部分是转移性支出。与购买性支出不同，政府转移性支出是指政府在社会福利保险、贫困救济和补助等方面的支出。这是一种货币性支出，政府在付出这些货币时，并无相应的商品和服务的交换发生，因而是一种不以取得本年生产出来的商品和服务作为报酬的支出。因此，转移性支出，不能算作国民收入的组成部分。比如，政府对农业的补贴、对发生地震的某个地区的拨款和援助，政府公债利息等。它所做的仅仅是通过政府将收入在不同社会成员之间进行转移和重新分配，全社会的总收入并没有发生变化。既然转移性支出也是政府支出的重要组成部分，因此转移性支出也是一项重要的财政政策工具。一般来说，在总支出不足时，失业会增加，这时政府应增加社会福利费用，提高转移性支出的水平，从而增加人们的可支配收入水平和消费支出水平，带动社会有效需求的增加；在总支出水平过高的时候，通货膨胀率会上升，减少转移性支出，从而可以起到降低人们可支配收入和社会总需求水平的效果。除了失业救济金、养老金等福利费用外，其他转移性支出项目也应该随着经济形势的变化而灵活调整。

政府支出中各个构成部分在支出总额中所占的比例是会发生变化的，比如美国，从1950年到1970年，再到1990年，随着冷战逐步结束，国防费用在联邦支出中所占比例从51%下降到了45%，再到27%。但由于老年人口的增加，用于老年人的社会保障支出比例不断增加，由11%增加到22%，再增加到33%。同时，由于公债利息支出所占比例逐步增长，因而，在政府支出中，政府购买部分相对变小而转移支出比例变大了。这可以说是各国经济发展过程中的一个共同规律，随着一国经济发展水平的提高，政府购买性支出比重相对下降，而转移性支出比例却明显上升。由表5-1可见，我国2015年实际财政支出17.5768万亿元，其中包括转移性支出与购买性支出。政府支出项目比上一年均有不同程度的变化。

2. 政府收入

税收是政府收入中最主要的部分，它是国家为了实现其职能按照法律预先规定的标准，强制地、无偿地取得财政收入的一种手段，因此税收具有强制性、无偿性和固定性三个基本特征。正因为如此，税收成为各国财政收入的主要来源，也是实行财政政策的有力手段之一。西方国家财政收入的增长，在很大程度上来源于税收收入的增加。同政府购买性支出和转移性支出一样，税收也一样是一国的主要政策工具。一般来说，税收的变动有两种，其一是税率的变动，其二是税收总量的变动。比如，所得税是税收的主要来源，当降低所得税税率的时候，可以起到刺激社会总需求的目的，同样，一次性减税也可以达到刺激总需求的效果。反之，在需求过旺的时候，也可以采取增加税收，提高税率的办法，来抑制经济过热，降低通货膨胀的水平。2015年我国实际财政收入15.2217万亿元，比上一年增长8.4%，其中税收收入为12.4892万亿元，主要包括增值税、消费税、营业税、企业所得税、个人所得税、车辆购置税和关税等。其中，国内增值税3.1109万亿元，所占比例最大，为24.9%，其次是企业所得税，占税收收入的21.7%（见表5-1）。在税收方面，我国与美国等许多发达国家情况存在较大差异，2009年美国税收收入为2.2万亿美元，税收收入中个人所得税约占43%，因此，普遍认为，我国的税收仍然是以间接税为主，即向商品和服务征税，比如，增值税、关税、营业税和消费税等，美国则以直接税为主，包括个人所得税和企业所得税、社会保障税。

表5-1　　　　　　　　　2015年中国财政收支及其变化情况

项目	金额（亿元）	比上一年同比增长（%）
财政收入	152,217	8.4
一、税收收入	124,892	4.8
其中：国内增值税	31,109	0.8
国内消费税	10,542	18.4
营业税	19,313	8.6
企业所得税	27,125	10.1
个人所得税	8,618	16.8
进口货物增值税、消费税	12,517	-13.2
车辆购置税	2,793	3.2
关税	2,555	-10.2
证券交易印花税	2,553	280
地方小税种	11,970	—
二、非税收入	27,325	28.9
财政支出	175,768	15.8
教育支出	26,205	8.4
文化教育与传媒支出	3,067	9.3
医疗卫生与计划生育支出	11,916	17.1
社会保障和就业支出	19,001	16.9
城乡社区支出	15,912	11.5
农林水支出	17,242	16.9
节能环保支出	4,814	26.2
交通运输支出	12,347	17.7
赤字	23,551	—

资料来源：国家统计局网站。

根据不同标准，可以对税收做以下分类。

按课税对象分类，有以下 5 种：

（1）流转税。流转税是以商品生产流转额和非生产流转额为课税对象征收的税种。流转税是我国政府收入中主要的税收来源，目前包括增值税、消费税、营业税和关税等。因原来纳税人生产商和销售商通常采取提高销售价格的方法，使至少一部分应由其负担的税转嫁给最终消费者，因而流转税又被称为间接税。

（2）所得税。这是指以各种所得额为课税对象的税种。所得税也是我国主要的税收来源，目前包括企业所得税、个人所得税等税种。所得税是由纳税人直接负担而不能转嫁给别人的税，所以又称为直接税。

（3）财产税。财产税是指以纳税人所拥有或支配的财产为课税对象的税种。包括遗产税、房产税、契税、车辆购置税和车船使用税等。财产税为直接税。

（4）行为税。行为税是指以纳税人的某些特定行为为课税对象的税种。我国目前的城市建设维护税、固定资产投资方向调节税、印花税、屠宰税和筵席税都属此类。

（5）资源税。资源税是指对在一国境内从事资源开发的单位和个人征收的税种。比如：我国现行的资源税、土地增值税、耕地占用税和城镇土地使用税等。

按照税收的计算依据分类，有以下 2 种：

（1）从价税。从价税是指以课税对象的价格为依据，按一定比例计征的税种。

从价税实行累进税率，比较合理。我国现行的增值税、营业税、关税和各种所得税等税种。

（2）从量税。从量税是指以课税对象的数量（重量、面积、件数）为依据，按固定税额计征的税种。如，资源税、车船使用税和土地使用税等。

按税率的不同分类，有以下 3 种：

（1）累进税。税率随课税对象数额的增加而提高的税。即按照课税对象数额的大小，规定不同等级的税率。课税对象数额越大，税率越高；课税对象数额越小，税率越低。所得税多属于此类。

（2）累退税。随课税对象数额的增大，而税率逐级降低的一种税。

（3）比例税。这是税率不随征税客体总量变动而变动的一种税，它是按固定比例征收的税。财产税和流转税多属于比例税。这三种税收通过税率大小和变动方向反映赋税负担轻重和税收总量的关系。因而，税率大小和变动方向对经济活动如个人收入和消费会直接产生很大影响。

二、自动稳定器

政府的财政收支及其变动会直接、间接地影响宏观经济的运行。战后西方国家经济虽然仍有周期性波动，但同 20 世纪 30 年代大危机相比，波动幅度大为减小，衰退持续时间也大为缩短，这其中的原因是多方面的，但是财政政策的调节作用不容忽视。财政政策的调节作用有自动调节与主动调节两方面。我们把自动调节称为自动稳定器，把财政政策的主动调节称为相机抉择的财政政策。

自动稳定器（automatic stabilizers），也叫内在稳定器，是指现代财政收支制度本身所具有的一种能够减少各种干扰对国民收入冲击的机制，能够在经济繁荣时期自动抑制膨胀，在经济衰退时期自动减轻萧条，无需政府采取任何行动。现代西方财政制度本身就具有自动稳定经济的功能。当经济发生波动时，财政制度的内在稳定器就会自动发挥作用，调节社会总需求水平，减轻以致消除经济波动。

首先是税收的自动调节。当经济衰退时，国民产出水平会下降，个人收入会减少；在税率不变的情况下，政府的税收会自动减少，留给人们的可支配收入会减少，从而对个人的需求和消费都会起到抑制作用。在实行累进税的情况下，经济衰退使纳税人的收入自动降到较低的税率档次，从而税收下降的幅度会大于收入下降的幅度，从而起到抑制经济衰退的作用。反之，当经济繁荣时，失业减少，国民收入水平提高，所得税因为累进税率会更大幅度增加，这样，人们税后的可支配收入的上升幅度会小于收入上升的幅度，从而在一定程度上抑制消费和投资需求的增长，同时抑制通货膨胀。由此可见，税收这种因经济变化而发生变化的机制是一种有助于消除经济波动的自动稳定机制。

其次是政府支出的变化。主要指政府转移支出，它包括政府的失业救济和其他社会福利支出。转移支出的方式可以稳定可支配收入，从而有助于稳定消费需求和总需求。比如，当经济处于萧条和衰退时期，劳动者中失业的人数增加，申领失业救济金的人数增加，其他贫困救济和社会福利支出在内的社会转移支出也相应增加，这样，就在一定程度上抑制了居民可支配收入的下降，缓解消费需求的下降。反之，当经济处于繁荣时期，劳动者中失业的人数减少，符合救济条件的人也相应减少，政府转移支出也随之减少，从而达到降低可支配收入和减少消费需求，防止经济过热现象的出现。

在美国等国家中，转移支出制度中还包含了给予企业的补贴，如破产保护，当经济高涨时，破产企业减少，这部分支出相应减少；反之，当经济衰退时，破产企业增加，补贴支出就会增加。这部分支出在一定程度上缓解了企业因经济状况变化而出现的支出变动，从而对经济起到一定程度的稳定作用。

除此之外，还有农产品价格维持制度。农产品价格维持制度实质上是政府转移支出的一种具体形式，其内容是保证农民和农场主的可支配收入不低于一定水平。一般当经济萧条时，国民收入下降，农产品价格也下降，政府依照农产品价格维持制度，按支持价格收购农产品，从而使农民的收入和消费维持在一定水平上。当经济繁荣时，国民收入水平上升，农产品价格上涨，这时政府可以采取减少农产品收购，并适度抛售农产品的做法，限制农产品价格的上涨，达到抑制农民收入增长、减少总需求的目的。

由此可见，政府税收、转移支出以及农产品价格维持制度，都是国家宏观经济政策中能够起到自发调节作用的内在稳定器。

三、相机抉择的财政政策

自动稳定器的作用是有限的，它不可能消除经济的波动，只能减轻或缓和经济波动。因此，在一国的财政政策中，只有自动稳定器的调节还远远不够，还需要政府积极主动地，审时度势采取一系列能够改变收入或支出的财政政策，比如变动支出水平或税率以稳定总需求水平，使之接近物价稳定的充分就业状态。

相机抉择的财政政策（discretionary fiscal policy），是指政府根据一定时期的经济社会状况，主动灵活地选择不同类型的反经济周期的财政政策工具，干预经济运行，实现财政目标。如何抉择财政政策，其理论依据是凯恩斯的需求管理理论。根据凯恩斯的国民收入决定理论，总收入小于总供给时，会产生经济萧条以及失业，当总需求大于总供给时，产生经济过热以及通货膨胀。对于政府来说，当政府认为总需求水平过低，经济可能出现衰退时，政府应当主动通过降低税率、削减税收、增加支出或双管齐下来刺激经济增长，防止可能出现的经济衰退。反之，当认为总需求非常高的时候，即出现严重的通货膨胀时，政府应增加税收或减少支出，以抑制总需求，削减经济过热的势头。这就是所谓的"扩张性财政政策"（膨胀性财政政策，expansionary fiscal policy）和"紧缩性财政政策"（contractionary fiscal policy）。究竟什么时候采用扩张性财政政策，什么时候采用紧缩性财政政策，是由政府经过对经济发展形势的分析权衡，相机抉择，逆经济风向行事。

从20世纪30年代初的美国罗斯福新政到60年代的肯尼迪的繁荣，在一定限度内，都是运用了这套相机抉择的财政政策来提高有效需求。但是60年代后期以来"滞涨"局面的出现，人们对这种政策提出了怀疑，也就说明相机抉择的财政政策在实际使用过程中仍然存在局限性。

相机抉择财政政策的局限性，主要来源于实际经济生活中的时滞。首先是认识时滞，即找出所需财政措施所花费的时间，包括评估当前经济运行状况和预测未来经济发展趋势两个方面；其次是立法时滞，也就是政府通过改变税收或支出所需的法律花费的时间，这个过程一般比较漫长，需要政府做大量的调研和讨论；最后是作用时滞，也就是从实施改变税收或支出措施到其实际产生影响所花费的时间，这个时滞既受到政府部门反应速度的影响，也受到居民和厂商改变开支计划的时间的影响。

延伸阅读：财政部出台稳增长政策：降税清费、扩大国内消费

2015年9月8日，财政部发布《财政支持稳增长的政策措施》。该文件指出，今年后几个月面临的国内外形势错综复杂，财政部将密切跟踪分析形势发展变化，更加精准有效地实施定向调控和相机调控，加快落实和完善积极财政政策相关措施，及时进行预调微调，加快推进有利于稳增长的改革措施，促进经济持续健康发展。

财政政策方面，财政部将建立盘活存量资金的约束与激励机制，督促各部门和地方加快消化已收回的存量资金，用于发展急需的重点领域。

其次是加大降税清费力度，尽快落实好对小微企业的税收优惠政策，将小微企业减半征收所得税标准由年应纳税所得额20万元以内提高到30万元以内，落实完善企业研发费用加计扣除等普惠性政策。

再者是加快增设口岸免税店，扩大国内消费。

推广PPP模式方面，将进一步完善法律制度和政策扶持体系，尽快设立中国PPP引导基金，由中央财政出资，吸引市场主体共同参与，提高项目融资的可获得性。抓紧制订PPP项目财政管理办法，印发物有所值评价指引，做好PPP立法准备工作，研究出台"以奖代补"措施。

地方政府债务方面，财政部将推动地方融资平台转型改制进行市场化融资。支持加大地方融资力度，确保棚改等在建项目后续融资，保障基础设施投入资金来源，促进地方落实稳增长目标。

财税制度方面,财政部将适时推进营改增试点,推进消费税改革,研究全面实施资源税费改革方案,研究个人所得税改革方案。

而据该《措施》回顾,2015年3月30日,财政部、国家税务总局已发文将个人转让住房营业税免税年限由5年恢复为2年。

(资料来源:东方财富网,finance.eastmoney.com/news/1348,20150909545997195.html)

四、赤字与公债

1. 赤字(deficit)

财政政策与财政预算是紧密相连的,所谓的财政预算是指国家财政的收支计划,是国家财政实现计划管理的工具,它可以促使宏观经济政策目标的实现。政府财政政策的目的是努力实现宏观经济目标。当经济衰退,政府实施扩张性财政政策时,政府支出增加和税收减少,当财政支出大于财政收入时,即出现所谓的预算赤字。反之,当政府实行紧缩性财政政策时,增税或减少政府支出,会出现政府收入超过政府支出,其余额即预算盈余。我们把这样的财政称为功能财政。功能财政也是凯恩斯主义的财政思想。

功能财政是对传统的预算平衡思想的否定,西方各政府长期奉行预算平衡思想。传统的预算平衡思想大致经历了三个发展阶段。首先,是年度预算平衡,亚当·斯密在《国富论》(1776年)中提出政府理财的原则:一个谨慎行事的政府应当厉行节约,量入为出,每年预算都要保持平衡;其次,是周期平衡预算,此预算思想认为应该从整个经济周期安排财政收支平衡。在经济繁荣时,安排预算盈余;在经济衰退时,安排预算赤字。以盈余弥补赤字,实现整个经济周期的预算平衡;最后是充分就业预算平衡,以充分就业条件下的盈余或赤字来判断财政政策应是扩张还是收缩。若充分就业时的盈余增加了,财政政策就是紧缩的,反之,就是扩张的。

功能财政思想与传统的平衡预算政策观点不同,主张财政预算不在追求政府收支的平衡,而是追求宏观经济目标的实现。只要可以实现既定的宏观经济目标,预算可以是盈余的,也可以是赤字的。在经济衰退时,国民收入低于充分就业时的收入水平,存在通货紧缩缺口,应采用赤字预算,即采取扩张性财政政策,增加政府支出,或减少税收。反之,当经济繁荣时,国民收入高于充分就业时的收入水平,存在通货膨胀缺口,此时,应采取盈余预算,即紧缩性财政政策,政府有责任减少支出,或增加税收。如果此前已经存在预算盈余,也无需担心出现更大的预算盈余,仍要坚持采取紧缩性财政政策。总之,功能财政的思想就是,政府为了实现充分就业和消除通货膨胀,需要赤字就赤字,需要盈余就盈余,而不应该以预算平衡作为财政政策制定的依据。可见,功能财政的思想,其实是相机抉择财政政策的思想基础。

2. 公债

按照功能财政的思想,预算可能会赤字,也可能会盈余,但是多数情况下是赤字。对于如何弥补赤字,依靠减少支出是不可行的,如果减少支出,政府就无法实现克服经济萧条和提高就业水平的目标。也不能通过增税来弥补,如果增加税收,人们可支配收入减少,消费支出也随之减少,也无法克服经济的萧条和提高就业水平。对于如何弥补财政赤字,西方国家普遍采用发行公债的做法。

公债，是政府财政收入的又一组成部分。它是政府对公众的债务，或公众对政府的债权。它不同于税收，是政府运用信用形式筹集财政资金的特殊形式，包括中央政府的债务和地方政府的债务。其中中央政府的债务称为国债，政府借债一般有短期债、中期债和长期债三种形式。短期债一般通过出售国库券取得，主要进入短期资金市场（货币市场），利息较低，期限一般为3个月、6个月和1年三种。中长期债一般通过发行中长期债券取得，期限1年以上5年以下的为中期债券，5年以上的为长期债券。美国长期债券最长的为40年，中长期债券因时间长风险大而利息较高。中长期债券是西方国家资本市场（长期资金市场）上最主要交易手段之一。因此，政府公债的发行，一方面能增加财政收入，影响财政收支，属于财政政策，另一方面又能对包括货币市场和资本市场在内的金融市场的扩张和紧缩，起着重要作用，影响货币的需求，从而调节社会的总需求水平。

然而，政府发行了公债要还本付息，长期未清偿的债务会逐渐累积成巨大的债务净存量，这些债务净存量所要支付的利息，又成为政府预算支出中一个十分庞大的内容。西方经济学家对公债的看法差异较大。一些经济学家认为，公债无论是内债还是外债，与税收一样，都是政府给公民的一种负担，而且，由于期限较长，公债不仅是当代人身上的负担，而且还会造成后代的负担。因为政府往往采取借新债还旧债的方法，公债的债务负担会一代代传下去。另一些经济学家认为，外债对一些公民来说是一种负担，但是内债则不同，因为内债是政府欠本国人的债，也就是"自己欠自己的债"，因而不构成负担，而且政府是长期存在的，可以用发新债的方法还旧债，因此只是财富在一国之内的再分配，对整个国家而言，并没有财富的损失。至于公债对子孙后代的影响，他们认为不构成负担，理由是发行公债还可以促进资本形成，加速经济增长，从而给子孙后代创造更多的财富和消费。当然，在充分就业时期增加的公债且又没有相应的资本形成，或者公债的增加引起私人投资下降，就会成为公民的一种负担。

表5-2　　　　　　　　2000—2010年一些国家中央政府负债占GDP的比重　　　　　　　　单位：%

年份	2000	2001	2002	2003	2004	2005	2006	2007	2008	2009	2010
澳大利亚	11.36	9.55	8.58	7.55	6.72	6.31	5.76	5.18	4.92	8.20	10.97
比利时	99.54	99.13	97.95	95.40	92.76	91.77	87.57	85.30	90.09	94.89	96.79
加拿大	40.86	39.71	38.09	35.85	32.11	30.24	27.93	25.18	28.64	35.72	36.07
法国	47.42	48.35	49.94	51.88	52.56	53.28	52.13	52.12	53.41	61.23	67.42
德国	38.36	36.45	37.16	38.48	39.86	40.83	41.23	39.55	39.55	44.21	44.40
希腊	108.93	109.68	109.20	105.78	108.62	110.57	107.68	105.67	110.62	127.02	147.84
冰岛	33.83	39.24	35.26	33.33	28.18	19.38	24.81	23.24	44.18	87.47	81.26
爱尔兰	34.77	30.89	27.87	26.86	25.34	23.52	20.25	19.83	28.00	47.07	60.70
意大利	103.58	102.66	99.54	96.70	96.31	97.66	97.45	95.63	98.09	106.78	109.02
日本	106.12	123.52	137.61	140.90	156.81	164.50	161.81	164.55	180.78	183.53	—
葡萄牙	52.10	54.01	56.71	58.30	60.97	66.19	67.73	66.62	68.88	78.73	87.96
西班牙	49.87	46.27	43.94	40.68	39.27	36.36	32.97	30.02	33.70	46.03	51.69
英国	42.15	38.79	39.13	38.67	40.02	43.52	43.19	42.74	61.06	75.27	85.54
美国	33.90	32.41	33.20	34.87	36.04	36.15	36.04	35.70	40.18	53.57	61.27

资料来源：http://stats.oecd.org/

 **延伸阅读：欧洲债务危机的起因**

2009年10月，希腊新任首相乔治·帕潘德里欧宣布，其前任隐瞒了大量的财政赤字，随即引发市场恐慌。截至同年12月，三大评级机构纷纷下调了希腊的主权债务评级，投资者在抛售希腊国债的同时，爱尔兰、葡萄牙、西班牙等国也出现财政问题，欧洲债务危机全面爆发。2011年6月，意大利政府债务问题使危机再度升级。这场危机不像美国次贷危机那样一开始就来势汹汹，但在其缓慢的进展过程中，随着产生危机国家的增多与问题的不断浮现，加之评级机构不时的评级下调行为，目前已经成为牵动全球经济神经的重要事件。政府失职、过度举债、制度缺陷等问题的累积效应最终导致了这场危机的爆发。在欧元区17国中，以葡萄牙、爱尔兰、意大利、希腊与西班牙等五个国家（以下简称"PIIGS五国"）的债务问题最为严重。

欧债危机起因于以下两个方面：

（1）过度举债。政府部门与私人部门的长期过度负债行为，是造成这场危机的直接原因。除西班牙与葡萄牙在20世纪90年代经历了净储蓄盈余外，PIIGS五国在1980—2009年间均处于负债投资状态。长期的负债投资导致了巨额政府财政赤字。欧盟《稳定与增长公约》规定，政府财政赤字不应超过国内生产总值的3%，而在危机形成与爆发初期的2007—2009年，政府赤字数额急剧增加。以希腊为例，从2001年加入欧元区到2008年危机爆发前夕，希腊年平均债务赤字达到了5%，而同期欧元区数据仅为2%；希腊的经常项目赤字年均为9%，同期欧元区数据仅为1%。2009年，希腊外债占GDP比例已高达115%，这个习惯于透支未来的国家已经逐渐失去了继续借贷的资本。这些问题在PIIGS五国中普遍存在。

随着欧洲区域一体化的日渐深入，以希腊、葡萄牙为代表的一些经济发展水平较低的国家，在工资、社会福利、失业救济等方面逐渐向德国、法国等发达国家看齐，支出水平超出国内产出的部分越来越大。由于工资及各种社会福利在上涨之后难以向下调整，即存在所谓的"黏性"，导致政府与私人部门的负债比率节节攀升。

西班牙和爱尔兰债务问题的成因与希腊略有不同。这两个国家受到次贷危机的影响，房地产市场迅速萧条，国内银行体系出现大量坏账，最终形成银行业危机。而政府在救助银行业的过程中，举债与偿债的能力均出现了问题。

此时，已经背负巨额债务的五国政府，其进一步借贷的能力已大不如前，政府信用已经不能令投资者安心充当债权人的角色。投资者一般将6%作为主权债务危机的一个警戒值，一旦超过这一水平，该国将面临主权债务危机。意大利的债务问题在PIIGS五国中前景相对乐观，但目前其10年期国债的收益率水平已接近6%。除意大利之外，其他四国2009年的政府赤字均已经数倍于3%的警戒值，当巨额的政府预算赤字不能用新发债务的方式进行弥补时，债务危机就会不可避免的爆发。

（2）政府失职与制度缺陷。PIIGS五国经历如此严重的危机，动作迟缓、不作为或乱开"药方"的五国政府难辞其咎。虽然五国政府在危机前与危机中的表现不尽相同，但其失职行为是危机的重要助推因素。

首先，为了追逐短期利益，在大选与民意调查中取悦民众，政府采取了"饮鸩止渴"的行为。例如，希腊政府在 2009 年之前隐瞒了大量的财政亏空。其次，一些政府试图通过各种途径逃避欧盟委员会与欧洲央行的监管处罚。德国、法国等经济发展"龙头"曾是这方面的负面典型，而其他国家也随之纷纷效仿。再次，以爱尔兰、西班牙为代表的一些国家政府放任国内经济泡沫膨胀，一旦泡沫破灭，又动用大量的纳税人财富去救助虚拟经济，导致经济结构人为扭曲。最后，政府首脑过于畏首畏尾，不敢采取果断措施将危机扼杀于"萌芽状态"。例如，意大利政府在 2009 年赤字达到 5.3% 时没有采取果断行动，而是一味拖延，导致了危机升级的局面。

欧元区的制度缺陷在本次危机中也有所显现。首先，根据欧元区的制度设计，各成员国没有货币发行权，也不具备独立的货币政策，欧洲央行负责整个区域的货币发行与货币政策实施。在欧洲经济一体化进程中，统一的货币使区域内的国家享受到了很多好处，在经济景气阶段，这种安排促进了区域内外的贸易发展，降低了宏观交易成本。然而，在风暴来临时，陷入危机的国家无法因地制宜地执行货币政策，进而无法通过本币贬值来缩小债务规模和增加本国出口产品的国际竞争力，只能通过紧缩财政、提高税收等压缩总需求的办法增加偿债资金来源，这使原本就不景气的经济状况雪上加霜。冰岛总统近日指出，冰岛之所以能够从破产的深渊中快速反弹，就是因为政府和央行能够以自己的货币贬值来推动本国产品出口，这是任何欧元区国家无法享受的"政策福利"。而英国政府也多次重申不会加入欧元区。

（资料来源：新浪财经，http：//finance.sina.com.cn/j/20110927/134110548262.shtml）

第二节 货币政策

一、商业银行和中央银行

与财政政策直接影响总需求的规模的调节机制不同，货币政策则需要通过中间变量的变动间接对总需求产生影响。要了解货币政策，必须先具备一些西方银行制度的知识，因为货币政策要通过金融制度来实现，而银行制度是金融制度的重要组成部分。西方主要国家的金融机构并不完全相同。但是，总体来讲，它们的金融机构包括金融媒介机构和中央银行两类。金融媒介机构中最主要的是商业银行，其他还有储蓄和贷款协会、信用协会、保险公司、私人养老基金等。

商业银行之所以称为商业银行，是因为早先向银行借款的人都经营商业，但后来工业、农业、建筑业、消费者也都日益依靠商业银行融通资金，故其客户遍及经济各部门，业务也多种多样，现在还叫商业银行，只是沿用旧称呼罢了。商业银行的主要业务是负债业务、资产业务和中间业务。负债业务主要是吸收存款，包括活期存款、定期存款和储蓄存款。资产业务主要包括放款和投资两种业务。放款业务是为企业提供短期贷款，包括票据贴现、抵押贷款等。投资业务就是购买有价证券以取得利息收入。中间业务是代替顾客办理支付事项和其他委托事项，从中收取手续费的业务。

中央银行是一国最高金融当局，它统筹管理全国的金融活动，实施货币政策以影响经济。当今世界除了少数地区和国家，几乎所有已独立的国家和地区都设立了中央银行。美国的中央银行是联邦储备局，英国的中央银行是英格兰银行，法国的则是法兰西银行，德国的是联邦银行，日本的是日本银行。一般认为，中央银行具有以下三个职能：

（1）作为发行的银行，发行国家的货币。

（2）作为银行的银行，既为商业银行提供贷款（用票据再贴现、抵押贷款等办法），又为商业银行集中保管存款准备金，还为商业银行集中办理全国的结算业务。

（3）作为国家的银行，第一，它代理国库，一方面根据国库委托代收各种税款和公债价款等收入作为国库的活期存款，另一方面代理国库拨付各项经费，代办各种付款与转账；第二，提供政府所需资金，既用贴现短期国库券等形式为政府提供短期资金，也用帮助政府发行公债或直接购买公债方式为政府提供长期资金；第三，代表政府与外国发生金融业务关系；第四，执行货币政策；第五，监督、管理全国金融市场活动。

在介绍了什么是商业银行和中央银行以后，接下来分析货币是由谁供给以及怎样供给的。根据货币的定义，即货币是在商品和劳务的交换及债务的清偿中作为交换媒介或支付工具而被法定为普遍接受的物品，最符合这个定义的是硬币、纸币和活期存款。流通中的硬币和纸币被称为通货，而活期存款和通货一样随时可以用来支付债务，因而也属于严格意义上的货币，而且是最重要的货币，因为活期存款在货币供给中占有比重最大，同时还可以通过活期存款的派生机制创造货币。因此，狭义的货币供给（M_1）包括流通中的硬币、纸币和活期存款的总和。

延伸阅读：美国联邦储备局

美国联邦储备局（The Federal Reserve System）是美国的中央银行，成立于 1914 年 11 月 16 日。美国联邦储备局由位于华盛顿特区的联邦储备委员会和 12 家分布全国主要城市的地区性的联邦储备银行组成，从美国国会获得权力，行使制定货币政策和对美国金融机构进行监管等职责。右图为该机构徽标。

二、存款创造和货币供给

存款创造来源于活期存款，而活期存款是指不用事先通知就可以随时提取的银行存款。虽然活期可随时提取，但很少会出现所有储户在同一时间取走全部存款的现象。因此，银行可以把绝大多数存款用来从事贷款或购买短期债券等营利活动，只需要留下一部分存款作为应付提款需要的准备金就可以了。这种经常保留的供支付存款提取用的一定金额，称为存款准备金。在现代银行制度中,这种准备金在存款中的比率是由政府(具体由中央银行)规定的。这一比率称为法定准备金率。按法定准备金率提留的准备金是法定准备金。法定准备金一部分是银行库存现金,另一部分放在中央银行的存款账户上。由于商业银行都想赚取尽可能多的利润,它们会把法定准备金以上的那部分存款当作超额准备金贷放出去或用于短期债券投资。正是这种较小比率的准备金来支持活期存款的能力,使得银行体系得以创造货币。例如,假定法定准备金率是 20%,再假定银行客户会将其一切货币收入以活期存款的形式存入银行。在这样的情况下,甲客户将 100 万美元存入自己开户的 A 银行,银行系统就增加了 100 万美元的准备金。A 银行按照法定准备金率保留 20 万美元作为准备金存入中央银行,其余 80 万美元全部贷出去,假定是借给一家公司用来买材料,机器制造厂乙得到这笔从 A 银行开来的支票,又全部存入与自己有往来的 B 银行,B 银行得到这 80 万美元支票存款后,留下 16 万美元作为准备金存入中央银行,然后再贷放出 64 万美元,得到这笔贷款的丙厂商又会把它存入跟自己有往来的 C 银行,C 银行留存 12.8 万美元作为存款准备金,存入中央银行,然后再贷出 51.2 万美元。由此,不断存贷下去,各银行存款总额是:

$$100 + 80 + 64 + 51.2 + \cdots$$
$$= 100\,(1 + 0.8 + 0.8^2 + 0.8^3 + \cdots + 0.8^{n-1})①$$
$$= \frac{100}{1 - 0.8} = 500\,(万美元)$$

而贷款总和是:

$$80 + 64 + 51.2 + \cdots$$
$$= 100\,(0.8 + 0.8^2 + 0.8^3 + \cdots + 0.8^n) = 400\,(万美元)$$

从以上例子可见,存款总和(用 D 表示)同这笔原始存款(用 R 表示)及法定准备金率(用 r_d 表示)之间的关系为:

$$D = \frac{R}{r_d} \tag{5.1}$$

上面例子中这笔存款假定来自中央银行增加的一笔原始货币供给,则中央银行每增一笔原始货币供给将使活期存款总和(亦即货币供给量)将扩大为这笔新增原始货币供给量的 $\frac{1}{r_d}$ 倍。

在上例中就是 5 倍,这个 $\frac{1}{r_d}$ 称为货币创造乘数,用 K 表示的话,则 $k = \frac{1}{r_d}$,它是法定准备金的倒数。若法定准备金是 0.2,则 $k = 5$。

上述例子中的派生存款及贷款情况可从表 5-3 中看出。

---

① $(1 + 0.8 + 0.8^2 + 0.8^3 + \cdots + 0.8^{n-1})$ 是一个递减等比级数,其和为:$\frac{1}{1 - 0.8}$。

表 5-3　　　　　　　　　　银行存款的多倍派生存款　　　　　　　　　单位：万美元

存款人 (1)	银行存款 (2) = (3) + (4)	银行贷款 (3) = (2) ×0.8	存款准备金 (4) = (2) ×0.2
甲	100	80	20
乙	80	64	16
丙	64	51.2	12.8
…	…	…	…
合计	500	400	100

从上面的分析可知，货币的供给不能只看到中央银行起初投放了多少货币，而必须更为重视派生存款或者说派生货币，即由于货币创造乘数作用而增加的货币供给量，而货币创造乘数的大小和法定准备率有关，法定准备金率越大，乘数就越小。这是因为，准备率越大，说明商业银行吸收的每一轮存款中可用于贷款的份额越小，由于贷款转化为存款，因而，下一轮存款就越少。

但是，以上所说的货币创造乘数为法定准备金率的倒数是有条件的。

首先，商业银行没有超额储备，即商业银行得到的存款扣除法定准备金后会全部贷放出去。但是，如果银行找不到可靠的贷款对象，或厂商由于预期利润率太低不愿借款，或银行认为给客户贷款的市场利率太低，而不愿贷款，诸如此类原因都会使银行的实际贷款低于其本身的贷款能力。这部分没有贷放出去的款额就形成了超额准备金，即超过法定准备金要求的准备金。超额准备金对存款的比率可称超额准备率（可用 r_e 来表示），法定准备加超额准备是银行的实际准备金。法定准备率加超额准备率是实际准备率。考虑到有超额准备金时，货币创造乘数就不再是 $k=\dfrac{1}{r_d}$，而应当是 $k=\dfrac{1}{r_d+r_e}$，即实际准备金率的倒数。派生存款总额 $D=\dfrac{R}{r_d+r_e}$。例如上面例子中这笔 100 万美元的原始存款在法定准备率 $r_e=20\%$ 时本来可以派生出 500 万美元的存款，但是如果超额准备金率 $r_e=5\%$，则只能派生出 400 万美元的存款，因为银行本来应该有 80 万美元贷款能力，现在实际只贷出 75 万美元，还有 5 万美元的超额准备金未能形成派生存款，是一种漏出。于是货币创造乘数从 5 变成 4，有了漏出，货币创造乘数就变为 $k=\dfrac{1}{r_d+r_e}$。可见货币创造乘数不但和法定准备有关，和超额准备也有关。一般来说，市场贷款利率（用 r 表示）越高，银行越不愿多留超额准备金，因为准备金不能生利。因此，市场利率上升，超额准备率从而实际准备率会下降，货币乘数就会增大。货币乘数除了和法定准备金率和市场利率有关，还和商业银行向中央银行借款的利率或者说再贴现率有关。再贴现率或者说贴现率上升，表示商业银行向中央银行借款的成本上升，这会促使商业银行自己多留准备金，从而会提高实际准备金率。可见，当贴现率上升时，货币创造乘数会变小。

其次，银行客户将一切货币收入存入银行，支付完全以支票形式进行。假如客户将得到的贷款不全部存入银行，而是抽出一定比例的现金，又会形成一种漏出。例如，在上面的例子中，假定银行客户（甲、乙、丙、丁等）在每一轮存款中抽出 5% 的现金，则 A 银行能贷出的款项将不再是75万美元（仍假定超额准备率 $r_e = 5\%$）而是70万美元（$70 = 100 - 20 - 5 - 5$），B银行贷出的款项将是49万美元（$49 = 70 - 0.2 \times 70 - 0.05 \times 70 - 0.05 \times 70$），如此继续下去最后形成的派生存款将是 $\frac{100}{1-0.7} = 333.3$（万美元）。现金和准备金一样不能形成派生存款。因此，若用 r_c 表示现金在存款中的比率，则有超额准备金和现金漏出时，货币创造乘数就为：$k = r_d + r_e + r_c$（注意：这里仅把活期存款当作货币供给）。

从这个式中可以看到，货币创造乘数除了和法定准备金率、超额准备金率有关，还和现金-存款比率有关。这一比率上升时，货币创造乘数会变小。

上面说过，客户甲把100万美元存入银行时，这笔原始存款成为以后一轮一轮派生存款的来源或者说是基础。可见，若非银行部门（个人或企业）缩减其持有的货币，并将它存入银行，商业银行的超额准备金就会增加。这就为存款扩张或者说货币创造提供了基础。存款扩张的基础是商业银行的准备金总额（包括法定的和超额的）加上非银行部门持有的通货，可称为基础货币或货币基础。由于它会派生出货币，因此是一种高能量的或者说活动力强大的货币，用 R_d 表示法定准备金，用 R_e 表示超额准备金，用 H 表示基础货币，则有 $H = C_u + R_d + R_e$。这是商业银行借以扩张货币供给的基础。考虑到货币供给（严格意义的货币供给 M_1）$M = C_u + D$，即为通货和活期存款的总和，则：

$$\frac{M}{H} = \frac{C_u + D}{C_u + R_d + R_e}$$

再将上式中分子分母都除以 D，则得到：

$$\frac{M}{H} = \frac{\frac{C_u}{D} + 1}{\frac{C_u}{D} + \frac{R_d}{D} + \frac{R_e}{D}} = \frac{r_c + 1}{r_c + r_d + r_e} \tag{5.2}$$

这里，$\frac{M}{H}$ 就是货币创造乘数，它等于 $\frac{r_c + 1}{r_c + r_d + r_e}$。它之所以和上面例子说过的 $k = r_d + r_e + r_c$ 不同，是因为上面例子中仅把活期存款总和当成货币供给量，而这里已把活期存款和通货货币合在一起当成货币供给量。在这里，由于 $\frac{M}{H} = \frac{r_c + 1}{r_c + r_d + r_e}$，即 $M = \frac{r_c + 1}{r_c + r_d + r_e} \times H$，而货币创造乘数 $\frac{r_c + 1}{r_c + r_d + r_e}$ 又如上述，和法定准备率、中央银行贴现率、市场借款利率及现金对存款的比率有关，因此整个说来，货币供给可看作是基础货币供给、法定准备率、贴现率、市场利率和现金-存款比率的函数。所有这些影响货币供给的因素，都可以归结到准备金变动对货币供给变动的作用上来，因为准备金是银行创造货币的基础。中央银行正是通过控制准备金的供给来调节整个货币供给的。

这里必须强调指出：上述银行存款的多倍扩大的连锁反应也会发生相反的作用。例如：当客户甲从他的银行提取100万美元存款时，他的A银行必须支付100万美元的现款，其中20万美元可由原有的准备金抵消，但为了弥补其中的80万美元，A银行必须收回贷款80万美元。这样，乙为了偿付这80万美元，又必须从B银行提取存款80万美元，如此类推，我们可以推算出整个银行体系缩小的存款总额为500万美元。换言之，相反的连锁反应会使整个银行体系按乘数来缩小存款总额,此外,还必须强调指出,这种多倍扩大或缩小,只有通过一国的整个银行体系才能做到。例如,在表5-3中合计为500万美元的银行存款是甲、乙、丙等在各自存入的不同银行存款总和。这些不同银行意味着一国的整个银行体系。

三、货币政策及其工具

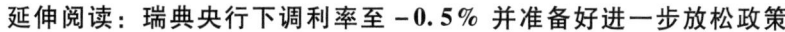

延伸阅读:瑞典央行下调利率至 -0.5% 并准备好进一步放松政策

瑞典央行于2016年2月11日下调指标利率至 -0.5%,降幅超出市场预期。央行并称在全球经济成长的担忧环境下,已准备好采取更多措施来提振疲弱的通胀。瑞典央行将指标回购利率由 -0.35% 调降至 -0.5%,并表示会将来自到期债券及其资产组合付息的资金进行再投资,实际扩大了央行债券购买计划。央行称正在研究其他放松政策的方法,包括外汇干预在内。

路透调查显示,多数分析师原本预期瑞典央行将把利率调降至 -0.45%,此前迹象显示物价暂时的上行走势呈现停滞,且欧洲央行暗示可能会放宽政策。"低通胀时期将…更长,"瑞典央行在一份声明中称,"这降低了对通胀目标的信心,同时也加大了通胀不能照预期升向目标的风险。"瑞典央行还指出,全球经济放缓的威胁将加大央行推高物价的难度。尽管采取创纪录的低利率水平以及大规模资产购买计划,但该央行已有五年多未能实现2%通胀目标。不过,有市场分析人士指出,很多人担心,瑞典央行正在耗尽推高通胀的"弹药"。利率可以进一步下调,购债规模也可以扩大,但效果可能有限。此外,更加宽松的货币政策可能刺激借贷需求,并导致房地产市场过热,这可能会阻碍经济复苏。

市场分析人士认为,瑞典央行和其他央行均面临的风险是,太多国家宽松政策将使效果相互抵消,并迫使各国央行陷入竞争性货币贬值的恶性循环中。汇率在央行宣布超乎预期的降息后瑞典克朗大幅下跌,瑞典克朗兑欧元跌至9.56克朗。瑞典央行去年曾三度降息,12月时维持利率不变,但称若通胀不振,则已准备好再采取行动。

(资料来源:新浪财经, http://finance.sina.com.cn/money/forex/datafx/2016 - 02 - 11/doc - ifx-pmpqt1080907. shtml)

货币政策是一国货币当局调节宏观经济的重要工具之一,货币政策主要由一国的中央银行来制定和执行,中央银行是国家管理金融市场的权威机构,是国家的银行、发行的银行以及银行的银行。中央银行实施本国的货币政策,是通过各种政策工具调节流通中的货币供给量,目的是稳定物价,抑制通货膨胀,维持充分就业,平稳经济周期,维持长期经济增长,实现国际收支平衡。当然这些目标之间存在一定的矛盾和冲突,同时达到几乎是不可能的。因此,中央银行根据不同的经济发展阶段和时期,侧重于不同的目标组合。一般意义上,中央银行的目标是通过维持和稳定货币市场的供求状况,稳定物价,控制通货膨胀,改善经济状况,实现充分就业和长期经济增长。从近些年的实践看,主要盯住通货膨胀正成为许多国家货币当局最主要的政策目标,如欧洲中央银行、英国、加拿大等。

1. 货币政策的概念及目标

(1) 货币政策。货币政策的概念有广义和狭义之分。

广义的货币政策是指政府、中央银行和其他有关部门所有有关货币方面的规定和所采取的一切影响货币数量的措施。从这个意义上讲,货币政策包括有关部门建立货币制度的种种规定及能够影响金融系统的发展、利用和效率的措施,甚至还包括像政府借款、国债管理乃至政府税收开支等可能影响货币支出的行为。

狭义的货币政策是指中央银行通过控制货币供应量和利率,从而影响社会总需求以实现宏观经济目标的政策。

货币政策一般也分为扩张性的货币政策和紧缩性货币政策。前者是通过增加货币供给量来带动总需求的增加。货币供给增加时,利率会降低,贷款较容易,因此,经济萧条时期多采用扩张性的货币政策。反之,紧缩性货币政策是通过削减货币供给的增长量来降低总需求水平,此时贷款困难,利率也较高,因此,在通货膨胀严重时,多采用紧缩性货币政策。一般而言,货币政策包括三方面内容:最终目标、中间目标和实现目标所运用的政策工具。

货币政策一般有四个最终目标:稳定物价、充分就业、促进经济增长和平衡国际收支。《中华人民共和国中国人民银行法》(以下简称《中国人民银行法》)第三条规定,中国人民银行的货币政策目标是"保持货币币值稳定,并以此促进经济增长"。

表 5-4　　　　　　　20 世纪中后期主要西方国家货币政策的最终目标

国家 \ 年代(20世纪)	50—60 年代	70—80 年代	90 年代以后
美国	充分就业	稳定货币	无通货膨胀的经济增长
英国	充分就业兼顾国际收支平衡	稳定货币	稳定货币
加拿大	充分就业	稳定货币兼顾国际收支平衡	
日本	稳定货币兼顾国际收支平衡	稳定物价为主,兼顾国际收支平衡	
德国	稳定货币,兼顾国际收支平衡		

(2) 货币政策目标。主要有以下四个目标:

①稳定物价是中央银行货币政策的首要目标。物价稳定的实质是币值的稳定。衡量币值是否稳定主要依据单位货币的购买力,而不是单位货币的含金量,即在一定条件下单位货币购买商品的能力。它通常以一揽子商品的物价指数,或综合物价指数来表示。目前各国政府和经济学家通常采用综合物价指数来衡量币值是否稳定,如 CPI、PPI 和 GDP 平减指数等。物价指数上升则货币贬值,反之则货币升值。需要注意的是,除通货膨胀以外,还有一些属于正常范围内的因素,如季节性因素、消费者嗜好的改变以及经济与工业结构的改变等,也会引起物价变化。因此,要将物价固定在一个绝对水平上是不可能的,关键在于能否把物价控制在经济增长所允许的限度内,这个限度的确定,主要取决于各国经济发展情况和各国的传统习惯等因素。从世界各国经验来看,一般的观点是物价每年上涨的幅度不超过 3%,可以称为物价稳定。

②充分就业,它是由英国经济学家凯恩斯在《就业、利息和货币通论》一书中提出的

概念。它表达的是在某一工资水平之下，所有愿意接受工作的人都有就业机会。充分就业并不等于全部就业或者完全就业，在充分就业条件下仍然存在一定的失业，但这些失业是摩擦性的、结构性的和季节性的，而不是周期性的。通常把失业率等于自然失业率时的就业水平称为充分就业。失业率是衡量充分就业的重要指标之一。在判断失业率高低标准方面，各国因时期和经济发展阶段的不同而具有各自的特点。以美国为例，20世纪五六十年代的自然失业率为3.5%—4.5%，70年代为4.5%—5.5%，80年代为5.5%—6.5%。

③经济增长，作为货币政策的目标之一，它表达的是一个国家和地区的产品和服务的持续增加，以反映该国家和地区的财富增长情况。一般认为，经济持续、高速、稳定增长是保证国家财富不断增长的重要条件。目前，世界上大多数国家都将经济增长作为货币政策目标之一，但由于它在各国货币政策目标中所处的地位不同，其重要程度也不尽相同。以美国为例，在20世纪30—50年代，是高度重视经济增长的时期，因为这一时期，正是美国二战后，生产力严重下降，经济衰退的时期。自20世纪70年代以来，尤其是1981年里根担任总统以后，货币政策以反通货膨胀为重点。日本在第二次世界大战以后，也同样提出了发展经济的目标，主要是基于当时战后的生产极度衰退。实际上，在日本政府的货币政策里，更侧重于稳定物价这一目标。德国经历了两次世界大战，战后都爆发了恶性通货膨胀，也将经济增长列入货币政策的目标之一，但是在实行过程中，则更重视物价稳定，宁可牺牲经济增长也要换取物价稳定。不过，也有国家更为重视经济增长，比如说韩国。

④国际收支平衡，是指国际收入与支出相等，它取决于该国和地区进出口贸易（经常项目）和资本流入流出（资本项目）状况。随着国际经济一体化发展，这一问题日益突出。国际收支长期不平衡，无论是顺差或逆差，对本国经济都会带来不利影响。如果存在长期的巨额逆差，会使本国外汇储备急剧下降，加大债务和利息负担；长期巨额顺差，外汇占款增加，尤其因大量外汇增加导致增发本国货币，则可能引起或加剧国内通货膨胀。相比之下，逆差的风险更大，因此一国调节国际收支失衡，主要是要减少以致消除逆差。从各国经验来看，各国平衡国际收支的目标，一般都与本国的国际收支出现问题有关。比如美国，直到20世纪60年代初，才将平衡国际收支列入货币政策目标，是因为在20世纪60年代初，美国出现长期贸易逆差。1969—1971年，国际收支逆差累计达到400亿美元，黄金储备大量流失。日本也类似，1965年之前，日本对外贸易和国际收支逆差严重影响国内经济的发展，此后，日本国际收支又呈现顺差趋势，并由此引发了1971年12月日元升值，之后日本的宏观经济政策转向解决国际收支顺差长期化问题。而英国，由于国内资源比较缺乏，对外经济在整个国民经济中占有较大比重，国际收支状况对国内经济发展的影响很大，特别是国际收支失衡会使国内经济和货币流通产生大幅波动，因此战后英国一直把国际收支平衡列为货币政策的重要目标。

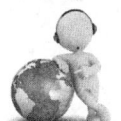

延伸阅读：央行：继续实施稳健货币政策　强化价格型调节

2015年，内外部环境复杂多变。面对结构调整过程中出现的经济下行压力，中国人民银行按照党中央、国务院统一部署，继续实施稳健的货币政策，加强预调微调，进一步增强调控的针对性和有效性。

一是综合运用公开市场操作、中期借贷便利、普降金融机构存款准备金率等多种工具合理调节银行体系流动性，弥补外汇占款减少等形成的流动性缺口，保持银行体系流动性合理充裕。二是五次下调人民币存贷款基准利率，九次引导公开市场逆回购操作利率下行，支持再贷款、中期借贷便利和抵押补充贷款利率，更加注重稳定短端利率，探索常备借贷便利利率发挥利率走廊上限作用，充分运用价格杠杆稳定市场预期，引导融资成本下行。三是实施定向降准，扩大信贷资产质押和央行内部评级试点，发挥差别准备金动态调整机制的逆周期调节和结构导向作用，多次调增再贷款、再贴现额度，扩展抵押补充贷款发放范围，引导金融机构将更多信贷资源配置到小微企业、"三农"和棚户区改造等国民经济重点领域和薄弱环节。

坚定推进金融市场化改革，一系列重大改革措施陆续出台，以改革促发展，以改革疏通货币政策传导机制，更好地发挥市场在资源配置中的决定性作用，进一步完善货币政策调控框架。放开存款利率浮动上限，利率市场化改革迈出关键性一步；完善人民币兑美元汇率中间价报价机制，发布人民币汇率指数，市场机制在汇率形成中的决定性作用进一步增强；将存款准备金由时点法考核改为平均法考核；完善宏观审慎政策框架，将差别准备金动态调整机制"升级"为宏观审慎评估体系，将外汇流动性和跨境资金流动纳入宏观审慎管理范畴；政策性、开发性金融机构改革顺利实施，存款保险制度平稳推出；人民币成功加入国际货币基金组织特别提款权货币篮子。总体看，稳健货币政策取得了较好效果，保持了流动性合理充裕，促进了实际利率基本稳定，从量价两方面保持了货币环境的稳健和中性适度。

2015 年末，广义货币供应量 M2 余额同比增长 13.3%，比上年末高 1.1 个百分点。人民币贷款余额同比增长 14.3%，比上年末高 0.6 个百分点；比年初增加 11.7 万亿元，同比多增 1.8 万亿元。社会融资规模存量同比增长 12.4%。12 月非金融企业及其他部门贷款加权平均利率为 5.27%，比上年 12 月下降 1.51 个百分点。2015 年末，人民币对美元汇率中间价为 6.4936 元，CFETS 人民币汇率指数为 100.94，人民币对一篮子货币保持了基本稳定。

在一系列政策措施的共同推动下，2015 年中国经济运行总体平稳，结构调整积极推进。国内生产总值（GDP）同比增长 6.9%，最终消费对 GDP 增长的贡献率超过 60%，第三产业比重超过 50%，新兴产业、新兴业态和新商业模式蓬勃发展，消费价格温和上涨，就业形势总体稳定。当前世界经济仍处于深度调整期，全球价值链再造和贸易投资格局在发生变化，主要经济体货币政策进一步分化，地缘政治更趋复杂，不确定、不稳定因素依然较多。从国内经济看，供求的结构性矛盾依然突出，供给过剩和供给不足并存。经济下行压力主要来自资源能源等传统产业和产能过剩行业，同时新动能正在孕育，国民经济处在结构调整和转型升级的关键时期。要解决好当前面临的结构性问题，关键是要在适度扩大总需求的同时，加快推进供给侧结构性改革，抓好去产能、去库存、去杠杆、降成本、补短板五大任务，更充分地发挥市场在资源配置中的决定性作用，提高增长的质量和效益。

下一阶段，中国人民银行将按照党中央、国务院的战略部署，坚持改革开放，坚持稳中求进工作总基调，主动适应经济发展新常态，保持政策的连续性和稳定性，继续实施稳健的货币政策，保持松紧适度，适时预调微调，做好与供给侧结构性改革相适应的总需求管理。综合运用数量、价格等多种货币政策工具，优化政策组合，加强和改善宏观审慎管理，疏通货币政策传导渠道，从量价两方面为结构调整和转型升级营造适宜的货币金融环境。盘活存量，优化增量，改善融资结构和信贷结构，支持经济发展新动能形成。同时，更加注重改革创新，寓改革于调控之中，把货币政策调控与深化改革紧密结合起来。适应金融深化和创新发展的要求，进一步完善调控模式，加强预期引导，强化价格型调节和传导机制，疏通货币政策向实体经济的传导渠道，提高金融运行效率和服务实体经济的能力。采取综合措施化解金融风险，维护金融稳定，守住不发生系统性、区域性金融风险的底线。

（资料来源：中国人民银行网站，http://www.pbc.gov.cn）

货币政策的中间目标是指为实现货币政策的最终目标而选定的便于调控、具有传导性的金融变量。由于货币政策的最终目标并不在中央银行的直接控制之下，为了实现最终目标，央行必须选择与最终目标关系密切，央行可以直接调控，并在短期内可以度量的金融指标作为中介性指标，以实现对最终目标的调节和控制。

总之，货币政策的中间目标的作用是能够体现中央银行实施货币政策的进度，为中央银行提供一个可以追踪观测和控制的指标，有利于中央银行随时调整货币政策。中央银行选取的中间目标首先要有相关性，即中间目标同货币政策的最终目标要高度相关，其次要便于测度，便于货币当局运用政策工具进行驾驭和控制，最后，中间目标还应该能够有效抵御其他因素的影响，能够独立发挥作用。

一般而言，西方各国货币政策的中间目标主要有利率、汇率、货币供应量（包括现金和存款）以及通货膨胀率。至于具体选择哪一个，要根据具体条件以及实际经验来判断。

2. 货币政策工具

为了实现货币政策的最终目标，中央银行除了要设置中间目标用于观测和跟踪外，还需设置强有力的货币政策工具。西方国家货币政策工具可分为一般性货币政策工具和选择性货币政策工具参见表5-5。

表5-5　　　　　　　　　　西方国家常见的货币政策工具

一般性政策工具	选择性政策工具
再贴现政策 公开市场业务	直接信用控制（主要包括信用分配、直接干预、流动性比率利率最高限额、特种存款）
法定准备金	间接信用控制（主要包括道义劝说、窗口指导）

（1）再贴现率政策。再贴现率是中央银行最早运用的货币政策工具。再贴现率是指中央银行对商业银行及其他金融机构的放款利率。本来，这种贴现率是指商业银行把票据出售给联邦储备银行（美国中央银行），中央银行按贴现率扣除一定利率后再把所贷款项返回到商业银行的准备金账户作为增加的准备金。也就是说，商业银行将商业票据拿到联邦储备银行再贴现，以增加准备金。现在，商业银行主要不再用商业票据而是用政府债券作为担保向中央银行贷款。所以现在都把商业银行向中央银行的贷款称为"贴现（rediscounting）"。在美国，联邦储备银行作为最后贷款者，主要是为了协助商业银行及其他金融机构备有足够的准备金。假如某一商业银行的准备金临时感觉不足，当某一银行大客户突然需要把一大笔存款转到其他银行时，就会出现准备金临时不足的情况，这时该银行就可以用它持有的政府证

券向联邦储备银行办理再贴现或申请贷款。当这种贴现减少时，意味着商业银行准备金减少，进而引起货币供给量多倍减少。当这种贴现增加时，则意味着商业银行准备金增加，进而引起货币供给量多倍增加。中央银行通过改变贴现率，来改变商业银行准备金，从而改变商业银行的贷款规模。在经济过热时，通过提高贴现率，来减少商业银行的准备金，因而可以压缩商业银行贷款规模，致使企业投资需求减少，从而减少社会总需求。反之，在经济萧条时，通过降低贴现率，来增加商业银行的准备金，因而可以扩大商业银行的贷款规模，致使企业投资需求增加，从而增加社会总需求。贴现率政策通过货币乘数，改变货币供给。它被认为是一国中央银行向社会传递货币政策导向的一种方式，因此具有"窗口"效应。但是，美联储并不经常使用贴现率来控制货币供给，因为贴现窗口的主要作用是允许商业银行和其他金融机构对其短期的现金压力作出反应，对临时发生的准备金不足作适当调整。根据美联储的规定，银行不能依赖贴现窗口进行超过一个较短时期的借款，在贴现窗口的借款，多数是期限很短，但它们确实需要时可续借。对于超过一个较短时期的借款，银行可以向有超额储备的其他银行去拆借。正因为贴现窗口主要用于满足银行临时准备金的不足，因此，目前变动贴现率在货币政策中的重要性和早先相比，已大大减弱。事实上，银行和其他存款机构也尽量避免去贴现窗口借款，只将它作为紧急求援手段，平时很少利用，以免被误认为自身财务状况有问题。每个储备银行的贴现窗口也执行美联储关于银行和存款机构可以借款的数量和次数限制。这些为适应储蓄机构在不同环境下的需要而在制度上作出的规定，并不随货币政策的变动而变动。还需指出，通过变动贴现率控制货币供给本身也存在一些问题，例如，当银行十分缺乏准备金时，即使贴现率很高，银行依然会从联储贴现窗口借款。可见，可以通过贴现率变动来控制银行准备金效果是相当有限的。事实上，再贴现率政策往往作为补充手段而和公开市场业务结合在一起进行。如果公开市场业务成功地把利率提高或降低到某一水平时，中央银行也必须把贴现率调高或降低到与该水平相协调的数值。

此外，再贴现率政策也不是一个主动性政策，因为，中央银行只能等待商业银行向它借款，而不能要求商业银行这样做。如果商业银行不向中央银行借款，那么再贴现率政策便无法执行。

（2）公开市场业务。这是目前中央银行控制货币供给量最重要也是最常用的工具。公开市场业务（open market operations）是指中央银行在金融市场上公开买卖政府证券，缩小或扩大商业银行的准备金，进而影响商业银行的存款创造能力，以调节货币供给的政策行为。一般来讲，中央银行在公开市场上购买政府债券，会增加货币供应量，降低利率，从而起到放松银根的作用；反过来，中央银行在公开市场上出售政府债券，则会导致银根紧缩。在美国，政府证券是政府为筹措弥补财政赤字资金而发行支付利息的国库券或债券，这些初次卖出的证券在普通居民、厂商、银行、养老基金等单位中反复不断被买卖。美联储可以参与这种交易，在这种交易中扩大或收缩货币供给。当美联储在公开市场上购买政府证券时，商业银行和其他存款机构的准备金将会以两种方式增加：如果美联储向个人或公司等非银行机构买进证券，则会开出支票，证券出售者将该支票存入自己的银行账户，该银行则将支票交回美联储系统作为自己在联储账户上增加的准备金存款。当联储售出政府证券时，情况则相反。

公开市场业务之所以能成为中央银行控制货币供给量的主要手段，是因为运用这种政策手段有着比其他手段更多的优点。

①灵活性。在公开市场业务中，中央银行可以及时地按照一定规模买卖政府证券，从而比较容易准确控制银行体系的准备金。如果美联储只希望少量变动货币供给量，只需要少买进或卖出政府证券；如果希望大量变动货币供给量，则大量买进或卖出即可。由于公开市场操作很灵活，还便于为中央银行及时用来改变货币供给的变动方向，变买进为卖出，就能将货币供给由增加变为减少。

②预测性。公开市场业务的优点还表现在这一业务对货币供给的影响可以比较准确的预测出来。例如：一旦买进一定数量金额的证券，就可以大体上按货币乘数估计出货币供给增加了多少。

当然公开市场业务也有自身的局限性，当金融市场上其他债权增加时，就会降低公开市场业务的影响力，同时，对商业银行的强制影响力和对大众预期的影响力较弱。

（3）法定准备金率。前面已经介绍过，法定准备金率是控制货币乘数和货币供给量的重要工具。所谓的法定准备金率就是各商业银行必须按照一定的比例（即中央银行规定的存款准备金率），将其存款的一部分作为存款准备金（legal reserve）上交给中央银行，以保证其清偿能力以应付客户提现。中央银行能够凭借其拥有的对存款准备金的调节权，进而影响商业银行创造存款的能力，从而改变货币供给量。如果商业银行认为需要减少货币供给，就可以增加法定准备金比率，使所有金融机构对每一笔客户的存款留出更多的准备金。假定原来法定准备金率是10%，存款100元，就必须留出10元准备金，可贷款金额为90元。这样商业银行按10:1比例扩大贷款，增加1万元的准备金就可以派生出10万元的存款。若中央银行把法定准备金率提高至20%，则100元存款必须留出20元准备金，可贷金额只有80元，这样，按照5:1的比例扩大贷款，增加1万元的准备金，就可以派生出5万元存款，货币供给因此减少了一半。可见，提高法定准备金率，实际上减少了银行准备金，从而降低了贷款供给；而降低法定准备金率，相当于增加了银行准备金，增加了货币供给。因此，一般经济萧条时，多采用降低银行存款准备金率的办法来扩大货币供给，而经济过热时，采用提高银行存款准备金率的办法来紧缩货币供给，抑制通货膨胀。

改变存款准备金率，通常被认为是货币政策最有利的工具之一，因为存款准备金率的变化直接影响货币创造的数量的多少，进而影响货币供给，所以存款准备金率的较小调整，就会导致货币供给的较大波动。因此，这一政策手段较少使用，一般几年才改变一次，如果准备金率频繁变动，会使商业银行和所有金融机构的正常信贷受到干扰而感到无所适从。

与公开市场业务、再贴现政策一样，存款准备金政策也有某些局限性，如：提高存款准备金率时，商业银行会迅速产生压缩贷款和投资规模的反应，从而容易引起经济波动。

上述三大货币政策工具常常配合使用。例如，当中央银行在公开市场操作中出售政府债券使市场利率上升（即债券价格下降）后，再贴现率必须相应提高，以防止商业银行增加贴现。于是，商业银行向它的顾客贷款的利率也将提高，以免产生亏损。相反，当中央银行认为需要扩大信用时，在公开市场操作中买进债券的同时，也可同时降低再贴现率。再贴现率政策和公开市场业务都能使商业银行准备金变动，但变动方式和作用还是有区别的。当中央银行在市场出售证券时，一般能减少银行准备金，但究竟哪个银行会减少以及减少多少却无法事先知道，因而究竟会给哪些银行造成严重影响也无法事先知道。对原来超额准备金多的银行可能没有什么影响,即使客户提取不少存款去买证券时,也只会使超额准备金减少一些而已。然而,那些本来就没有什么超额准备金的银行很快就会感觉准备金不足,因此,客户提取存款后,准备金就会降低到法定准备金以下。在这种情况下,中央银行之所以还大胆地进行公开市场业务,就是因为有再贴现政策做补充。当中央银行售卖证券使一些银行缺乏准备金时,这些银行就可以向中央银行办理贴现以克服困难。

货币政策除了以上三种主要工具外,还有一些选择性工具,道义劝告就是其中之一。所谓道义劝告,是指中央银行运用自己在金融体系中的特殊地位和威望,通过对银行及其他金融机构的劝告,影响其贷款和投资方向,以达到控制信用的目的。如在经济衰退时期,鼓励银行扩大贷款;在通货膨胀时期,劝阻银行不要任意扩大信用,也往往会产生一些效果。但是,由于道义劝告不具有法律效力,因而不是强有力的工具。

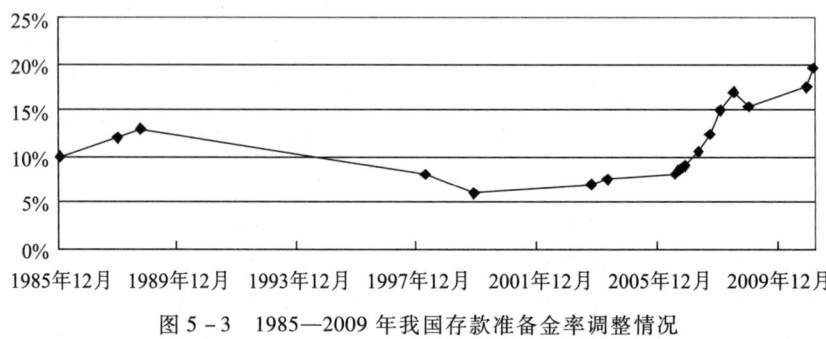

图 5-3　1985—2009 年我国存款准备金率调整情况

延伸阅读:我国的货币政策工具

货币政策工具是中央银行为达到货币政策目标而采取的手段。货币政策工具分为一般性工具、选择性工具和补充性工具三种。在过去较长时期内,中国货币政策以直接调控为主,即采用信贷规模、现金计划等工具。1998 年以后,主要采取间接货币政策工具调控货币供应总量。现阶段,中国的货币政策工具主要有公开市场操作、存款准备金、再贷款与再贴现、利率政策、汇率政策和窗口指导等。《中国人民银行法》第二十三条明确表达了货币政策工具的概念和内容:

- 要求银行业金融机构按照规定比例交存存款准备金。
- 确定中央银行基准利率。
- 为在中国人民银行开立账户的银行业金融机构办理再贴现。
- 向商业银行提供贷款。
- 在公开市场上买卖国债、其他政府债券和金融债券及外汇。
- 国务院确定的其他货币政策工具。

四、货币政策起作用的其他途径

以上所述的货币政策的作用是通过货币供给量影响利率进而影响投资和产出的途径实现

的,这主要来源于凯恩斯主义的思想。有一些经济学家认为,货币供给对产出的影响是存在的,但是不一定通过利率来表现,因此,他们提出了货币政策起作用的其他途径。

第一种理论认为,货币政策影响产出,并不是因为改变了利率就改变了投资成本从而改变了投资需求,而是因为利率的变动会影响人们的资产组合。当利率较低的时候,人们会把他们的财产转移到股票上,因为他们认为投资于股票会比从银行储蓄获得的利益更多,于是股票价格会上升。根据托宾的"q理论",当股票价格更高时,企业就会进行更多的投资。

第二种理论是第一种理论的扩展,认为扩张的货币政策造成的较低的利率,会促使股票的价格和长期债券价格上升,从而会使人们感觉更富有了,于是他们会增加消费,带动总需求增加。

第三种理论认为,政府实行扩张的货币政策时,例如,中央银行通过公开市场业务买进一笔债券,债券出售者将从银行得到的支票存入银行,银行的准备金增加了,超额准备金会被用来贷款给企业或购买债券(国库券)。银行要吸收企业贷款,就会降低贷款利率,要购买国库券又会使国库券价格上升即利率下降,利率下降又会使股票价格和债券价格上升,这些都会使企业投资增加。

第四种理论认为,在开放经济中,货币政策还可以通过汇率变动影响进出口从而对总需求发生作用。尤其在实行浮动汇率情况下,当银行收紧银根时,汇率上升,国外资金会流入,于是,本币会升值,净出口会下降,从而使本国总需求水平下降。但在固定汇率情况下,央行为维持本币不升值,势必抛售本币,按固定汇价收购外币,于是,本国货币市场供给量增加,使原本想达到的货币政策目标受到影响。

第五种理论注重可利用的信用规模,认为中央银行的行动可促使银行发放更多或更少的贷款,或者以更加宽松或更加严格的条件发放贷款。例如,当央行想促使银行更多地贷款或以更宽松的条件贷款时,可以通过公开市场业务买进国库券,或降低法定准备金率,使银行有超额准备金,给企业更多贷款。

第三节 财政政策和货币政策的效果评价

财政政策和货币政策都是通过影响消费支出、投资支出等总需求,对宏观经济运行进行干扰,结果表现在国民产出水平发生变化。前面,我们已经通过乘数理论具体考察过各种需求变化怎样具体引起国民产出(国民收入)水平的变化。但是,当时仅仅考虑了在产品市场中发生的乘数效应,并没有考虑产品市场变化和货币市场变化之间相互影响后需求变化的作用效果。为了弄清楚宏观经济政策的效果,我们就必须考虑这种市场间的相互联系和相互影响,并以此为基础来考察政策的作用效果。

第四章讲述的 *IS-LM* 模型为我们评价财政政策和货币政策的效果提供了工具,财政政策即政府收支变化会引起 *IS* 曲线发生移动,在国民产出水平变动的同时,这种移动也对利率产生了影响，而利率反过来又会影响总需求。货币政策的变化也是如此，货币政策工具变量变化引起 LM 曲线变化，利率变化的同时，国民产出水平也发生变化，这种变化又反过来影响总需求（参见表 5-6）。

表 5-6　　　　　　　　　　　　财政政策和货币政策的影响

政策种类	对利率的影响	对消费的影响	对投资的影响	对 GNP 的影响
财政政策（减少所得税）	上升	增加	减少	增加
财政政策（增加政府开支，包括政府购买和转移支出）	上升	增加	减少	增加
财政政策（投资津贴）	上升	增加	增加	增加
货币政策（扩大货币供给）	下降	增加	增加	增加

一、财政政策效果评价

从 IS-LM 模型看，财政政策效果的大小是指政府收支变化（包括变动税收、政府购买和转移支出等）使 IS 变动对国民收入变动的影响，显然，从 IS 和 LM 图形看，这种影响的大小，随 IS 曲线和 LM 曲线的斜率不同而有所不同。

情形 1：假定 LM 曲线不变，IS 曲线取不同斜率值。

假设两种情形如图 5-4 所示。（a）、（b）两图中的 LM 曲线斜率相同，但 IS 曲线斜率不同，初始时均衡国民产出为 y_0，利率为 r_0。我们以政府采取扩张性财政政策（即增加政府支出）为例。假定政府在两种情况下，增加的政府支出 Δg 相同，这导致 IS_0 曲线右移至 IS_1，在两图中右移的距离相等，都为 E_0E_3。如果利率水平不变，相应引起的国民产出增加额应该为 y_0y_3，显然 $E_0E_3 = y_0y_3$。y_0y_3 等于政府支出乘数乘以政府支出增加额，用公式表示为

$$Y_0Y_3 = k_G \cdot \Delta G$$

然而，现实国民产出并没有如上述从 y_0 增加到 y_3，仅仅增加至图 5-4（a）的 y_1 和图 5-4（b）的 y_2。两者显然都低于 y_3。为什么国民产出水平的增加低于上述预期呢？其中的原因在于在这一过程中发生了所谓的"挤出效应"（crowding out）。政府支出增加的同时，"挤出"了一部分私人投资，因此社会总支出并未增长那么多。其中的作用机制为：政府支出增加，IS 曲线右移，国民产出随之增加，对货币的需求提高，在货币供给不变的情况下，利率会上升，利率上升抑制了私人投资。因此，新的均衡点只能位于 E_1 和 E_2，国民产出不可能从 y_0 增加到 y_3，只能增加到 y_1 和 y_2。

图 5-4 中，假定 LM 曲线即货币市场均衡情况完全相同，并且起初的均衡收入 y 和利率 r 也完全相同，政府实行扩张性财政政策，它可以是减少税收，也可以是增加政府支出。现在假定是增加一笔支出为 Δg，则会使 IS 曲线移动到 IS_1，右移的距离是 E_0E_3，E_0E_3 是政府支出乘数和政府支出增加额的乘积，即 $E_0E_3 = k_g \cdot \Delta g$。这就是说，一笔政府支出能带来若干倍国民收入的增加，在图形上，就是指收入应从 y_0 增加到 y_3，则必须假定利率 r_0 不上升，可是利率不可能不上升，因为 IS 向右上移动时，国民收入增加了，因而对货币的交易需求

增加了,但货币供给未变动(LM 未变动)因而人们用于投机需求的货币必须减少,这就要求利率上升。因此,无论是图 5-4(a)还是图 5-4(b),均衡利率都上升了,利率上升抑制了私人投资,这就是所谓的"挤出效应"。由于政府支出"挤出"私人投资的问题,因此,新的均衡点只能处于 E_1 和 E_2,收入不可能从 y_0 增加到 y_3,而只能分别增加到 y_1 和 y_2。

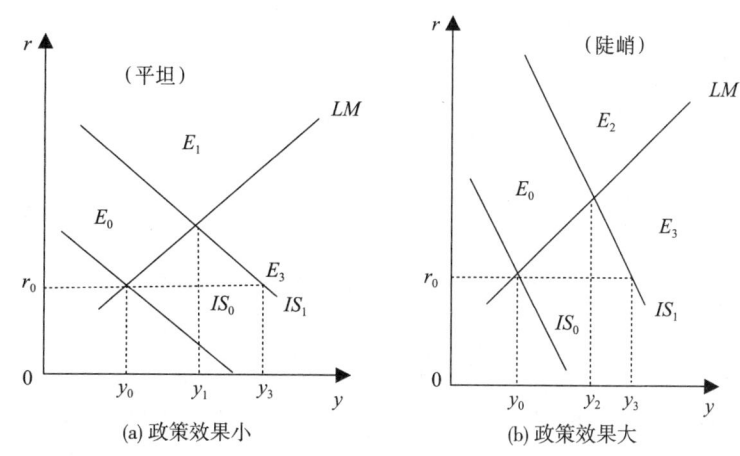

图 5-4 财政政策效果因 IS 曲线斜率而不同

从图形 5-4(a)和 5-4(b)可见,y_0y_1 小于 y_0y_2,说明 5-4(a)表示的政策效果小于 5-4(b),原因在于图 5-4(a)中的 IS 曲线比较平坦,而图 5-4(b)中的 IS 曲线较陡峭。前面已经说过,IS 曲线斜率大小主要由投资的利率系数所决定,IS 越平坦,表示投资的利率系数越大,即利率变动一定幅度所引起的投资变动的幅度越大。若投资对利率变动的反应比较敏感,一项扩张性财政政策使利率上升时,就会使私人投资下降很多,就是"挤出效应"较大,因此,IS 越平坦,实行扩张性财政政策时被挤出的私人投资就越多,从而使国民收入增加的就越少,即政策效果越小。图 5-4(a)中 y_1y_3 即由于利率上升而被挤出的私人投资所减少的国民收入,y_0y_1 是这项财政政策带来的收入。图 5-4(b)中 IS 曲线较陡峭,说明政府支出的"挤出效应"较小,因而政策效果较大。

结论:当 LM 曲线不变时,IS 曲线越平坦,扩张性财政政策对私人投资的挤出就越多,国民产出的增加就越少,财政政策的效果就越小。反之,则效果越大。

情形 2:假定 IS 曲线斜率不变,LM 曲线取不同斜率值。

假设第二种情形如图 5-5 所示,假定 IS 曲线斜率相同,LM 曲线斜率不同,初始均衡国民产出都为 y_0,利率都为 r_0。同样以政府实行扩张性财政政策(即增加政府支出)为例。假定政府增加相同一笔支出 ΔG,IS_0 曲线右移至 IS_1,两图中右移的距离相等,都为 E_0E_3。相应引起的国民产出增加额也应该为 y_0y_3。然而,由于存在政府支出"挤出"私人投资的问题,因此,新的均衡点只能位于 E_1 和 E_2,国民产出不可能从 y_0 增加到 y_3,而只能增加到 y_1 和 y_2。这又是为什么呢?

如图 5-5,假定 IS 曲线斜率相同,但 LM 曲线斜率不同,起初均衡收入 y_0 和 r_0 都相同,在这样的情况下,政府实行一项扩张性财政政策,现在也假定是增加同样一支出 Δg,则它使 IS 从 IS 右移到 IS_1,右移的距离 E_0E_3,同样的政府支出乘数和政府支出增加额的乘积,

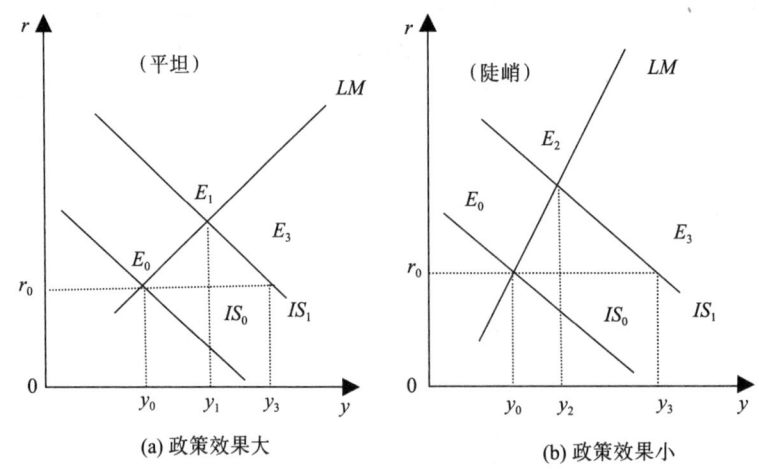

图 5-5 财政政策效果因 LM 曲线斜率而不同

但由于利率上升会产生"挤出效应",使国民收入实际分别只增加 y_0y_1 和 y_0y_2。

从图 5-5 可见,政府增加同样一笔支出,在 LM 曲线斜率较大即曲线较陡峭时,引起的国民收入增量较小,即政策效果较小;相反,在 LM 曲线较平坦时,引起的国民收入增量较大,即政策效果较大。这是因为,LM 曲线斜率较大即曲线陡峭,表示货币需求的利率系数较小,或者说货币需求对利率的反应不灵敏;这意味着一定的货币需求增加将使利率上升较多,从而对私人部门投资产生较大的基础效应,结果使财政政策效果较小。相反,当货币需求利率系数较大(从而 LM 曲线较平坦)时,政府由于增加支出,即使向私人部门借了很多钱(通过出售公债券),也不会使利率上升很多,从而不会对私人投资产生很大影响,这样,政府增加支出就会使国民收入增加较多,即财政政策效果较大。

结论:LM 曲线越陡峭,扩展性财政政策挤出的私人投资就越多,国民产出增加就越少,财政政策的效果也就越小,反之,则越大。

挤出效应及其影响因素。

挤出效应是指因为政府购买支出增加导致私人投资水平、消费水平甚至出口减少的现象。从前面的分析我们知道,政府购买 g 与另外"三驾马车"(c、i、$x-m$)共同组成的一国总需求。政府购买体现了政府意志,政府购买增加,在其他三项不变的情况下,会引起社会总需求净增加。但是,如果政府开支增加后,会对其他几项形成干扰,那么增加的总需求就不会像预想的那么多了。那么,影响挤出效应大小的因素主要有以下几个:

(1)充分就业状态。在非充分就业经济中,政府支出会部分挤出私人投资支出,但不会完全挤出私人投资支出。但是,在充分就业经济中,政府支出增加会完全挤占私人投资支出。

(2)政府支出乘数。前面已经学过,政府支出乘数 $=1/(1-MPC)$。乘数越大,国民产出变化越大,对利率水平变化的冲击也越大,挤出效应越显著。

(3)投资需求对利率变动的敏感程度。根据投资函数:$i=e-dr$,投资对利率反应系数 d 越大,小幅度的利率水平变动就往往会引起投资需求出现较大幅度的波动。因此,当政府开支增加引起利率水平提高时,投资对利率的反应系数 d 越大,挤出效应就越显著。

(4) 货币需求对产出水平的敏感程度。从货币需求函数 $l = ky - hr$ 可知，货币需求对国民产出（产出）水平的反应系数 k 越大，国民产出变化（由政府购买增加所致）所导致的货币需求增加幅度就越大，在其他情况不变时，利率的上升幅度也大，挤出效应就越显著。

(5) 货币需求对利率变动的敏感程度。货币需求对利率变动的反应系数 h 越小，货币需求的小幅度变动便会引起利率出现大幅度变动。因此，当政府支出增加→国民产出增加→货币需求增加所导致的利率上升也会幅度较大，因此对投资支出的挤出也会越大，挤出效应就越显著。相反，如果 h 越大，则挤出效应就越小。

(6) 政府举债规模及其对市场利率的影响程度。如果政府开支是通过向居民举债来实施，其规模大小就成了影响金融货币市场利率变化的重要因素。当政府举债规模大，导致市场和利率上升时，挤出效应也就随之产生。但是，如果政府举债不影响市场利率水平时，这种影响可以不予考虑。

上述因素中，货币需求对国民产出（产出）水平的反应系数 k 主要受支付习惯、金融货币制度等方面因素的影响，一般相对稳定。所以挤出效应大小关键取决于投资需求、消费需求和出口以及货币需求对利率变动的敏感程度。

延伸阅读：日本经济连续两季度负增长 财政政策效果有限

2012 年日本经济在经过第一季度的短暂复苏后，第二、三季度连续出现负增长，重新陷入技术性衰退。

由于少子和高龄化的人口结构性影响，日本经济内需乏力，外需对其经济表现影响很大，欧债危机、美国"财政悬崖"以及中日关系恶化均对日本出口带来很大冲击。此外，核电等能源政策的变动对日本企业经营和国际收支经常账户可能持续带来沉重压力。

从当前看，受制于政府财政状况，日本在财政政策方面可作为空间有限，日本新政府可能对日本央行施加更大压力，试图通过货币政策帮助日本经济摆脱困境，但这容易引发日本国债信用被大幅下调等风险。

连续两季收缩陷入技术衰退。受海外经济低迷影响，日本经济急速恶化。日本政府 12 月 10 日发布的修正数据显示，今年第三季度日本国内生产总值按年率计算下降 3.5%，第二季度经济从原先的小幅正增长修正为按年率计算下降 0.1%，这意味着日本经济连续两个季度出现收缩，陷入技术性衰退。

今年第四季度，日本经济状况也不乐观。彭博社对多名经济学家的调查显示，第四季度日本经济将继续收缩，下降幅度为 0.4%。这意味着今年日本经济除第一季度按年率计算增长 4.7% 外，其余三个季度持续收缩。

（资料来源：腾讯财经 2012-12-31）

二、货币政策效果评价

货币政策的效果是指一国货币管理当局调剂货币供给和利率水平对国民产出所形成的影响程度。与财政政策的效果评价类似，我们也主要考察货币政策如何会因为 IS 曲线和 LM

曲线的斜率不同而表现出不同的效果。

情形1：假定 LM 曲线不变，IS 曲线取不同斜率值。

假设两种情形如图5-6所示，即两图中的 LM 曲线斜率不同，但 IS 曲线斜率不同，初始时均衡国民产出为 y_0，利率为 r_0，我们以中央银行采取扩张性货币政策（即增加政府支出）为例。假定中央银行在两种情况下，增加的货币供给量相同，都为 ΔM。导致 LM_0 曲线右移至 LM_1，两图中右移的距离相等，都为 E_0E_3。

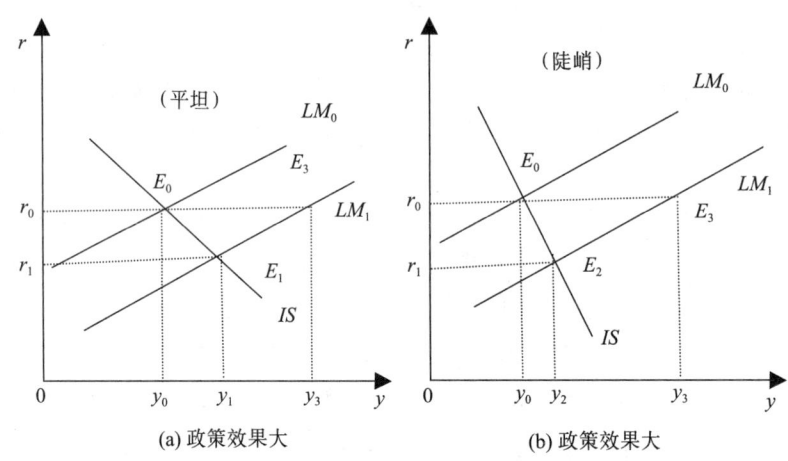

图5-6 货币政策效果因 IS 曲线斜率而不同

在 LM 曲线斜率不变时，IS 曲线越平坦，LM 曲线移动（由于实行变动货币供给量的货币政策）对国民收入变动的影响就越大；反之，IS 曲线越陡峭，LM 曲线移动对国民收入变动的影响就越小。如图5-6所示。

图5-6（a），（b）中，LM 曲线斜率相同，IS 曲线斜率不同，假定初始的均衡收入 y_0 和利率 r_0 都相同，政府货币当局实行增加同样一笔货币供给量 ΔM 的扩张性货币政策时，LM 都右移相同距离 E_0E_3，$E_0E_3 = y_0y_3 = \dfrac{\Delta M}{k}$，这里的 k 是货币需求函数 $l = ky - hr$ 中的 k，即货币交易需求量与收入之比率，y_0y_3 等于利率 r_0 不变时因货币供给增加而能够增加的国民收入，但实际上收入并不会增加那么多，因为利率会因货币增加而下降，因而增加的货币供给量中一部分要用来满足增加了的投机需求，只有一部分才用来满足增加的交易需求。究竟要有多少货币用来满足增加的交易需求，这取决于货币供给增加时国民收入能增加多少。从图5-6的图形看，IS 较陡峭时，收入增加少，IS 较平缓时，收入增加较多。这是因为，IS 较陡时，收入增加较少，IS 较平缓时，收入增加较多。这是因为，IS 较陡，表示投资的利率系数较小（当然，支出乘数较小时，也会使 IS 较陡，但 IS 主要取决于投资的利率系数）。因此，当 LM 曲线由于货币供给增加而向右移动使利率下降时，投资不会增加很多，从而国民收入水平也不会有较大增加。反之，IS 曲线较平坦时，则表示投资利率系数较大。因此，货币供给增加使利率下降时，投资会增加很多，从而使国民收入水平有较大增加。

结论：在 LM 曲线斜率不变时，IS 曲线越平缓，货币政策变化导致的 LM 曲线移动对国民产出的影响就越大，即货币政策效果显著。反之，则货币政策效果不显著。

情形 2：假定 IS 曲线不变，LM 曲线取不同斜率值。

在 IS 曲线不变时，LM 曲线越平坦，LM 曲线由于货币供给量变动时，国民收入变动就越小，即货币政策效果就越小；反之，则货币政策效果就越大。如图 5-7 所示。

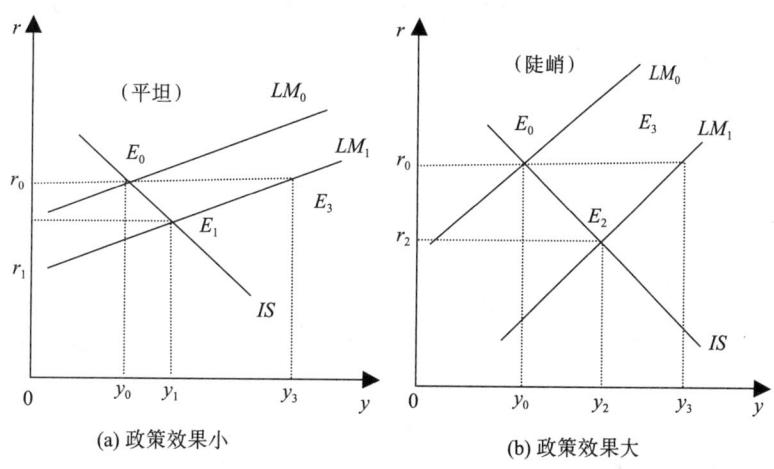

图 5-7 货币政策效果因 LM 曲线斜率而不同

为什么如此？这是因为，LM 曲线较平坦，表示货币需求受利率的影响较大，即利率稍有变动就会使货币需求变动很多，因而货币供给量变动对利率变动的作用较小，从而增加货币供给量的货币政策就不会对投资和国民收入有较大影响。反之，若 LM 曲线较陡峭，表示货币需求受利率的影响较小，即货币供给量稍有增加，就会使利率增加较多，因而对投资和国民收入有较多的增加，即货币政策的效果较强。从图 5-6 看，由于货币供给增加量相等，因此 LM 曲线右移距离相等（即两个图形中的 $E_0 E_3$ 亦即 $y_0 y_3$ 的长度相等），如图中图 5-6（a）中的 $y_0 y_1$ 小于图 5-6（b）中的 $y_0 y_2$，其原因是同样的货币供给量增加时，若货币需求关于利率的系数较大，则利率下降较少，若利率系数较小，则利率下降较多，因而在图 5-7（a）中，利率只从 r_0 降到 r_1，而在图（b）中，利率则从 r_0 降到 r_2，下降较多。

结论：在 IS 曲线斜率不变，LM 曲线越陡峭（LM 曲线斜率越大），实行货币供给量变动的货币政策对国民产出变化的影响就越大，货币政策效果就越显著。反之，货币政策效果就越不明显。

延伸阅读：格林斯潘与 20 世纪 90 年代美国的经济繁荣

格林斯潘从 1987 年 8 月 11 日宣誓就任美联储主席，到 2001 年 1 月 4 日克林顿再次任命格林斯潘为美联储主席，格氏已连续四届任这一要职，直到 2006 年 1 月 31 日卸任。格林斯潘之所以能在美联储主席的位置上稳坐十几年，是因为他领导的美联储的货币政策创造了美国经济连续增长时间最长的新纪录。20 世纪 90 年代美国经济的繁荣格林斯潘功不可没。

克林顿政府上台时美国经济处于衰退中。为了刺激经济，格林斯潘采用了扩张性货币政策，降低利率，增加货币量。这种政策产生了两个显著的作用：一是增加了投资。降息减少了企业投资的成本，促进了美国的电子、信息、生物工程等高科技产业的迅速发展，带动了整个美国经济的发展。二是提高了股票价格。降息引起了股价上升，道琼斯工业平均指数突破了一万点大关。股市的活跃进一步鼓励了投资。同时，股价上升使许多美国人的资产增加。这就加强了消费者的信心，刺激了消费的增加。长期以来，美国的边际消费倾向为 0.676 左右。在 90 年代，边际消费倾向上升为 0.68。而这仅仅 0.004 的增长，对经济的影响是相当重要的。

当 90 年代末，美国经济有过热迹象时，格林斯潘又提高利率，以防止可能出现的通货膨胀加剧。进入 21 世纪后，美国经济有衰退迹向，格氏又降低利率。特别是 2001 年，美国的销售与生产疲软，消费者及企业信心下降，为了制止预期的经济疲软，也为了应付 9·11 恐怖事件对美国经济的冲击，美联储连续 11 次降低利率，一年里将联邦基金利率从 6.5% 降到 1.75%，降幅达 4.75 个百分点，最终使美国经济触底回升出现好转迹象。多年来，格林斯潘操纵着美国经济持续发展的把舵，通过交替运用扩张性和紧缩性的货币政策调节经济，实现了美国历史上最长时间的低通货膨胀下的持续增长。在谈论美国经济在整个 90 年代的连续增长时，人们称格林斯潘为"一言九鼎的人"、"最令人尊敬的大管家"和"金融教父"。这是人们对格林斯潘对美国经济命脉的准确把握和市场宏观调控能力的赞誉。

（资料来源：百度文库）

三、关于财政政策和货币政策的争论

1. 极端凯恩斯主义情况下的财政政策与货币政策

在影响均衡收入和均衡利率的因素中，主要有两类：一类是财政政策，即政府购买支出和税收政策，另一类是货币政策，即货币供给。财政政策和货币政策是政府促进经济稳定的两类基本政策工具。极端凯恩斯主义认为财政政策在促进经济稳定方面的作用较强，而货币政策的稳定作用较弱。之所以如此，是由于极端凯恩斯主义的下述两个假设：

第一，凯恩斯陷阱的存在。这时，IS 曲线和平行于横轴的 LM 曲线相交，当 LM 为水平线时，说明利率降到一定低的水平时（如图 5-8 所示），货币的需求弹性已成为无限大，这时人们持有货币而不买债券的利息是极小的，可是，如果去买债券，则资本损失的风险是极大的（由于利率极低时，债券价格极高，人们会认为这样高的债券价格只会下跌，不会再涨，从而买债券的资本损失风险是极大的）。因此，这时人们不管有多少货币都只想拿在手中，这样，如果国家货币当局想用增加货币供给来降低利率以刺激投资（如图 5-9 所示），是不可能有效的。这时候，政府用增加政府支出或减少税收的方法来增加总需求，则效果非常明显。因为政府实行这种扩张性财政政策，向私人部门借钱（出售债券），并不会使利率上升，反而对私人投资没有"挤出效应"。

第二，投资需求的利率弹性为零（或者很小）。这时，就使得 IS 曲线的斜率绝对值为无穷大。20 世纪 50 年代以前的凯恩斯主义宏观经济学家认为，在经济严重萧条时期，价格水平趋于下降，厂商部门对未来的利润预期非常不乐观，即使利率有明显的下降，私人部门的投资支出也不会明显增加。这时，IS 曲线就会非常陡峭。当 LM 曲线平行于横轴时，陡峭的

IS 曲线使得财政政策增加收入的效果非常明显,而货币政策则无法使收入增加。如图 5-10 和图 5-11 所示,早期的凯恩斯主义宏观经济学家关心的重点是如何使经济摆脱萧条的困

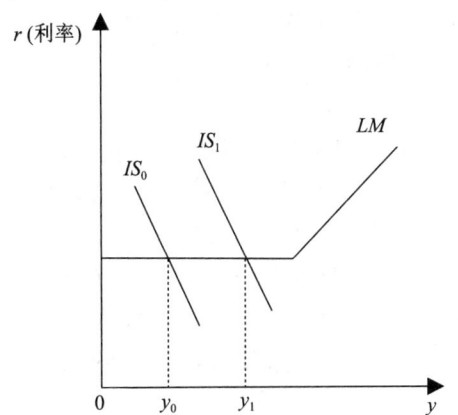

图 5-8 凯恩斯极端主义的财政政策效应

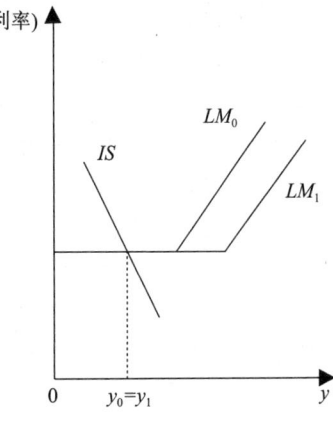

图 5-9 凯恩斯极端主义的货币政策效应

境,减少失业问题。而当经济处于萧条时期,LM 曲线即使不是平行于横轴,也是非常平缓。同时 IS 曲线非常陡峭,所以,极端凯恩斯主义者主张政府应该采用财政政策而不是货币政策来稳定经济。

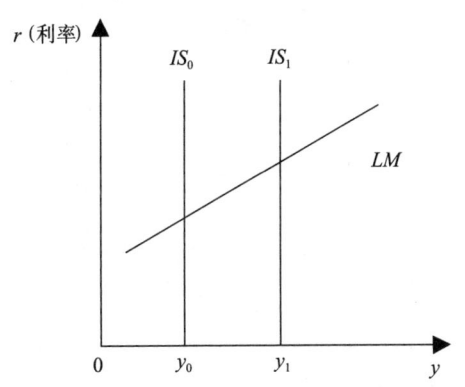

图 5-10 极端凯恩斯主义的财政政策

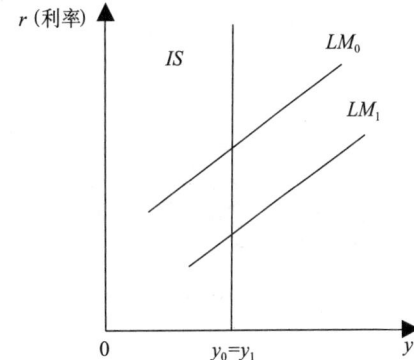

图 5-11 极端凯恩斯主义的货币政策

2. 古典情况下的财政政策与货币政策

古典情况也被称作货币主义特例(monetaries cases)。与极端凯恩斯主义情况正好相反,货币主义者认为货币政策在促进经济稳定方面的效果非常明显,而财政政策却缺乏稳定经济的功能。之所以如此,是由于货币主义者的下述两个假设:

第一,货币需求的利率弹性为零。也就是说利率已经高到足够水平,一方面使人们持有货币的成本或者说损失极大;另一方面,又使人们意识到债券价格已经低到了只会上涨不会再跌的程度,这实际上就否定了人们的投机持有货币的动机,于是货币需求仅仅包括交易性需求和预防性需求。如图 5-12 所示,这时的货币需求曲线是一条与收入水平相适应的垂直于横轴的线。为使货币市场实现均衡,货币供给也必须与这一确定的货币需求相等。这时,不管市场利率水平是多少,货币市场都会实现均衡。这时,如果政府推行扩张性财政政策,

增加政府支出,就需要向私人部门借钱,由于私人部门没有闲置的货币,所以只有在私人部门认为把投资支出减少到一个等于政府借款数目合适的时候,政府才会借到这笔款项,为此,利率(政府借款利率)就一定要上升到足够使政府公债收益大于私人投资的预期收益。在这种情况下,政府支出的任何增加,都将伴随私人投资的等量减少,显然,政府支出完全挤占了私人投资,扩张性财政政策并未起到改变收入水平的作用。

第二,假设投资需求的利率弹性很大。这时,IS 曲线斜率的绝对值非常小,也就是 IS 曲线非常平缓。这时,如果中央银行增加货币供给,LM 曲线向右下方移动,引起利率水平下降。由于投资需求的利率弹性很大,投资需求将大幅增加。结果,国民收入也大幅增加(如图 5-13 所示)。反之,如果政府增加购买支出,IS 曲线向右上移动,会引起利率水平的上升,同样是投资需求利率弹性很大,投资需求会减少很多。结果,国民收入增加减少。这时的挤出效应就比较大。由此可见,在促进经济稳定方面,货币政策效果较明显,而财政政策缺乏效力。

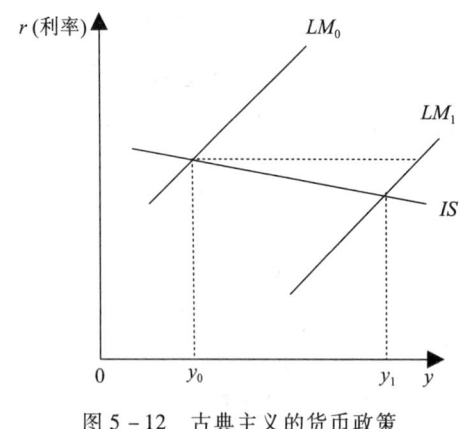

图 5-12 古典主义的货币政策

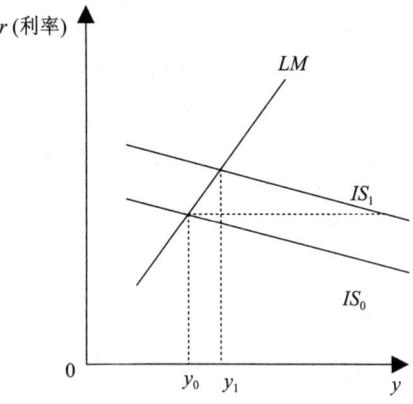

图 5-13 古典主义的财政政策

3. 财政政策与货币政策的协调

延伸阅读:为什么我国七次降息的效果不明显?

我国 1996 年实现经济的"软着陆"之后,1998 年,社会供求态势发生了根本性变化,出现了有效需求不足。为防止经济陷入严重困境,在 1996 年到 1998 年 7 月,我国中央银行六次大幅度降低存贷款利率,以增加流通中的货币量,促进经济回升,但效果似乎并不显著,其标志之一是银行存款和增长率并没有下降多少,国民经济仍较为疲软。进入 21 世纪后经济的回升主要是靠增加公共投资支出的扩张性财政政策。为什么利率在中国经济中的作用不明显呢?这主要是因为处在制度转型过程中的中国尚不充分具备利率发挥作用的经济条件。

我们知道,利率变动对经济的影响是通过影响总需求中的投资和消费以及股市价格与利率的反方向变动来实现的。但在中国,国有企业尚未真正成为独立的投资主体,企业的投资在某种程度上还受政府支配,因此企业的固定投资对利率的变动不敏感。民营企业虽然是独立投资主体,但由于在贷款、进入等方面受到限制,降息对民营企业的投资也起不到多大的刺激作用。再加上当时政府实施金融约束的强化(如不允许商业银行滥发贷款,不允许国家机关为银行贷款提供担保等)导致的投资萎缩,以及亚洲金融危机所导致的出口萎缩,降息未能带来投资需求扩张。同时,降息对我国消费的刺激作用更小。因为降息对消费的刺激作用主要是通过股市价格上升实现的。而我国的股票市场尚不成熟,利率对股市的影响并不明显,降息后甚至出现了股价下跌。即使利率下降能带动股市,股票也还不是我国居民的主要财产形式之一,这使降息不能起到增强消费者信心的作用,消费者并未因此而更大胆地花钱。不仅如此,在我国就业、养老、医疗、住房等各项制度改革的背景下,出于对未来各种不确定因素的担忧,居民的新增收入更倾向于增加储蓄,这进一步导致了消费萎缩。

此外,利率变动对我国经济的影响不大,还因为我国经济的开放程度有限。根据1999年诺贝尔经济学奖获得者蒙代尔的研究,货币政策的作用效果通常与一个国家资本市场的开放程度有关。在一个实行浮动汇率和资本自由流动的开放经济中,扩张性货币政策对经济的刺激作用大于财政政策。而在一个实行固定汇率和限制资本流动的封闭经济中,扩张性财政政策对国内经济的刺激作用要大于货币政策。我国正属于蒙代尔说的资本市场尚未开放的封闭经济。因此,利率变动对经济的影响就要受到相当大的限制。

以上分析表明,在我国目前的制度条件下,利息作用的有限性是正常的。经济政策的运用要以一定的经济条件为前提。从我国的实际情况出发,刺激经济应该以扩张性财政政策为主,利率调节起到配合作用。近年来,我国采取的以财政政策为主的扩大内需的宏观经济政策对经济回升所起的作用说明了这一点。

(资料来源:三亿文库. http://3y.uu456.com/bp_6g01a0z7hi9kcek7how7_1.html)

(1)财政政策与货币政策协调的必要性。尽管财政政策和货币政策都能对社会总需求和总供给进行调节,但它们对消费需求和投资需求的影响是不同的。

第一,财政政策和货币政策的作用机制不同。我们知道,财政是政府通过财政收支变化作用于社会的公共需要,它直接参与国民收入的分配,并对集中起来的国民收入在全社会范围内进行再分配。所以,财政可以从收入和支出两个方向影响社会需求的形成。而货币政策则以通过中央银行来调节货币供给量和利率,影响社会的总需求,并以此来影响国民收入水平,这种再分配除了收取一定的利息以外,并不直接参与 GDP 的分配。

第二,财政政策和货币政策的作用方向不同。从消费需求的形成来看,社会消费需求基本上是通过财政支出形成的,因而财政在社会消费的形成中起决定作用,而银行信贷在这方面显得无能为力。从投资需求的形成来看,虽然两者都向生产过程提供资金,但侧重点有所不同。一般地,固定资产投资由财政供应资金,而流动资金投资由银行供应资金。

第三,财政政策和货币政策在膨胀和紧缩需求方面的作用不同。在经济生活中,财政和信贷的分配情况经常会引起供给与需求失衡。财政赤字可以扩张需求,财政盈余可以紧缩需求,但是只有银行信贷才具有创造货币的功能,财政政策的扩张和紧缩效应要通过信贷机制的传导才能发生。

由以上分析可知,在实际经济运行中,两种政策都各有利弊,因此,政府往往会考虑将两种政策搭配起来使用,如果一个国家经济处于萧条时期或衰退时期,政府可采用扩张性财政政策,也可以采取扩张性货币政策,或者双管齐下。

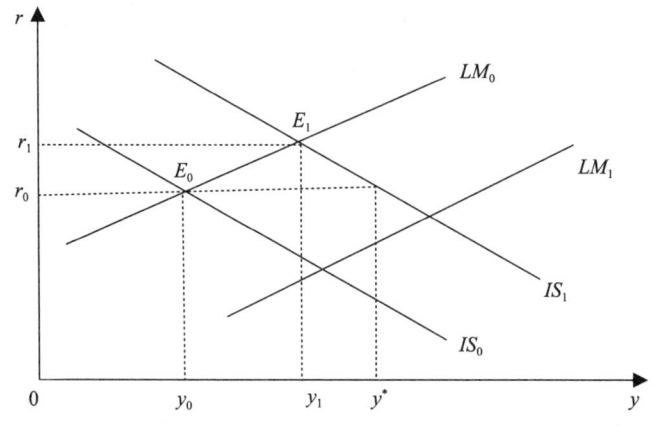

图 5-14 财政政策和货币政策的混合使用

如图 5-14 所示,假设经济的初始状态为 IS_0 与 LM_0 的相交的 E_0 点,均衡国民产出与利率分别为 y_0 和 r_0,充分就业的国民产出为 y^*。我们知道,该经济体此时处于经济萧条时期。

如果政府只采用扩张性财政政策,增加开支推动 IS_0 向右移至 IS_1,均衡国民支出难以达到 y^*,只能达到 y_1。政府实现充分就业的目标无法实现。原因是扩张性财政政策会导致利率上升,形成挤出效应,具体规模为 y_1y^*。所以,如果要使国民产出达到充分就业的国民产出,IS_1 继续右移的距离须更大,利率也会上升得更多,考虑挤出效应后要达到 y^* 水平,很难完成。同理,如果只采用扩张性货币政策,通过移动 LM 曲线来达到充分就业之国民产出水平,情形与上相同,也似乎难成。

如果既想使国民产出增加至 y^* 水平,又不想利率发生变动,将扩张性财政政策和扩张性货币政策配合使用,则可实现。如图所示,实行扩张性财政政策,使 IS_0 向右移至 IS_1,使国民产出提高到 y^*;同时,为了防止利率水平飙升,同时采用扩张性货币政策增加货币供给量,推动 LM_0 右移至 LM_1,利率便可以保持在原来水平 r_0 上。这样操作后,既达到了充分就业的国民产出水平,又保持了利率稳定。因此,合理搭配使用两种政策,宏观经济政策的目标可以实现。

财政政策和货币政策可实现多种组合。政策组合效果,如同供给和需求模型中,供给与需求同时变化时的情形一样,如果只是知道两条曲线的移动方向,不知道具体强度,则我们只能知道国民产出与利率水平两个变量中一个变量的变化,无法确切知道另一个。

如果同时采用扩张的财政政策和货币政策,IS 曲线和 LM 曲线移动幅度形同,国民产出增加的同时,利率可以保持不变。如果财政政策影响大于货币政策,则 IS 右移距离将超过 LM,则利率将会上升。如果财政政策影响小于货币政策,则 LM 右移距离超过 IS 右移距离,利率反而会下降。由此可知,这两种政策结合使用对利率的影响并不确定。各种政策混合使用的效果见表 5-7 所示。

表 5－7　　　　　　　　　　财政政策和货币政策混合使用的政策效果

组合	政策手段	国民产出	利率
1	扩张性财政政策和扩张性货币政策	增加	不确定
2	扩张性财政政策和紧缩性货币政策	不确定	上升
3	紧缩性财政政策和扩张性货币政策	不确定	下降
4	紧缩性财政政策和紧缩性货币政策	减少	不确定

政府可根据经济运行情况，依据两种政策组合的情形，分别采用适合当时经济实际的组合形式，达到最理想的目标。一些经验性的原则是：

当发生严重经济萧条时，可采用第一种"双松"组合，扩张性财政政策增加总需求，扩大国民产出水平，再辅以扩张性货币政策，降低利率，以防止"挤出效应"。

当发生严重的通货膨胀时，可考虑采用第四种"双紧"组合，双管齐下，抑制需求，控制物价上升。

当经济出现衰退时，可考虑采用第二种组合，以扩张性财政政策扩大总需求，配以紧缩性货币政策防止通货膨胀；而当经济出现温和通货膨胀时，可以采用第三种组合，用紧缩性财政政策抑制总需求，配以扩张性货币政策来降低利率，以防需求下降，造成经济衰退。

例如，20世纪60年代初美国经济萧条，为了克服经济衰退，政府一方面减税，同时采用"适应性的"货币政策，使产量增加时利率基本上保持不变。到60年代末70年代初，美国经济生活中通货膨胀率过高而失业率较低，为控制通货膨胀，实行了紧缩财政和紧缩货币相结合的政策。70年代末80年代初，美国里根政府为了克服通货膨胀和经济萧条并存的"滞涨"局面，采用了减少和紧缩通货相结合的政策，一方面刺激需求，增加供给，同时又克服通货膨胀。

在考虑如何混合使用两种经济政策时，既要考虑当时经济形势，还要考虑政治需要，因为，虽然扩张性财政政策和货币政策都可以起到增加总需求的作用，但是政策不同，对不同人群也会产生不同的影响，也使GDP的组成比例发生变化。例如，实行扩张性货币政策会使利率下降，投资增加，因而，对于投资部门尤其是住宅建设部门十分有利。可是，实行减税的扩张性财政政策，则有利于增加个人可支配收入，从而增加消费支出。而同样是采用扩张性财政政策，如果是增加政府支出，例如防治污染、发展教育，增加社会福利支出等，则不同群体的受益情况也不同。正因为不同政策措施对GDP的组成比例（投资、消费和政府购买在GDP中的构成比例）产生不同影响，进而影响不同人群的利益，因此，政府在做出混合使用各种政策的决策时，必须考虑各行各业、各个阶层的人群的利益如何协调的问题。

延伸阅读：现代宏观经济学共识

在20世纪60—80年代宏观经济学领域存在着激烈的争论。然而近来局面已经稳定下来。这不是宏观经济学的争论时代已经结束，而是在几个关键的宏观经济问题上获得了广泛的共识。

为了了解现代宏观经济学的共识从何而来，还存在着什么争论，宏观经济学家们对于宏观经济五大关键问题的回答使他们区分开了不同学派,如下表所示。要注意的是古典宏观经济学并没有提出过其中的任何一个问题;从根本上说,古典宏观经济学家认为宏观经济政策不会有什么大的作用。

各学派对宏观问题的回答和共识

	古典学派	凯恩斯学派	货币主义学派	现代共识
扩张的货币政策有助于治理经济衰退吗?	否	效果一般	是	是,除非特殊情形下
在治理经济衰退时财政政策有效吗?	否	是	否	是
货币政策和(或)财政政策有助于减少长期失业吗?	否	是	否	否
可以相机选择财政政策吗?	否	是	否	否,除非特殊情形下
货币政策也应该采用相机选择的方法吗?	否	是	否	未明确

扩张的货币政策有助于治理经济衰退吗?

我们已经知道,古典宏观经济学家一般认为扩张的货币政策对于治理经济衰退不仅毫无作用而且有害。在凯恩斯主义经济学发展的早期,宏观经济学家们并不反对在经济萧条时采用扩张的货币政策,但是他们一般会怀疑它的有效性。米尔顿·弗里德曼及其追随者使经济学家们相信货币政策是完全有效的。

现在几乎所有的宏观经济学家都认为货币政策可以引起总需求曲线的移动,减少经济波动。古典学派关于货币供给的变化只影响总价格水平不影响总产出水平的观点现在已经很少有人赞同了。一部分凯恩斯主义经济学家曾经认为的货币供给变化收效甚微的观点,现在的支持者也同样人数寥寥。这一观点的例外情形是:当存在流动性陷阱时货币政策是无效的。

在治理经济衰退时财政政策有效吗?

相对于货币扩张政策,古典宏观经济学家对财政扩张的反对更为激烈。相反,凯恩斯主义经济学家认为在治理经济萧条时财政政策处于核心地位。货币主义者认为,只要货币供应是稳定增长的,财政政策就是无效的。但是这样绝对的观点已经很少有人支持了。

许多宏观经济学家现在都同意,像货币政策一样,财政政策也会引起总需求曲线的变动。大多数宏观经济学家也同意,政府不应该无视经济状况而寻求预算平衡。他们都同意,财政预算作为自动稳定器有助于经济保持平稳状态。

货币政策和(或)财政政策有助于减少长期失业吗?

面对失业,古典宏观经济学家不相信政府能有所作为。一些凯恩斯主义经济学家走向了另一个极端,他们认为扩张政策可以永久保持低失业率,当然要付出一些高通货膨胀的代价。货币主义者相信失业不可能低于自然失业率水平。几乎所有的宏观经济学家们现在都接受了自然失业率假说。该假说也使他们接受了货币政策和财政政策的作用有限的观点。大多数宏观经济学家相信有效的货币和财政政策可以降低实际失业率围绕自然失业率水平波动的幅度,但是不能使用它们来使失业率保持在低于自然失业率的水平。

可以相机选择财政政策吗?

我们已经学过,关于财政政策的观点忽左忽右,从古典宏观经济学家的完全抛弃,到凯恩斯主义经济学家的大力推崇,而货币主义者又提出批评。到今天,大部分宏观经济学家相信减税和增加开支在增加总需求上至少是可以部分发挥作用的。

许多(并非全部)经济学家认为相机抉择的财政政策通常是有害的,其中的原因在于,财政政策调整的滞后意味着经常出现的情况是出于治理经济衰退目的的政策最后成了对经济繁荣的火上浇油。

总之,宏观经济学的共识使得货币政策在稳定经济中发挥着首要作用。相机抉择的财政政策只有在货币政策不能发挥作用的特殊情况下才能发挥主要作用,比方说日本在20世纪90年代所面临的情形。

货币政策也应该采用相机选择的方法吗?

古典宏观经济学家认为货币政策不应该被用于治理经济衰退;凯恩斯主义经济学家并不反对相机选择的经济政策,但是他们怀疑政策的效果。货币主义者认为相机选择的货币政策弊多利少。到今天对策仍然争论多多。

目前宏观经济学家就如下观点达成了广泛的共识:
- 货币政策在稳定经济的政策中发挥着主要作用;
- 为了避免发生政治商业周期,不受政治压力的干扰,中央银行应该是独立的;
- 相机抉择的财政政策应该节制,因为存在政策时滞和导致政治商业周期的风险。

但是对于中央银行如何制定政策仍然存在的争论。中央银行应该遵循一个简单目标明确的政策,还是应该采用适合经济发展现状而相机选择的手段?中央银行应该确立目标还是不确立目标?近年来特别关心的问题是中央银行应该把对资产价格如股票价格的管理看成自己责任的一部分吗?

(资料来源:克鲁格曼,韦尔斯. 宏观经济学[M]. 赵英军,等译. 北京:中国人民大学出版社,2009)

(2) 财政政策和货币政策的局限性

第一,货币政策对制止严重萧条无能为力。在严重的萧条状态出现时,人们对经济前景的信心异常低下,这时,即使采取非常宽松的货币政策,即以极低的利率提供大量贷款,企业仍然投资意愿不高,而消费者也不愿意增加消费。正如西方谚语所说:"你可以把马牵到溪流中,但却不能强迫它喝水"。有的西方学者把这种货币政策无能为力的情况比喻成"牛马用缰绳来推车",意思是说:用紧缩的货币政策来制止通货膨胀相当于用牛马通过缰绳来拉车,这种办法当然有效,但是,如果反过来,用缰绳来推车前进,即相当于用宽松的货币政策来走出萧条状态,这显然是无法实现的。

第二,尽管政策正确而适时,但官员却有可能由于利己动机而不予执行。这种情况被称为"政治经济周期"。例如,多恩布什在他的教材中写到:"政治经济周期研究经济政策的决定和政治考虑之间的关系。"在西方,政治官员最大的关心是能否在竞选中取胜,因此,他们对经济政策的执行往往以能否取胜为标准,而不以对人民真正有利为前提。这样,在他当选之后的一段时期,由于考虑党派或与己有关的利益,他可以容忍对经济表现不利的政策,从而导致经济发展迟缓,因为,他可以把责任推给上一任当权者。然而,当他快要再度面临竞选连任时,则必须迅速执行有利于经济的政策,使他呈现出蓬勃发展的面貌。如此循环交替,形成下降和上升周期。

第三,经济政策在时间上存在滞后。因此,从发现经济运行中存在问题到最终针对问题而执行的政策全部产生效果之间,存在一系列步骤,而其中每一个步骤都需要时间来完成。

首先,需要认识问题,了解经济运行中是否存在问题或存在什么样的问题,需要时间来进行观察和研究。然后,在问题被识别以后,还需要时间去制定相应的政策,如果存在不同的方案,还要在方案之间进行选择,然后具体实施政策时,效果也需要一定时间才能得以体现,以上均被称为时间的滞后。因此,正确的经济政策虽然能够起到熨平经济波动的作用,但是,由于时间的滞后,也会产生推波助澜的后果,使得宏观经济的运行更加不稳定。因此,这也正是弗里德曼等人不赞成对宏观经济进行"微调",即反对执行相机抉择的经济政策的主要原因之一。

第四,市场机制所涉及的为数众多的变量和因素使财政政策和货币政策所能运用的有限手段难以奏效。市场机制是复杂多变的,而与此同时,财政和货币政策可能运用的手段,如税收、政府开支、公开市场业务、准备率的改变等,又是为数有限的。要想以如此少的手段来控制复杂多变的市场机制的运行,其效果显然难以达到设想的程度。

尽管西方的宏观经济政策在理论和实践上存在各种局限,但是,不可否认,经济的发展仍然离不开国家的宏观协调和管理,只不过,这种协调和管理,还是不能脱离市场自身的作用。因此,西方政府对宏观经济的管理往往通过税收、预算支出、利率等经济杠杆来影响市场,进而影响生产和就业。

改革开放之前,我国长期实行高度统一的计划经济体制。虽然在当时,这种集中的宏观调控模式对生产和经济发展起到了积极作用,但是,随着市场经济的发展,已经越来越不适应,在这种调控模式下,政府很难准确及时把握实际经济动态,经济统计和数据分析都比较落后。因此,在未来的经济发展过程中,我们有必要研究和借鉴西方国家的宏观调控的经验和教训,结合我国实际情况,不断建立和完善有中国特色社会主义的财政政策和货币政策,以促进我国国民经济健康可持续发展。

补充阅读:深刻认识和有效推进供给侧结构性改革

推进供给侧结构性改革,是以习近平同志为总书记的党中央着眼我国经济发展全局提出的重大战略思想,是适应和引领经济发展新常态的重大战略部署,对推动我国经济转型升级具有重大指导意义。当前,我们应深刻领会供给侧结构性改革的重要思想,科学把握和认真落实五项重点任务,坚决打赢供给侧结构性改革这场硬仗。

深刻领会供给侧结构性改革的重要思想

推进供给侧结构性改革,是我们党适应和引领经济发展新常态的重大创新,是对中国特色社会主义政治经济学的丰富发展,具有科学的体系和丰富的内涵。

在全面掌握科学体系中深刻领会供给侧结构性改革的重要思想。去年11月以来,习近平同志多次深入阐述供给侧结构性改革的现实依据、深刻内涵、根本目的、工作要求和科学方法，为推进供给侧结构性改革提供了科学指导和根本遵循。深刻领会供给侧结构性改革的重要思想，应全面掌握其科学体系。一是深刻理解"当前和今后一个时期，我国经济发展面临的问题，供给和需求两侧都有，但矛盾的主要方面在供给侧"这个重要论断，认清我国经济发展面临的产能过剩问题是一些行业的结构性产能过剩，而大量关键装备、核心技术、高端产品还依赖进口；认清我国需求变化情况，尤其是消费需求不是需求不足而是需求变了，还存在大量"需求外溢"。解决这些结构性问题必须从供给侧发力，把改善供给结构作为主攻方向。二是深刻理解"供给侧结构性改革的根本目的是提高社会生产力水平，落实好以人民为中心的发展思想"这个重要论断，通过推进供给侧结构性改革，使供给能力满足广大人民日益增长、不断升级和个性化的物质文化和生态环境需要。三是深刻理解"供给侧结构性改革，重点是解放和发展社会生产力，用改革的办法推进结构调整，减少无效和低端供给，扩大有效和中高端供给，增强供给结构对需求变化的适应性和灵活性，提高全要素生产率"这个重要论述，进一步明确推进供给侧结构性改革的主要目标和基本路径，更加注重以深化改革推动结构调整，通过体制机制创新矫正要素配置扭曲。四是深刻理解当前供给侧结构性改革中去产能、去库存、去杠杆、降成本、补短板五项重点任务，从生产端入手，促进过剩产能有效化解，促进产业优化重组，降低企业成本，发展战略性新兴产业和现代服务业，增加公共产品和服务供给。五是深刻理解"五个搞清楚"的工作要求，即搞清楚现状是什么、搞清楚方向和目的是什么、搞清楚到底要干什么、搞清楚谁来干、搞清楚怎么办，加强调查研究，制订好工作方案和行动计划，扎扎实实推进工作。六是深刻理解"把握好五个关系"的科学方法，即把握好"加法"和"减法"、当前和长远、力度和节奏、主要矛盾和次要矛盾、政府和市场的关系，坚持统筹兼顾、综合施策，做到推进蹄疾步稳、工作有力有序有效。

在中国特色社会主义政治经济学的大框架下深刻领会供给侧结构性改革的重要思想。从认识、适应、引领经济发展新常态到确立新发展理念，再到推进供给侧结构性改革，以习近平同志为总书记的党中央创造性地发展了中国特色社会主义政治经济学。这些重要思想是源于我国经济实践的重大理论创新，顺应世界经济发展潮流，适应我国经济转型升级的现实要求，为解决我国经济面临的突出问题提供了科学的理论指导，不仅在国内而且在国际社会得到高度关注和广泛认同。这也标志着与我国作为世界第二大经济体的地位相适应，我们党对经济发展理论的创新达到了新的高度。我们必须把习近平同志关于供给侧结构性改革的重要论述与习近平同志系列重要讲话精神结合起来学习、贯通起来理解，牢牢把握中国特色社会主义政治经济学的重大原则，切实增强推进供给侧结构性改革的理论自觉和行动自觉。

科学把握和认真落实五项重点任务

去产能、去库存、去杠杆、降成本、补短板这"三去一降一补"，是当前供给侧结构性改革的工作重点。应科学把握这五项重点任务的内涵，通过得力的政策举措逐项加以落实，切实解决我国经济供给侧存在的问题。

"去"是为了给有效供给腾出空间，必须主动去、坚决去、去到位。退一步是为了进两步，只有现在去到位，才能今后进得好。当前，部分行业产能过剩，很多地方房地产库存积压，一些领域负债率高企。这表明我国经济存在资源错配、市场信号扭曲、市场主体活力不足、经济运行效率不高等突出问题，必须坚决去产能、去库存、去杠杆。去产能必须遵循市场经济规律，促进市场出清。鼓励和支持企业走出去，对接好"一带一路"建设，加强国际产能合作。引导优势企业根据自身发展需要，积极审慎地参与兼并重组。按照企业主体、政府推动、市场引导、依法处置的办法，把握好"僵尸企业"出清的时机、节奏和力度。政府协助企业做好职工安置工作，更加细致地做好社会政策托底工作，防止引发社会风险。去库存必须针对房地产市场的区域性特点，因地施策。通过有效释放农业转移人口在城镇购房需求、深化住房制度改革、适度提高棚户区改造货币化安置比例等办法，尽量缩短商品住宅去库存时间。认真研究房地产市场规律，提高调控精准度，因城施策，防止"一刀切"，切实促进房地产市场平稳健康发展。从中长期看，应降低地方政府对土地财政的依赖，进一步提高城市可持续发展能力。去杠杆应针对政府和企业杠杆的不同特点，分类审慎操作。继续严控新增政府性债务，可将符合条件的政府存量债务置换为政府债券。通过加大直接融资比重来降杠杆，鼓励企业上市挂牌，扩大企业债券发行规模，支持企业利用资本市场做大做强。深入了解、密切监控企业资金问题，防止企业资金链断裂产生连锁反应。对互联网金融、民间借贷等领域的违法行为，加强专项清查整治，规范金融市场秩序。

"降"是为了提高企业竞争力，必须动真格、下真功、见实效。降成本是为企业排忧解难的现实举措。必须确保中央相关政策措施落地，通过降低或取消行政性收费、全面清理"红顶中介"、降低第三方评审费用等尽力为企业减负。把简政放权、优化服务进一步引向深入，采取含金量更高的改革措施减少审批事项，积极推广多评合一、多图联审、联合测绘、联合验收等方式，切实提高审批效率，降低隐性成本。

"补"是为了补齐供给体系中的短板，必须"补"在薄弱处、关键处、紧要处。去年底的中央经济工作会议强调了打好脱贫攻坚战、支持企业技术改造和设备更新、完善软硬基础设施、加大投资于人的力度、继续抓好农业生产5个方面的重点任务。应聚焦影响供给体系质量和效率提高的突出瓶颈、影响全要素生产率提高的重点问题、影响市场主体活力释放的关键环节，研究实施补短板专项工程。各地发展阶段不同，补短板的轻重缓急也不同。欠发达地区要重点补全面建成小康社会的短板，发达地区则要补率先开启基本实现现代化新征程的短板。同时，进一步放开市场限制，推出一批发展前景好的合作项目，让社会资本参与进来，形成政府投资和社会投资良性互动局面。

以强有力的举措保证供给侧结构性改革有序有效推进

推进供给侧结构性改革，应注意利用好窗口期，处理好各种利益关系，强化全国一盘棋思想，以强有力的举措贯彻落实好中央各项决策部署。

加强对理论和实践问题的学习研究。领导干部作为经济工作推动者，面对各种新情况新问题，必须加强学习研究。对供给侧结构性改革这个全新课题，应善于从理论和实践结合上把握本质、摸清规律。发扬创新和钻研精神，钻进去、深下来，摸到窍门、找到钥匙，力求在实践中不走弯路、掌握主动。

把贯彻中央要求与立足本地实际更好结合起来。对中央明确提出的任务，坚持项目化推进，不折不扣落实；对中央提出的指导性意见，结合各自实际细化实化具体化，创造性地贯彻好。把使市场在资源配置中起决定性作用和更好发挥政府作用结合起来，更多运用市场化、法治化手段推动工作、落实任务，同时强化政府的组织引导和政策配套，着力解决那些单靠市场力量不能有效解决的问题。把供给侧改革和需求侧管理结合起来，既重点抓好供给侧改革各项任务落实，又注意适度扩大总需求，推动形成供给侧与需求侧平衡匹配、协调发展新格局。把促改革和稳增长、防风险结合起来，统筹安排好各项工作，平衡好各方面关系，最大限度地减少风险隐患。把解决当前突出问题和完善体制机制结合起来，既抓好当前重点任务落实，又致力于解决中长期问题，尽快形成有利于供给侧结构性改革的体制机制。

凝聚合力，深入推进供给侧结构性改革。供给侧结构性改革涉及面广、任务重、难度大，必须调动各方面的积极性。对于广大干部，应在严格要求、严格管理的同时强化正向激励。按照"三个区分"的要求，把干部在推进改革中因缺乏经验、先行先试出现的失误和错误，同明知故犯的违纪违法行为区分开来；把上级尚无明确限制的探索性试验中的失误和错误，同上级明令禁止后依然我行我素的违纪违法行为区分开来；把为推动发展的无意过失，同为谋取私利的违纪违法行为区分开来。重用那些想干事、能干事的优秀干部，建立完善容错纠错机制，推动干部积极作为、敢于担当。对于广大企业家，要充分尊重其劳动，充分理解其创业的艰辛。在他们遇到困难的时候主动上前、贴心服务，多帮助他们解决实际问题；在他们面对困惑的时候，多沟通、多交心，为他们解疑释惑，给他们吃下"定心丸"。要按照习近平同志提出的"亲""清"二字要求，构建新型政商关系。"亲"是情感纽带，相亲相近才能相互理解、相互激励，增强干事创业的动力；"清"是原则底线，洁身自好、光明磊落才能各归其位、各得其所、行之久远。"亲""清"相处，定能形成强大合力，共同把改革发展推向前进。

（资料来源：罗志军．深刻认识和有效推进供给侧结构性改革［N］．北京：人民日报，2016-05-16）

本章知识总结

1. 宏观经济政策四个目标包括充分就业、价格稳定、经济持续稳定增长和国际收支平衡。

2. 宏观经济政策包括财政政策和货币政策。财政政策主要包括财政收入政策和财政支出政策。调整支出和收入的财政政策工具主要包括：变动政府购买支出、改变政府转移支出、变动税收和公债等。财政制度依靠自动稳定器和相机抉择的财政政策两种结合发挥经济调节功能。货币政策工具主要包括公开市场业务、再贴现率和法定准备金比率。

3. 宏观经济政策效果分析，要综合考虑产品市场和货币市场之间的相互影响。IS-LM模型为分析政策效果提供了有用的政策工具。

4. 在考虑财政政策的效果时，一定要考虑"挤出效应"，挤出效应是因为政府支出增加导致了私人投资消费水平的降低。

5. 货币政策和财政政策在影响经济运行时，各有优势和劣势。搭配使用，可较好地实现宏观经济的目标。

 **复习与思考**

1. 名词解释

财政政策　自动稳定器　货币政策　公开市场业务　法定准备金比率　挤出效应　公债　再贴现率政策　财政政策乘数　货币政策乘数

2. 简答题

(1) 宏观经济政策目标内容及相互关系是什么?

(2) 中央银行的货币政策工具包括哪些?

(3) 政府支出对私人支出的挤出效应的大小取决于哪些因素?

(4) 影响货币供给量的因素有哪些?

(5) 假设如果 2011 年不采取货币政策,那么实际 GDP 和价格水平的值如下表所示:

年份	潜在实际 GDP（亿元）	实际 GDP（亿元）	价格水平
2010	133,000	133,000	140
2011	137,000	136,000	142

①如果 A 国想要在 2011 年将实际 GDP 保持在其潜在水平上,它应该采取扩张性货币政策还是紧缩性货币政策呢？公开市场业务是应该买进还是卖出国库券呢？

②假设 A 国成功地使 2011 年实际 GDP 保持在其潜在水平,那么请说明,较之于该国央行不采取任何行动,以下各项将会更高还是更低？

a. 实际 GDP　　b. 潜在 GDP　　c. 通货膨胀率　　d. 失业率

(6) 假设一定经济中有如下关系:

$c = 100 + 0.8 y_d$（消费）

$i = 50$（投资）

$g = 200$（政府支出）

$tr = 62.5$（政府转移支出）

（单位都是 10 亿美元）

$t = 0.25$（边际税率）

①求均衡收入;

②求预算盈余 BS;

③若投资增加到 $i = 100$ 时,预算盈余有何变化？为什么会发生这一变化？

④若充分就业收入 $y^* = 1,200$,当投资分别为 50 和 100 时,充分就业预算盈余 BS^* 为多少？

⑤若投资 $i = 50$,政府购买 $g = 250$,而充分就业收入仍为 1,200,试问充分就业预盈余为多少？

⑥用本题为例说明为什么要用 BS^* 而不用 BS 去衡量财政政策的方向?

(7) 假定某国政府当前预算赤字为 75 亿美元，边际消费倾向 $\beta=0.8$，边际税率 $t=0.25$，如果政府为降低通货膨胀率要减少支出 200 亿美元，试问支出的这种变化最终能否消灭赤字?

(8) 假定法定准备率是 0.12，没有超额准备金，对现金的需求是 1,000 亿美元。

①假定总准备金是 400 亿美元，货币供给是多少?

②若中央银行把准备率提高到 0.2，货币供给变动多少?（假定总准备金仍是 400 亿美元）

③中央银行买进 10 亿美元政府债券（存款准备率仍为 0.12），货币供给变动多少?

3. 论述题

(1) 财政政策和货币政策的不同组合使用对产出和利率会产生怎样的影响?

(2) 财政政策效果与 IS 和 LM 曲线斜率有着怎样的关系?解释其原因。

(3) 假定经济起初处于充分就业状态，现在政府要改变总需求构成，增加私人投资而减少消费支出，但不改变总需求构成，试问应当实行一种什么样的混合政策?并用 IS-LM 图形表示这一政策建议。

(4) 你认为，宏观经济政策的影响还有其他的分析工具可用吗?

(5) 经济学派对宏观经济达成了哪些共识?还存在什么争论?你如何看待这些争论和共识?

(6) 假如你是某国的总统，上任后第一项工作就是向经济学家咨询自己该提出什么样的财政政策。

①如果国家存在着膨胀新缺口，那么经济学家们该提出什么样的财政政策?

②如果国家存在着衰退型缺口，那么经济学家该提出什么样的财政政策?

4. 案例分析

【材料Ⅰ】房地产税立法的初稿已基本成形，按照财政部财政科学研究所原所长贾康之前透露的推进计划，房地产税有望 2017 年实施。落地后的房地产税会是什么样的呢?届时几家欢喜几家愁呢?

基本框架：按面积征收　将设起征点

一位接近住建部的消息人士对《华夏时报》记者表示，"目前，房地产税以面积为单位的征收方案已经基本获得通过。"东部某省财税系统内部人士表示，按照征税原则，在起征点的设置上，以面积计算起征点比按套数征收更容易计算，也更显公平合理。

据这位内部人士介绍，房地产税征收与其他税种类似，也将有"免征"部分，即个人或家庭在"免征面积"以内的住房，则可不缴纳房地产税。同时，由于房地产税属于地方税种，"免征面积"也将根据地方住房情况划定。

同时，国务院发展研究中心研究员倪红日前表示，房地产税改革要把现有的房产税和城镇土地使用税合并起来，已确定无疑。这则意味着，房地产税将增加房地产保有环节的税负，而且是以房地产的评估值为征税基础，其他诸如土地增值税、契税等暂不纳入。

房产税到底如何计算呢?

国家目前规定的计算公式如下:

(1) 从价计算应纳税额的计算公式:应纳税额=房产原值×(1－减除比率)×1.2%

(2) 从租计算应纳税额的计算公式:应纳税额=房产租金收入×12%

有关房地产税,实际早在2011年就开始在上海和重庆两地试点。上海试点的情况是在上海新购且属于该居民家庭第二套及以上住房的按人均计算,人均超过60平方米的,进行房产税征收。

比如一个三口之家原来已拥有的住房面积共计180平方米,刚好人均60平方米,现又新购一套100平方米的住房总价100万元,那么其一年应该缴纳房地产税4,200元左右(上海适用税率暂定为0.6%)。而按新规定,以后购房者每年在支付房地产税时,还需要额外支付新增加的"城镇土地使用税"。

征收房地产税,谁哭了?谁笑了?

(1) 房价被打压,炒房客哭了。据相关统计,在目前的房价构成中,土地占有的税费太多,是形成房价过高的直接原因之一。而房产税的到来,从消费环节的前期一次性征税,逐渐转向保有环节的征税。持有成本提高,收益预期降低,或将催生"买房容易养房难"的局面,从而遏制房地产的投资需求。

(2) 财政收入有了保障,地方政府笑了。开征房地产税无疑是一项可靠的财政收入,作为财产保有税,它甚至可以不必在意当地房地产业是否过热或过冷。据称,此次改革将房地产税的定价权有条件地交给地方政府。有分析认为,地方政府将能够在一定的范围内根据当地的具体情况自主确定具体税率。这对化解困扰已久的土地财政难题具有积极的意义。

(3) 调节贫富差距的计划,真正启动了。房地产税是直接税,比间接税更有利于发挥调节收入分配差距的功能。房地产税向保有环节(房产税)的征收转变,实际上意味着中国开始征收财产税。财产税的征收,表明中国真正启动了调节贫富差距的远大计划。

你对中国开征房产税有什么看法?对于上面的说法,你有什么意见?试着从宏观经济学中学到的有关税收政策的理论来分析征收房产税会带来什么样的效果?

(资料来源:网易房产)

【材料Ⅱ】 财政政策的实践

20世纪60年代,肯尼迪总统采用凯恩斯主义经济学的观点,使财政政策成为美国对付衰退和通货膨胀的主要武器之一。肯尼迪总统提出削减税收来帮助经济走出低谷。这些措施实施以后,美国经济开始迅速增长。但是,减税再加上1965—1966年在越战中财政扩张的影响,又使得产出增长过快,超过了潜在水平,于是通货膨胀开始升温。为了对付不断上升的通货膨胀,并抵消越战所需开支的影响,1968年国会批准开征了一项临时性收入附加税。不过,在许多经济学家看来,这项税收增加的政策力度太小、也太迟了一些。

20世纪80年代美国是另一个典型例子。1981年国会通过了里根总统提出的一揽子财政政策计划,包括大幅度降低税收,大力扩张军费开支而同时并不削减民用项目。这些措施将美国经济从1981—1982年的严重衰退中拯救出来,并进入1983—1985年的高速扩张。

克林顿总统一上台,就面临着一个两难困境:一方面高赤字依然顽固地存在着;另一方面经济不景气且失业率高得难以接受。总统必须决定财政政策应从何处着手,是应该先处理赤字，通过增加税收、降低支出来增加公共储蓄，进而靠储蓄水平提高来带动国民投资的增长呢？还是应该关注财政紧缩会减少并排挤投资，而税收增加和又会降低产出？最后，总统还是决定优先考虑削减财政赤字。1993 年预算法案决定，在其后 5 年中落实减少赤字 1,500 亿美元的财政举措。

(资料来源：萨缪尔森. 经济学（第 18 版）[M]. 北京：人民邮电出版社，2007.)

(1) 什么是财政政策？
(2) 根据上面的资料，说明利用财政政策对付经济衰退的手段有哪些？
(3) 财政政策实施中有哪些制约因素？

 名校历年考研试题

1. 根据凯恩斯理论，利率水平主要取决于（　　）。（上海财经大学 2010 年）
   A. 货币需求　　　　　　　　　B. 货币需求与货币供给
   C. 储蓄　　　　　　　　　　　D. 储蓄与投资

2. 引起 IS 曲线向左移动的原因是（　　）。（中央财经大学 2012 年）
   A. 政府决定降低个人所得税
   B. 政府决定通过中央银行减少货币供给
   C. 政府决定取消原有的动机采暖补贴
   D. 政府将原计划用于进口设备的资金投入到公里修建中

3. 所谓"凯恩斯陷阱"一般产生于债券价格（　　）。（复旦大学 2011 年）
   A. 高位去　　　　　　　　　　B. 低位区
   C. 中位区　　　　　　　　　　D. 无法判断

4. 如果利率和收入都能按照供求状况自动调整，那么当利率和收入的组合点位于 IS 曲线右上方 LM 曲线左上方时，（　　）情况会发生。（金融联考 2011 年）
   A. 利率上升收入下降　　　　　B. 利率上升收入增加
   C. 利率下降收入增加　　　　　D. 利率下降收入减少

5. 用 IS − LM 模型简要说明财政政策和货币政策变动对经济的影响。（武汉大学 2012 年）

6. 用简单的国民收入决定模型分析"节俭的悖论"。（南开大学 2011 年）

7. 绘图并分析：以货币政策为中间变量的调控。（北京大学 2011 年）
中央银行可以以名义货币供给量 M 及存款利率 r 等货币中间变量来达到调节经济的目的。在哪种情况下，中央银行会采取哪个政策？并用图形来说明在每种情况下政策的作用。

第六章 总需求和总供给模型

> 我将要进行争辩,说明古典学派的假设条件只适用于特殊情况,而不适用于一般通常情况……而且,古典理论所假设的特殊情况恰恰不能代表我们实际经济社会中所含有的属性。如果我们企图把古典理论应用于来自经验中的事实的话,它会把人们引入歧途,而且导致灾难性的后果。
>
> ——约翰·梅纳德·凯恩斯

内容导读

前面关于宏观经济问题的探讨都是在一般价格水平固定不变的假设前提下进行的,假定了总供给可以适应总需求的增加而增加,没有说明产量(国民收入)和价格水平之间的关系。然而在经济发展中,价格会不断变化,这就使得价格不变的假定很难与实际情况相符。因此,我们将取消价格水平固定不变的假定,着重说明国民收入决定和价格水平之间的关系。总需求函数(曲线)和总供给函数(曲线)是宏观经济学重要的分析工具,也是理解宏观经济学中一些重大问题的基础。本章从商品市场和货币市场均衡的角度来研究产出水平和价格水平之间的关系,再从劳动市场均衡的角度研究产出水平和价格水平之间的关系。总需求关系体现了商品市场和货币市场均衡,总供给关系体现了劳动力市场均衡。最后在总需求—总供给模型中来决定均衡的产出水平和价格水平。

本章主要知识点

- 构建宏观经济学思维的基本工具
- 总需求曲线和总供给曲线
- 总需求和总供给模型(AD-AS模型)在实际经济问题中的应用

 **开篇案例**

信息将成新时期消费增长新引擎

2013年，国务院发布的《关于促进信息消费扩大内需的若干意见》提出，到2015年，我国信息消费规模超过3.2万亿元。来自工信部数据，信息消费每增加100亿元，将带动GDP增长338亿元。信息消费将成为新时期消费增长的新引擎。

出门前用手机查公交车的位置，乘车时用手机上微信、刷微博；看病用手机预约挂号；逛商场用手机查查淘宝价格；还有买机票、火车票、电影票，团购餐饮、酒店，全部都可以通过手机搞定……很多网购达人发现，只要在智能手机上安装一些应用软件，就让碎片时间变得丰富多彩，还能随时随地进行消费，方便又省钱。

随着信息技术创新不断加快，信息领域新产品、新服务、新业态大量涌现，"信息消费"大潮正向我们涌来。江西省工信委信息化推进处处长张晓辉说，信息消费是建立在现代信息服务业基础上，直接或间接以信息产品和信息服务为消费对象的消费活动。如打电话、宽带上网、玩网游、手机听歌、收发邮件等等会产生上网流量的消费，购买智能手机、平板电脑、智能电视等智能终端和相关产业链的信息产品，都属于信息消费。

以江西无线城市手机电影票为例，到2013年年底，全省合作影院达到50家。"有了手机影票，观众不用到影院，随时随地能通过手机来选座、购票，非常方便，这种网络售票模式将成为未来中国影迷购票看电影的主流模式之一。"南昌天幕国际影城总经理秦兴辉说。天幕影城地理位置不占优势，附近没有大型商业综合体，而他们与江西移动手机电影票合作，突破了地理界线，为影城带来了不少观众。

信息专家认为，这种线上完成支付、线下完成消费的O2O商业模式，在欧洲已经非常成熟，在北上广等发达城市也很流行，未来将成为消费市场的主流。

智慧城市、电子政务、社保一卡通、网上缴水电费……信息消费在惠民生的同时更扩大了内需，那么随着互联网经济、信息经济的飞速发展，我们的经济将会产生怎样深刻的变革？

（资料来源：王志伟，胡东华．宏观经济学（西方经济学·下）[M]．武汉：武汉大学出版社，2014）

第一节 总需求曲线

经济活动每年都有波动。在大多数年份，物品与劳务生产的增长是由于劳动力的增加、资本存量的增加以及技术知识进步。这样经济体能生产的东西就会一直越来越多，而这种增长使每一个人都享有更高的生活水平。

但是，在一些年份经济经历了紧缩而不是增长。企业无法把它们提供的所有物品和劳务都卖出去，因此它们削减生产，结果工人被解雇，失业增加，工厂被闲置；反之在有一些年份经济又会经历过度的增长。什么因素引起了经济活动的短期波动呢？虽然经济学家对如何分析短期波动仍然存在一些争论，但大多数经济学家都使用总需求与总供给模型。这一节我们先研究模型的一个部分——总需求曲线。

一、价格变动导致总需求变动的效应

总需求是在给定一个价格水平时对一国产品和劳务需求的总价值，即全社会对商品和劳务的需求的总和。它通常以产出水平来表示。总需求由消费需求、投资需求、政府需求和国外需求构成。在不考虑国外净需求的情况下，经济社会的总需求是指价格、收入和其他经济变量在既定条件下，家庭、企业部门和政府将要支出的数量。推动总需求的力量除了价格水平、人们的收入、对未来的预期等因素外，还包括诸如税收、政府购买或货币供给等政策变量。

总需求与价格水平有关，总需求函数被定义为总需求和价格水平之间的关系。它表示在某个特定的价格水平下，经济社会需要多高的收入。在价格水平为纵坐标，产出水平为横坐标的坐标系中，总需求函数的几何表示被称为总需求曲线。由于总需求函数反映的是人们对所有产品的需求与总价格水平的关系，所有这个关系必须同时满足产品市场和货币市场的均衡条件。我们可以通过 IS 曲线和 LM 曲线找出需求和价格的关系。

通常价格水平变化会导致总支出水平产生两方面的变化：

1. 利率效应

价格水平上升时，人们需要更多的货币从事交易。一般情况下，价格水平越高，商品和劳务越贵，所需交易的现金就越多，支付的金额就越大。可见货币的名义需求是价格水平的增函数。同时所需现金越多将导致利率上升。这种价格水平变动引起利率同方向变动，进而使投资和产出反方向变动的情况，称为利率效应。市场利率的上升会引起投资支出的减少，进而使均衡国民收入水平减少。

2. 实际余额效应

价格水平上升时，人们持有的实际货币余额会减少，从而出现实际货币余额不足。人们所持有的货币及其他以货币衡量的具有固定价值的资产实际价值降低，人们会变得贫穷，所以人们会减少消费。反之，价格水平下降时，人们持有的实际货币余额就增加，从而出现"多余"的货币，引起人们消费的增加。这种思想是英国经济学家 G. Haberler 和 A. C. Pigou 在 20 世纪 40 年代初先后提出的，因此可以把消费的实际货币余额效应称为哈伯勒——庇古效应。

经济学家小传：哈伯勒

戈特弗里德·冯·哈伯勒（Gottfried Von Haberler，1900—1995），奥地利出生的美国经济学家、作家及教育工作者，精于国际贸易，也是路德维希·冯·密塞斯的新奥地利学派的重要成员。1923 年毕业于维也纳大学，1925 年获博士学位，后又在英国和美国学习。1928 年在维也纳大学讲授经济学及统计学，后升为教授，1936 年离开该校。1934—1936 年兼任国际联盟顾问。1936—1971 年任哈佛大学经济学教授。1971 年参加首都华盛顿美国企业研究所工作。1937 年发表《国际贸易理论》，用机会成本概念重新阐述比较

成本理论，该书影响甚广，被学术界公认为名著。他还发表过有关汇率稳定性与灵活性以及有关关税的著作。1937 年他为国联所撰关于商业循环的专题研究《繁荣与萧条》，充分显示出其综述经济文献中重要因素的出色才华和能力。

(资料来源：MBA 智库百科，http://wiki.mbalib.com)

经济学家小传：庇古

庇古（Arthur Cecil Pigou, 1877—1959），英国著名经济学家，剑桥学派的主要代表人物之一。出生在英国一个军人家庭。他是这个家庭的长子。青年时代进入剑桥大学学习。最初的专业是历史，后来受当时英国著名经济学家马歇尔的影响，并在其鼓励下转学经济学。毕业后投身于教书生涯，成为宣传他的老师马歇尔的经济学说的一位学者。他先后担任过英国伦敦大学杰文斯纪念讲座讲师和剑桥大学经济学讲座教授。他被认为是剑桥学派领袖马歇尔的继承人。当时他年仅 31 岁，是剑桥大学历来担任这个职务最年轻的人。他任期长达 35 年，一直到 1943 年退休为止。退休后，他仍留剑桥大学从事著述研究工作。另外他还担任英国皇家科学院院士、国际经济学会名誉会长、英国通货外汇委员会委员和所得税委员会委员等职。他的著作很多，比较著名的有：《财富与福利》(1912)、《福利经济学》(1920)、《产业波动》(1926)、《失业论》(1933)、《社会主义和资本主义的比较》(1938)、《就业与均衡》(1941) 等。《福利经济学》是庇古最著名的代表作。该书是西方资产阶级经济学中影响较大的著作之一。它将资产阶级福利经济学系统化，标志着其完整理论体系的建立。它对福利经济学的解释一直被视为"经典性"的。庇古也因此被称为"福利经济学之父"。在该书中，庇古提出了"庇古税方案"，提倡对有正外部性的活动给予补贴。庇古因"庇古税"享誉后世。该书共四篇：第一篇，"福利与国民收入"；第二篇，"国民收入的数量和资源在不同用途间的分配"；第三篇，"国民收入与劳动"；第四篇，"国民收入的分配"。庇古认为，写作《福利经济学》一书的目的，就是研究在现代实际生活中影响经济福利的重要因素，全书的中心就是研究如何增加社会福利。

(资料来源：MBA 智库百科：http://wiki.mbalib.com)

二、总需求曲线的推导

价格水平变化导致总需求的变化说明总需求函数同时涉及产品市场与货币市场，也就是说总需求函数是从产品市场与货币市场同时均衡中得到的。

以两部门经济为例，IS 曲线的方程为 $y = \dfrac{\alpha + e}{1 - \beta} - \dfrac{d}{1 - \beta}r$，也可以转化为 $r = \dfrac{\alpha + e}{d} - \dfrac{1 - \beta}{d}y$。$LM$ 曲线的方程为 $y = \dfrac{hr}{k} + \dfrac{M}{Pk}$，也可以转化为 $r = \dfrac{ky}{h} - \dfrac{M}{Ph}$。

如果把 y 和 r 看做未知数，而把其他变量尤其是价格 P 看做参数，将 IS 曲线方程和 LM 曲线方程在 r 相同的情况下联立求解，就可以得到含有变量 P 和 y 的表达式。该表达式表示了不同价格水平 P 与不同的总需求量 y 之间的函数关系，即总需求函数。具体推导如下：

$$\frac{\alpha+e}{d} - \frac{1-\beta}{d}y = \frac{ky}{h} - \frac{M}{Ph}$$

我们可以把这个等式整理成下面关于总需求 y 和价格 P 之间的关系式

$$y = \theta_1 + \theta_2 \frac{M}{P} \tag{6.1}$$

其中 $\theta_1 = \dfrac{h(\alpha+e)}{d-k+h(1-\beta)}$，$\theta_2 = \dfrac{d}{dk+h(1-\beta)}$

图 6-1 就是总需求函数的曲线表达式，表明总产出 y 与总价格水平 P 成反比关系。

我们也可以用 IS-LM 模型来解释。在 IS-LM 模型中，假设其他条件不变，唯一变动的是价格水平，价格水平的变动并不影响产品市场的均衡，即不影响 IS 曲线。但是，价格水平的变动却要影响货币市场的均衡，即要影响 LM 曲线。这是因为 LM 曲线中所说的货币供给量是实际货币供给量，如果以 M 代表名义货币供给量，M/P 就是实际货币供给量。当名义货币供给量不变而价格水平变动时，实际货币供给量就会发生变动。实际货币供给量变动会影响货币市场的均衡，引发利率的变动，而利率的变动就会影响总需求变动，即

$P\downarrow \to M/P\uparrow \to M/P > l \to i\downarrow \to AD\uparrow$

例题：假设储蓄函数 $s = -2,000 + y$，投资函数 $i = 5,000 - 480i$，货币市场均衡时 LM 曲线方程为 $2,000/P = y - 520r$，求总需求函数

在两部门经济均衡时，$i = s$，方程为：

$-2,000 + y = 5,000 - 480i$

货币市场均衡时 LM 曲线方程为：$2,000/P = y - 520r$

两个方程联立，可求出 y 和 P 的关系：$y = 3,640 + 960/P$

这即为总需求函数，反映了价格水平与产量之间的关系。

因为总产出 y 与总价格水平 P 成反比，所以如果用纵轴代表价格水平 P，用横轴代表总产出水平 y，总需求曲线 AD 是一条向右下方倾斜的曲线，如图 6-1 所示。

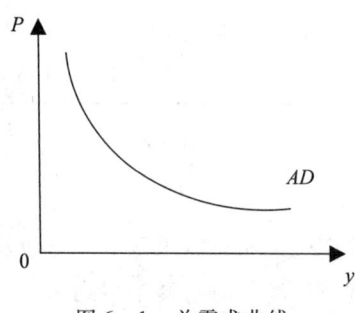

图 6-1 总需求曲线

三、总需求曲线的斜率

由总需求函数的表达式和图形可知，总需求曲线的斜率取决于这样一些因素：

第一，货币需求的利率弹性。货币需求的利率弹性越小，价格变动所引起的实际货币供给量的变动对利率和总需求的影响就越大，从而总需求曲线的斜率也就越小，也就是说总需求曲线越平坦。相反，货币需求的利率弹性越大，价格变动所引起的实际货币供给量的变动

对利率和总需求的影响就越小,从而总需求曲线的利率也就越大,也就是说总需求曲线越陡峭。

第二,投资需求的利率弹性。投资需求的利率弹性越大,既定的利率变动所引起的投资与总需求的变动越大,从而总需求曲线的斜率也就越小。相反,投资需求的利率弹性越小,既定的利率变动所引起的投资与总需求的变动越小,从而总需求曲线的斜率也就越大。

第三,货币需求的收入弹性。货币需求的收入弹性越小,既定的实际货币供给量变动所引起的总需求的变动就越大,从而总需求曲线的斜率就越小。相反,货币需求的收入弹性越大,既定的实际货币供给量变动所引起的总需求的变动就越小,从而总需求曲线的斜率就越大。

第四,乘数。乘数越大,既定实际货币供给量变动所引起的最终总需求变动越大,从而总需求曲线的斜率就越小。相反,乘数越小,既定实际货币供给量变动所引起的最终总需求的变动就越小,从而总需求曲线的斜率就越大。

也就是说,总需求曲线的斜率与货币需求的利率弹性和投资需求的利率弹性同方向变动,与货币需求的收入弹性和乘数反方向变动。

总需求曲线斜率还有两种特例。第一种是古典特例,在这种情况下,货币需求的利率弹性为零,LM 曲线是一条垂直于横轴的线,实际货币供给量的变动对总需求有最大的影响,从而总需求曲线是一条水平线,其斜率为零;第二种情况是凯恩斯陷阱,在这种情况下,货币需求的利率弹性变得无限大,即在既定的利率之下,公众愿意持有任何数量的货币供给量,LM 曲线是一条水平线。因此,价格变动所引起的实际货币供给量变动对总需求没有什么影响,总需求曲线就是一条垂直于横轴的线,其斜率变得无限大。也就说总需求不会对价格变动做出反应。

四、总需求曲线的移动

我们以三部门经济为例。在三部门经济中,引起总需求变动的主要因素是消费需求、投资需求和政府购买支出。在价格总水平既定的条件下,任何引起总支出变动的因素都将导致总需求曲线移动。总支出增加,总需求曲线向右上方移动,如图 6-2,AD_0 曲线向右上方移动到 AD_1;总支出减少,总需求曲线向左下方移动,如图 6-2,AD_0 曲线向左下方移动到 AD_2。

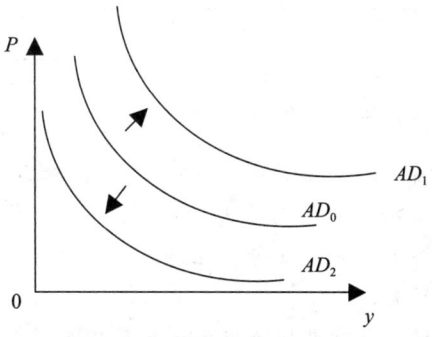

图 6-2 总需求曲线的移动

具体来说，在其他条件不变的情况下，消费需求增加，既定价格总水平对应的总支出增加，从而总需求曲线向右上方移动；反之，消费需求减少，总需求曲线向左下方移动。由于消费与储蓄成反方向变动，那么我们也可以得到储蓄变动对总需求曲线的影响。储蓄增加，总需求下降，总需求曲线向左下方移动；储蓄减少，总需求增多，总需求曲线向右上方移动。

投资需求增加，总需求增加，总需求曲线向右上方移动；反之，投资减少，总需求减少，总需求曲线向左下方移动。由于投资主要取决于利息率，而利息率由货币市场的均衡决定，因此货币供给量增加，利率下降，投资增加；反之，货币供给量减少，利率上升，投资减少。

在包含政府部门的经济中，政府从两方面影响总需求曲线。一方面，与私人投资变动的效果一样，政府购买增加，总需求增加，总需求曲线向右上方移动；政府购买减少，总需求减少，总需求曲线向左下方移动。另一方面，由于政府的净税收，也就是税收减去转移支付的部分会影响家庭的可支配收入，进而影响消费，也就是说政府的税收会通过影响消费来影响总需求。具体来说，当政府税收增加时，可支配收入减少，消费减少，总需求下降，总需求曲线左下方移动；政府税收减少时，可支配收入增加，消费增加，总需求上升，总需求曲线右上方移动。

我们用表6-1归纳一下影响总需求的因素。

表6-1　　　　　　　　　　　影响总需求的因素

引起总需求增加的因素	引起总需求减少的因素
利率下降	利率上升
预期的通货膨胀率上升	预期的通货膨胀率下降
汇率下降	汇率上升
预期的未来利润增加	预期的未来利润减少
货币量增加	货币量减少
总财产增加	总财产减少
政府对物品与劳务的支出增加	政府对物品与劳务的支出减少
税收减少或转移支付增加	税收减少或转移支付减少
国外收入增加	国外收入减少
人口增加	人口减少

延伸阅读：消费为什么能拉动经济增长

从支出角度看，GDP最终是消费、投资、净出口之和，因此经济学上常把投资、消费、出口比喻为拉动GDP增长的"三驾马车"，这是对经济增长原理最生动形象的表述。为了经济的发展，三者往往是此消彼长的关系。纵观发达国家的经济发展，消费对经济的影响作用巨大。

消费为什么能拉动经济增长？这是因为消费产生的现金进入流通领域后会被放大，一块钱可以变成十块钱。消费是生产的目的和动力。消费带动生产，为生产提供保障，消费的发展促进生产的发展。一个新的消费热点的出现，往往能带动一个产业的出现和成长。消费为生产创造出新的热点，提高劳动者的生产积极性，提高劳动生产率，保证再生产的顺利进行。消费会使得生产企业盈利，企业获得的利润分为两部分：一部分扩大生产，这将带来原材料的消耗，还有工作职位的增加，运输等方面的增加；另一部分是企业分红，企业将所得上交国家和股东。两者都将再到市场上消费，从而导致资本的循环。两部分都会带来经济指标的上升，所以说消费拉动经济的增长。

2012年，在我国"坚持扩大内需特别是消费需求"的总体经济工作部署下，2012年前三季度消费增长对于经济增长的贡献6年来首次超过了投资增长的贡献。其中网购规模达到8,062亿元，增长了44%。第三季度银行卡的渗透率达到了46.3%，全国银行卡的卡均消费金额增长了24.3%，成为消费增长的重要动力。2012年1—11月累计实现社会消费品零售总额186,833亿元，实际增长12%。有分析认为，2012年前三季度消费对经济增长贡献率，自2006年以来首次超过投资，这是一个很好的发展趋势，也是结构进一步优化的表现。

在经济衰退时，拉动消费对促进经济的增长效果更是明显。发放消费券是政府常用的手段之一。消费券是专用券的一种，为实现经济政策的工具之一。当经济不景气导致民间消费能力大幅衰退时，政府或者企业发放给人们消费券，作为人们未来消费时的支付凭证，期待借此增加民众的购买力与消费欲望的方式以振兴消费活动，甚至进一步带动生产与投资的增长，加速经济复苏。在金融危机时期，消费券正逐步成为促销售、保增长的重要手段之一。虽然消费券是以促进消费为目的，但也可作为社会救济工具使用。也有两者相混合，既以振兴消费为目标，实施方式又如同社会救济。如浙江省杭州市政府编列人民币1亿元，与2009年春节前后针对低收入家庭、困难家庭、退休职工以及中小学生各发放等值为100元至200元人民币的消费券；四川省成都市人民政府为扩大内需，针对2008年12月1日—12月20日前登记在册的城乡低保对象、农村五保对象、城乡重点优抚对象等三类人员约37.91万人，在2008年12月29日前每人发放等值为100元人民币的消费券。我国台湾地区也曾发放消费券提振经济。2009年，台湾地区对当地居民以及具有长期居留资格的住民全面发放"振兴经济消费券"，每人新台币3,600元。

（资料来源：王志伟，胡志华. 宏观经济学（西方经济学·下）[M]. 武汉：武汉大学出版社，2014）

第二节 总供给曲线

总供给是经济社会所提供的总产量（或国民收入），即经济社会的基本资源用于生产时可能有的产量。总供给曲线表示一般价格水平与总产量之间的关系。基本资源主要包括劳动力、生产性资本和技术，所以总供给曲线反映了在每个既定的价格总水平上，厂商愿意并且能够利用基本资源提供的产品和劳务的总和。西方经济学家认为，价格总水平的变动会影响实际工资,进而影响劳动力市场的供求。劳动力市场的供求关系决定了实际的就业量,而就业量的变化影响总产量(国民收入)。对于总供给,大部分经济学家都同意总供给曲线存在的说法,但是对于总供给曲线的形状,却有着不同的分析和看法。

一、短期、中期和长期的宏观生产函数

宏观生产函数,即总量生产函数,是指整个国民经济的生产函数,表示总投入和总产出之间的关系。宏观生产函数可以表示为:

$$y = A \times f(N, K) \tag{6.2}$$

这里,我们假定技术水平 A^* 不变,只使用劳动 N 和资本 K 两者要素进行生产。y 为总产出,也就是国民收入,N 为整个社会的就业水平或就业量,K 为整个社会的资本存量。

宏观生产函数分为短期、中期和长期三种。在短期和中期宏观生产函数中,一般假定资本存量和技术水平为常数,因为它们很难在短时间内改变。那么短、中期的宏观生产函数可写成

$$y = \bar{A} \times f(N, \bar{K}) \tag{6.3}$$

其中,$\bar{A}$ 表示不变的技术水平,$\bar{K}$ 表示不变的资本存量。也就是说,在短期和中期,社会的总产出取决于就业量 N,随就业量的变化而变化。

而在长期,一切变量均可以改变。因为有足够的时间,所有技术可以改善得到提升进步;长时间内人口的增长会影响劳动者的就业;随着时间的推移,资本存量的累计也会变化。A、N、K 这些变量均可以改变。那么长期宏观生产函数可写成:

$$Y^* = A^* \times f(N^*, K^*)$$

式中,A^* 为短期的技术水平;N^* 为短期的充分就业量;K^* 为短期的资本存量。

二、古典总供给曲线

总供给曲线取决于资源利用的情况。在不同的资源利用情况下,总供给曲线的形状是不同的。

按照西方古典经济学派的观点,长期,价格和工资都具有伸缩性,可以随经济状况调整而调整,因为就业总是处在充分就业的状态上。因为如果劳动力市场供给大于需求,存在超额供给时,工资就会下降,产品价格水平会上升。企业在利润的驱使下,会扩大生产多雇佣员工,消除超额供给;反之如果劳动力市场需求大于供给,存在超额需求,员工工资就会上涨,产品价格水平会下降。企业利润降低,会减少生产解聘员工,消除超额需求。也就是说这些变化最后会使实际工资调整过到时劳动市场达到均衡的水平。在长期,经济的就业水平或产量并不随价格水平的变化而变化,始终处于充分就业的状态。简单地说,在古典总供给理论的假定下,劳动市场运行的毫无摩擦,总能维护劳动力的充分就业。既然在劳动市场,在工资的灵活调整下充分就业的状态总能被维持,因此,无论价格如何变化,经济中的产量总是与劳动力充分就业下的产量即潜在产量相对应。或者说,因为全部劳动力都得到了就业,即使价格水平再上升,产量也无法增加,即国民收入已经实现了充分就业,无法在增加了。所以按照西方古典经济学派的观点,总供给曲线是一条与价格无关的垂直线。长期中,经济的劳动、资本、自然资源和技术决定了物品与劳务的总供给量,无论物价水平如何变

动,供给量都是相同的。

图 6-3 所示即是古典总供给曲线,供给量不随价格的变化而变化,始终处于充分就业的状态。

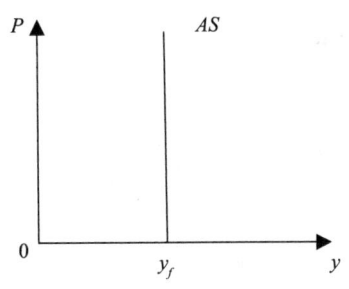

图 6-3 古典总供给曲线

我们将古典总供给曲线和之前研究的总需求曲线结合在一起分析古典总供给曲线的政策含义。为了简化分析,我们将总需求曲线画为线性,也就是一条向右下方倾斜的直线。

如图 6-4 所示,总需求曲线 AD_1 和古典总供给曲线 AS 交于 E_1 点,此时价格为 P_1,产量为 y_f,处于充分就业时的产量。如果国家使用扩张政策,增加总需求,会使 AD 曲线由 AD_1 向上移动到 AD_2,相应的,均衡点由 E_1 上移至 E_2,价格总水平由 P_1 上升至 P_2。因为古典总供给曲线垂直于横轴,产量已经处于充分就业的状态,所以说明扩张增加需求的政策并不会改变产量,而只能造成物价上涨,甚至出现通货膨胀。

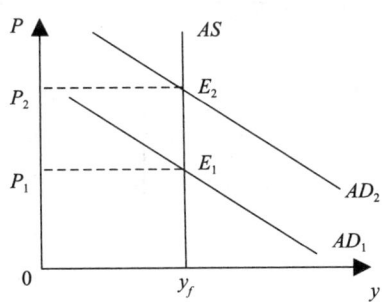

图 6-4 古典总供给曲线的政策含义

三、凯恩斯总供给曲线

凯恩斯在《就业、利息和货币通论》一书中提出了货币工资具有刚性,也就是说工资不会轻易变动。提出这个假设的背景是在 20 世纪 30 年代初期,当时整个西方国家都处于经济大萧条时期,社会存在大量的失业人口和闲置生产力,工资和价格水平均存在刚性。从两方面可以理解其含义,一方面是在极短时间内,工资和价格均没有足够的时间调整;另一方面由于当时存在大量的失业,所以企业如果扩大生产,不会导致工资和价格水平的变化。目前西方经济学家认为,凯恩斯总供给曲线代表短期的总供给曲线的一种极端情况。

图 6-5 为凯恩斯总供给曲线。y_f 代表充分就业的产量或国民收入。在 y_f 点左侧也就是产量没有达到充分就业以前,由于工资和价格水平都不会变,所以在既定的价格下,社会可

以提供任何数量的产量,总供给曲线为水平形状。在 y_f 点右侧,也就是已经达到充分就业之后,社会上不再有多余的生产能力,也就不能再生产出更多的产品,因此扩展需求不会使产量变动而只会引起价格的上升,体现在图中,就是一条垂直线。

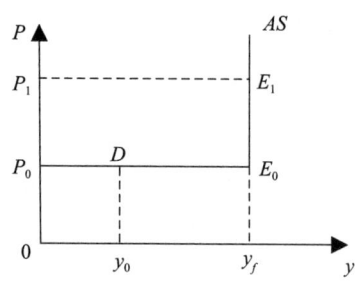

图 6-5 凯恩斯总供给曲线

我们将凯恩斯总供给曲线和之前研究的总需求曲线结合在一起分析凯恩斯总供给曲线的政策含义。如图 6-6 所示,只要国民收入或产量处在小于充分就业的水平,那么国家就可以使用增加需求的政策来达到充分就业状态。总需求曲线 AD_1 与总供给曲线交于 E_1 点,此时价格为 P_1,产量为 y_0,处于未充分就业的状态。政府采用扩张增加总需求的政策,使 AD 曲线向右移动,只要未超过充分就业的产量,价格水平就不会改变,当 AD_1 移动至 AD_0,与总供给曲线相交于 E_0,此时价格为 P_0,但产量增加至 y_f,也就是达到了充分就业的产量。如果继续使用扩张增加总需求的政策,AD 曲线会继续右移,此时社会资源已被用尽,产量不会增加,只会导致价格上升,容易产生通货膨胀。

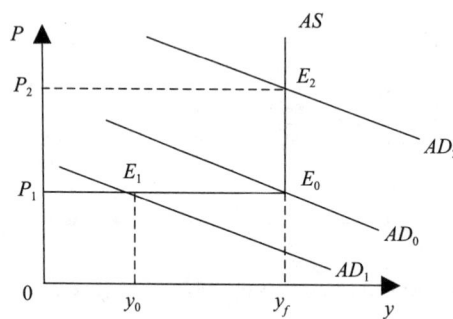

图 6-6 凯恩斯总供给曲线政策含义

四、常规总供给曲线

前面我们所讨论的古典总供给曲线和凯恩斯总供给曲线都是极端情况,通常情况下,常规总供给曲线处于这两个极端之间。

图 6-7 表示常规的总供给曲线。曲线的左下方代表经济萧条情况,由于此时存在大量的失业和闲置的生产力,所以总供给曲线相对平缓。随着曲线往右上方延伸,劳动力开始被雇佣,闲置的生产力逐渐被使用,经济开始好转。体现在图上,产量和国民收入逐渐上升,价格总水平上升越来越快,总供给曲线越来越陡峭,一直到 E 点,达到充分就业。需要注意的是,充分就业并不意味着全部资源和劳动力都被使用,仍然存在着难以利用的资源可以

开采,存在着能力较差的劳动者可以被雇佣。因此,在充分就业的 E 点之后,产量还可以增加。但是随着产量的增加,企业的生产成本会急剧增长,意味着价格总水平会迅速上升,而且上升速度越来越快,体现在图上,总供给曲线的斜率越来越大,曲线越来越陡峭。西方经济学家认为这种形状的总供给曲线可以代表西方经济的常规状态。

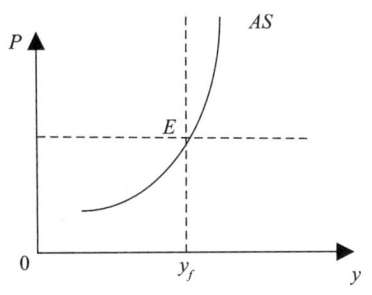

图 6-7 常规总供给曲线

常规的总供给曲线是非线性的,但是为了方便教学,我们通常用线性形态(图 6-8)进行表达。

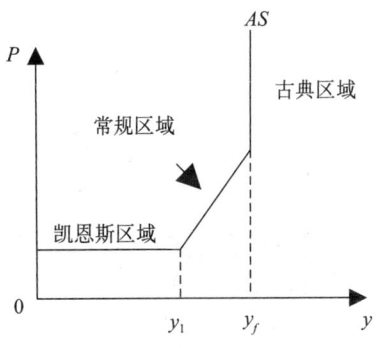

图 6-8 线性总供给曲线

图 6-8 总结了总供给曲线变动的三种情况:

第一种情况,产出水平大于 0 小于 y_1,这时总供给曲线是一条与横轴平行的线。这表明因为社会上存在大量的闲置设备和失业者,企业可以在价格不变时得到所需的任何数量的劳动力和设备,在增加产量时不必付出更多的资本,边际成本处于较低水平。因此在现行的价格水平下,企业愿意并且能够提供任何数量的产量。这种情况是凯恩斯提出来的,所以水平的总供给曲线也叫作凯恩斯总供给曲线,在图上这一部分也被称为凯恩斯区域。

第二种情况,产出水平大于 y_1 小于 y_f,这时总供给曲线是一条向右上方倾斜的线。这是因为随着产量的增加,经济情况好转,生产资料已经得到一定程度的利用,但是还未达到充分利用的程度。当市场上产品价格上升时,企业要购买更多的生产要素,雇佣更多的劳动力以生产更多的产品。对生产要素的需求增加导致要素市场价格上升,企业生产成本上升,市场上产品价格会进一步上涨。随着产量越来越多,生产资源、劳动力供给的短缺和生产能力的限制越来越严重,也就是说产量的增加越来越困难,价格的上升越来越快,总供给曲线越来越陡峭。这属于常规的总供给曲线。

第三种情况，产出水平超过 y_f，超过了充分就业的水平，这时总供给曲线是一条垂线。它表明无论价格如何上升，总供给也不会增加。这是因为资源已经得到了充分利用，已经实现了充分就业，总供给已无法再增加。在图上这一部分也被称为古典区域。

五、总供给曲线的移动

总供给曲线的位置和移动取决于潜在的产出水平和生产成本，具体来说产量取决于劳动、资本、自然资源和技术知识，同时受潜在产出制约（见图6-9和图6-10）。

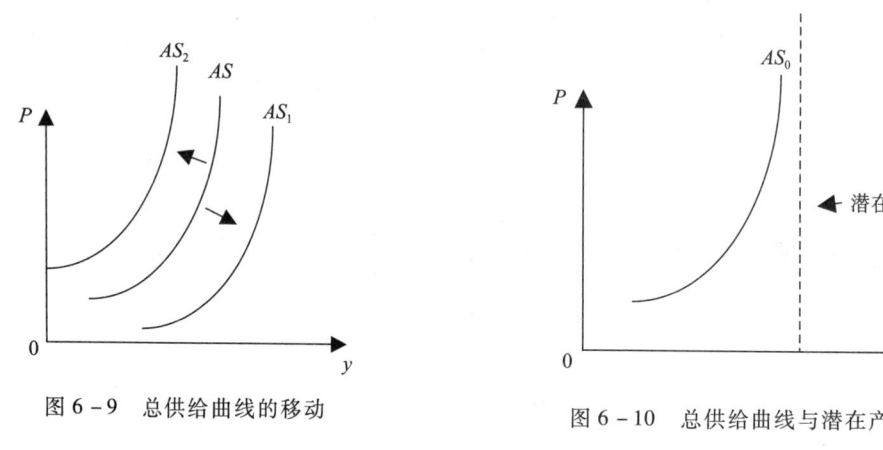

图6-9　总供给曲线的移动　　　　　图6-10　总供给曲线与潜在产出

延伸阅读

自改革开放以来，中国公民到国外工作或移民的人数逐渐增加，其中前往美国和加拿大的移民最多，平均每年3万多人。另外还有大量中国公民并未移民但在世界各国工作。中国对外工程承包服务从零开始，由最初的4家公司发展到现在的1,400多家，1988年有30家公司跻身美国《工程新闻纪录》杂志评选的世界225家最大承包商行列，其中中国建筑工程总公司和中国石油工程建设（集团）公司分别列第24位和第59位。从1998年起，每年对外签订的承包合同突破100亿美元，在外劳务人员近40万人。1999年中国冶金建设集团中标美国钢铁厂项目，进入美国本土。2001年年末中国在海外从事工程和劳务合作的人数有42.6万人，主要分布在中国的香港和澳门、俄罗斯、巴基斯坦、日本、马来西亚、新加坡、韩国、泰国和印度尼西亚等。

与早期移民相比，新移民少了几分辛酸，多了几分辉煌。新移民多数在国内接受了不同程度的教育，拥有一定的社会经济资源，远渡重洋的目的是寻求更好的发展。与那些到美国旅居并期望尽快赚钱返回老家的早期移民不同，新移民们大多数计划留下来，开创属于自己的一番事业，并靠他们的知识和资金，逐渐在美国立足和发展。

与其他非白人移民相比，美国华人在经济中的业绩令人印象深刻。华人移民的后代与许多新移民一样在美国高等学府和专业技术院校接受教育，毕业后通常进入美国主流社会，步入中产阶级行列，还有少数人已经在美国开创了自己的事业，成为社会精英。

（资料来源：海闻，P. 林德特，王新奎. 国际贸易［M］. 格致出版社，2012）

（一）劳动的变动

如果一个经济体中，移民增加，工人数量增加，物品与劳务的供给量也会增加，总供给曲线右移；反之如果许多工人离开这个经济体，去了其他地方，本地的工人数量减少，物品与劳务的供给量会下降，总供给曲线左移。

（二）资本的变动

经济中资本存量的增加提高了生产率，从而增加了物品与劳务的供给量，总供给曲线右移；相反，资本存量减少，降低了生产率，减少了物品与劳务的供给量，会使总供给曲线左移。

（三）自然资源的变动

自然资源，包括土地、矿藏和天气。新的矿藏发现会使总供给曲线右移，气候恶劣使农业减产会导致总供给曲线左移。

（四）技术知识的变动

人类知识和经验的积累会带来技术的变革，技术变动通常是正向的，即技术水平倾向于提高。随着技术水平的提高，任一给定投入组合所能生产的产出数量提高，所以技术知识变动一般使得总供给曲线向右移动。

（五）自然的和人为的灾祸

总供给曲线最急剧的变动产生于天灾人祸，这是不言而喻的。例如，地震或战争会极大地减少经济的总供给，即使得总供给曲线向左上方移动。不过由于这些因素并不常见，因而经济学中通常把它们视为随机的因素而加以忽略。

第三节 总供给与总需求模型的应用

我们运用前面所讲的总需求曲线和总供给曲线，便能对现实的经济情况加以解释。

我们已经得到两个重要的结论。首先，在短期，产出可能高于充分就业水平也可能低于充分就业水平，任何总供给和总需求的变化都将引起产出和价格变化。其次，在中长期，产出最终会回到充分就业水平，调整是通过价格变化完成的。当产出高于充分就业水平，价格上升，这种高的价格减少了需求和产出，使产出慢慢回落到原来的水平；当产出低于充分就业的水平，价格下降，这种低的价格增加了需求和产出，产出会慢慢增加至充分就业水平。

延伸阅读：为什么高科技产品总是首先出现在发达国家？

纵观历史可以发现，世界上高科技产品首先出现在发达国家，从而使新产品在其生命周期中总是从发达国家走向发展中国家：1901年英国和加拿大之间出现第一次横贯大西洋的无线电通信；1903年美国第一架飞机试飞成功；1920年出现机械扫描的电视机；1929年公共电视节目播放；1940年最早的手机——手持双向对讲机在美国由摩托罗拉公司研制成功；1941年美国研制成功远程无线电导航系统，将电子技术与航空器结合起来；1942年德国研制成功 V-2 火箭；1946年第一台电子计算机在美国诞生；1957年苏联发射第一颗人造地球卫星；1962年美国和苏联同时发射宇宙飞船，等等。为什么高科技产品总是首先出现在发达国家呢？人们通常认为这是因为发达国家的科研实力强，因此要想在科技上赶超发达国家，必须培养科技人才，增加科技投资。但是，从经济学角度看，这种现象的出现不能光从高科技产品的供给角度考虑，还必须从需求方面来解释。

从供给角度看，充足的资本当然是高科技发展的必要条件。高科技企业属于风险极大且初期投入大、固定成本高的行业，需要有足够的风险资本支撑。发达国家对高科技的投入超过或接近其国内生产总值的2%，而在大多数发展中国家，对科技的投资尚不足其国内生产总值的0.5%。西方国家都把加大 R&D 经费的投入视为国家经济发展的重要动力，在科技投入上不惜血本。西方国家科技经费来源一般有四种渠道：一是政府投资，如美国"信息高速公路"，到1997年底共投入27亿美元；二是工业企业集团自身科技经费投入，奔驰汽车公司一般用年销售收入的5%—10%作为开发费，美国通用汽车公司年开发费一般都在60亿美元以上；三是民间科学基金会，美国私人基金会约有3.5万家，其中百万美元级基金会有3,000多个，这些基金大多用于支持高等学校、基础研究和医疗卫生等；四是金融机构和银行科技贷款。另外，众多的高水平科技人才也是高科技发展的重要条件。发达国家有一支庞大的世界一流的科技人才队伍。发达国家的政府非常重视对科技人才的培养，鼓励创新，形成了较完善的教育制度。同时许多发达国家还不惜重金聘用世界各地的优秀人才为其所用，目前美国50%以上的计算机博士均为外国人。

从需求的角度看，任何高科技产业的形成都需要一个有足够需求支撑的市场。由于高科技产品多属于"奢侈品"，因此价格较高，产品的收入弹性大。发达国家的人均收入高，高科技产品一旦被消费者接受，很容易形成一个足够维持它走完整个生命周期的市场，从而使高科技产品的生产形成规模经济，而这一点恰恰是发展中国家难以做到的。许多高科技产品可以在发展中国家研究开发出来，但难以通过市场形成产业，其主要原因就是因为没有足够的消费者来购买。在20世纪50年代到90年代初的几十年里，中国的汽车产业一直没有很好地发展起来，除了科技和生产方面的原因以外，中国消费者没有足够的收入来为汽车创造足够规模的市场是重要原因之一。

（资料来源：海闻. 为什么高科技产品总是首先出现在发达国家？中国经济学教育科研网，http://www.cenet.org.cn, 2003-04-09）

一、总需求曲线的移动

图 6-11 表明，如果最初总需求曲线 AD_0 与总供给曲线交于 E_0 点，此时达到充分就业，相应的价格水平为 P_0。这是如果总需求减少，经济萧条，AD 曲线会左移，AD_0 会左移至 AD_1 的位置。此时产量没有达到充分就业的产量，出现失业。AS 曲线的形状也表明，在充分就业点左侧，越是偏离充分就业点，总供给曲线越平缓，也就是说过剩的生产能力越来越多，而价格下降的空间越来越小，价格下降的比例要小于产量下降的比例。反之，如果总需

求旺盛，经济过度繁荣，AD 曲线会右移，产量超过充分就业的产量。同样，AS 曲线的形状表明，在充分就业点右侧，越是偏离充分就业点，总供给曲线越陡峭。也就是说生产能力越来越紧缺，产量增加的可能性越来越小，而价格上升的越来越快，价格上升的比例要高于产量上升的比例。

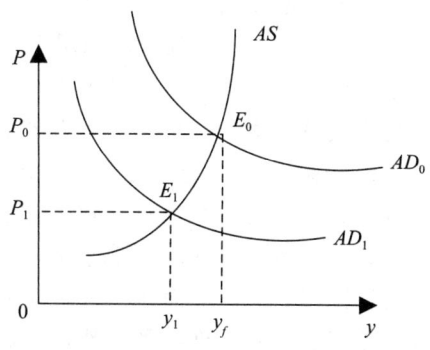

图 6-11　总需求曲线移动

二、总供给曲线的移动

图 6-12 表明，最初总需求 AD 曲线与总供给 AS 曲线相交于 E 点。此时达到充分就业，相应的价格水平为 P_0。如果由于某种原因，比如气候恶劣导致粮食大面积歉收，AS 曲线会向左移动，AS_0 会左移至 AS_1。产量小于充分就业的产量表示此时存在失业，同时价格提高了，表示此时存在通货膨胀，也就是说，E_1 点表示滞胀的状态。随着 AS 曲线向左移动偏离充分就业的程度越大，失业和通货膨胀也会越为严重。同理可得，如果突然技术有了提高或开采了新的矿藏，AS 曲线会向右移动，产量增加，收入下降。一般情况下，短期生产技术突然提高并且可以迅速应用于生产，实际上是很困难的事，所以 AS 曲线短期内右移很少见，甚至只是一种理想状态。

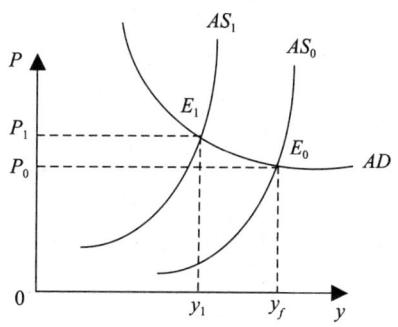

图 6-12　总供给曲线的移动

三、总需求总供给模型的应用

（一）货币扩张的影响

1990 年日本经济泡沫开始破灭，由此开始了长达 10 年的经济停滞。1994 年 4 月开始，日本经济出现了缓慢回升。但是，自 2008 年 8 月开始，日本经济又重新恶化。在 2001 年第二季度收缩了 3.2%，在之后的 10 年中进入了第三次衰退。日本经济似乎陷入了无法自拔的泥沼。为了克服通货紧缩，刺激有效需求，日本政府采取了极度的扩张性货币政策。通过大大增加国债和其他金融工具的购买量向同业拆借市场注入远大于实际需求的流动性，转而购买商品和股票，从而使商品和资产价格得以恢复。同时，日本银行还希望这一政策能降低长期利息率。但是在银行系统仍然存在大量不良债权的情况下，增加基础货币供应量能否导致广义货币供应量增加从而刺激实体经济的增长是值得怀疑的。

如图 6-13 所示，扩张性货币政策，也就是名义货币水平增加，从 M 增加到 M_1 时，在短期会产生影响。最初总需求曲线和总供给曲线相交于 A 点，相应的产出是 y_1。对于给定的价格水平，实施扩张性财政政策，名义货币增加将导致实际货币量增加，导致投资增加，这样，总需求曲线会向右移动。如图所示，有 AD 曲线向右上方移动到 AD_1。相应的，产出增加，价格也上升，表明经济处于高涨状态。然而在中长期，随着时间的推移，价格预期的调整开始作用，也就是说工人或者工会看到价格水平上升就会要去更高的名义工资，从而导致价格更高，且持续上升。同时，在长期内，经济已经实现了充分就业，在产出大于充分就业的情况下，供给将减少，供给曲线将左移，从 AS 曲线移动到 AS_1 曲线。经济情况会沿着总需求曲线向左移动，当产出回到充分就业的水平，调整过程就会停止。所以在调整结束后，产出没变，但价格会更高。我们可以准确地知道价格最终上升的幅度。如果产出回来充分就业水平，那么实际货币量也必须回到原来的值。也就是说，价格上升比例必须等于名义货币存量增加的比例，比如说名义货币最初增加了 10%，那么价格水平最终将上升 10%。

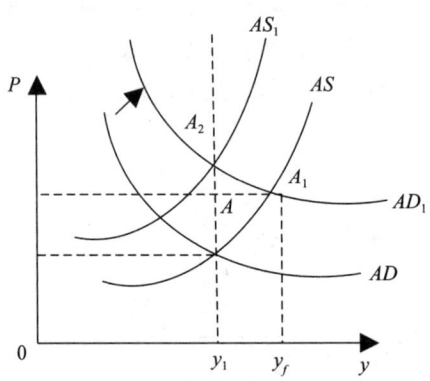

图 6-13 扩张性货币政策动态影响

延伸阅读：美国总需求两次重大的移动

第一次总需求移动发生在 1929—1933 年的经济大萧条时期。该时期美国的实际 GDP 减少了 27%，失业率从 3% 增加到 25%，同时，物价水平下降了 22%。大萧条的原因是什么？虽然争论很多，但主要集中在总需求的大幅度减少上，然而又是什么引起了总需求的减少？可能存在以下几个方面的原因：一是货币供给的减少。从

1929年到1933年，货币供给减少了28%。这种货币供给减少是由于银行体系的问题。家庭越来愈多的从不稳定的银行提取自己的货币，银行家变得更加谨慎，并开始持有大量准备金，部分准备金在银行的货币创造过程中反方向发生作用。同时美联储没有用扩张性的货币市场操作来抵消货币乘数的下降，结果货币供给下降了。二是股票价格的大幅下降带来的财富缩水效应，股价下降了90%左右，家庭财富减少，从而减少了消费支出。

第二次总需求移动发生在20世纪40年代初的经济繁荣时期。二战期间美国在海外进行战争，美国联邦政府把更多的资源用于军事。在1939—1944年，政府的物品和劳务购买几乎增加了5倍。总需求的这种巨大扩张几乎使经济中物品和劳务的生产翻了一番，并使物价水平上升了20%；失业率从1939年的17%下降到1944年的1%，成为美国历史上最低的失业水平。

大萧条时期，货币供给的减少、财富缩水效应和信贷配给分别对包括消费和投资在内的总需求产生巨大的冲击，从而导致价格持续下跌、破产企业数量急剧增加、居民收入普遍下降和失业人群的大量增加等一系列问题。而20世纪40年代初的经济繁荣，主要来自于美国本土以外的战争引致的总需求的增加。可见总需求的变化对经济生活影响巨大，只有把握好总需求和总供给之间的平衡，经济才可能沿着健康之路平稳前进。

（二）石油价格的上升

国际原油期货价格在2006年4月上演了强势逼空行情：四次创出历史新高，70美元、75美元大关先后失守。2006年前四个月，油价已攀升23%。供给方面捉襟见肘、地区军事冲突、美国夏季用油高峰的到来、石油衍生工具投机力量的推波助澜等都是导致石油价格上升的原因。

那么石油价格上升对总供给和总需求产生了什么影响？我们可以用总需求总供给模型来分析。石油价格上涨使相关行业成本增加，进而使社会总成本增加，总供给曲线向上移动。

所以在短期内如图6-14所示，石油价格上升导致企业提高价格，价格上升减少了需求和产出，总供给曲线AS左移。随着时间的推移，产出下降，但是充分就业下的产出下降幅度更大，这引起价格总水平进一步上升。也就是说产量低于原来的产量，但是价格水平高于原来的价格水平，经济处于滞胀状态。

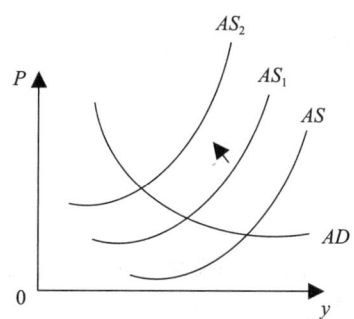

图6-14 石油价格上涨的动态影响

延伸阅读：原材料价格急剧上扬

2005年，中国钢铁业的头号新闻是原材料涨价。由于中国钢材冶炼能力上升而铁矿石供应不足需要进口，现在已经成为全球头号进口国。全国三大铁矿石生产商以需求强劲为由，联合抬价，涨价幅度高达75%。不仅如此，在中国接受了这个价格之后，2006年他们又要涨价，最低幅度也要涨10%，巴西的淡水河公司更是提出了24%的上涨幅度。

另一个典型事实是铜价。从2004年起，长期波动于每吨1,500—3,000美元的铜价一路走高，在突破3,000美元/吨的高点之后进入狂飙阶段，现在已经走高近8,000美元/吨。操纵铜期货市场的交易者认为其主要原因是"中国因素"。他们认为，中国的经济看好，铜需求会大增，因此价格的上升是一个必然趋势。

不仅是石油、铁、铜，中国需要的大宗原材料最近一两年来都处于一个急速上涨阶段。英国《金融时报》曾经评价过一个相对小宗但也是中国需要的原料——锌的涨幅。记者凯里文·莫森经过计算后写道，如果锌和铜在他报道的那个时点再向上涨价30%的话，那么人们可以融化1美分硬币，然后出售这种主要由锌和铜铸成的硬币的材料来盈利了。因为从现在的价格看，把这种硬币融化了以后再卖两种金属，价格都已经超过了一美分。

这个案例说明，在大宗原材料领域，只要有中国购买存在，价格就会上升。我们虽然无法精确地计算出中国的购买所代表的需求到底会对价格有多大的冲击，但无论如何，这种冲击不应该像上述材料一样大涨。仅就因期货市场有交易而变动的铜价而言，2005年底铜价还徘徊于4,500美元/吨，到了2006年5月16日，价格已飙升到8,275美元/吨。这种情况甚至连国际锻造铜理事会（IWCC）都看不下去了。由于全球的制造业向中国转移，发达国家对能源的依赖已经开始出现下降势头。而对于主要以制造业为核心的中国企业来说，能源几乎与每个企业相关。而它们的产品，更是几乎每一件都是由钢铁、有色金属组成。在这些原材料全体大幅涨价的2006年，几乎所有中国企业都叫苦连天。

（资料来源：能源价格：中国的重负．中国铝业网，http：//www.alu.cn/neus/455415）

补充阅读：经济过热与"软着陆"

所谓"经济着陆"是指，当一国由于经济的增长速度过快而出现了严重的通货膨胀时，就需要利用紧缩性政策抑制通胀，但这时会导致社会总需求的下降，从而使经济的增长速度变缓甚至出现负增长。如果一国实行了较好的紧缩性政策，使得过快增长的经济速度能够平稳地下降到一个合适的比例，却没有出现大规模的通货紧缩和失业，就可以叫做经济"软着陆"。相反，如果实行了过于紧缩的政策，使得经济增长从封顶跌至低谷，出现大规模的通货紧缩，导致失业增加，即为经济"硬着陆"。20世纪90年代初，中国通胀率过高，国家采取了适当的宏观经济政策，使得通胀率下降的同时，仍然保持了8%—9%的高速经济增长，可以说比较成功地实现了"软着陆"，成就了另一个中国经济奇迹。

1992年春邓小平同志南方讲话，提出了"发展才是硬道理"的重要思想，年底党的十四大明确提出建立社会主义市场经济体制，以此为契机，我国经济进入了新一轮的快速增长期。1992年和1993年增速分别为42.6%和58.6%，大大超过了以往的增长速度。然而伴随经济的高速增长，也出现了一些列不正常的现象。高速的经济增长伴随着高投资、高货币投放、高通货膨胀以及较大的贸易赤字。到1993年初，经济已经明显过热，许多地方出现的"房地产热"和"开发区热"愈演愈烈。总供给和总需求严重失衡，投资规模失控，消费基金膨胀，通货膨胀压力加大，宏观经济环境日趋严峻。1993年的几个主要指标集中反映了经济过热的程度。国内生产总值增长13.5%，全社会固定投资增长61.8%，商品零售价格指数上涨13.2%，CPI增幅达到14.7%，狭义货币供应量（M_1）增长21.5%，广义货币供应量（M_2）增长26.5%，对外贸易逆差34.5%亿美元。到1994年经济还在走热，CPI增幅达到了24.1%。

针对针对这些情况，中央政府决定对国民经济进行宏观调控，及时实施适度从紧的货币政策和财政政策。实际上1993年6月24日中央就下发了《中共中央、国务院关于当前经济情况和加强宏观调控的意见》，宏观调控的各项举措全面启动。可以说从1995年开始，中央开始了全范围的宏观调控。1994—1997年间，在货币政策方面，控制货币发行，严格控制信贷的规模，大幅度提高存贷款利率，保证较高的法定存款准备金率。治理整顿违章拆借、乱集资、乱设金融机构现象，要求银行定期收回乱拆借的资金。财政政策方面，启动税制改革，实行中央地方分税制体制，强化了增值税、消费税的调控作用。合理压缩财政支出，强化计划外项目管理。特别是狠刹开发区热和房地产热，挤出房地产泡沫。这些举措使银行货币投放的势头得到遏制，开发区热和房地产热开始降温。严厉打击偷税漏税活动，清理不合理的减免税项目，以增加财政收入，并通过发行国债，引导社会资金流向，成功扭转了财政困难的局面。

经过全国各地方、各部门的共同努力，宏观经济情况逐年改善，到1996年已经取得明显成效。1996年国内生产总值增长9.6%，全社会固定资产投资增长14.8%，商品零售价格指数上涨6.1%，狭义货币供给量（M_1）增长18.9%，广义货币货币供应量（M_2）增长25.3%，国际收支状况良好，对外贸易顺差122亿美元。物价涨幅由尖峰时刻（1994年）的21.7%，回落到1996年的6.1%，而经济增长速度仍保持在9.7%左右，1991—1996年经济峰谷落差仅为4.5%，是波幅最小的一次。这种现象在我国经济发展史上尚属首次，在当今国际上也是罕见的，政府表现出相当高的政策操作水平。

1996—1997年中国经济连续两年保持了"高增长，低通胀"的态势。具体见下表。

特征	指标	1993年	1994年	1995年	1996年	1997年
1. 宏观经济稳定增长	GDP增长率（%）	13.5	12.6	10.5	9.6	8.8
	工业产值增长率（%）	23.6	21.4	16	13.1	10.9
2. 有效控制通货膨胀	零售价格增长率（%）	13.2	21.7	14.8	6.1	0.8
	消费价格增长率（%）	14.7	24.1	17.1	8.3	2.8
3. 固定资产投资增长趋势	固定资产投资增长率（%）	58.6	31.4	17.5	18.2	9

续表

特征	指标	1993年	1994年	1995年	1996年	1997年
4. 货币供应量增长平滑下降	广义货币增长率（%）	37.3	34.4	29.5	25.3	17.3
	狭义货币增长率（%）	38.9	26.8	16.8	18.9	16.54
	现金货币增长率（%）	35.3	24.3	8.2	11.6	15.63
	GDP（%）	100.4	103.9	110.9	119.6	121.7
5. 国际收支状况改善	进出口总额（亿美元）	1,957.1	2,367	2,808.5	2,899	3,250.6
	出口（亿美元）	917.6	1,210	1,487	1,510.7	1,827
	进口（亿美元）	1,039.5	1,157	1,320.8	1,388.3	1,423.6
	贸易差额（亿美元）	121.9	53	166.2	122.4	403.4
	外汇储备（亿美元）	212	516.2	736	1,050	1,399
6. 稳定的人民币汇率	汇率（人民币/美元）	11.9	8.7	8.4	8.3	8,279
7. 外国直接投资（FDI）	FDI流入（亿美元）	275.15	337.67	375.21	417.26	452.78

经济运行显示，从1995年开始，经过两年的宏观调控，宏观经济在快车道上实现稳刹车，并最终顺利实现了"软着陆"。我国经济步入了持续、快速、健康发展的轨道，既有效地抑制了通货膨胀，又保持了经济的持续、快速增长。

此时，中国经济的"软着陆"在国际上获得了极高评价。

"软着陆"的成功主要取决于制定和执行了正确的宏观经济政策。主要包括：第一，坚持执行了适度从紧的财政、货币政策，同时注意经济运行基本情况，把握调控力度，进行适时适度微调，支持符合国家产业政策、有市场、有效益的生产基本建设和出口贸易，保证了经济的合理回落。在制定和执行宏观经济政策中，综合运用计划、金融、财政的功能，重点是金融手段。第二，注意总供给和总需求的平衡。在抑制过度需求的同时，强调增加有效供给。第三，加强经济结构调整。在这次宏观调控中，国家和地区都在控制投资总规模的同时，注意调整投资结构，重点加强能源交通通信等基础设施的建设。举世瞩目的长江三峡工程、黄河小浪底水利枢纽和京九铁路等项目，都是国家在实施宏观调控中着力加强的跨世纪骨干工程。

此次中国经济的成功"软着陆"，除了保证我国国民经济步入持续、快速、健康发展的轨道外，还有更为重要的意义。1997年夏爆发的亚洲金融危机，给很多国家和地区造成了严重的危害，但是，中国经济和政府却在此次事件中表现出色，中国奇迹般地置身度外，免受侵袭，这使得中国在世界经济格局中的地位大大提高。中国资本市场尚未开放是中国免受金融危机不利影响的内在原因的一般说法，其实资本市场未开放是挡住外部冲击的四道防线之一，而自1993年以来中国宏观经济的成功"软着陆"才是避免这次危机的更深层次的原因。

（资料来源：武拉平. 宏观经济学案例集［M］. 北京：中国人民大学出版社，2013）

 **本章知识总结**

1. 总需求总供给模型是宏观经济学重要的分析工具，是研究价格总水平和产量（收入）之间的关系的重要方法。

2. 总需求曲线表示社会总需求与价格总水平之间的关系。这一关系来自 IS-LM 模型。总需求曲线向右下方倾斜。

3. 总供给曲线表示社会总供给与价格总水平之间的关系。

4. 极端凯恩斯情形下的供给曲线是水平的，意味着厂商在现有价格水平上愿意供给所需数量的商品；极端古典情形下的总供给曲线是垂直的，它适用于价格与工资充分灵活性的经济。一般情况下，总供给曲线介于古典和凯恩斯这两种曲线之间。

5. 总需求曲线与总供给曲线的交点决定总产量和价格水平。使用总需求总供给模型可以解释现实经济现象。总需求曲线的左移会造成产量的减少及价格水平下降；总需求曲线的右移会造成产量的增加及价格水平上升。移动总需求曲线，产量和价格水平同向变动。短期，总需求曲线移动比较频繁；而总供给曲线一般只有长期移动。如来自外部的冲击可以使它从充分就业的位置向左移动，从而导致失业和价格的上升，即出现滞胀状态。

 **复习与思考**

1. 名词解释

总需求曲线　总供给曲线　长期总供给曲线　短期总供给曲线

2. 单项选择题

（1）当（　　）时，总需求曲线更平缓。
A. 投资支出对利率变化较敏感　　　B. 支出乘数较小
C. 货币需求对利率变化敏感　　　　D. 货币供给量较大

（2）总需求曲线（　　）。
A. 当其他条件不变时，政府支出减少时会右移
B. 当其他条件不变时，价格水平上升时会左移
C. 当其他条件不变时，税收减少会左移
D. 当其他条件不变时，名义货币供给增加会右移

（3）若价格水平下降，则总需求（　　）。
A. 增加　　　　　　　　　　　　　B. 减少
C. 不变　　　　　　　　　　　　　D. 难以确定

（4）总供给曲线向上移动的原因是（　　）。

A. 工资提高 B. 价格提高
C. 技术进步 D. 需求增加

(5) 对于水平的总供给曲线，决定产出增加的主导力量是（　　）。
A. 供给 B. 需求
C. 工资 D. 技术

(6) 对于水平的总供给曲线，决定价格的主导力量是（　　）。
A. 供给 B. 需求
C. 产出 D. 以上均正确

(7) 对于垂直总供给曲线，决定价格的主导力量是（　　）。
A. 供给 B. 需求
C. 产出 D. 以上均正确

3. 简答题

(1) 总需求曲线为什么向右下方倾斜？
(2) 凯恩斯总供给曲线与古典总供给曲线有何区别？
(3) 总供给曲线移动的因素有哪些？
(4) 解释下面每一个事件会使长期总供给增加、减少，还是没影响？
a. 美国经历了移民高潮。
b. 国会把最低工资提高到每小时十美元。
c. 因特尔公司投资于新的更强劲的电脑芯片。
d. 严重的暴风雨危及东海岸的工厂。
(5) 假设企业对未来的经济状况极为乐观，并大量投资于新的资本设备。
a. 用总需求与总供给图说明这种乐观主义对经济的短期影响。标注出新的物价水平与实际产量。用文字解释为什么供给的总产量变了。
b. 用 a 的图说明经济新的长期均衡（现在假设长期总供给曲线未变）。用文字解释为什么需求的总产量在短期与长期之间变动。
c. 投资高潮会如何影响长期总供给曲线？并解释之。

4. 计算题

(1) 假定经济中存在以下关系：消费 $c = 1,400 + 0.8y_d$；税收 $t = 0.25y$；投资 $i = 200 - 50r$；政府购买支出 $g = 200$；货币需求 $M/p = 0.4y - 100r$；名义货币供给 $M_s = 900$。

试求：总需求函数；价格水平 $P = 1$ 时的收入和利率

(2) 假定上题中经济的总供给函数为：$y = 3,350 + 400P$，试求总供给和总需求均衡时的收入和价格水平。

 名校历年考研试题

1. 画图并解释：总需求函数。(武汉大学 2010 年)
2. 名词解释：财富效应。(武汉大学 2012 年)
3. 画图：总供给曲线。(中山大学 2009 年)
4. 为什么说总需求曲线是向右下方倾斜？(北京大学 2010 年)
5. 总需求曲线与单个商品的需求曲线有何不同？(复旦大学 2009 年)
6. 对总需求和总供给曲线的研究，涉及了"三个市场和一个总量函数"。请就此分别作出简要说明。(南京大学 2011 年)
7. 价格上升往往和总需求充足联系在一起，这也是为什么我们有时希望看到温和的通货膨胀的原因。但总需求曲线又告诉我们，一般物价水平的上升会导致总需求量的减少。上述说法有没有问题？你怎样理解？(南开大学 2010 年)
8. 为什么长期总供给曲线垂直而短期中总供给曲线是向右上方倾斜的。(复旦大学 2011 年)
9. 简析古典总供给—总需求模型与凯恩斯主义总供给—总需求模型的区别。(东北财经大学 2009 年)
10. 总需求曲线右移的原因有哪些？运用 AD – AS 模型说明总需求曲线右移的情况。(北京大学 2010 年)
11. 影响总供给曲线形状和位置的因素有哪些？(复旦大学 2011 年)

第七章 失业与通货膨胀

> 一个人想工作,而又找不到工作,这也许是阳光下财富不平等所表现出来的最惨谈的景观了。
>
> ——托马斯·卡莱尔

内容导读

从上一章所学,我们可知总需求曲线和总供给曲线不一定相交于充分就业点。事实上它们只是偶然相交于充分就业之点,更多的情况是它们相交在充分就业点的左侧或者右侧。也就是说会造成失业或物价持续上涨,即通货膨胀。宏观调控或者宏观经济政策有三个主要目标:高 GDP 增长、低失业率、低通货膨胀。这三个目标之间有什么数量关系,是宏观经济学要研究的重大问题。从现实情况看,无论是发达国家还是发展中国家,都不同程度存在着失业与通货膨胀问题,它们或交替出现,或同时出现。很多经济体都经常遭受失业和通货膨胀的痛苦和损害。如何避免失业或通货膨胀带来的伤害,成了宏观经济理论研究的重点。本章首先将分别介绍失业与通货膨胀的含义、成因及分类等基本知识,然后围绕菲利普斯曲线研究失业与通货膨胀之间的关系及其中的争论。

本章主要知识点

- 失业的定义、衡量、种类及成本
- 通货膨胀的定义、衡量、分类、原因、经济效应
- 失业与通货膨胀的影响
- 失业与通货膨胀之间的关系,主要是菲利普斯曲线及其应用

开篇案例

亨利·福特是一个有远见的工业家。作为福特汽车公司的奠基人,他负责引进了现代生产技术。福特不是靠熟练工匠团队来生产汽车,而是用装配线来生产汽车,可以教会不熟练工人在装配线上完成不断重复的同样简单的工作。这种装配线的产品是T型福特汽车,这是早期最有名的汽车之一。

在1914年,福特引进了另一项创新:每天支付工人工资5美元。看来这并没有今天多,但是退回到当时,那可是一般工资的2倍左右。这种工资远远高于使供求平衡的工资。当宣布了新的工资标准时,在福特工厂外面求职的人排起了长队。要求在福特工厂工作的工人数量远远大于福特公司需要的工人数量。

福特公司的高工资政策有效率工资理论所预期的许多影响。流动率下降了,缺勤率下降了,而生产率提高了。工人的效率如此之高,以至于尽管工资高了,但福特公司的生产成本减少了。因此,支付高于均衡水平的工资对企业是有利的。亨利·福特称每天5美元工资是"我们所做出的最成功降低成本的努力之一"。

这个事件的历史记录也与效率工资一致。研究早期福特汽车公司的一个历史学家写道:"福特及其部下在许多场合公开宣称,高工资政策的结果是良好的经营。"他们这样说的意思是,它加强了工作纪律,使工人忠于公司,并提高了工人的个人效率。

为什么亨利·福特要引进这种效率工资呢?为什么其他公司不利用这种看来有利的经营战略呢?根据某些分析家的看法,福特的决策与他采用装配线是密切相关的。用装配线组织起来的工人是高度相互依赖的。如果一个工人旷工或工作缓慢,其他工人就不能完成他们自己的任务。因此,当装配线生产更有效率时,它们也就提高了工人低流动率、高素质工人和工人高度努力的重要性。因此,与当时其他公司相比,支付效率工资对福特汽车公司是一种更好的战略。

(资料来源:曼昆.经济学原理(下册)[M].三联书店,1999)

第一节 失 业

一、失业的描述

失业被定义为具有劳动能力、想要工作而没有工作的人所处的状况。一般来说,用失业率来衡量失业的水平。并不是所有没有工作之人都可以称为失业者,要成为统计范围内的失业者必须具有劳动能力,而且是非自愿失业。

具体说来,第一,要对劳动人口作出估计。如全日制学生、家务劳动者、退休者等一般属于非劳动力。各国对就业年龄有不同的规定,美国就业年龄是16—65岁;英国女性是

16—59 岁，男性是 16—64 岁；在我国目前规定男性 16—60 周岁、女性 16—55 周岁为劳动年龄人口。对于从事领导工作、科技文化工作的人群，则另有规定。

延伸阅读：人社部：我国退休年龄全球最早

京华时报讯（记者赵鹏）人社部部长尹蔚民介绍了"十二五"以来就业和社会保障工作成就，称我国是目前世界上退休年龄最早的国家，平均退休年龄不到 55 岁。经中央批准后，人社部将向社会公开延迟退休方案，通过小步慢走，每年推迟几个月，逐步达到合理的退休年龄。

我国是一个未富先老的国家，又是一个急剧快速老龄化的国家。我国现在 60 岁以上人口为 2.1 亿，占总人口的 15.5%。根据预测，2020 年我国 60 岁以上人口占比将达到 19.3%，2050 年将达到 38.6%，这对我国养老和医疗都会带来巨大影响。

目前，我国职工养老保险的抚养比是 3.04∶1，到 2020 年将下降到 2.94∶1，2050 年将下降到 1.3∶1. 老龄化也会使医疗保险支出面临更大的压力。

尹蔚民透露，我国企业养老保险待遇水平持续 11 年提高，由 2005 年的月养老金人均 700 元一直到现在人均超过 2,000 元。尹蔚民介绍，我国目前的退休政策是新中国成立后 50 年代初期确定的，当时人口的预期寿命不到 50 岁。现在新中国成立已经 60 多年，国情发生了巨大变化，人口的预期寿命已达 70 多岁。而我国的退休政策没改，参加企业职工养老保险的退休人员有 8,000 多万，平均退休年龄不到 55 岁，这显然是不合理的。

尹蔚民表示，目前世界上除了非洲一些国家之外，大多数国家的退休年龄都是在 65 岁、67 岁，而且都是渐进式延迟的。我国现在是世界上退休年龄最早的国家，要考虑多方面的因素，制定渐进式延迟退休改革政策，小步慢走，每年推迟几个月。尹蔚民表示，经过中央批准以后，将向社会公开方案。这会有一个预告期，若干年以后再开始实施，逐步推迟到合理的退休年龄。

第二，失业者必须是非自愿的，也就是说在一定工资水平上愿意工作但仍无法找到工作的人才算为失业者。

第三，失业者必须具有劳动能力，如因为身体上有严重残疾或精神有问题的人不能算作失业者。

衡量失业状况的方法有两种，一种是用人数表示，如失业人数达 200 万人；另一种用百分比表示，即失业率，如失业率 5%。失业率是衡量一个经济中失业状态最基本的指标，所以通常用它衡量失业状况。具体公式如下：

$$失业率 = \frac{失业者人数}{失业者人数 + 就业者人数} \times 100\%$$

$$= \frac{失业者人数}{劳动力总数} \times 100\%$$

失业人口 = 劳动力人口 − 就业人口

劳动力总数 = 劳动年龄人口 − 非劳动力人口 = 失业者人数 + 就业者人数

与失业者相对的一个概念是就业者。就业者是指处于受雇或自我雇佣状态的劳动力。就业者人数和失业者人数之和称为劳动力总数。

失业率也并不能完全准确反映一国的失业状况,因为要统计一国的失业人数和就失业率是比较复杂的。各国在具体统计时,所用的统计方法和具体规定不尽相同,而且统计所得到的结果也不能完全准确地反映失业的实际情况。比如有些国家官方统计数据很可能把未登记的失业者排除在外,比如有些登记的失业者并没有认真寻找工作而使数字夸大了真实情况。其中美国是由劳工统计局采用抽样调查的方法,通过与 55,000 户进行详谈而估计出失业数字,并在每一个月的第一个星期五发布前一个月的失业率估计数字。根据具体情况,他们使用宽严不等的七个失业统计标准,常用的是年失业率。年失业率取决于该年中有失业经历的人数,以及他们失业时间的平均长度。年失业率的公式为:

$$年失业率 = \frac{该年度有失业经历的人数}{劳动力总数} \times \frac{失业的平均周期}{52\ 周} \times 100\%$$

延伸阅读:美国经济中男性与女性的劳动力参工率

统计失业率,在美国是劳工部下属部门劳工统计局(BLS)的工作。劳工统计局每个月提供失业和劳动市场其他情况的数据,例如,失业类型、平均工作周长度以及失业的持续时间。这些数据来自于对 6 万个左右家庭的定期调查,这种调查称为现期人口调查。

如果一个人前一周的大部分时间用于有酬工作,这个人就被当做就业者;如果一个人暂时被解雇,正在寻找工作或等待新工作开始的日子,这个人就是失业者。如果一个人不属于前两类中的任何一类,这个人就是非劳动力人口。一旦劳工统计局把所有受调查的人归入一类,它就计算得出劳动市场状况的各种统计数字。除了计算失业率以外,劳工统计局用同一个调查来提供劳动力参工率数据。劳动力参工率是美国劳动力占总成年人口的百分比:

$$劳动力参工率 = \frac{劳动力}{成年人口} \times 100\%$$

在过去的一个世纪中,美国社会中妇女的作用发生了巨大变化。社会评论家已经指出了这种变化的许多原因。这部分是由于新技术,例如洗衣机、烘干机、电冰箱、冷藏柜和洗碗机,这些新技术减少了完成家务劳动所需要的时间量。部分是由于有效的生育控制,这减少了正常家庭生儿育女的数量。当然妇女作用的这种变化部分也是由于政治与社会态度的变化。这些发展共同对一般社会,特别是对经济有深远的影响。这种影响对劳动力参工率数据是最明显不过来。第二次世界大战后不久,男人与妇女在社会中的作用差别很大。只有 33% 的妇女从事工作或在找工作,相比之下,男人的这一比例为 87%。在过去几十年间,随着越来越多的妇女进入劳动力行列和一些男性离开劳动力行列,男人与妇女劳动力参工率之间的差别逐渐减少。1995 年的数据表明,妇女的劳动力参工率为 59%,相比之下,男人的这一比率为 75%。按劳动力参工率来衡量,男人和妇女现在在经济中起着更平等的作用。妇女劳动力参工率的提高很容易理解,但男人的劳动力参工率下降似乎是一个谜。这种下降有几个原因。第一,年轻男人在学校上学的时间比他们父亲和祖父们长。第二,老年男人现在退休更早而活得更长。第三,随着更多的妇女就业,现在更多的父亲留在家里照料自己的子女。全日制学生、退休者和留在家里的父亲都不算劳动力。

美国银行的分析师们认为,这是个数学问题,而非政治问题。

失业率的计算公式很简单:失业率=失业人数÷(在业人数+失业人数)×100%。为了不被视为失业人员,人们不得不积极主动地找工作。但是,现在的问题是:在"大衰退"之后,似乎有很多人对自己的就业前景感到很沮丧,继而放弃了找工作。这意味着,即便他们没有工作,他们也不再被归类为失业人员,因为他们没有积极主动地找工作。

关注者可以从数据中发现这一点。共和党经常会提到的所谓的"劳动力参与率",指的是经济活动人口(包括就业者和失业者)占劳动年龄人口的比率,是用来衡量人们参与经济活动状况的指标。相关数据显示,美国劳动力参与率已经从2007年的66.4%下滑至63%。

对于是什么原因导致如此大幅度的下滑?部分分析人士认为,之所以会如此是因为"婴儿潮一代"退休了。但是,美银美林认为这并不是事情的全部。有些失业人员在静观其变,当他们对就业市场更有信心的时候就会重新找工作。

美银美林的报告指出,"如果真是如此,意味着美国就业市场尚未处于充分就业的状态,也证明了美联储非常缓慢且谨慎的加息循环是明智之举。"

虽然仍有一段路要走,但是美国的就业市场的确取得了进步。过去的两年是美国自1999年以来最强劲的两个招聘年头。但就2016年3月份,美国经济变创造了21.5万个新就业岗位,表明国内就业市场正在健康回暖。强劲的招聘势头,实际上已经促使一些人开始再次找工作。自去年9月份以来,美国劳动力参与率一直处于上行轨迹。

(资料来源:曼昆.经济学原理(下册)[M].三联书店,1999)

尽管失业率是一个不完善的指标,但仍然是一个重要的宏观经济指标,它不仅能在一定程度上反映一国的失业状况,也可以反映出失业的一些重要特征。

在不同的人口统计群里中,失业率会有不同的表现,如:不同性别、不同种族、不同地域等。

表7-1　　　　　　　　　　2009年年底主要工业化国家的失业率　　　　　　　　　单位:%

国家	总失业率	男性	女性
加拿大	8.3	9.4	7
法国	9.1	8.9	9.3
德国	7.7	8.1	7.2
意大利	7.8	6.8	7.9
日本	5.1	5.3	4.8
英国	7.6	6.4	6.4
美国	9.3	10.3	8.1
欧盟	8.9	8.9	8.8

二、失业的种类

造成失业的原因有很多,所以失业的种类比较多,经济学家通常将失业分为三种:摩擦

性失业、结构性失业和周期性失业

（一）摩擦性失业

摩擦性失业是指在生产过程中由于难以避免的摩擦造成的短期、局部性失业。具体说来是指正在劳动力市场搜寻过程中由于工人和工作岗位匹配过程中形成的失业现象。由于劳工市场的信息不完全，厂商找到所需的雇员和失业者找到合适的工作都需要花费一定的时间，因而在任何时期，摩擦性失业总是存在的，也是无法避免的。如转换工作产生的暂时失业，初次或再次进入劳动力市场，一时找不到合适的工作；大学生刚从学校毕业到找到工作之间这一段；为了找到更好的工作而暂时失业的情况均属于此类。摩擦性失业属于一种求职性失业，即一方面存在职业空缺，另一方面存在着与此数量相对应的寻找工作的失业人员。造成这种失业的原因是劳动力市场信息不对称、不完备，厂商找到合适的员工和员工找到合适的工作都需要时间。还有一种情况是总会有一些工人不满意现在的工作，希望换一个职业或寻找到更理想的工作，那么在找到另一个工作之前，常常需要一个星期、一个月甚至更长时间。在这种劳动力流动过程中的失业也属于摩擦性失业。

还有一些失业是季节性因素引起的，因为从事的行业受季节变动影响较大，那么在淡季的时候就容易引起失业，如农业、农产品加工业、旅游业等。

摩擦性失业在任何国家、任何时期都存在，也没有办法消除。但是这类失业人员其失业期间通常是短的，所以对社会影响不大，也不是经济学研究的重点。

延伸阅读：华尔街银行：美国失业率不止5%

2016年4月6日的腾讯财经讯，据CNNMoney报道，美国共和党总统候选人唐纳德·特朗普和民主党总统候选人伯纳德·桑德斯（Bernie Sanders）曾多次强调美国的失业率要比5%高。现在这一观点得到华尔街银行美银美林的支持。

在5日发布的研究报告中，美银美林指出，美国的实际失业率"更有可能是居于6%或6%上方"。这家华尔街银行认为，超过1,000万美国人想要一份工作，但却得不到。但是，根据奥巴马政府的计算，这项数据仅为800万人。要知道，1,000万和800万，存在着实质性的差别。美林银行坚称，它意味着就业市场尚未完全恢复。

数月来，特朗普和桑德斯一直在炮轰政府的失业数据。上周，特朗普曾表示，"首先，我们的失业率不是5%。如果查看真实数字，我们的失业率也许是20%。……官方统计是经过人为操纵的，为的是让那些政客，尤其是总统，脸上有光。如果那是个真实数字，我就不会得到这么多人的拥护。"在他看来，美国经济正在走向"非常大的衰退"。他说："我认为我们坐在一个经济泡沫上，金融业也存在泡沫。"桑德斯则指出，"谁会否认今天的实际失业率接近10%？"

（资料来源：华尔街银行. 美国失业率不止5%. 中金在线）

（二）结构性失业

结构性失业是指由于技术变革、市场需求的长期性变化而引起的工作技能或工人特质与工作职位之间不匹配而形成的失业。其特点是劳动力的供给和需求不匹配，既有失业又有职位空缺，失业者或没有适当技术，或居住地点不当，因而无法填补现有的职位空缺。例如某一工业部门或地区中成本水平变化、技术的进步和最终需求模式的变化，导致有些行业的就业可能会收缩，对相关的劳动力需求减少，这种属于结构性失业。

造成结构性失业的原因一般是两种。一种是需求的变化。如产业的兴衰所引起的职业间或地区间的结构性失衡。例如，在 20 世纪 80 年代中期，由于老年人口增加和其他因素，美国对护士的需求急剧上升，但同期护士数量的增长却相对缓慢，于是导致这一时期护士严重短缺。等到护士的薪金上升、供给调整完成之后，这一结构短缺才能得到缓解。另一种是生产方式变化即技术变革引起的失业。由于技术进步或采用了节约劳动力的机器而引起的失业。新的生产技术常常用较少的工人就可以生产出相同水平的产量，这就是所谓的"节省劳动力的技术进步"。除非产量扩张足以吸收剩余劳动力，否则人们就会被解雇。比如火车头改用电力机车后，不再需要原有的火车司机，他们原有的劳动技术要转移到其他行业是很困难的，因此造成失业。结构性失业人员通常失业时间较长，因为他们拥有的技术和技能已经落伍，要重新掌握新的技术、跟上时代需求通常需要很长的时间，而且对社会所产生的影响要比摩擦性失业严重。

延伸阅读：机器人未来将导致千万人失业

2016 年 1 月 18 日新浪科技讯，北京时间 1 月 18 日晚间消息，世界经济论坛（以下简称 WEF）周一称，未来五年，机器人和人工智能技术的发展将导致全球 15 个主要国家的就业岗位净减 510 万个。

WEF 2016 年年会在瑞士达沃斯举行，WEF 今日发布报告称，未来五年，由于全球劳动力市场出现颠覆性变革，如机器人和人工智能技术的崛起，将导致全球 15 个主要国家的就业岗位减少 510 万个。

受新增 200 万个就业机会的抵消，机器人和人工智能技术实际上将导致全球 15 个主要经济体就业岗位净减 510 万个。而这 15 个主要经济体的劳动力数量约占全球整体劳动力数量的 65%，意味着机器人和人工智能技术的发展未来五年将导致全球约上千万人失业。

WEF 这份报告凸显了机器人和人工智能等现代化技术对人类就业的日益突出的影响。这些现代化的技术能够自动执行一些任务，如制造业和医疗保健领域的一些岗位，导致人类劳动力出现过剩。

另据联合国旗下机构国际劳工组织（ILO）预计，到 2020 年全球失业人口数量将再增加 1,100 万。而机器人和人工智能等技术所带来的额外失业人数将使得这一趋势进一步恶化。

WEF 的这份报告基于对全球企业高管和个人的调查。报告称，在机器人和人工智能技术所导致的失业人口中，2/3 将属于办公和行政人员，因为这些岗位更容易被机器人和热工智能技术所替代。

报告还称，机器人和人工智能技术将影响到每一个行业，虽然受影响程度不同。其中，医疗保健行业受影响最深，主要因为远程医疗的崛起。此外，能源和金融服务领域也受到影响较大。

按性别划分，女性劳动力受影响较大，因为她们的岗位多属于市场需求增长缓慢，甚至处于下滑的领域，如销售、办公人员和行政等角色。确切而言，未来五年，男性劳动力每失去三个就业岗位，会增加一个新岗位；而女性劳动力每失去五个就业岗位，才会增加一个新岗位。

与此同时，特定技术人群的市场需求将继续增长，如数据分析师和专业销售代表等。

（资料来源：新浪科技．http：//tech.sina.com.cn/it/2016-01-18/doc-ifxnqrig3097530.shtml）

表 7-2 为一些国家的结构性失业水平。

表 7-2　　　　　　　　1986—2011 年一些国家的结构性失业率　　　　　　　　单位：%

年份 国家	1986—1995	1996—2005	2006	2007	2008	2009	2010	2011
澳大利亚	7.7	6.4	5.2	5.1	5.1	5.1	5.2	5.2
比利时	8.0	8.1	8.0	8.0	8.0	8.2	8.2	8.3
加拿大	8.6	7.5	6.6	6.5	6.5	6.5	6.6	6.6
丹麦	6.6	5.2	4.5	4.4	4.4	4.8	4.8	4.9
法国	8.9	9.1	8.5	8.3	8.3	8.6	8.7	8.8
德国	6.7	7.9	8.2	8.0	7.8	7.8	7.6	7.5
希腊	7.2	9.4	9.1	8.9	8.9	9.1	9.9	10.8
意大利	9.1	8.6	6.6	6.3	6.4	6.8	7.1	7.2
日本	2.8	4.0	4.1	4.1	4.1	4.1	4.1	4.1
韩国	3.0	3.9	3.6	3.5	3.5	3.5	3.5	3.5
墨西哥	4.0	3.4	3.2	3.2	3.2	3.2	3.2	3.2
荷兰	6.6	4.3	3.8	3.8	3.7	3.7	3.7	3.7
西班牙	14.1	12.0	9.1	8.9	9.5	11.1	12.7	13.5
瑞典	5.7	7.6	7.2	7.2	7.1	7.0	7.0	7.0
瑞士	2.0	3.4	3.7	3.7	3.7	3.7	3.8	3.9
英国	9.0	6.2	5.3	5.3	5.4	5.6	5.8	5.9
美国	6.1	5.3	5.0	4.9	5.0	5.2	5.3	5.4
欧元区 国家平均	8.8	8.6	7.8	7.6	7.6	8.0	8.4	8.5
TOCED 国家平均	6.5	6.4	5.9	5.7	5.7	5.9	6.0	6.1

资料来源：OECD Statistic data.

（三）周期性失业

周期性失业是指经济周期中的衰退或萧条时因需求下降而造成的失业。周期性失业又称需求不足失业、凯恩斯失业。总需求的任何一个组成部分，也就是消费支出、投资、政府支出或净出口的缩减都会引起这类失业,这种失业是和经济的周期性变化联系在一起的。例如,在1982年衰退时期,美国50个州中有48个州的失业率都曾上升,这种多个市场的失业率同时上升是一个信号,体现了失业率上升具有明显的周期性。

三、充分就业和自然失业率

充分就业是由英国经济学家凯恩斯在《就业、利息和货币通论》一书中提出的概念,指在某一工资水平下,所有愿意接受工作的人都获得了机会。失业还可以划分为自愿失业和非自愿失业。凯恩斯认为,如果非自愿失业已经消除,也就是说实现了充分就业。所以说,充分就业不是百分之百就业,即使在充分就业下依然存在一定的失业率。在一个日新月异的经济中永远会存在职业流动和行业的结构兴衰,即使有足够多的职位空缺,由于会存在摩擦性失业和结构性失业,总会有一部分人处于失业状态,失业率不会等于零。

所以,对于充分就业的正确理解应该是:除了摩擦性失业和结构性失业之外,所有愿意工作的人都在从事某种工作的就业状态,也就是消除了周期性失业的状态。

以弗里德曼为代表的货币主义者针对凯恩斯非自愿失业,提出了自然失业率的概念。自然失业率就是当经济只存在着摩擦性失业、结构性失业时的失业率,也是一个国家的正常失业率。要确定一定时期中自然失业率的大小比较困难,因为它取决于劳动力市场的结构特征,并且随时间的推移不断变化,技术进步的速度,劳动力和劳动生产率增长的速度,获取劳动力市场信息的费用和寻业的成本都将影响自然失业率的大小。目前,大多数西方经济学家认为4%—6%的失业率是正常而自然的。

几种类型失业率的关系是:

自然失业率 = 摩擦性失业率 + 结构性失业率 = 实际失业率 − 周期性失业率

实际失业率 = 自然失业率 + 周期失业率

延伸阅读

20世纪50—60年代是西方主要市场经济国家就业的黄金时代,尤其是欧洲,失业率大幅度下降,平均在3%的水平。美国的失业率也低于5%。随着70年代的两次石油危机,欧美的失业率都有不同程度的上升。80年代以来,美国的失业率呈下降趋势,保持在5.5%左右,如果按自然失业率的假定,几乎到了充分就业的水平。到了90年代,美国的失业率从1992年的7.4%逐步降低到1997年9月的4.9%。欧盟各国的情况却相反,80年代失业率除少数年份外,一直居高不下。进入90年代后,更是不断上升。1990年欧盟成员国平均失业率为8.1%,1994年上升到11.2%,1995年和1996年略为下降,但也高达10.8%和10.9%。其中意大利和法国高达12.5%左右,西班牙甚至高达21.6%。英国的失业率从1994年的9.9%降低到1997年的5.7%。德国的失业率由1992年6%上升到1997年的12%。

美国与西欧各国的失业状况之所以出现反差,主要原因是就业制度和失业保障制度以及经济增长速度的差异。

在美国,劳动力市场的运行是比较充分的,劳动力供求的调节主要通过工资浮动。一方面，美国工会的力量并不强大，在劳资双方就工资水平的谈判中，工人的力量往往比较弱。另一方面，美国的失业保障比西欧苛刻，享受的数额和时间长度比西欧要低。在这种体制下，虽然随着技术进步和经济增长，美国的就业并没有下降，但是有相当多的人工资是下降的，工资差距拉大导致贫富差距扩大。西欧的情况与美国相反。失业保障制度使所有的失业者都能得到一个最低收入的保证。这种失业保障制度需要相当数量的资金来维持，结果是雇主雇用工人的成本不断上升。因此，企业总是千方百计地少雇用工人，或者用电脑代替工人，或者把资金投到发展中国家，缩小本国的生产规模。同时，由于这些国家工会力量比较强大，企业一旦雇用了劳动力就不能随意解聘，所以他们对增雇职工都持谨慎态度。另外，良好的失业保障制度也带来了一些负面作用，使得失业对于劳动力来说损失并不太大，从而造成了一些人宁愿长期失业。

美国和西欧的失业状况虽然表现形式不同，但其背景都是技术进步造成的非技能劳动者失业的增加。技术进步带动经济增长使生产部门对非技能劳动者的需求不断下降。在西欧，由于非技能劳动者的工资下降受到政府管束（最低工资的界限定得较高），不能随企业对他们的需求下降而下降，结果只能是失业人数的增加。在美国，由于政府对工资的管制比较松，随着企业对非技能劳动者需求的下降，工资也随之下降。非技能劳动者工资的下降虽然保证了就业人数不减少，但是却使贫困人数增加。由于欧盟以往对高新技术研究和开发重视不够、投入不足和科研体制相对落后，不仅使欧盟高科技产业相对落后，更使经济复苏乏力。

（资料来源：刘永强. 欧美失业的比较研究 [J]. 世界经济研究, 1990 (2))

四、失业的成本

失业给社会和个人都带来损失，这就是失业的成本。

首先，失业会引起社会产量的减少。失业通常会伴随着产出的变动而变动。因为大量失业者通常伴随着机器设备、厂房等经济资源的闲置，造成全社会生产能力不足。

其次，失业给失业者本人及家庭造成损失。失业津贴虽然会减轻他们一点经济损失，但是不能弥补全部损失。失业会使得失业者放弃以往的生活方式，包括休闲、旅游以及为下一代的教育等。同时失业对失业者精神上的打击也十分严重。失业打击了失业者的自尊心，长期失业者甚至还会养成懒惰、抱怨的恶习，脱离主流社会。

最后，失业给社会秩序带来不良后果。经济学家和社会学家根据调查认为，在严重的经济衰退中，即失业问题尖锐时，心脏病、酒精中毒、婴儿死亡、精神错乱、虐待儿童以及自杀的比率都会上升，造成相当坏的社会影响。

五、对失业的解释

（一）对周期性失业的解释

西方经济学家用微观经济学的供求关系分析框架解释失业。

如图 7-1 (a) 所示，横轴表示劳动力的数量，纵轴表示劳动力的价格，即工资率，D 曲线表示劳动需求曲线，S 曲线表示劳动供给曲线。左图表示的是竞争性的劳动力供给和需求一般情况。均衡点为 E，与之相对的是均衡工资水平 W^*。在竞争性、市场出清的均衡状

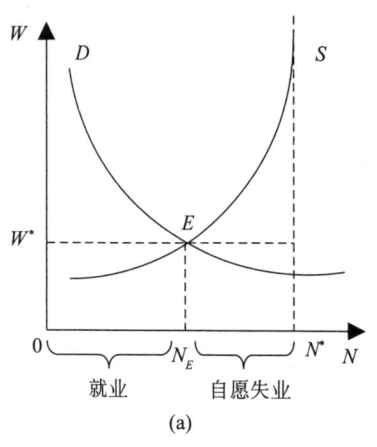
(a)

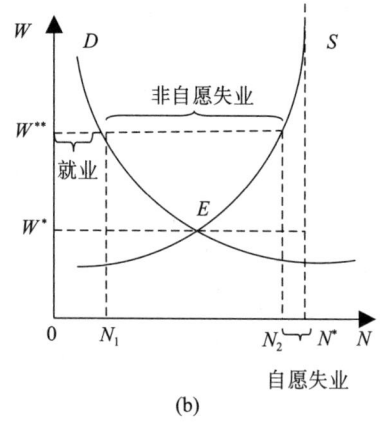
(b)

图 7 - 1 经济学对失业的解释

态下,厂商雇用工人的数量为 W_E,也就是充分就业的数量。同时在这个工资水平下,有 $(N^* - N_E)$ 的人工失业。这部分虽然愿意工作,但是因为要求更高的工资而不工作,所以他们被认为是自愿失业。

图 7 - 1 (b) 表示的是非出清的劳动市场的情况。在过高的工资率下,寻找工作的合格工人的数量大于提供的工作职位数。愿意在工资 W^{**} 下工作的数量是 N_2,而由于支付的工资太高,企业只愿意雇用 N_1 数量的工人,这样就出现了劳动供给过剩 $(N_2 - N_1)$,这表示的是非自愿失业的失业者数量。在劳动力供给过剩的情况下,企业雇用劳动力时将会提出更严格的技能要求,雇用最有资格、最有经验的劳动者。

(二) 最低工资法案

许多国家都规定了雇主向雇员支付的最低工资的标准,如果规定的最低工资超过劳动力市场中的劳动力供求决定工资水平,就会形成图 7 - 1 (b) 的情形,造成失业。

表 7 - 3 是一些国家的最低工资标准,最低工资标准对保障劳动者的福利非常有意义,但是如果最低工资超过了市场决定的工资水平的话,对于某些工人特别是劳动技能比较低的工人来说更加不容易找到工作。

表 7 - 3　　　　　　　　　一些国家政府规定的最低工资标准

国家	最低工资标准
美国	7.25 美元/小时
英国	5.8 镑/小时 (22 周四以上)
法国	8.82 欧元/小时
日本	618—739 日元/小时

资料来源:http://en.wikipedia.org.

我国从 2004 年开始实施最低工资制度,具体标准由各省区自己制定。我国确定最低工资标准时所考虑的因素有城镇居民生活费用支出、职工个人缴纳社会保险费、住房公积金、职工平均工资、失业率、经济发展水平等。可用公式表示为:

$$M = f(C、S、A、U、E、\alpha)$$

其中，M 表示最低工资标准，C 表示城镇居民人均生活费用，S 表示职工个人缴纳社会保险费、住房公积金，A 表示职工平均工资，U 表示失业率，E 表示经济发展水平，α 表示调整因素。

表 7-4 是截止至 2015 年 9 月 28 日全国部分地区小时和月最低工资标准情况。

表 7-4 我国部分地区的最低工资标准

地区	最低小时工资标准（元/小时）	最低月工资标准（元/月）
北京	18.7	1,720
天津	18.5	1,850
河北	12—15	1,210—1,480
山西	14.5—17.7	1,320—1,620
内蒙古	10.9—13.3	1,340—1,640
辽宁	8.6—13	900—1,300
吉林	9.5—11.5	1,120—1,320
黑龙江	8—11	850—1,160
上海	18	2,020
江苏	11—14.5	1,270—1,630
浙江	12.5—17	1,380—1,860
安徽	9—13	860—1,260
福建	12—16	1,130—1,500
江西	11.8—15.3	1,180—1,530
山东	13—16	1,300—1,600
河南	12—15	1,300—1,600
湖北	12.5—16	1,100—1,550
湖南	10.7—13.5	1,030—1,390
广东	12—18.3	1,210—1,895
其中：深圳	18.5	2,030
广西	9.5—13.5	1,000—1,400
海南	9.9—11.2	1,120—1,270
重庆	11.5—12.5	1,150—1,250
四川	13.2—15.7	1,260—1,500
贵州	15—17	1,400—1,600
云南	12—14	1,180—1,570
西藏	13	1,400
陕西	11.9—14.8	1,190—1,480
甘肃	13.9—15.5	1,320—1,470
青海	12.7—12.9	1,250—1,270
宁夏	12—14	1,320—1,480
新疆	13.1—16.7	1,310—1,670

资料来源：中华人民共和国人力资源和社会保障部。

从上表中可以看出不同地区差异还是很大。最高小时工资标准为北京 18.7 元，最低小时工资标准为黑龙江 8 元；月最低工资标准最高为深圳 2,030 元，月最低工资标准最低为黑龙江 850 元。

除上述因素外，工会组织和效率工资也被认为是造成失业的原因。工会被认为是劳动力市场的垄断力量，他们可以代表工人与资方谈判提高工资；效率工资是企业为了提高工人的生产效率而支付的工资，这些都会造成工资水平高于市场决定的工资水平，产生失业。

延伸阅读：香港经济学家张五常关于失业的解释

1. 失业定义见仁见智

失业的定义经济学者有争议。我接受的是：一个可以工作而又愿意工作的人，找不到自己愿意接受的待遇或薪酬，也不愿意独自生产。这是自愿的选择性失业。经济学传统喜欢以非自愿来给失业下定义。这没有意思，因为非自愿是说没有选择，而没有选择的行为经济学是无从处理的：不管局限怎样约束着工作的选择，不工作还是在局限约束下的选择结果。

2. 两个现象需要解释

有失业这回事么？但政府的统计是有两个现象我们不能漠视．其一是所有国家或地区的失业率一般是跟经济的增长率变动作反向走，这不难解释。非常难解释的是其二：同样的高失业率，有时只持续了一两年甚或更短的时间，但有时持续高居不下。后者可见于 2008 年起自美国金融风暴之后到 2013 年五年多，美国的失业率急升后下降很慢，欧洲一些国家的失业率升至 25%，还有继续上升的迹象。很高的失业率持久不下，是很难解释的。以劳工法或福利经济学作解释不容易，因为这些人为的局限约束历来存在，基本上没有变．但为什么高失业率有时下降得快、有时很顽固呢？

据 20 世纪 30 年代的经济大萧条时间的高失业率曾经下跌又再上升。希克斯健在时给我的解释是保护主义使国际贸易大幅地收缩了；弗里德曼说货币政策频频出错也有道理。但 20 世纪 30 年代的情况我们今天不是那么清楚，政府的统计没有今天那么先进，真实的失业数据为几有争议。今天欧美的情况就在眼前，统计的方法没有变动过。为什么高企的失业率顽固难下呢？说是因为有信息费用近于定义性，说了等于没有说。更正确的说是信息费用一定是上升了，但为什么这些费用会上升呢？

3. 社会同情工人失业不同情业主破产

随意的观察，是出租房子的空置率往往不比工人的失业率低，但市场租金的下调显然远比时间工资的下调容易。另一方面，社会人士非常关心工人的失业率，很少关心出租房子的空置率，虽然有些业主穷得要命，或房子欠着银行不少贷款，租金下跌过甚要宣告破产。社会不同情后者，可能因为业主挂着有钱人的招牌，遭利益集团仇视久矣。但我认为社会"同情"失业工人的主要原因，是合约串联的扩散，一方面对社会整体的祸害可以很严重，另一方面失业的扩散会使利益集团成为大输家。

4. 一般失业不难解释

由上述可见，在通常的情况下，解释失业的概念不怎么困难。信息费用及偶尔出现的供过于求的情况可以解释出租房子的空置。另一方面，员工或劳动力不参与公司组织一定要自食其力，所以失业要遭公司解雇才出现。现在公司的合约安排下失业主要源于没有自动下调机能的以时间算工资的合约。员工被解雇后在一段时期找不到自己愿意接受的工作成为失业，其实是在有信息费用的局限下自己这样选择。加进了政府法定的最低工资与福利等是选择的约束，可算进信息费用——包括自食其力的信息——找工作当然更困难了。

5. 防守策略难倒凯恩斯

这里要解释的不是为何失业，而是高企的失业率为何居高不下。人们的收入预期不容易上调得快是一个原因。另一个原因是投资者采取防守性的投资策略。凯恩斯学派主张政府大手花钱来振兴经济，五年前美国的经验是有着零效果——这边增产那边减产，加起来是零。该学派忽略了另一个要点：虽说投资有振兴经济之效，但不同的投资对员工或劳动力是有着很不相同的效果。购买政府债券或购买黄金等，也属投资，但对工人的就业效应是零甚或负值。好些其他投资，例如购买土地或做小生意，需要雇用的人手不多，而凡是多用员工的投资或行业，需要的合约组织或瓦解率涉道德费用，不是防守的好去处。另一方面，工厂很难做。不要被偶有发达的厂家误导。一般而言，工厂是天下最困难的行业。天天看着成本的老板们，动不动需要防守。前景不妥，他们最方便的选择是解雇部分员工，因为机械设备一般是覆水难收的投资。解雇员工当然是选工资没有自动下调机能的时间工资合约了。

（资料来源：王志伟，胡东华. 宏观经济学（西方经济学·下）[M]. 武汉：武汉大学出版社，2014）

五、奥肯定律

如前所述，失业对经济和社会都会产生影响。失业威胁着作为社会单位和经济单位的家庭的稳定。失业的经济影响可以用机会成本的概念来理解。当失业率上升时，经济中本可由失业工人生产出来的产品和劳务就损失了。衰退期间的损失就好像是将众多的汽车、房屋、衣物和其他物品都销毁掉了。从产出核算的角度看，失业者的收入总损失等于生产的损失，也就是说，丧失的产量是计量周期性失业损失的主要尺度。对社会来说，失业使一些已有的人力资本得不到利用，造成人力资本损失，社会实际产量就无法达到充分就业下的产量水平，从而会引起国民产出的损失（参见表7-5）。

表7-5　　　　　　　　　　　高失业时期的经济损失额

时期	平均失业率（%）	产出损失	
		GDP损失（10亿美元，2003年价格）	占该时期GDP的比例（%）
大危机时期（1930—1939年）	18.2	2,560	27.6
石油危机和通货膨胀时期（1975—1984年）	7.7	1,570	3.0
新经济跌落后的时期（2001—2003年）	5.5	220	0.2

资料来源：Samuelson and Nordhaus, Macroeconomics, Eighteenth Edison, McGraw-Hill/Irwin, 2005：313.

如表 7-5 所示，美国最大的经济损失发生在大萧条时期。而 20 世纪 70 年代和 80 年代的石油危机与通货膨胀也使产出损失高达 1 万多亿美元。而 2001—2003 年这一时期，相比之下，经济周期的损失非常小。

那么经济周期中的失业和产出变动之间有怎样的关系呢？美国经济学家奥肯在 20 世纪 60 年代提出了"奥肯定律"，即用来说明失业率与实际国民产出之间关系的规律。这一规律表明，失业率每高于自然失业率 1 个百分点，实际 GDP 将低于潜在 GDP 2 个百分点。或者说，实际 GDP 每相对于潜在 GDP 下降 2 个百分点，实际失业率就会比自然失业率上升 1 个百分点。这一规律表明，产出缺口（即实际 GDP 水平和潜在产出水平之间差的百分比）与失业率之间存在负相关关系。可以通过失业率变动推测 GDP 的变动，也可以反过来，通过 GDP 的变动估计失业率的变动。如，如果实际失业率为 8%，高于 6% 的自然失业率 2 个百分点，则实际 GDP 将比潜在 GDP 低 4% 左右。可以用下面的公式表示：

$$(y - y_f) / y_f = -\alpha (u - u^*) \tag{7.1}$$

其中，y 为实际产出，y_f 为潜在产出，u 为实际失业率，u^* 为自然失业率，α 为大于零的参数。

从公式中也可以看出，实际 GDP 必须保持与潜在 GDP 同样快的增长，否则失业率就会上升。如果让失业率下降，那么实际 GDP 增长一定要快于潜在 GDP 的增长。

对失业损失的承担非常不平衡。失业具有重大的分配后果。换言之，衰退的损失主要由那些失去工作的人不合比例地过重承担了。例如，不幸在衰退期间毕业的大学生开始其事业时，将面临极大的困难；同样是这些学生，如果运气好，恰好在经济繁荣期间毕业，他们很快就会开始其职业生涯。刚进入劳动力队伍的工人、青少年以及城市贫民区居民，是失业增加时最容易受到伤害的一个群体。

经济学家小传：奥肯

阿瑟·奥肯（Arthur M. Okun，1928—1980），美国经济学家，美国新泽西州泽西城人。1956 年获哥伦比亚大学经济学博士学位，后任教于耶鲁大学，讲授经济学。1961 年，担任总统经济顾问委员会成员。1964 年，被聘为约翰逊总统经济顾问委员会成员，而且 1968 年被任命为该委员会主席。他倾向于凯恩斯主义，长期以来致力于宏观经济理论及经济预测的研究，并且从事政策的制订及分析。奥肯的主要贡献是分析了平等与效率的替换关系，提出了估算"可能产出额"的"奥肯定律"。

奥肯定理曾经相当准确地预测失业率。例如，美国 1979—1982 年经济滞涨时期，GDP 没有增长，而潜在 GDP 每年增长 3%，3 年共增长 9%。根据奥肯定律，实际 GDP 增长比潜在 GDP 增长低 2%，失业率会上升 1 个百分点。当实际 GDP 增长比潜在 GDP 增长低 9% 时，失业率会上升 4.5%。已知 1979 年失业率为 5.8%，则 1982 年失业率应为 10.3%（5.8% + 4.5%）。根据官方统计，1982 年实际失业率为 9.7%。与预测的失业率 10.3% 相当接近。

 **延伸阅读:"奥肯悖论"该喜该忧?**

我国国家统计局公布的数据显示,2005年上半年经济增长速度为9.5%,而与此同时,中国的失业率却没有下降。劳动和社会保障部近日透露,截至2005年6月底,登记失业率4.2%。在正常情况下,GDP的增长与就业增长应该是同步的,在中国却出现了反常现象。

美国著名经济学家阿瑟·奥肯于1962年提出了著名的"奥肯定律"。该定律论证了失业率与国民生产总值增长率二者呈反方向变化的关系:经济增长速度快,对劳动力的需求量相对较大,就业水平高,失业率低;经济增长速度慢,对劳动力的需求量相对较少,就业水平低,失业率高。然而,在中国却出现了与之相反的"奥肯悖论"现象。而且这一现象从20世纪80年代以来就已经出现,尤其是1991年以来,我国GDP增长对就业的拉动作用与前期相比呈现出下滑的趋势。

之所以出现"奥肯悖论"现象,是因为我国在经济增长的同时,产业结构也在不断地调整和优化,劳动密集型产业所占的比例明显减少。一些资本密集型产业在增多,逐步替代了原来的劳动密集型的工业。虽然投入了同样的资金,能够吸纳的劳动力却减少了,就业弹性系数自然就会下降。此外,沿海的很多资本密集型产业发展之后,带动的中间需求恰恰是国外的,出现出口、进口循环。这样的循环只是一个外循环,没有带动国内的劳动力的需求量。

因此,出现"奥肯悖论"现象既有可喜的一面,也有令人不安的一面。据学者预测,未来10年中国总体的劳动力供给压力每年平均可能达2,500万左右。即使按现在最好的年份计算,每年平均会形成1,000万个失业劳动力,10年积累,加上现在失业的,可能形成1亿以上的城镇失业人口。庞大的失业群体,必将使社会问题集中化、规模化,犯罪率将上升,危害社会安定。正是在这样的意义上,我们说失业是中国真正的危机。而"奥肯悖论"现象的存在,无疑将加剧这一危机。

"奥肯悖论"现象说明我们一直未能处理好经济增长与就业增长间的关系。这些年来,我们总是强调发展大企业。这或许没有错,但是我们必须意识到,发展大企业并不一定能够解决就业问题。从市场经济国家的普遍格局来看,中小企业在全部企业中的比例一般在99.5%以上,全国65%~81%的劳动力人口在中小企业中和第三产业中得到了就业。可是,我们总是在理念上、体制上、政策上忽视甚至歧视中小企业的发展。在强调出口拉动的同时,没有注意到延长国内产业链。

因此,要扩大就业,我们必须在保持经济的较快增长的同时,更多地发展劳动密集型的中小企业和民营企业,大力发展服务业。从区域来讲,应该把劳动密集型产业从沿海到中西部地区扩散;产业升级的时候,要尽可能地涉足国内产业链,形成纵深的产业链延伸,使之达到中国整个产业的土壤中,这是能否破解"奥肯悖论"现象,能否解决就业的关键,更关系到中国的稳定和发展。

(资料来源:谭志伟:"奥肯悖论"该喜该忧?[N].中华工商时报,2005-09-08)

第二节 通货膨胀

今天,如果你想买一斤猪肉,你大概需要 15—20 元人民币。但是情况也并不总是这样。在 20 世纪 70 年代,一斤猪肉只需要 0.9 元人民币。对猪肉价格的上升你也许不会感到奇怪。在我们的经济中,大多数商品的价格往往一直在上升。在过去的 70 年间,美国的物价平均每年上升 4% 左右,这些年来每年 4%—7% 的通货膨胀率的积累,使物价水平上升了 16 倍。公众往往把失业和这种高通货膨胀率看做主要的经济问题。

一、通货膨胀的定义及衡量

通货膨胀一般指物价水平在一定时期内持续的普遍的上升过程,不是指这种或那种商品及劳务的价值上升,而是指物价总水平的上升。而且不是指物价的一时上升,而是指持续一段时期的物价上升。西方经济学界对通货膨胀的解释并非完全一致。货币主义创始人弗里德曼认为,通货膨胀就是指物价普遍上涨;美国经济学家萨缪尔森认为,通货膨胀指的是物品和生产要素的价格普遍上升的时期——面包、汽车、理发的价格上升,工资、土地价格、资本物品的租金等也都上升等。不过,大多数西方经济学家倾向于通货膨胀的定义是指物价普遍持续的上涨。

通货膨胀的反义词是通货紧缩,指商品和劳务的一般价格水平普遍持续下跌现象。无通货膨胀或极低通货膨胀称为稳定性物价。

通常用物价指数来衡量通货膨胀。计算公式为:

$$通货膨胀率 = \frac{Pt - Pt-1}{Pt-1} \times 100\% \tag{7.2}$$

但是,在现实中,通货膨胀率不可能直接计算出来,一般通过价格指数的增长率来间接表示。宏观经济学中常涉及的价格指数主要有 GDP 折算指数、消费者价格指数和生产者价格指数。

经济学家小传:萨缪尔森

保罗·A. 萨缪尔森(Paul Anthony Samuelson, 1915—2009)于 1915 年生于美国印第安纳州的加里城。1935 年毕业于芝加哥大学,获学士学位,之后到哈佛大学学习,于 1936 年获得哈佛大学硕士学位,又于 1941 年获得博士学位。在哈佛大学毕业前一年,即 1940 年,开始受聘为麻省理工学院(MIT)经济学助理教授,1944 年任该院经济学副教授,1947 年任该院经济学教授至今。由于他的卓越成就,使该院成为世界闻名的经济学重点院校之一。他在从事教学和科研之余,兼任一些政府机构顾问和学会会长。1941—1943 年在美国全国资源计划局工作,1945 年以后,一直在美国财政部、经济顾问委员会、联邦储备局以及其他一些政府机构任职。1961年任美国经济学会会长，1965—1968年任国际经济学会会长，后任该学会名誉会长。1970年萨缪尔森获得诺贝尔经济学奖，成为美国第一位获此殊荣的经济学家。其代表性著作主要有：《经济分析基础》（1947年）、《经济学》（1948年）、《线性规划与经济分析》（1958年，与R. 多尔夫曼和M. 索洛合著）和《萨缪尔森科学论文集》（1966年）。他于2009年12月13日在家中去世，享年94岁。

（资料来源：MBA智库百科，http://wiki.mbalib.com）

（一）GDP折算指数

GDP折算指数，又称GDP平减指数或GDP缩减指数，指没有剔除物价变动前的GDP（名义GDP）与剔除了物价变动后的GDP（实际GDP）的比值。计算公式为：

$$\text{GDP折算指数} = \frac{\text{名义GDP}}{\text{实际GDP}} \times 100\% \tag{7.3}$$

由GDP折算指数计算通货膨胀率公式为

$$\text{当年通货膨胀率} = \frac{\text{当年折算指数}}{\text{上年折算指数}} - 1 \times 100\% \tag{7.4}$$

GDP折算指数是通过衡量全国所有商品和劳务的价格变动情况而计算出来的。它的计算基础比较广泛，不仅包括消费、还包括生产资料和资本品、进出口商品和劳务等所有商品和服务。这种指数用于修正GDP数值，从中去掉通货膨胀因素，其统计计算对象包括所有计入GDP的最终产品和劳务，因而能较为全面地反映一般物价水平。同时，与投资相关的价格水平在GDP平减指数中具有更高的权重，这就可以比较消费物价上涨与投资价格上涨。例如，我国2004年CPI上涨3.9%，而GDP平减指数上涨6.9%，比CPI增长高3个百分点，反映出投资价格上涨远远高于消费物价上涨。但是GDP折算指数计算过程中，资料获取比较困难，且一般按年度公布，公布次数少，反映物价变动趋势具有滞后性。

（二）消费者价格指数

消费者价格指数（CPI）是指通过计算城市居民日常消费的生活用品和劳务的价格水平变动而得到的指数。计算公式为

$$\text{CPI} = \frac{\text{一组固定商品按现价计算的价值}}{\text{一组固定商品按基期价格计算的价值}} \times 100\% \tag{7.5}$$

消费者价格指数一般与消费者的切身利益相关，国家宏观调控也非常关注此指数，一般来说，每个月的月初都会公布上月的消费者价格指数，以监控消费价格的变动情况，对相关的政策做出适当的调整。

例如，如果在2000年某国一普通家庭购买一组商品的价格为800元，2005年购买同样一组商品的价格是1,200元，那么该国2005年消费者价格指数与2000年相比就为：

$$\text{CPI} = \frac{1,200}{800} \times 100\% = 150\%$$

也就是说，相比于2000年，CPI上涨了25%。这一指标的优点在于资料较容易获得，公布次数多，能够较快反映物价变动趋势；缺点是范围比较狭小，存在一定的误差。

（三）生产者价格指数

生产者价格指数（PPI）是指通过计算生产者在生产过程中所有阶段所获得的产品的价

格水平变动而得到的指数。这些产品包括产成品和原材料。这个指数与产品出厂价紧密相连，对商业循环较为敏感，被许多经济学家称为预期通货膨胀最敏感的早期信号之一。但是它一般仅用来衡量有形的物质生产领域，不包括各种劳务，所以，其范围比较小。

延伸阅读：2016 年 2 月 CPI、PPI 点评：核心通胀低位稳定

事件：2016 年 3 月 10 日，国家统计局发布 2 月份宏观经济运行数据。全国居民消费价格总水平同比上涨 2.3%，环比上涨 1.6%；全国工业生产者出厂价格同比 -5.3%，环比 -0.3%；工业生产者购进价格同比下降 5.8%，环比 -0.5%。

核心观点如下：

(1) 受倒春寒气候的影响，春节后食品价格不跌反涨。CPI 同比增速为 2.3%，是 2014 年 7 月以来的最高值，其中食品环比上升 6.7%。除奶类外，食品各分项均出现不同程度的涨价。受气候影响生产和运输的鲜菜价格环比涨幅为 29.9%，是 2008 年 3 月至今的最大涨幅，其次，鲜果、猪肉和水产品的涨幅分别为 6.9%、6.3% 和 6.0%。这四者影响 CPI 环比上升 1.24 个百分点，超过总涨幅的 75%。非食品环比为 0.3%，涨幅高于预期主要是这两个方面。由于居住和医疗保健权重分别提高了 2.2% 和 1.3%，因此，居住和医疗保健价格环比上升，对非食品的影响较此前增加。此外，其他用品和服务价格环比涨幅为 1.6%，这主要是统计局根据居民消费结构的新变化，在今年年初新添居民支出增加较快的分项，如"宠物及用品"、"养老服务"等。不过，服务价格环比涨幅为 0.5%，低于春节在 2 月的 2010、2011、2013 和 2015 年同期水平，反映出经济下行对消费的压力。

(2) 随着大宗商品触底企稳，以及企业补库存需求，周期工业品价格出现反弹，PPI 同比增速降幅缩小。PPI 同比增速为 -4.9%，环比负增长连续第二个月收窄至 -0.3，也是近 8 个月来环比收敛幅度最大的月份。大宗商品 2 月上旬触底之后强劲反弹，布伦特原油月内升幅接近 20%。从分项数据来看，有色金属矿采选、黑色金属冶炼和压延加工价格环比分别上涨 1.2% 和 0.5%，涨幅较上月扩大；石油和天然气开采、煤炭开采和洗选环比分别下降 13.6%、0.8%，跌幅降幅比上月分别缩小 3.0 和 0.7 个百分点。大宗商品的缓慢震荡回升是 PPI 年内负增长持续收敛的重要影响因素，2 月 PPI 尚不支持国内工业品需求出现大幅增长，稳增长政策仍有待观察。

(3) 预计 3 月通胀继续高位，可能仍然在 2% 以上。我们认为经济依然疲弱，全年 CPI 上行的幅度有限。3 月第一周寿光蔬菜价格指数再创 2011 年至今新高，较 2 月继续上升。不过鲜菜周期较短，预计气候回暖后出现明显改善，4 月环比涨幅有望收窄。近期仔猪价格上涨幅度较大，猪肉价格淡季不淡。通胀连续超预期，市场加深对滞胀的忧虑。不过需要注意的是核心通胀水平保持稳定，2 月核心 CPI 仅为 1.3%，较上月回落 0.2 个百分点，为近一年的最低值。国内工业需求回升的力度仍有待观察，货币供给增加是否转化为投资需求，以及对经济改善的程度也仍需要观察。

（资料来源：2016 年 2 月 CPI、PPI 点评：核心通货膨胀低位稳定 [N]. 招商证券研报，2016-03-10）

二、通货膨胀的分类

通货膨胀可以从不同的角度分类。

（一）按通货膨胀的程度分类

根据通货膨胀率的高低及影响进行划分，可将通货膨胀分为温和的通货膨胀、奔腾的通货膨胀和恶性通货膨胀。

1. 温和通货膨胀

温和通货膨胀是指年通货膨胀率在10%以内，一般是一位数，在3%—10%。温和通货膨胀所具有的特征包括通货膨胀率低和相当稳定。一般对经济不会形成不利的影响。目前很多国家都存在这种温和通货膨胀。一些西方经济学家并不害怕温和的通货膨胀，甚至有些人还认为这种缓慢逐步上升的价格对经济和收入增长有积极的刺激作用。但是，也有一些西方经济学家认为，从长期来看，这种通货膨胀的积累会引起不良后果，可能会导致较高的通货膨胀率。目前很多国家都存在温和通货膨胀。

延伸阅读：日本通胀水平触及15年高位

2013年11月29日早间消息，日本政府周五发布的数据显示该国通胀水平创下15年高位。日本10月核心消费者物价指数同比上涨0.9%，表明日本经济在抗击通缩的道路上稳步前进。该指数包括石油产品，但把价格动荡的新鲜食物排除在外。该指数和此前市场预期中值一致。除能源和食品以外的核心CPI同比上涨0.3%，为2008年10月以来首次上涨。对于首相安倍晋三和日本央行来说，最新公布的数据使他们的精神为之一振，因为这些数据表明日本已经走上触及2%通胀率目标值的轨道。安倍晋三自上台以来，反复强调只实现2%这一通胀目标远远不够，必须同时实现经济强劲增长。在这种雄心勃勃的抱负下，他再三呼吁日本央行采取一切措施抗击通缩，对实现2%这一通胀率目标负责。为了击退困扰日本经济十年多的通货紧缩，安倍晋三推出了被称为"三支箭"的量化宽松，希望通过强力的财政刺激和相关举措来提升日本的竞争力。日本央行26日公布了10月货币政策会议纪要。报告显示，所有央行货币政策委员一致同意维持利率0至0.1%不变，承诺继续以每年60万亿至70万亿日元的规模扩大货币基础，目标规模仍为270万亿日元。央行行长黑田东彦声称，"我们正稳步走在通往实现目标的道路上"。日本央行已经从商业银行和其他大型机构买入大量的政府债券，试图将这些债券转为更具风险性的工具，比如说贷款、股票和海外资产。到目前为止，价格已经按照日本央行的预期上扬，很大一部分归因于日元自去年年底以来的下跌。但是，一些经济学家担心，受日元疲软所催生出的推进效应逐渐消失，前面的路或许会变得越来越难走。针对4月初推出超大规模货币宽松政策时设定的2%通胀目标，日本央行政策委员大多认为2%的通胀目标可能在预期期间出现，但也有少数委员并不这么认为。据报道，央行政策委员白井早由里日前发表了讲话，对黑田东彦预计到2015年中旬实现2%通胀目标的预期持怀疑态度。此前其他3名委员佐藤健裕、木内登英和宫尾龙藏也都表达过此类质疑看法，这意味着目前政策委员会9名委员中有近半数人不是认为黑田东彦的通胀目标实现起来困难重重，就是认为这一目标根本不可能实现。佐藤健裕曾指出,日本央行通胀目标是有弹性的,今年夏天日本CPI增长率可能转为正值,但日本在两年内达成2%的可能性不一定高;提高工薪水平是达到2%通胀目标的关键。

(资料来源:腾讯财经,2013-11-29)

2. 奔腾通货膨胀

奔腾通货膨胀通常也称为加速的通货膨胀,是指较长时间内一般物价水平以较大幅度持续上升。通常年通货膨胀率在10%—100%。此时货币流通速度快速提高,同时货币购买力快速下降。一般认为,当发生奔腾通货膨胀时,若不采取有力措施加以控制,很可能发展成为恶性通货膨胀。因为由于价格上涨快速,公众预期价格还会进一步上涨,因而会采取各种措施来保卫自己免受通货膨胀之苦,会造成价格进一步快速上升,形成恶性循环。20世纪巴西和阿根廷出现的通货膨胀就是属于这种类型,年通货膨胀率曾超过50%,对经济产生了不良的影响。

3. 恶性通货膨胀

恶性通货膨胀也叫作超级通货膨胀,是指流通中的货币量快速增长,货币购买力急剧下降,物价上涨水平以加速度增加,令当局根本无法控制的通货膨胀。年通货膨胀率在100%以上,有时甚至会出现天文数字。人们都会尽快使货币脱手,因而大大加快了货币流通速度,使价格无限制的迅速上涨。这种通货膨胀会引起金融危机、经济崩溃,严重破坏货币体制与正常的生活水平,甚至导致社会秩序崩溃政权更迭。

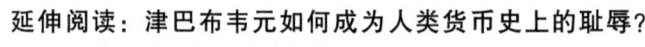

延伸阅读:津巴布韦元如何成为人类货币史上的耻辱?

现如今回顾从2001年到2015年的津巴布韦通货膨胀过程,各种混乱的数据超出了一般人的理解能力。动辄百分之几百几千的通货膨胀率,最后甚至只能以指数来衡量。恐怕只能用货币面值才能让人理解了:时间回到2006年8月,津央行以1比1,000的兑换率用新元取代旧币。2008年5月,津央行发行1亿面值和2.5亿面值的新津元,时隔两周,5亿面值的新津元出现(大约值2.5美元),再一周不到,5亿、25亿和50亿新津元纸币发行。同年七月,津央行发行100亿面值的纸币。同年8月,政府从货币上勾掉了10个零,100亿津巴布韦元相当于1新津巴布韦元。2009年1月,津央行发行100万亿面值新津元。同年四月,津政府宣布,新津元退出法定货币体系,以美元、南非兰特、博茨瓦纳普拉作为法定货币,以后的几年中,澳元、人民币、日元、印度卢比又加入到津国法定货币体系。2001年,100津元可以兑换1美元。十年不到,2009年10的31次方的新津元才能兑换到1美元。津巴布韦元彻底沦为了垃圾货币。

(资料来源:马克.津巴布韦元如何成为人类货币史上的耻辱.搜狐财经2015-06-12)

(二)按通货膨胀的预期分类

按照人们的预期程度分类,通货膨胀可以分为未预期到的通货膨胀和预期到的通货膨胀。

1. 未预期的通货膨胀

未预期的通货膨胀指通货膨胀是突发的、未被预期的,价格上升的速度超过人们的预期,或者人们根本没有想到价格会上涨。它一般是多变和不稳定的。由于通货膨胀未被预期,货币工资率的增长会滞后于物价上涨,从而使利润上升,短时间内会有一种扩大就业、扩大总产出的效应。例如,俄罗斯1992年物价突然放开时,没有人预测到未来5年内价格会上升1,000倍,所以那些仍以传统方式保存财富的人其多年积蓄一夜之间化为乌有。

2. 预期到的通货膨胀

预期到的通货膨胀是指价格上升的速度正是人们的预期。如果通货膨胀已完全预期到,则比较稳定,那么各经济主体就会按其预期来调整其行为,从而使通货膨胀的短期扩张效应不复存在。例如,如果一个国家的物价年复一年地按照3%的速度上升,如果各个经济主体已经完全预期到了,那么各个经济主体就会按其预期调整行为,如工资会被要求增加3%,银行贷款利息率会增加3%,通货膨胀短期效益会被消除。预料之中的通货膨胀具有自我维持的特点,类似物理学上的惯性,因为预期到的通货膨胀也被称为惯性通货膨胀。

(三) 按对价格的影响划分

按照对价格的影响可以将通货膨胀划分为平衡和非平衡的通货膨胀。平衡的通货膨胀是指所有商品价格按相同比例增长。非平衡的通货膨胀是指各种商品价格上涨的比例不尽相同。

三、通货膨胀的成因

(一) 货币现象

货币数量论在解释通货膨胀时的出发点是下面的交易方程式:

$$MV = PY \tag{7.6}$$

式中,M 为货币供给量,V 为货币流通速度,P 为价格水平,Y 为实际产出。其基本思想是每一次通货膨胀背后都是货币供给的迅速增长。

将上式两边同时取对数,再微分,可得:

$$\frac{\Delta M}{M} + \frac{\Delta V}{V} = \frac{\Delta P}{P} + \frac{\Delta Y}{Y}$$

即:

$$\frac{\Delta P}{P} = \frac{\Delta M}{M} + \frac{\Delta V}{V} - \frac{\Delta Y}{Y} \tag{7.7}$$

这里 $\frac{\Delta P}{P}$ 是通货膨胀率;$\frac{\Delta M}{M}$ 是货币增长率,由中央银行决定;$\frac{\Delta V}{V}$ 是货币流通速度变化率,由社会制度和技术因素决定,一般假设不变;$\frac{\Delta Y}{Y}$ 是产出的变化率,长期一般也不变。所以通货膨胀率主要由货币供给的变化率决定。

(二) 需求拉起的通货膨胀

需求拉起的通货膨胀是指一段时期内物价水平持续上涨,总需求过度增加超过总供给造成产品和劳务的需求超过了现行价格条件下所能提供的最大产量而导致物价水平上升。消费、投资、政府购买或净出口的变化都可以使总需求发生变化,并推动产出增长,使其超过潜在生产活动。当总需求的增长速度超过经济潜在生产能力,就会发生需求拉动型通货膨胀，物价上升以平衡总需求和总供给。

如图 7-2 所示，随着总需求的增加，总需求 AD 曲线向右移动，从 AD_1 移动到 AD_2，再移动到 AD_3；相应的价格从 P_1 上升到 P_2，再上升到 P_3；国民收入从 Y_1 依次上升到 Y_2，Y_3。可以看出，随着总需求曲线不断右移，总供给曲线越来越陡，价格上升越来越快，而国民收入增加越来越少。随着经济越来越繁荣，现实产出与潜在产出越来越接近，资源逐渐被充分利用，生产成本提高，企业会以提高价格的方式对需求增加做出反应。从图中可以看出，随着需求曲线右移，价格会大幅度上升，这就是需求拉起的通货膨胀。

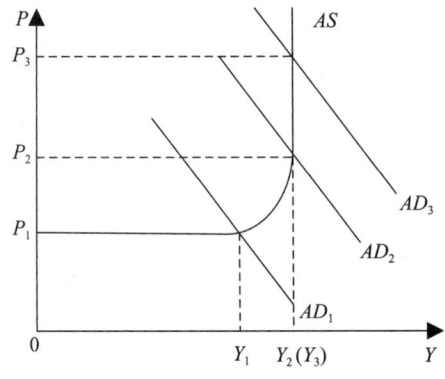

图 7-2 需求拉起的通货膨胀

（三）成本推动的通货膨胀

成本推动的通货膨胀是指在没有超额需求的情况下，由于供给成本提高所引起的物价持续显著的上升。

如图 7-3 所示，由于工资、税收等提高导致企业生产成本提高，总供给曲线由 AS_1 上移至 AS_2，新的均衡点和原来的均衡点相比，国民收入减少，但是价格上升了。这就是在总需求保持不变的情况下，由于供给方面因素产生的通货膨胀。

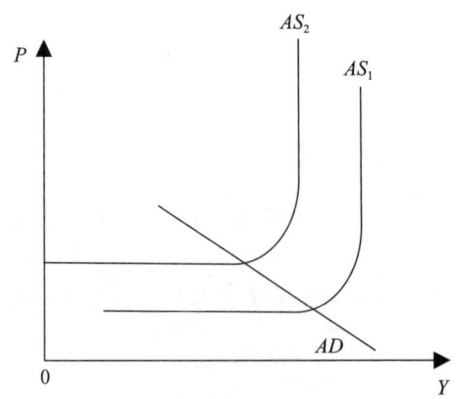

图 7-3 成本推动的通货膨胀

按成因分，成本推动型通货膨胀分为三种：工资推动、利润推动以及进口商品价格推动。

工资推动的通货膨胀是指由于劳动力市场上的不完全竞争造成工资率的增长超过劳动生

产率的提高，引起一般价格水平上涨。劳动市场上的"垄断者"——工会运用它所掌握的市场权利，通过集体谈判的形式要求增加工资，资方因惧怕工人罢工而避免对抗，改为同意增加工资，而将上升的工资打入成本转嫁到消费者头上，导致产品价格上涨。而在物价上涨之后，工人又要求提高工资，会再度引起物价上涨，如此循环上升，就形成一种所谓工资——价格螺旋上升势头。

利润推动的通货膨胀的原因是不完全竞争中的厂商对利润的追逐，他们可以利用其垄断地位通过利润加成获取高额垄断利润，从而造成产品价格上涨。在不完全竞争的市场上，具有垄断地位的厂商具有某种程度操控价格的能力，可通过削减产量减少供给来提高产品的价格。如果这一过程扩大到普遍的程度，就将发生利润推动的通货膨胀。

进口商品价格推动的通货膨胀是由于进口商品价格上涨导致物价水平上涨。如20世纪70年代以来，成本的大幅度提高来自石油和食品价格的剧烈变动，或者来自汇率的变化，这样都会引起经营成本的上升，从而产生通货膨胀。

一些西方经济学者认为，单纯用需求拉动或成本推动都不足以说明一般价格水平持续上涨，而应当从需求和供给两个方面以及两者的相互影响来说明通货膨胀。于是又有人提出了从供给和需求两个方面及其相互影响说明通货膨胀的理论，即混合型通货膨胀理论。

延伸阅读：三次石油危机

第一次石油危机：1973年10月第四次中东战争爆发，为打击以色列及其支持者，石油输出国组织的阿拉伯成员国当年12月宣布收回石油标价权，并将其积沉原油价格从每桶3.011美元提高到10.651美元，使油价猛然上涨了两倍多，从而触发了第二次世界大战之后最严重的全球经济危机。持续三年的石油危机对发达国家的经济造成了严重的冲击。在这场危机中，美国的工业生产下降了14%，日本的工业生产下降了20%以上，所有的工业化国家的经济增长都明显放慢。

第二次石油危机：1978年底，世界第二大石油出口国伊朗的政局发生剧烈变化，伊朗亲美的温和派国王巴列维下台，引发第二次石油危机。此时又爆发了两伊战争，全球石油产量受到影响，从每天580万桶骤降到100万桶以下。随着石油产量的剧减，油价在1979年开始暴涨，从每桶13美元猛增至1980年的34美元，这种状态持续了半年多。此次危机成为20世纪70年代末西方经济全面衰退的一个主要原因。

第三次石油危机：1990年8月初伊拉克攻占科威特以后，伊拉克遭受国际经济制裁，使得伊拉克的原油供应中断，国际油价因而急升至42美元的高点。美国、英国经济加速陷入衰退，全球GDP增长率在1991年跌破2%。国际能源机构启动了紧急计划，每天将250万桶的储备原油投放市场，以沙特阿拉伯为首的欧佩克也迅速增加产量，很快稳定了世界石油价格。此外，2003年国际油价也曾暴涨过，原因是以色列与巴勒斯坦发生暴力冲突，中东局势紧张，造成油价暴涨。

几次石油危机对全球经济造成严重冲击，但也曾带来积极的一面。首先危机引发了世界能源市场长远的结构性变化，迫使主要进口国积极寻找替代能源，开发节能技术。比如居高不下的汽油价格促使厂家推出更多高能效的汽车：1990年美国汽车每加仑汽油的平均行驶里程较1973年增长了40%。另一方面刺激了非欧佩克国家石油产量的增长,提高生产率。欧佩克的石油产量份额已经从原来的80%逐步降低到40%左右。但是由于产品的推陈出新、替代能源的发现往往需要相当长的时间,高油价仍然是经济增长的一大风险。

(资料来源:中国广播网,http://www.cnr.cn/2007tf/gjyj/bjzl/200801/t20080103-504670303.html)

(四)结构性通货膨胀

结构性通货膨胀是指由于社会经济中各个部门结构性因素变动而引起的一般物价水平的持续上升。一国经济中,有些部门生产率增长快,有些部门生产率增长慢,或者说,从经济发展过程来看,有些部门属于扩张部门,有些部门属于非扩张部门。工资水平本应由经济发展状况决定,经济发展状况不同,工资水平应该不同。但是由于工会等力量的存在,引致低生产率部门工资向高生产率部门工资看齐,导致企业生产成本上升。这些部门把增加的成本通过提高价格的方式转嫁给消费者,从而引起物价水平上涨。

四、通货膨胀的成本

通货膨胀日益影响着人们的生活,会对经济造成实际的损害。

(一)皮鞋成本

皮鞋成本亦称鞋底成本,是指在通货膨胀发生时期,人们必然频繁出入银行去存钱或者取钱,以保证自有资金的市值。频繁光顾银行必然使鞋底磨损得较快。皮鞋成本是一种形象化的说法,在高通货膨胀经济中,皮鞋成本是相当高的。在德国超级通货膨胀期间,商人雇用了多名善跑之人,一天中多次到银行把钱存进生息账户或转成更为稳定的外国货币。

为什么通货膨胀了我们就会频繁出入银行呢?这是因为,由于通货膨胀吞噬着你口袋中货币的实际购买力,所以你可以通过减少货币持有量来避免通货膨胀的影响,在这里,因减少货币持有量而形成的成本称为通货膨胀的皮鞋成本。当然,减少货币持有量的实际成本不是鞋的磨损,而是为了使手头保留的钱少于没有通货膨胀的数量,你必须牺牲时间与便利。

(二)菜单成本

菜单成本指零售商对商品价格进行调整,改变标价而引起的成本。当通货膨胀发生时,相对于总价格水平保持稳定的环境,企业会被迫经常改变价格。如果细分菜单成本的话,它应该包括定价成本、印制新清单及目录成本、递送客户成本、宣传变价的广告成本等等,更有甚者,还应该包括处理变价所形成的纠纷的成本。而这些增加了企业的负担,也加剧了人们对通货膨胀的不良的认识。

在巴西发生超级通货膨胀时期,有报道说超市的工作人员有一半时间花在更换标签上。

(三)相对价格变动与资源配置不当

在市场经济条件下,资源配置的基本方式是通过相对价格配置,也就是我们通常所说的性价比。消费者这些决策,最终决定了稀缺的生产要素如何进行配置。但是通货膨胀使相对价格常常是扭曲的,导致资源配置的不当。

例如,年初时牛肉面的价格是5元/碗,牛肉是6元/两,小菜1元/份,卤鸡蛋1元/个。牛肉面馆的菜单在每年1月份印制完成,并在一年中保持不变。如果没有通货膨胀,牛肉面的相对价格,也就是它与其他同类产品的相对价格也会在一年中固定不变。但是如果发生通货膨胀，假设年通货膨胀率为12%，这就意味着牛肉面相对价格每个月会自动下降1%。那么，对于牛肉面馆而言，在刚刚印了新菜单后的最初几个月，由于牛肉面的价格相对较高，通货膨胀的影响并不明显，但是随着时间的推移，通货膨胀的影响日益明显，也愈发干扰着牛肉面经营者的利益。而且，通货膨胀率越高，这种影响就越大。通货膨胀扭曲了相对价格，消费者的决策也被扭曲了，市场也就不能把资源配置到最优的用途中。

（四）价值尺度成本

通货膨胀使得货币作为价值尺度的可信程度降低而带来成本。

中央银行的工作之一是保证常用货币计量单位的可靠性。当央行增加货币供给并引起通货膨胀时，就等于侵蚀了单位货币的真实价值，导致货币初始购买水平发生变化。价值尺度成本在税收制度中特别重要。在收入累进税制度下，人们的收入越高适用的所得税税率越高。尽管有些国家如美国对收入所得税税率进行指数化调整，也就是说纳税人必须支付更高税率级别的收入起征点每年随着通货膨胀率的提高而增加，目的是防止人们只是要赶上通货膨胀速度而增加的收入会按照更高的税率来缴税。但是，在许多国家，应税收入自身是用名义变量来计算的。例如：应税利润的计算就等于公司名义收益与名义成本之差。如果成本支付在先，获得收益在后，那么通货膨胀就会对名义上的利润计算造成扭曲，用实际变量衡量没有利润或者亏损时，在名义变量上仍然可能是正值。同样，当价格一直在上升时，会计师也会错误地衡量企业的收入。因为通货膨胀使不同时期的货币有不同的真实价值，所以，在存在通货膨胀的经济中计算企业的利润要更复杂。因此，在某种程度上，通货膨胀使投资者不能区分成功与不成功的企业，这又抑制了金融市场在把经济中的储蓄配置到不同类型投资中的作用。

延伸阅读：菜单的成本

去餐馆吃饭，菜单是必不可少的。然而，这么平常的事情在哈佛大学经济学家曼昆手里弄出个"菜单成本"，用来解释凯恩斯所说的"名义刚性"是存在的。所谓"菜单成本"是指大多数企业并不每天改变产品的价格。相反，企业往往宣布价格稳定，并使价格在几周、几个月，甚至几年内不变。何以这样，那是因为菜单成本的存在，调整价格的成本被称为菜单成本，这个词来自餐馆印刷新菜单的成本。菜单成本包括印刷新清单和目录的成本、把这些新价格表和目录送给中间商和顾客的成本、为新价格做广告的成本、决定新价格的成本，甚至还包括处理顾客对价格变动怨言的成本。我不太注重这个如何证明法，比较感兴趣的倒是曼昆是在哪家餐馆就餐时突发奇想的，当时又有那些"武林高手"在座。好吧，我承认我是有点八卦。

我的朋友何帆在《淡水的，咸水的》一文中提到现在有很多餐厅开始用ipad点菜了，所以不存在印刷菜单的成本了，但我们还是没有看到餐厅每天调整菜价，这说明还有很多更深层次的原因，我们并没有理解，或至少没有能够用模型来解释。我想ipad点菜并不能改变餐馆不愿意随便更改价格的做法，这里面顾客的原因是主要的。

顾客的原因，最明显的那是我们都寻求确定性，如果餐厅的价格随进货价浮动，估计没有几个顾客会喜欢,恐怕做不了几天餐馆就得关门了。人们都有追求确定性结果的倾向,这正是如今流行的行为经济学的重要结论。由于偏好确定性结果,保持一个相对稳定的价格就是合理的。价格频繁变动会导致顾客对餐馆菜品的不确定性认知增加,从而降低顾客来就餐的激励。不过菜单里又不是没有不随进货价浮动的食品,最明显的便是海鲜了。海鲜的定价通常是时价,随行就市。故而香港人用海鲜价来比喻某种东西的价格像海鲜的价格一样,不断浮动。不过其他的食品基本都是固定的。这也不是说价格完全不变,如果某种主要原料价格涨得太厉害了,餐馆大不了贴张小纸在原来的价格上,把价格给改了。所以改不改价格不一定和菜单成本有关,毕竟餐馆还是可以微调的。

价格浮动的除了餐馆的海鲜,还有金店的金价,那是跟着国际金价走的。楼市的楼价、股票的价格这些都是浮动的。这些我们倒是习以为常,不会抱怨什么。那么最大的可能是,我们对于高价而且容易度量的产品的价格浮动比较容易接受。不过既然菜单成本来自餐馆,我们还是回到餐馆的例子上去,看看为何餐馆即使没有印刷成本也不敢浮动价格吧!

菜单印刷有成本,但是改价也有成本。价格的制定那可不是拍脑门拍出来的,定价的时候要考虑成本,这个是经济学上的问题。如果价格单纯是成本的体现,那么定价就有一条公式可言。设计一个程序,把每天进货的各种成本输入,按个按钮新的价格就出来了,用ipad做菜单的话,那就可以十分方便地更改价格了。其不改也,必有原因。一个原因是如果进货价低了,又如何?当然在做程序时可以设定个最低价格。所以是另有原因,而这个原因又和经济学关系不大,既可以说是菜单成本,也可以说不是。

网上有个段子,前面一部分很有意思,说的是:"这年头,很邪门!老大与老二PK,受伤的却是老三!如:王老吉PK加多宝,和其正消失了;可口可乐PK百事可乐,非常可乐消失了;苹果PK三星,诺基亚消失了……"博弈论里有个"枪手博弈",三个枪法有差距的枪手pk最可能活下来的是枪法最差的那个。如果一个市场有三个企业的话,到底哪个对?当然是段子对,有事实在不是。"枪手博弈"错在哪里,错在掉进经济学假设的一切不变的陷阱里。现实世界是一切都在变!老大和老二,大打出手,抢市场,老三以为没他的事,睡他的觉,结果因为不作为,躺着中枪,市场给老大和老二抢去了。

认为如果没菜单成本后餐馆会浮动价格的是忽略价格改动的后果,或者把其他竞争对手"枪手博弈"化了。餐馆定价,不单要考虑成本,还要考虑竞争对手,甚至于自己的市场定位,经营策略等等,这些也都算是成本,其实也都反映在菜单的价格上。假设一个月调一次价,你这头调整价格,竞争对手不加价,或者加的比你少,损失的就是自己的市场。损失市场一方面固然是因为价格优势的丧失,另一方面也是因为市场定位不明,顾客无所适从。合作调价吧,又有作弊的风险。

如果大家都采用浮动的方法是不是可行呢?假设没人作弊,每一家定价的方程式都有不同,出来的价格就乱了,本来设定的和竞争对手的价格差距就变了,市场定位就全乱套了。都没法确定自己的餐馆在客户心目中的定位和目标客户群了,这生意没法做了。何况根本就防止不了有人作弊!所以最合理的方法还是保持菜单的价格不变。而这个不变甚至可以超过一年以上。这不是说餐馆就没有应付通胀的方法,偷点工减点料是常见的做法。再不然,干脆不再卖原料涨的太厉害的食品。

突然想到,如果价格变动这样不频繁,那么所谓的用来计算各国实际汇率的"巨无霸指数"其实纯属扯淡。最终售卖价格既然不变，而成本则又非不变，那么计算出来的结果有多大的可靠性，真的很值得怀疑。

（资料来源：欧怀琳．菜单的成本［N］．凤凰博客．2014-11-09）

五、通货膨胀的经济效应

通货膨胀是一个到处扩散其影响的经济过程，身处经济体的公民和其他经济单位都会受到它的影响。

（一）再分配效应

货币收入是一个人所获得的货币数量，而实际收入则是一个消费者用他的货币收入所能买到的商品和服务的数量。当通货膨胀发生后，人们的货币收入不变，但是实际的货币购买力却发生了变化，产生再分配效应。

首先，通货膨胀不利于靠固定收入生活的人，如领取救济金、退休金的人以及工薪阶层、公务员、靠福利和其他转移支付维持生活的人。他们的货币收入在相当长时间内是不变的，而当发生通货膨胀，物价飞涨时，他们的实际货币购买力就会下降，生活水平必然相应的降低。而靠变动收入维持生活的人，如企业主则会从通货膨胀中受益，因为这些人的货币收入会走在价格水平和生活费用上涨之前。所以如果产品价格比资源价格上升得快的话，企业受益将比它的成本增长得快。

其次，通货膨胀不利于储蓄者。因为随着价格上涨，存款的实际价值或者实际购买力会降低，人们的财富价值会降低。

同样的，通货膨胀也不利于债权人，会在债务人和债权人之间发生收入再分配。

实际研究表明，第二次世界大战以来，西方国家的通货膨胀从居民手中把大量再分配的财富带到公共经济部门。原因有两点：第一，政府已经负债累累，而大量的债券是掌握在居民手中的，也就是政府是债务人，居民是债权人。如前所述，发生通货膨胀会使债务人和债权人之间发生收入再分配，不利于债权人。于是战后的通货膨胀就经常讲财富从居民手中转移到政府方面。第二，一般政府所得税是累进的，所以，在通货膨胀期间，人们要缴纳更多的税收。这不但是因为他们的货币收入提高了，而且还由于他们进入了较高的纳税级别。因此要支付收入中更大的比例给政府。所以，有些西方经济学家认为，很难希望政府会努力制止通货膨胀。

（二）产出效应

国民经济的产出水平实际上是随着价格水平的变化而变化的。

第一，需求拉起的通货膨胀促进了产出水平的提高。很多西方经济学家长期坚持这样的观点，认为温和的或爬行的需求拉起的通货膨胀对产出和就业将有扩大效应。在经济发展过程中，温和的通货膨胀可以刺激经济的增长。因为提高物价可以使厂商多得一点利润，以刺激厂商投资的积极性。同时，温和的通货膨胀不会引起社会太大的动乱。温和的通货膨胀即将物价上涨控制在1%—2%，至多5%以内，则能像润滑油一样刺激经济的发展，这也叫做"润滑油政策"。

第二，成本推动的通货膨胀会使收入或产量减少，从而引起失业。当成本推动的压力抬高物价水平时,既定的总需求只能在市场上支持一个较小的实际产出,所以实际产出会下降,失业率会上升。美国20世纪70年代的情况就证实了这一点。1973年末,石油输出国组织把石油价格翻了两番,成本推动的通货膨胀的后果使1973—1975年的物价水平迅速上升,与此同时,美国的失业率从1973年不到5%上升到1975年的8.5%。

第三,超级或者奔腾的通货膨胀会导致经济崩溃。当物价飞涨时,任何一个有理智的人将不愿再花费精力去从事财富的生产和正当的经营,而会把更多的精力用在如何尽快把钱花出去,或进行种种投机活动。等价交换的正常买卖,经济合同的签订和履行,经营单位的经济核算,以及银行的结算和信贷活动等等,都无法再实现,市场经济机制也无法再正常运行。

延伸阅读:委内瑞拉濒临破产,与中国达新贷款协议

委内瑞拉财政部部长 Miguel Perez 周一(2016年5月16日)表示,该国已经与中国达成了新的原油换贷协议,这或为这个债台高筑的石油输出国组织(OPEC)成员国带来一线生机。Miguel Perez 接受采访时称,此次贷款协议中的"全部"条款,包括借贷时长、投资总额以及非财政方面条款都得到了大幅改善。据悉,中国将在此协议下向委内瑞拉提供大约500亿美元的资金,市场将密切关注中国方面出手能否有效帮助马杜罗政府渡过当前的衰退难关。因油价的一路下跌,委内瑞拉终于走到了破产的边缘,发行货币如同废纸,经济凋零,民不聊生,这个39年前号称经济富足的国家已深陷严重危机之中。

作为世界第五大和拉美最大的产油国,委内瑞拉95%的收入、25%的GDP和50%的政府财政收入都依赖石油出口,同时近90%以上的食品和日用商品依赖进口。当2014年下半年国际油价开始跳水后,这样的经济发展模式已经将委内瑞拉拖入泥潭。

目前委内瑞拉的通货膨胀率超过100%。在一个通货膨胀率超过100%的国家是一种什么样的体验?对于这个问题,恐怕没有人比委内瑞拉人更有发言权,更何况他们还经过不止一次这种场面。事到如今,委内瑞拉政府已经完整地演示了一个非战时国家让自己经济崩溃的全过程,也证明了即便是拥有全球最多石油储备的国家,想要破产也并非难事。

根据国际货币基金组织(IMF)的数据,2015年委内瑞拉的GDP萎缩5.7%,预计2016年还将萎缩8%。而包括中国在内,委内瑞拉政府的对外欠债在2015年就已经占到GDP的18.7%,2016年将占到24.5%,宣告破产只是时间的问题。委内瑞拉人对物价飞涨的感觉从不陌生,最近30年来,该国的通货膨胀率就没有低于两位数的,超过50%也不少见。2013年,其官方数据显示通货膨胀率超过60%,IMF测算到2015年底,该数字已经超过180%,而2016年将超过720%。对委内瑞拉人来说,手握成捆的钞票可能也买不到一个面包了。根据该国统计局的定义,国民收入低于基本生活所需开支即为贫困,连基本食品都无法负担则为极端贫困,而2015年的国民调查数据显示,委内瑞拉超过7成国民已经处于贫困状态,半数以上陷入极端贫困状态。

(资料来源:网易新闻,2016-06-17)

第三节
失业与通货膨胀

一、菲利普斯曲线

1958年,英国经济学家菲利普斯对英国1861—1957年失业率与货币工资率之间的关系进行了统计研究,发现这两者之间似乎存在着一种稳定的联系,呈现出一种反方向变化的关系。如图7-4所示,这条曲线被称为菲利普斯曲线。

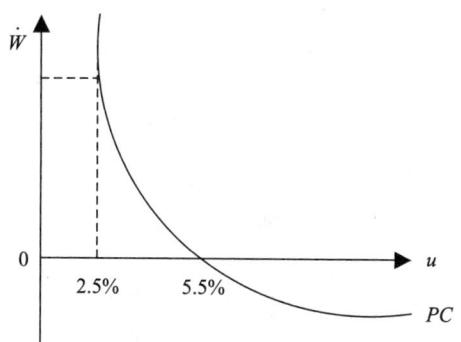

图7-4 最初的菲利普斯曲线

这里 $\dot{W}$ 代表工资变化率。菲利普斯曲线最初只是一个统计研究的结果,并没有理论依据。1960年,利普西的研究为菲利普斯曲线初步提供了理论基础。

此后,1960年,美国经济学家萨缪尔森、索洛在《美国经济评论》上发表了《反通货膨胀政策分析》,他们将工资增长率换成了通货膨胀率,得出了通货膨胀率与失业率之间也存在负相关的关系。也就是说,低失业率对应着高通货膨胀率,高失业率对应着低通货膨胀率。萨缪尔森和索洛把这种负相关的关系称为菲利普斯曲线。

如图7-5所示,图中横轴代表失业率,纵轴代表通货膨胀率,两者之间存在负相关关系。

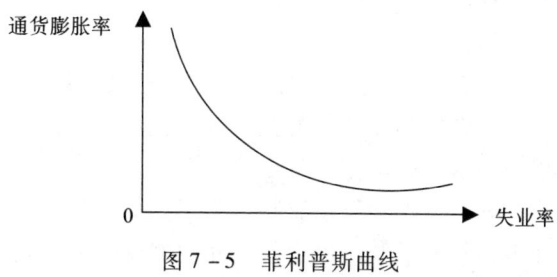

图7-5 菲利普斯曲线

二、短期菲利普斯曲线和长期菲利普斯曲线

在菲利普斯之后,英美的经济学家对不同国家在不同时期的通货膨胀和失业之间的关系进行了大量的分析,对原始的菲利普斯理论进行了修正。

改进后的菲利普斯曲线分为长期和短期。短期菲利普斯曲线如图7-5所示。而从长期看,通货膨胀和失业之间不存在替代关系,菲利普斯曲线是一条垂直于横轴的直线,如图7-6所示。

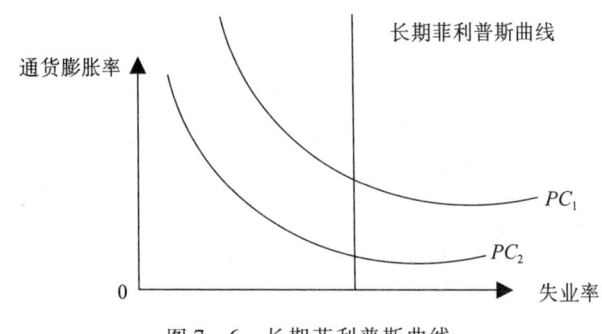

图7-6 长期菲利普斯曲线

引入适应性预期来分析失业与通货膨胀的关系。所谓适应性预期是指人们在形成价格预期时会考虑到上一预期的误差,当上一期的预期价格高于实际价格时,对下一期的预期价格要相应减少;反之,增加。

也就是说,当工人预期物价要涨5%时,就会要求货币工资增加5%,这样一来,厂商就不愿意增加产量和多雇用工人,失业率又回到了原来的水平。而政府为了降低失业率,采取一系列刺激性更强的政策,使工资的增长再次滞后于物价上涨,使厂商因实际工资提高慢于物价上涨而再次愿意增加产量和雇用工人。这样,更高的通货膨胀率与失业率又存在交替关系,在图中表现为菲利普斯曲线向右移动。这种过程如果不断持续下去,换取一定失业率的通货膨胀率必然越来越高,菲利普斯曲线不断向右移动,最终演变成为一条垂直的菲利普斯曲线。这条线就是长期的菲利普斯曲线。

三、理性预期学派对菲利普斯曲线的否定

理性预期学派提出的理性预期假说认为:人们会根据经济环境的变化来不断调整自己的经济行为,人们总是积极地搜集各种信息,包括关于当前政策的各类信息加以分析并预测未来。人们在对信息的处理过程中也会犯错误,但很容易被发现并纠正,因此人们在其预期的形成过程中不会犯系统性的错误。

根据"理性预期"假说,理性预期学派的经济学家不仅否认通货膨胀和失业之间长期交替关系的存在,也不承认二者之间短期交替关系的存在。在他们看来,当货币供给的增长率发生变化时,公众会预期到这一行动,并且迅速采取行动。结果只会引起价格水平和货币工资水平的变化,对就业量和产出不会发生影响。当然,如果发生政策的意外变化或者经济中出现需求或者供给的冲击,就业量和产出会发生相应的变化,但是,公众会很快了解到这种变化,从而让使通货膨胀率和失业率在短期内也不会有明显的交替关系。

延伸阅读：菲利普斯曲线在美国和中国的应用

1. 菲利普斯曲线在美国的应用

通货膨胀与失业之间的交替关系被称为菲利普斯曲线。这个名称是为了纪念第一个研究了这种关系的经济学家而命名的。

20世纪70年代末80年代初，美联储主席为反通货膨胀所付出的代价说明了菲利普斯曲线的存在。

20世纪70年代，滞涨一直困扰着美国。1979年夏，通货膨胀率高达14%，失业率高达6%，经济增长率不到1.5%。在这种形势下，沃尔克被卡特总统任命为美联储主席。沃尔克上台后把自己的中心任务定为反通货膨胀。他把贴现率提高到12%，货币量减少，但到1980年2月通货膨胀率仍高达14.9%。与此同时，失业率高达10%。沃尔克顶住各方面压力，继续实施这种紧缩政策，终于在1984年使通货膨胀率降至4%，开始了20世纪80年代的繁荣。沃尔克反通货膨胀的最终胜利是以高失业为代价的。经济学家把通货膨胀率减少了1%的过程中每年国内生产总值减少的百分比称为牺牲率。国内生产总值减少必然引起失业加剧。这充分说明通货膨胀与失业之间在短期内存在交替关系，实现低通货膨胀在一定时期内以高失业为代价。经济学家把牺牲率确定为5%，即通货膨胀每年降1%，每年的国内生产总值减少5%，沃尔克把1980年10%的通货膨胀率降低至1984年的4%，按此推理，每年减少的国内生产总值应为30%。实际上，国内生产总值的降低并没有这么严重。其原因在于沃尔克坚定不移地反通货膨胀决心使人们对通货膨胀的预期降低，从而使菲利普斯曲线向下移动。这样，反通货膨胀的代价就小了。但代价仍然是有的，美国这一时期经历了自20世纪30年代以来最严重的衰退，失业率达到10%。反通货膨胀付出的代价证明了短期菲利普斯曲线的存在，也说明维持物价稳定的重要性。

2. 菲利普斯曲线在中国的应用

2007年上半年居民消费价格（CPI）涨幅达到了3.2%。专家预测，中国下半年的物价将继续缓慢上升，上升幅度取决于以下几个因素：首先，肉价尤其是猪肉价格的继续上升。2006年底，猪肉价格上涨以来，母猪存栏量已开始恢复，但受到时间制约，本轮肉价偏高和供应偏紧至少将持续至2008年5月。其次，中国粮食价格上涨。中国今年不少地区遭受洪涝灾害，对夏粮作物生产产生一定影响，粮食价格出现上涨。受粮食价格上涨因素影响，下半年秋粮耕种面积将有所增长，按此趋势，中国粮食价格上涨势头在2007年秋季便可稍获缓解，但由于粮食价格上涨到肉蛋等食品价格上涨之间存在滞后期，中国2007年全年食品价格将保持较快上涨速度。再次，近年来，持续上涨的房地产售价正逐渐向租赁价格传递。今年第一季度中国普通住宅租赁价格较去年同期上涨2.3%，达到近来年的最高涨幅，由于房地产销售价格不直接计入消费价格，但租赁价格计入消费价格，租赁价格的上涨将会对消费价格产生一定的推动作用。最后，价格预期的因素也将促使CPI维持上涨态势。中国央行所做调查显示，44.3%的受访者认为中国物价会继续上行，较上年同期提高15.6%个百分点，国内外理论和实践经验表明，在居民和企业对价格上涨预期心理未消除的情况下，价格上涨势头极可能再持续一段时间。

（资料来源：王志伟，胡东华. 宏观经济学（西方经济学下）[M]. 武汉：武汉大学出版社，2014）

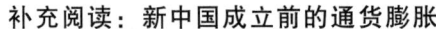 **补充阅读：新中国成立前的通货膨胀**

新中国成立前的较严重的通货膨胀主要由两个阶段构成。

第一阶段的通货膨胀——法币。法币在 1935 年起由国民政府发行，在全国各地流通。抗日战争前夕，法币流通情况尚属正常，外汇尚能按规定汇率自由买卖，一般物价也很少出现波动。抗战爆发后，华北、华中大量人口向西南迁移，法币逐渐集中于几个大中城市，因而这时的物价已经有上升趋势，但是涨幅不大。自抗战爆发到 1938 年底，法币的发行每年增加 40.6%，1939 年起开始迅速增加，平均每年增加 87.2%，1942 年以后，平均每年增加 132.5%。

抗战期间，法币经历了温和的通货膨胀到恶性通货膨胀的过程。从 1937 年 7 月到 1938 年，是法币温和通货膨胀阶段。主要原因：一是虽然法币发行量增加，但是由于流通区域渐渐推广，物价上涨跟不上或者仅仅相当于法币发行的增加。二是抗日战争初期，人们支持抗战，对于国民政府发行的纸币给予信任，并且通过认购公债等方式予以支持，这对国民政府弥补财政赤字、减少法币发行起到了一定的作用。同时 1938 年、1939 年农业收成较好，粮价较战前下跌，农产品和以农产品为原料的工业品价格上涨较慢。三是英美继续在中国倾销工业原料和工业产品，对稳定市场物价也起到了一定的作用。四是人民在战争和向西南大转移过程中，携带的现钞数量增加，货币流通速度趋于缓慢。战局展开以后，由于道路受阻，商业资本的周转速度较战前降低不少。比如战前四川商人往上海办货，其资本平均每年可周转四五次，战端开始后，货物往返需要绕道越南，运输时间往往达半年甚至七八个月之久，其资本周转每年不到两次。货币流通速度的降低，无疑需要增加筹码。商人担心银行不能保证支付，因此愿意携带现金，不愿意汇兑，这也增加了货币流通量的需要。

随着战局的发展，中国军队未能成功地抵挡日军的攻势，中国重要的农业、工业产区大部分沦陷。日军占领了主要工业区，占有中国三分之一的土地。中国损失了 40% 的农业生产能力、92% 的工业生产能力，中国与世界联系的主要通道被截断。国民政府为应对大额的军费开支，除了发行各种公债外，其余均向中央、中国、交通和农民四行押解，而四行的资金来源又主要靠货币发行。除公债外，还派募大量乡镇公益储蓄券等，以及增加各种捐税，对于农民更是采用征实和征购的方式进行盘剥。这种掠夺式的财政政策严重破坏了后方农业和工商业经济的再生能力，加速了通货膨胀。

自 1939 年起，法币进入恶性通货膨胀阶段。此时，公债发行走入穷途，连年预算不能平衡，收支差额越来越大，再加上沿海、中原、湘桂军事屡屡失利，财源枯竭。这时的国民政府不仅没有动员四大家族或富有者的财力，反而开动印钞机印刷钞票，在民穷财尽、生产萎缩的基础上，竭泽而渔。1939 年 12 月，法币发行指数为 305 倍，物价指数为 355 倍。此后差距日益扩大，1945 年 6 月法币发行指数为 282 倍，物价指数为 2,133 倍，人民生活陷入极度贫困。物价飞涨，投机倒把猖獗，使得贫者愈贫、富者愈富，生产陷于停顿。

抗日战争结束时，各地物价和黄金、外汇价格普遍猛烈下跌，这给了严重的通货膨胀一个喘息的机会。此时，对于整顿金融、稳定法币都是有利条件。但是，国民政府为了发动内战，解决庞大的军费开支，变本加厉地继续实行恶性通货膨胀政策。以 1937 年 1—6 月的物价指数为基期，1948 年 8 月的上海物价指数已经涨了 500 万倍，五金器材已涨了 1,100 万倍。据统计，100 元法币的购买力，1937 年可买两头牛，1945 年可买两个鸡蛋，1946 年可买肥皂六分之一块，1947 年可买一个煤球，1948 年可买五分之一两大米，1949 年可买五十万分之一两大米。在超高速通货膨胀下，不仅人民再也不能忍受，就连国民政府的财政收支工作也很难维持，于是决定废除法币，发行金圆券。

第二阶段的通货膨胀——金圆券和银圆券。1948 年 8 月 19 日，国民政府发布"财政经济紧急处分令"，并同时公布"金圆券发行办法"。其时正值辽沈、淮海、平津三大战役前夕，国民政府在军事、政治、经济上均已处于劣势。发行金圆券的目的是凭恃武力掠夺金、银、外汇。金圆券与黄金白银或任何金属均没有丝毫联系，只是用以蒙蔽天下的耳目而已。当时的法币大钞是 500 万元，而金圆券的大钞为 100 元，折合法币 3 亿元。同时法币与东北流通券合起来的发行量，用金圆券 2 亿元即可收回，但金圆券在发行办法上事先就规定"以 20 亿元为限"，由此可见，从一开始，金圆券就要用更大规模的通货膨胀对人们进行掠夺。从金圆券发行开始的第二阶段，通货膨胀比第一阶段更加严重。到 1949 年 6 月 22 日，从法币到金圆券，短短 10 个月，黄金上涨了 4.5 亿倍，银元上涨了 5 亿倍，大米涨了 9 亿倍，其他物价上涨的幅度也与金、银、大米不相上下。金圆券 10 个月的贬值程度，超过法币 14 年的贬值程度的 100 倍。成渝两地的公务员、教师、工人都发给米、柴、油等食物作为薪水，金圆券已经失去了交换价值。6 月 22 日，金圆券停止流通。

1949 年 4 月 21 日，中国人民解放军奉命向全国进军，国民党退踞西南、西北一隅之地。1949 年 7 月由代总统李宗仁、行政院院长阎锡山公布银圆券发行办法，银圆券实质上仍是不兑换的纸币。银圆券在短短几个月的时间内就完全崩溃，成为国民政府所发行的最短命的一种纸币。银元券的崩溃，宣告了国民政府在大陆地区实行的通货膨胀政策的最后终结。

（资料来源：武拉平. 宏观经济学案例集［M］. 北京：中国人民大学出版社，2013）

 **本章知识总结**

1. 失业是指具有劳动能力、想要工作而没有找到工作的人所处的状况。失业率是指失业人口占劳动力人口的比例。

2. 失业可分为摩擦性失业、结构性失业和周期性失业。摩擦性失业是指在生产过程中由于难以避免的摩擦造成的短期、局部性失业；结构性失业是指经济结构发生变化等原因造成的失业；周期性失业是指经济周期中衰退或萧条导致需求不足造成的失业。

3. 自然失业率是经济在稳定状态下的失业率，也是经济在正常时期的失业率，它取决于离职率和就职率。此时是劳动市场和商品市场自发供求力量的作用，总需求和总供给均处于均衡状态的失业率。

4. 如果"非自愿失业"已经消除，失业仅限于摩擦性失业和结构性失业的话，也就是实现了充分就业。充分就业并不没是没有失业，而是消除了周期性失业。

5. 奥肯定律描述了失业与实际 GDP 之间的关系。

6. 失业的影响既有经济方面的也有社会方面的。

7. 通货膨胀指物价水平在一定时期内持续的、普遍的上升过程。通货膨胀用通货膨胀率来衡量，而通货膨胀率一般由相应的价格指数计算。宏观经济学中常涉及到的价格指数主要有 GDP 折算指数、消费者价格指数和生产者价格指数。

8. 通货膨胀可以从不同角度进行分类，可以按照价格上升的速度进行分类，也可以按照对价格影响的差别进行分类，还可以按照人们的预料程度进行分类。

9. 解释通货膨胀产生的原因有很多理论，可以从货币角度解释，也可以从总供给或总需求角度解释，还可以从经济结构角度解释。

10. 通货膨胀的经济效应包括再分配效应和产出效应。

11. 失业和通货膨胀都会给社会带来损失，较高的失业率和通货膨胀率会产生严重的社会和经济后果。菲利普斯曲线用来解释失业和通货膨胀之间的关系。最初的菲利普斯曲线反映的是失业率与工资上涨率之间的关系。现代菲利普斯曲线主要反映失业率与通货膨胀率之间的关系。一般来说，失业率和通货膨胀率之间的存在负相关关系。修正后的菲利普斯曲线分为长期和短期。向下倾斜的菲利普斯曲线只适用于短期的情况，控制总需求的决策者面临通货膨胀与失业之间的短期替换关系。从长期看，通货膨胀和失业不存在替代关系，菲利普斯曲线是一条直线。

 复习与思考

1. 名词解释

失业　自然失业　摩擦性失业　结构性失业　需求不足失业　充分就业　通货膨胀　需求拉起的通货膨胀　成本推进的通货膨胀　结构性通货膨胀　自然失业率　菲利普斯曲线

2. 单项选择题

(1) 一般用来衡量通货膨胀的物价指数是（　　）。
A. 消费品物价指数　　　　　　B. 生产物价指数
C. GDP 平均指数　　　　　　　D. 以上均正确

(2) 在充分就业情况下，下列因素中的是（　　）最可能导致通货膨胀。
A. 进口增加　　　　　　　　　B. 出口减少
C. 工资不变但劳动生产率提高　D. 政府支出不变但税收减少

(3) 如果导致通货膨胀的原因是"货币过多而商品过少"那么经济中存在的通货膨胀是（　　）。
A. 结构性的　　　　　　　　　B. 需求拉动型的
C. 成本推进型的　　　　　　　D. 抑制性的

(4) 在下列引起通货膨胀的原因中，最可能是成本推进型通货膨胀原因的是（　　）。
A. 银行贷款的扩张　　　　　　B. 预算赤字

C. 世界性商品价格的上涨　　　　　D. 投资增加

（5）通货膨胀会（　　）。

A. 使国民收入提高到超过其正常水平

B. 使国民收入提高或者下降，主要看产生这种通货膨胀的原因

C. 使国民收入下降到超过其正常水平

D. 只有在经济处于潜在的产出水平时，才会促进国民收入的增长

（6）奥肯定理，可知（　　）。

A. 如果实际 GDP 等于潜在 GDP，则实际失业率等于自然失业率

B. 如果实际 GDP 等于潜在 GDP，则实际失业率大于自然失业率

C. 如果实际 GDP 大于潜在 GDP，则实际失业率大于自然失业率

D. 如果实际 GDP 小于潜在 GDP，则实际失业率小于自然失业率

（7）根据菲利普斯曲线，可知（　　）。

A. 失业率和通货膨胀率存在一种"替代关系"

B. 失业率和通货膨胀率存在一种"互补关系"

C. 失业率和通胀率之间不存在关系

D. 失业率越高，通货膨胀率也越高

3. 简答题

（1）如果你的房东说："工资、公用事业及别的费用都涨了，我也只能提你的房租。"这属于需求拉动型还是成本推进型通货膨胀？如果店主说："可以提价，别担心卖不了，店门口排队争购的人多呢！"这又属于什么类型的通货膨胀？

（2）通货膨胀和通货紧缩的区别是什么？

（3）通货膨胀是如何分类的？

（4）哪些种类失业是可以消除的？哪些是无法消除的？

（5）什么是失业？失业会造成怎样的经济损失？

（6）结构性失业有哪些类型？对每一类型举例说明。

（7）简述菲利普斯曲线的形成

4. 论述题

（1）哪些失业可以消除，哪些失业不可以消除？解释其原因。

（2）论述通货膨胀产生的根源及其影响。

（3）运用菲利普斯曲线来分析失业与通货膨胀之间的关系。

 名校历年考研试题

1. 国内生产的工业机器人价格上涨会反映在（　　）。（兰州大学 2011 年）

A. GDP 平减指数和 CPI 中

B. 既不反映在 GDP 平减指数也不反映在 CPI 中

C. 反映在 GDP 平减指数但不反映在 CPI 中

D. 反映在 CPI 但不反映在 GDP 平减指数中

2. 如果美国制造的汽车价格上涨，那么中国的（　　）。（长安大学 2010 年）

　　A. GDP 平减指数和 CPI 都上涨

　　B. GDP 平减指数上涨和 CPI 不变

　　C. GDP 平减指数不变和 CPI 上涨

　　D. GDP 平减指数和 CPI 都不变

3. 改革开放以来，由于分割城乡的政策逐渐放宽，大量农民进城务工。这对城市劳动市场的影响是（　　）。（清华大学 2010 年）

　　A. 均衡工资下降，就业量上升；农民工和雇主收益，城市工受损，但社会总体上受益

　　B. 均衡工资下降，就业量上升；农民工、雇主和城市工都受益

　　C. 均衡工资上升，就业量下降；农民工和城市工受益，雇主受损，但社会总体受益

　　D. 均衡工资下降，就业量上升；对农民工、城市工和雇主的福利影响不能确定

4. 中国在 20 世纪 90 年代末经历了一个低通货膨胀的时期，以下哪一个说法不能用来解释这一事实（　　）。（武汉大学 2010 年）

　　A. 中央银行降低通货膨胀的政策获得了人们的信任

　　B. 东亚危机带来了不利的需求冲击

　　C. 石油等重要进口商品的价格维持在低水平

　　D. 政府通过发行国债推行了扩张性的财政政策

5. 国防、钢铁厂的污染、特大企业的存在都会引起市场失灵，它们各自引起市场失灵的原因是什么？应该如何解决？（武汉大学 2010 年）

6. 什么是自然失业率？哪些因素影响自然失业率的高低？（南京大学 2011 年）

第八章 经济增长与积累

> 增长问题并没有什么新东西，只不过是为古老的问题穿上了一件新衣，增长是一个永远使经济学者着迷和神往的问题：无论是现在还是未来。
>
> ——詹姆斯·托宾

内容导读

经济增长是一个古老而长久的话题。本章围绕生产要素投入量、技术进步、储蓄和投资等影响长期经济增长的因素进行研究分析。试图揭示为什么有的国民收入存在长期增长的趋势，有的国家经济发展缓慢，找出决定一国经济社会长期增长的原因，为政府制定促进经济增长的政策提供理论依据。

本章主要知识点

- 经济增长的源泉
- 经济增长模型

> **开篇案例**
>
> 工业革命是人类历史上关键的转折点。工业革命前,经济增长很迟缓,工业革命后,经济增长迅速而持久。虽然历史学家和经济学家对工业革命的重要性有统一的认识,但并没有对一些关键问题达成共识:为什么工业革命会发生和什么时候发生?为什么是在18世纪,而不是16世纪或是21世纪?为什么在英国而不是在中国、印度、非洲或日本?
>
> 在经常会有翻阅历史文献的冲动下,我们知道何时何地工业革命发生了,因此这就是在它要发生的时间和地点。但是18世纪的英国有什么特别的呢?诺贝尔经济学奖获得者道格拉斯·诺思认为,英国的制度和其他国家明显不同,有利于经济增长。诺思相信1688年的革命是重要的转折点,在那以后,英国议会而不是国王掌控了政府,英国的司法体系也独立于国王,结果使得英国政府能够可靠地保障私人产权,保护财产,在税收上减少了任意性。这些制度变化激励企业进行必要的投资,利用18世纪后期重要的科技发现,特别是多轴纺织机和水利纺纱机,用来生产棉纺织品,蒸汽机用来从事采掘业和纺织品及其他产品的生产。没有制度的改进,企业家不会愿意冒险,而是紧握他们的财产或被政府征用。
>
> 经济学家卡罗尔·夏夫和沃尔夫冈·凯勒支持诺思的观点,他们研究了18世纪英国、其他欧洲国家和中国的"市场效率"。如果一国的市场是有效的,产品无论在该国哪里销售,把运输成本考虑在内都应是同一价格,如果价格在一国内的两个地方不同,就可能通过买低价格的产品再卖到高价格的地方获利,这种交易使得价格趋于一致。如果企业家有信心他们的所得不被政府攫取,买卖合同能由法院执行,则交易最有可能发生。因此,一国市场越有效率,其制度为长时期增产提供的好处就越多。夏夫和凯勒发现,1770年英国市场的效率明显高于欧洲其他地方和中国。
>
> (资料来源:Douglass C. North, Understanding the Process of Economic Change, Princeton, Princeton University Press, 2005)

第一节 经济增长的含义与衡量

一、经济增长的含义与衡量

1. 经济增长的含义

在经济学界,对经济增长的理解并不完全一致。美国经济学家西蒙·库兹涅茨认为"一个国家的经济增长,可以定义为给居民提供种类日益繁多的经济产品的能力的长期上升,这种不断增长的能力是建立在先进技术以及所需要的制度和思想意识的相应调整的基础上的。"他认为，这个定义包括三方面的含义：第一，经济增长集中表现在经济实力的增长上，而这种经济实力的增长就是商品和劳务总量的增加，即国民生产总值的增加或者人均实际国民生产总值的增加。所以，经济增长最简单的定义就是国民生产总值的增加。第二，技术进步是实现经济增长的必要条件，也就是说，只有依靠技术进步，经济增长才是可能的。第三，经济增长的充分条件是制度与意识的相应调整。也就是说，只有社会制度与意识形态适合于经济增长的需要，技术进步才能发挥作用，经济增长才是可能的。

这一定义是对各国经济增长历史经验的高度概括，体现了经济增长的实质。

日积月累的各国经济增长速度上的差异会导致各国居民生活水平上的差距巨大。我们从表8-1可见一斑。

表8-1　　　　　　　　　　　　2007年生活水平的国际差异

国家	人均GDP（以2000年美元价格计算）	人口（百万）
中国	1,811	1,318
印度	686	1,125
美国	38,096	302
印度尼西亚	1,034	226
巴西	4,222	192
巴基斯坦	654	162
孟加拉国	436	159
尼日利亚	471	148
俄罗斯	2,858	142
日本	40,745	128
墨西哥	6,543	105
菲律宾	1,215	88

资料来源：世界银行发展指数在线数据库，网址 ddp-ext.worldbank.org/ext。

表8-1给出的是2007年世界上12个人口最多的国家的人均收入情况。它反映了这样一个事实，在国家间人均收入方面，进而在生活水平方面存在着巨大差异。如在2007年，日本以人均收入40,745美元列在首位。孟加拉国人均收入仅为436美元，日本人均收入约为孟加拉国人均收入的93倍。也就是说，在日本，一个代表性的工人一天的收入相当于一个代表性的孟加拉国工人90天的收入。

经济学家小传：库兹涅茨

西蒙·史密斯·库兹涅茨（1901—1985），俄裔美国著名经济学家，"美国的GNP之父"、1971年诺贝尔经济学奖获得者。他在经济周期研究中所提出的为期20年的经济周期，被西方经济学界称为"库兹涅茨周期"。他在国民收入核算研究中提出了国民收入及其组成部分的定义和计算方法，被经济学家们誉为"美国的GNP之父"。他对经济增长的分析，被西方经济学界认为揭示了各发达国家一个多世纪的经济增长过程，并提出了许多深刻的见解。历任纽约国民经济研究所研究员、宾夕法尼亚大学教授、约翰·霍布金斯大学教授。

1901年4月30日，出生在沙皇统治下的俄罗斯国土上。小库兹涅茨在父母的精心照料下，在出生地哈尔科夫市度过了幼年时代。十月革命之后，他进入了列宁格勒大学攻读政治经济学。1920年，库兹涅茨告别故土，只身前往异邦，考入美国哥伦比亚大学经济学院插班学习。库兹涅茨在学习经济之余，对数学也有浓厚的兴趣。1923年毕业时，他获得了经济学和数学两个专业的学士学位。但库兹涅茨并不满足已取得的成绩，随后又考入哥伦比亚大学的研究生院进一步学习经济学。1924年，库兹涅茨仅用一年时间就取得了硕士学位，受到学界前辈的重视。美国制度经济学派创始人米切尔教授对他很赏识，把库兹涅茨招到自己的门下，亲自担任他的指导老师。从此，他开始了对制度经济学的研究。

1926年，经米切尔推荐，库兹涅茨来到美国社会科学研究理事会任职。在这里，他整天忙于处理繁杂的事务，加之制度经济学超出了传统经济学规定的研究范围，容易使人失去明确的研究对象，因此，他辞掉理事会的工作，并逐渐远离制度学派，库兹涅茨的这一决定是他学术生涯中的转折点。此后，他利用自己已经掌握的制度学派研究方法，结合自己的特点，形成了新的思想体系，创立了经验统计学。库兹涅茨认为，具体而真实的数据最能反映问题的实质，最富有说服力，所以，他利用工作之便，花了一年多的时间，访问了许多总经理、总会计师和经济法庭的律师，同时查阅了大量的资料，如各个国家的国民生产总值、工农业生产与销售状况，从而获得几十万个真实的数据，并做了几万张卡片，为他的研究创造了好的条件。1954年，库兹涅茨任约翰·霍普金斯大学政治经济学教授。同年，在美国经济学年会上发表了《高收入阶层在收入和储蓄中占有的份额》的论文，受到与会者的高度评价，被推举为会长。1960年，库兹涅茨接受哈佛大学聘请，任经济统计学教授。这是他研究国民生产总值的高潮时期。1961年，他60岁诞辰之际发表了《美国经济中的资本》一书。他在书中介绍了自己多年研究国民收入及国民收入分配与经济增长方面的成果，建立起"收入革命"的理论。这一理论是他关于福利经济学和资本积累理论的主体。1966年，他又出版了《现代经济增长》一书，书中涉及美国经济增长过程的分析、增长率的变动、资本的供给（储蓄）和需求（投资）、资本形成的作用、经济结构的变化、人口和生产率的增长以及收入分配的变动等。加利福尼亚大学的乔治·墨菲曾这样评价这本书："库兹涅茨出色地运用他高超的技巧，从纷乱的资料中整理出许多有用的数据，恰如其分地用它来表达他需要的意思。这书有许多附属的和有见识的结论，它确实是很有价值的产物。"1969年，英国剑桥大学授予库兹涅茨经济学、经济统计学荣誉教授。

20世纪50年代以来，他把注意力放在经济增长领域，用国民收入的概念和计量法研究各国经济增长，形成现代西方经济增长理论的一个重要分支。曾先后发表《关于经济增长的六篇演讲》（1959）、《现代经济增长》（1966）、《各国的经济增长》（1971）等一系列研究经济增长的著作，通过对大量历史统计资料的整理和比较，阐述了人口增长和人口结构、国民总收入、生产率、产业结构、收入分配结构、产品使用结构、国际经济流量等经济变量在经济增长过程中的变化趋势、变化特点及相互间的联系，为经济增长研究领域提供了权威性的统计资料，对经济增长过程作了以经验为依据的解释，指出经济增长是通过技术进步及资本主义社会的结构、制度和意识形态的相应调整而实现的。

库兹涅茨的主要著作有：《美国零售和批发贸易的周期波动》（1925），《生产和价格的长期运动》（1930），《工业和贸易的季节性波动》（1933），《商品流量与资本形成》

(1938),《国民收入及其构成》(1941),《1869年以来的国民总收入》(1946),《经济的变化》(1954),《关于经济增长的六篇演讲》(1959),《美国经济中的资本》(1961),《现代经济增长》(1966),《各国的经济增长》(1971),《人口、资本和增长》(1973),《增长、人口和收入分配》(1979)等。

(资料来源：MBA智库百科，http://wiki.mbalib.com)

2. 经济增长的衡量

为什么不同的国家经济发展的情况差距如此之大呢？怎样衡量经济的增长？西方经济学家提出了增长率的概念。

在宏观经济学中，经济增长通常被规定为GDP的增加，这里产量既可以表示为经济的总产量，也可以表示为人均产量。经济增长的程度可以用增长率来描述。

如果Y_t表示t时期的总产量，Y_{t-1}表示$t-1$期的总产量，则总产量的增长率G_t可以表示为：

$$G_t = \frac{Y_t - Y_{t-1}}{Y_{t-1}} \times 100\% \tag{8.1}$$

如果用y_t表示t时期的人均产量，y_{t-1}表示$t-1$时期的人均产量，则人均产量的增长率g_t为：

$$g_t = \frac{y_t - y_{t-1}}{y_{t-1}} \times 100\% \tag{8.2}$$

注意，在前面的几章里，我们用大写字母表示名义量，用小写字母表示实际量。比如Y表示的是名义国民收入，y表示实际国民收入。而在这一章里，我们用大写字母表示经济总量，用小写字母表示人均量，即Y表示的是总产量，y表示人均产量。

经济增长强调"量"的概念，而经济发展强调"质"的概念。两者既有区别也有联系。经济发展不仅包括经济增长，而且包括国民生活质量，以及整个社会经济结构和制度结构的总体进步。也就是说，经济发展是一个反映经济社会总体发展水平的综合性概念。发展经济学会对经济发展理论进行专门研究，而宏观经济学则侧重于研究经济增长。

经济增长率的变化，最开始也许不会表现得很明显，但是因为是一种指数变化，所以日积月累，差距会变得非常巨大。我们用一组数据来模拟这个变化。

表8-2　　　　　　　　　　　　不同增长率的累积效果

年数	国家1 增长率g=1%	国家2 增长率g=2%	国家3 增长率g=3%	国家4 增长率g=4%	国家5 增长率g=5%
0	1,000	1,000	1,000	1,000	1,000
10	1,100	1,220	1,340	1,480	1,630
20	1,220	1,490	1,800	2,190	2,650
30	1,350	1,810	2,430	3,240	4,320
40	1,490	2,210	3,260	4,800	7,040
50	1,640	2,690	4,380	7,110	11,470

由表8-2我们可以看出，最开始的时候5个国家的国民收入一样，每个国家之间的经济增长率差距也只有1%，但是经年累月，经过50年的发展之后，5个国家的国民收入之间差距巨大，导致每个国家的生活水平巨大分化。

这些数字并非只存在于表格中，现实中的实例也充分说明了这一点。根据美国学者韦尔提供的数据，在 1960 年韩国和菲律宾人均国民收入基本一样，但是由于经济增长率的不同，韩国年均增长率达到 6.1%，菲律宾年均增长率仅为 1.3%，到 2000 年，两国的国民人均收入水平差距巨大，韩国为 16,970 美元，而菲律宾只有 3,661 美元。

延伸阅读：

　　50 年前，菲律宾的人口总数和泰国持平。2010 年泰国人口是 6,426 万人，而菲律宾是 9,409 万人口——世界上人口第 12 多的国家。菲律宾人口年增长率超过 2%，是东南亚人口增长最快的国家，这也被认为是该国贫穷的重要原因。

　　2009 年菲律宾家庭平均年收入 3 万元（人民币，下同）。菲律宾官方把家庭年收入低端的 30% 归于贫困家庭，他们平均年收入为 9,100 元，即月收入 760 元，其余的 70% 月收入 3,300 元。2009 年，菲律宾家庭 42.9% 的消费花在食物上。穷人家庭的比例超过 60%。在菲律宾首都附近有一座垃圾山，有 40 年历史，周围住着 3 万菲律宾贫民，此山是他们赖以维持生计的靠山。他们从中挑拣废品卖给回收站维持开销，有时甚至在垃圾里找寻别人吃剩的食物来填饱肚子。《亚洲时报》称这种场景简直就是但丁式的人间地狱。各种烟雾和废气令人窒息，所以这座垃圾山又叫烟山。在马尼拉官方机构评出的全市最肮脏的十大地区中，烟山并不在榜首。如果不想与垃圾为伴，唯一出路是在马尼拉阿基诺国际机场买一张机票飞出去。新加坡，人均年收入 56,700 美元，雇用超过 20 万海外劳工。菲律宾女佣在这里通常一周工作 7 天，每天 10－16 个小时，每个月赚 250—400 美元。人权组织争取十年之后，新加坡政府终于下令这些劳工可以每周休息一天。也许她们可以有时间谈谈恋爱，但这一规定也遭到了新加坡雇主的抱怨。在外国工作的年轻菲佣自杀趋势增加，菲律宾劳工部试图将女佣最低年龄从目前的 23 岁调高至 30 岁。马科斯统治时期菲律宾采取了出口劳动力的下策。经济学家以为这只是权宜之计，但它成了菲律宾经济的生命线：菲律宾海外劳工总数超过 1,000 万人，2011 年他们向国内汇款金额超过 200 亿美元，超过该国 GDP 的十分之一。在 1997 经济危机后，菲律宾劳工汇回国的血汗钱才使菲律宾比索没有彻底崩溃。

（资料来源：新浪财经.http://finance.sina.com.cn）

3. 经济增长的源泉

经济增长是产量的增加，因此可以根据总生产函数来研究增长的源泉。总生产函数用公式表示为：

$$Y = Af(K, L) \tag{8.3}$$

其中，Y 代表经济总产量，K 代表资本，L 代表劳动，A 代表技术进步。

从上面的式子可以看出，经济增长的源泉是资本、劳动与技术进步。具体来说，（1）资本。资本分为物质资本与人力资本。物质资本又称为有形资本，是指设备、厂房、存货等的存量。人力资本又称无形资本，是指体现在劳动者身上的投资，如劳动者的文化技术水平、健康状况等。（2）劳动。劳动指劳动力的增加，劳动力的增加又可分为劳动力数量的增加与劳动力质量的提高，劳动力是数量与质量的统一。这两个方面对经济增长来说都是重要的。劳动力数量的增加有三个源头，包括人口的增加、人口中就业率的提高、劳动时间的增加等。劳动力质量的提高则是文化技术水平和健康水平的提高。一个高质量的劳动力，可以等于若干个低质量的劳动力。劳动力数量不足，可以由其质量的提高来弥补。（3）技术进步。技术进步在经济增长中的作用，体现在生产率的提高上，即同样的生产要素投入量能提供更多的产品。技术进步主要包括资源配置的改善、规模经济和知识的进展。

有时为了强调教育和培训对经济增长的潜在贡献，还可以把人力资本作为一种单独的投入写进生产函数。所谓人力资本就是体现在个人身上的获取收入的潜在能力的价值，它包括天生的能力和才华以及通过后天教育训练而获得的技能。把人力资本作为一种单独投入时，生产函数可以被写为：

$$Y = Af(K, L, H) \tag{8.4}$$

其中，H 代表人力资本。

当然影响经济增长的因素绝不仅限于此，很多西方学者还提出诸如金融部门的影响力、一般宏观经济环境、贸易制度、政府规模、收入分配、地理的影响以及政治、社会的环境等等，都会对经济增长产生影响。

4. 丹尼森的经济增长因素分析

20世纪60年代初，美国经济学家丹尼森受美国经济发展委员会的委托，根据美国历史统计资料，对美国经济增长的因素做了对比分析和估算，并对某些发达资本主义国家经济增长的因素进行了估算和比较分析。

丹尼森把经济的增长因素分为两大类：生产要素投入量和要素生产率。关于生产要素投入量，丹尼森把经济增长看成劳动、资本和土地投入的结果，其中土地可以看成不变的，其余两个则是可变的。关于要素生产率，丹尼森则把它看成产量与投入量之比，即单位投入量的产出量。要素生产率主要取决于资源配置状况、规模经济和知识进展。具体说来，丹尼森把影响经济增长的因素归结为六个，即劳动、资本存量的规模、资源配置状况、规模经济、知识进展、影响单位投入产出量的其他因素。

丹尼森所作的分析就是采用定量的方法，把国民收入总增长率按照每一种投入因素所作的贡献逐一分解，以考察每一种投入因素在经济总增长中所起的相对作用。其具体做法是，按生产要素原则划分投入要素，生产要素分为劳动和资本两种。然后选择某一年作为基年，考察该年中每一单位投入要素对产量所作出的相对贡献以及各投入要素的数量，并得出基年的总产量。随着时间的推移，生产要素的投入量和总产量都将有所增长。但是，如果在生产要素投入量增加的同时，生产效率也有所提高，则总产量的增长率一定大于投入要素的增长率。因此，丹尼森把总产量增长率扣除投入要素增长率的剩余部分，都看做由于劳动效率的提高而使单位投入要素的产出增加。

在1985年出版的《1925—1982年美国经济增长趋势》一书中，丹尼森根据美国国民收入的历史统计数字，对上述各个增长因素进行了考察和分析。根据1929—1082年的数据，丹尼森计算出，2.92%的实际年增长率中1.90%应归功于要素投入的增长，1.02%归功于技术进步。

表8-3显示了劳动力增长对经济增长的贡献相当大，而知识或技术进步对经济增长约2/3的贡献。此外资源配置这一因素对生产率增加的贡献也不可忽视。举例来说，人们从薪

水少的工作"跳槽"到更好的工作,从而导致产量的增加或收入的增长。另一个重要情形是劳动力从农村转到城市就业而引起的生产要素的重新配置。

表8-3　　　　　　　　　　美国国民收入增长的源泉

增长因素	增长率(%)
总要素投入	1.90
劳动	1.34
资本	0.56
单位投入的产量	1.02
知识	0.66
资源配置	0.13
规模经济	0.26
其他	-0.03
国民收入	2.92

从表中还可以看出,规模经济也是一个重要的因素。收入平均增长中近10%的部分要归功于经济中运作规模的扩大。当经济运作的规模扩大时,每单位产量要求的投入更少,这主要是因为,在小规模水平上使用技术,在经济上可能效率不高,但在更大的生产规模上则会产生节约,带来规模经济效应。

由此,丹尼森得出结论,知识进步是经济发达国家最重要的经济增长因素。这里的知识进步包括技术知识、管理知识的进步和由于采用新的知识而产生的结构效益和设备的更有效的利用,还包括国内的和国外的有组织的研究、个别研究人员和发明家的研究,或者从简单的观察和经验中得来的知识。丹尼森认为技术知识和管理知识进步的重要性是相同的,不能只重视前者而忽略后者。

5. 库兹涅茨对经济增长因素的分析

诺贝尔经济学奖获得者、美国经济学家西蒙·库兹涅茨对经济增长因素的分析更具特色。库兹涅茨对经济增长因素的分析时运用统计分析方法,通过对国民产出及其组成部分的长期估值、分析与研究,进行各国经济增长的比较,从各国经济增长的差异中探索影响经济增长的因素。库兹涅茨在一系列关于经济增长的著作中提出的推动经济增长的因素,主要是知识存量的增加、劳动生产率的提高和经济结构的变化。

首先,知识存量的增加。库兹涅茨认为,随着社会的发展和进步,人类社会迅速增加了技术知识和社会知识的存量,当这种知识存量被人们利用的时候,它就成为现代经济总量高速增长和结构迅速变化的源泉。但知识本身不是直接生产力,由知识转化为现实的生产力要经过科学发现、发明、革新、改良等一些列中间环节。在知识转化过程中需要有一系列中介因素,这些中介因素是对物质资本和劳动力的训练进行大量的投资,企业家要有能力克服一系列从未遇到的障碍,知识使用者要对技术是否适宜运用给出准确的判断,等等。在这些中介因素作用下,经过一系列知识的转化过程,知识最终会变为生产力。

其次,劳动生产率的提高。库兹涅茨认为,现代经济增长的特点是人均产值的高增长率。为了弄清什么是导致人均产值高增长率的主要因素,库兹涅茨对劳动投入和资本投入对经济增长的贡献进行了长期的分析。他得出的结论是,以人均产值高增长率为特征的现代经济增长的主要原因是劳动生产率的提高。

最后,经济结构的变化。库兹涅茨认为,发达的资本主义国家在它们经济增长的历史过程中,经济结构转变迅速。从部门来看,先从农业部门转向非农业部门,再从工业部门转移到服务性行业。从生产单位的平均规模看,是从家庭企业或独资企业发展到全国性,甚至跨国性的大公司。从劳动力在农业和非农业生产部门的分配来看,农业部门劳动力占全部劳动力比重在逐步降低,而非农业部门劳动力比重在逐步升高。不发达国家传统结构束缚着被聚集在传统农业部门中的60%以上的劳动力,而传统的生产技术和生产组织方式阻碍着经济增长;同时,制造业结构不能满足现在经济增长对它提出的要求,需求结构变化缓慢,消费水平低,不能形成对经济增长的强大刺激。

延伸阅读:经济高速增长:中国香港地区和新加坡比较

在1960年到1985年的25年期间,中国香港地区和新加坡的产出平均增长率达到6.1%。这种增长态势引起了人们的广发关注。为什么中国香港地区和新加坡经济增长这么快?通过进一步的考察,可以发现两地经济增长中存在着的相似之处和不同之处都很让人震惊。

我们首先考察两地的相同点:两地原本都是英国前殖民地;两地都是国际贸易大港,而制造业很少;战后人口的主要构成是由中国南部移民来的华人。在其快速增长过程中,它们都经历了下表中所列的产业顺序,只不过新加坡的启动比香港晚10—15年。

下表是从20世纪50年代早期起中国香港地区和新加坡的经济活动。

中国香港地区		新加坡	
时间	产业	时间	产业
20世纪50年代早期	纺织	20世纪50年代早期	纺织
20世纪60年代早期	服装、塑料制品	20世纪60年代早期	电子、石油精炼
20世纪70年代早期	电子	20世纪70年代早期	电子、石油精炼、纺织、服装
20世纪80年代	贸易、银行	20世纪80年代	银行、电子

但是,更进一步观察可以发现,两地的增长过程中也存在着一些重要的差异:中国香港地区的发展是基于最小限度的政府干预,在大部分的领域,政府的干预仅仅局限在提供基础设施以及在进一步发展需要的时候出售土地。与之相对比,政府干预在新加坡的经济增长中居于主导地位。政府通过预算盈余以及养老金缴付的强制储蓄,达到了非常高的国家储蓄率。新加坡的GDP构成中,总投资的份额从1960年的9%上升到1984年的43%,是世界投资率最高的国家之一。政府通过对投资者巨大的税收优惠来实现系统性的政府目标。其结果就是使一些特定行业高速发展。

这些战略上的差别反映在资本积累和技术进步的相互作用下。从1970年到1990年,中国香港地区工人产出的年增长率为2.4%,同期的技术进步率是2.3%。而从1971年到1990

年,新加坡工人产出的年增长率为 1.5%,而技术进步率却低得惊人,只有 0.1%。这就意味着新加坡的增长几乎完全源于异常高的资本积累,而不是技术进步。

为什么新加坡的技术进步率如此低?美国芝加哥大学教授阿尔文·扬认为,新加坡实际上过快地从一个产业转移到了另一个产业。转移过快使得它无暇学习怎样更有效地在另一个产业中进行生产。另外,大量地依赖外国投资,也意味着国内企业家的学习过程太短,不能有效地在将来替代国外投资。

(资料来源:祁华清. 宏观经济学 [M]. 北京:清华大学出版社. 2007)

第二节 经济增长理论简介

一、新古典增长理论

1956 年,索洛和斯旺分别提出了新古典经济增长模型,后来米德又对此进行了系统的表述。在新古典经济增长理论中,既有凯恩斯经济学的成分,又有凯恩斯以前传统经济学的成分,因此,经济学家称这种理论为"新古典经济增长理论"。

新古典经济增长模型的假定主要有:(1)全社会只有一种产品;(2)假定有资本和劳动两种生产要素,这两种生产要素是能相互替代的,即能够以可变的比例来组合;(3)规模报酬不变,但资本或劳动的边际生产力递减;(4)完全竞争,工资率和利润率分别等于劳动与资本的边际生产力;(5)劳动力按一个不变的比例 n 增长。

索洛的新古典增长模型的基本方程式如下:

$$\Delta k = sy - (n + \delta) k \tag{8.5}$$

式中,s 表示储蓄率,y 表示人均收入,k 表示人均资本,n 表示人口增加率,或者劳动力增加率。这一方程表示,人均资本的增加 Δk 等于人均储蓄 sy 减去 $(n+\delta)k$ 项,这 $(n+\delta)k$ 的含义是,当劳动力的增长率为 n,折旧率为 δ 时,nk 是装备新增劳动力所需要的资本数量,δk 是折旧所需要的资本数量,这两项合计即 $(n+\delta)k$ 可称为资本的广化,人均储蓄超过这项资本广化的部分就是人均资本的增加 Δk,即导致人均资本的上升部分,这可称为资本的深化。如果是 $\Delta k = 0$,则 $sy = (n+\delta)k$,这时如果 s、n 和 δ 都不变,则人均产量 y 也不变,这一状态称为长期均衡状态。

如图 8-1 所示,$f(k) = y$,代表人均产出曲线。公式 $y = f(k)$ 是从假定的总量生产函数 $Y = f(K, N)$ 导来,这一生产函数表示总产量是投入的资本 K 和劳动力 N 的函数。让每一项除以 N,得人均产量 $(y = Y/N)$ 是人均资本量 $(k = Y/N)$ 的函数,即 $y = f(k)$。由于新古典增长模型假设资本边际生产率递减,故 $f(k)$ 为图中的形状。$sf(k)$ 是人均储蓄曲线,s 不变时,$sf(k)$ 就呈向右上且有递减斜率的形态。$(n+\delta)$ 表示资本广化,由于假

定 n 和 δ 都不变，故 $(n+\delta)k$ 为直线，它和 $sf(k)$ 线相交于 A 点，表示均衡状态，此时产量为 y_E，人均资本量为 k_E。在 A 点以左 $sf(k) > (n+\delta)k$，表示有资本深化，$\Delta k > 0$，即人均资本 k 上升；反之，k 下降。当经济处于资本深化阶段时，表示 y 和 k 都上升，说明产量和资本增值都比人口增值快。从图形上看，k 越小，即资本越贫乏的国家，越有可能资本深化，从而经济增长中穷国会快于富国，各国在经济增长过程中有想着均衡值考虑的趋势。

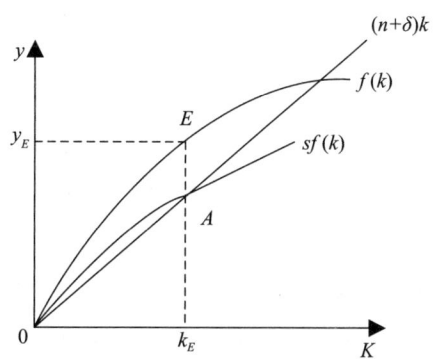

图 8-1　新古典增长模型

从图形上还可以看到，在其他条件不变时，通过储蓄率 s 的调整，可以使 $sf(k)$ 曲线围绕原点 O 向左上方旋转，从而使稳态的人均资本 k_E 和人均产量 y_E 提高；另一方面，通过降低人口增长率 n，可使 $(n+\delta)k$ 曲线向右下方旋转，同样会使稳定状态的人均资本和人均产量提高，这两种情况实际是要说明，提高储蓄率、增加资本积累，以及降低人口增长率都会使人均产量和人均资本增加。

经济学家小传：索洛

罗伯特·索洛（Robert M. Solow，1924—　），1947 年获哈佛大学经济学学士学位，1949 年获该校硕士学位，1951 年获得该校哲学博士学位。他在获得博士学位以前，已受聘为麻省理工学院助理教授，1955 年提升为教授，后一直在该院任教。1987 年，他获得了诺贝尔经济学奖。主要著作有：《资本理论与报酬率》（1963），与 R·多尔夫曼和保罗·萨缪尔森合著的《线性规划与经济分析》（1958）。

索洛是在萨缪尔森指导下成长起来的经济学家，也是新古典综合派的重要代表人物之一。他的研究成果主要表现在资本理论和经济成长理论方面。他同多尔夫曼、萨缪尔森合著的《线性规划与经济分析》一书是将线性规划应用于经济分析的名著，从此线性规划便成为经济理论中被广泛采用的分析工具之一。

（资料来源：MBA 智库百科. http://wiki.mbalib.com）

二、罗默的新经济增长理论

20 世纪 80 年代后期，美国经济学家罗默、卢卡斯、巴罗以及乔根森等人修正了新古典增长理论的基本假设来改善其解释现实的能力，同时使用一些经济因素之外的因素来解释有效劳动力增长率,并相继发表了一些列研究成果,逐渐形成了目前流行于西方的新经济增长理论。新经济增长理论最重要的特点是,经济增长不再是由外部因素而是由模型自身决定的,因而新经济增长理论也被称之为内生经济增长理论。

罗默的模型被誉为内生经济增长理论的基础模型。假设由于知识的传播和人力资本的外部效应,伴随资本积累的规模收益是非递减的。并且新古典经济增长模型中用以说明经济的生产函数中只有劳动和资本两个生产要素,而罗默的新经济增长理论则把知识积累看做经济增长的一个独立因素,认为知识可以提高投资的效益,知识积累是现代经济增长的重要源泉,所以在其生产函数公式中又加入了知识这一重要的生产要素。罗默将知识划分为一般知识和专业化知识。他认为,一般知识可以使全社会获得规模经济效益,而专业化知识则会给个别厂商带来超额利润。超额利润又称为个别厂商对新产品进行研究和开发的资金来源,形成一种投资与知识互为促进的良性循环。同时,他认为,作为经济增长的一个独立因素,知识积累不仅可以使本身收入递增,而且还可以使资本和劳动等生产要素的收益递增。因此,知识积累可以实现总产出的规模收益,这也是经济长期均衡稳定增长的保证和主要源泉。

总之,罗默认为:知识是经济体制的核心部分,是一个内生而非外生的因素,知识整体的增长与投入的资源成反比;知识和投资存在一种相互刺激的关系,投资使知识更有价值,知识反过来又使投资收益更高,这种良性循环能够长期提高经济增长率;垄断能够刺激和引导各公司进行技术研究,因而对经济增长是有利的。

经济学家小传:罗默

保罗·罗默(Paul M. Romer,1955—),生于1955年,美国经济学家,曾任斯坦福大学教授,目前为纽约大学斯特恩商学院经济学教授。他被认为是经济增长方面的专家并且是诺贝尔经济学奖的有力候选人。罗默在1977年获得芝加哥大学物理学学士学位,并于1983年在该校获得经济学博士学位。他被《时代杂志》选为1997年美国最具影响力的25人之一。

他在芝加哥大学本科所学的专业是数学和物理,由于想转到法学院,在大学四年级学习了他的第一门经济学课程。授课教师萨姆·佩尔兹曼(Sam Peltzman)对经济学的精彩讲授深深吸引了他。在佩尔兹曼的影响和鼓励下,罗默放弃了学习法律的念头,转而走上了经济学的求索之道。大学毕业后,他转到麻省理工学院攻读博士学位,在那时开始了经济增长理论的研究,1982年转回到芝加哥大学,1983年在芝加哥大学获得博士学位。他先后担任罗切斯特大学助理教授、芝加哥大学教授和加州大学伯克莱分校教授,现任斯坦福大学经济学教授,胡佛研究所高级研究员。

(资料来源:MBA智库百科,http://wiki.mbalib.com)

三、卢卡斯的新经济增长理论

卢卡斯的新经济增长理论在分析中把技术进步具体化为体现在生产中的一般知识和表现为劳动者劳动技能的人力资本。同时,他将人力资本又进一步具体化为社会共同拥有的一般知识形式的人力资本和表现为劳动者劳动技能的特殊化的人力资本,从而把技术进步和人力资本结合起来并且更为具体化。卢卡斯认为，只有特殊的、专业化的、表现为劳动者劳动技能的人力资本才是经济增长的真正源泉。

卢卡斯认为，人力资本的形成除了脱离生产岗位到学校学习外，还可以不脱离生产岗位，不接受学校教育，而是通过师傅带徒弟或在工作中积累经验，采取"边干边学"的方式，这也就为教育经验缺乏的发展中国家提供了一个积累人力资本的新思路，即从国外引入高科技产品，然后通过直接操作新设备或消费新产品等方式在实践中积累经验，掌握高新技术。由于人力资本积累决定着经济增长率，因此一个国家应集中人力物力生产和出口具有人力资本优势的产品，由于人力资本积累率的提高可促使资本收益率的递增，因此，一个国家要吸收国际资本，就必须采取措施提高人力资本的积累率。

新经济增长理论关于内生技术进步的说明有一定的意义，另外，该理论对于各国政府制定旨在促进经济增长的政策具有一定的参考价值。

经济学家小传：卢卡斯

罗伯特·卢卡斯（Robert E. Lucas），美国著名经济学家、芝加哥经济学派代表人物之一、芝加哥大学教授，1995 年诺贝尔经济学奖得主。卢卡斯是理性预期学派的重量级代表，倡导和发展了理性预期与宏观经济学研究的运用理论，深化了人们对经济政策的理解，并对经济周期理论提出了独到的见解。为表彰他对"理性预期他假说的应用和发展"所作的贡献，1995 年授予他诺贝尔经济学奖。

1937 年，卢卡斯生于华盛顿的雅奇马。1955 年，卢卡斯从西雅图的罗斯福公立学校高中毕业。世界顶级学府芝加哥大学给予他奖学金，在那个时候，热门专业是物理学，但卢卡斯对此没有兴趣。真正令他激动的是芝加哥学院的人文科学，如西方文明史和知识的组织、方法及原理。他选修古代史序列，并且变成主修历史。1959 年，卢卡斯在芝加哥大学本科毕业，获得历史学学士学位。后来，卢卡斯进入加州大学攻读历史专业研究生。在加州大学伯克利分校，他选修了经济史课程，并旁听经济理论课。从那时起，他开始对经济学产生浓厚的兴趣。他决定改学经济学，并因此回到了芝加哥大学，并于 1964 年获得经济学博士学位。

1963 年，卡内基工学院（现在的卡内基—梅隆大学）的工业管理研究生院提供给卢卡斯一个教职。卢卡斯在卡内基工学院的第一年，花了不少时间学习动态系统和在时间过程中优化的数学，并设法看一看这些方法如何可以最好地用于解决经济问题。那几年，卡内基—梅隆大学有一群杰出的经济学家对动力学和预期的形成有兴趣，卢卡斯也是其中之一。他在那时与雷纳德·莱普英合作进行项目研究，他还与爱德华·普里斯科特合作完成了一个不完全竞争产业的动力学的理论项目。在此期间，卢卡斯的经济动力学的全部观点逐渐成形。以后，卢卡斯又对萨缪尔森关于货币经济的世代交叠模型产生兴趣。他的观点集中反映在 1970 年完成、1972 年发表的《预期和货币中性》的文章中。这篇文章是他的代表作，货币中性是他获得诺贝尔奖的演讲主题之一。1974 年卢卡斯回芝加哥教书。1980 年成为芝加哥的约翰·杜威有优异贡献教授。1995 年 10 月 10 日，瑞典皇家科学院宣布，把该年度的诺贝尔经济学奖授予美国芝加哥大学教授罗伯特·卢卡斯，以表彰他对"理性预期他假说的应用和发展"所作的贡献。他的研究，"改变了宏观经济的分析，加深了人们对经济政策的理解"，并为各国政府制定经济政策提供了崭新的思路。卢卡斯从 70 年代初起，率先将理性预期假说成功地运用于宏观经济分析,开创并领导一个新的宏观经济学派——理性预期学派,或新古典宏观经济学派。直到获奖前,卢卡斯在宏观经济模型构造、计量方法、动态经济分析以及国际资本流动分析等方面都作出了卓越的贡献。

罗伯特·卢卡斯的著作主要包括有《理性预期与经济计量实践》(合作,1981)、《经济周期理论研究》(1981)、《经济周期模式》(1987)、《经济动态学中的递归法》(1989)。他的论文比较多,除了上文中提到的之外,主要有《1929—1958年美国制造业中劳动力与资本的相互替代》(1964)、《最优投资政策与灵活加速器》(1967)、《调整费用与供应理论》(1967)、《实际工资、就业与通货膨胀》(1969)、《投资与不确定性》(合作,1974)、《经济计量政策评估:一项评论》(1975)、《论商业企业的规模分布》(1981)、《纯粹货币经济中的均衡》(1980)、《托宾与货币主义:评论文章》(1981)、《优化投资与理性预期》(1981)、《资本缺乏经济中的最优财政与货币政策》(合作,1983)、《金融理论中的货币》(1984)、《流动性与利息率》(1990)、《论效率与分配》(1992)、《有效就业保障简化模式中的效率与均等》(1995)等。

(资料来源:张满银.宏观经济学[M].北京:机械工业出版社,2008)

四、巴罗的新经济增长理论

美国经济学家罗伯特·巴罗在其1990年提出的经济增长模型中强调了政府服务于经济增长的作用。

巴罗认为,政府提供的服务(如基础设施建设)带来了私人厂商生产率和社会生产率的提高,推动了技术进步,使生产表现出规模收益递增,经济得以实现内生性增长。

巴罗假定,政府提供公共产品,政府获得具有外部溢出效应。政府投资提供公共产品是整个经济的一个组成部分,相对于私人经济而言是外部经济。无论政府提供的是公共产品(具有非排他性和非竞争性),还是具有部分竞争性和非排他性,政府都可以采取适当的税收制度,使分散竞争经济的均衡增长率等于社会最优增长率,提高社会福利水平。

尽管目前没有一个公认的标准模型,但该理论的观点是,一个国家长期经济增长不是由外生因素决定的,而是经济体系内生因素作用的结果,经济可以在这些内生因素的作用下实现持续的长期增长。

补充阅读:创新的秘密与中国后续发展之道

当今全球问题的根源在于新知识断流。

贸易不平衡问题现在是一个全球性的问题。美国现在失业率高,源自贸易不平衡,再进一步说是国际分工的问题。用一个简化的例子来说,一个村子里只要有一个木工就够了,一个人的劳动效率就足以保证村里人所需的全部桌椅家具。但是现在又有一个人跟着学。做木工活需要知识积累,是长年累月的积累。现在他来做木工,成本肯定比你自己摸索得要低很多。学完之后,他的家具成本肯定比你低。他来做木工,你就不要做了,你就失业了。在这个情况下,你必须去掌握新的知识,转行做别的,不然你就没活儿干了。这个例子可以很生动地形容当前国际贸易的状况。欧美高失业率的问题是传统制造领域的工作岗位大量流失了,同时因为知识断流,没有大规模的新发明来提供等量的新岗位,于是产生大量失业。不能怨谁,因为你的分工就是发明新东西,发明不了,就失业。

中国加入 WTO 以后,在国际上做买卖,交易费用大幅度下降,正好中国这些年对外开放,从外国引进了多个知识源头,所以实际上中国有一个巨大的知识增量。从知识存量来说我们与欧美还有一些差距,但知识增量比它们大。知识积累量每上一层,我就抢去你的一部分工作岗位。我为什么可以抢你的工作岗位?因为我的知识是从你那儿来的,获取知识的成本比你低,只是你的一个零头,所以我的制造成本必定下降,你根本没法和我竞争啊!表现出来就是欧洲和美国大量工作岗位转到了我们这里。

我们可以很武断地下个结论,所有的经济增长必然是知识增量。没有知识增量,就不可能有经济发展,要研究中国的经济增长,就是要研究知识增量是怎么来的。

知识增量有两个来源,第一个是原创,以前没有的,我新发现;还有一个是没有原创,向别人学。中国前 30 年就找到了这个途径。这个途径有两个特点:第一个特点是中国从外国找到了源头来学,这个源头不止一个,而是好多个,东亚有源头,欧洲有源头,美国也有源头,具体的途径是合资企业。第二个特点是从外部引入源头,内部又找到了一条低成本的知识传播途径,就是打工,一边干一边学,知识低成本地传播了。坦率地讲,在新一轮国际分工里面,中国是巨大的受益者。

如果美国突然有了新的发现,有巨大的知识增量,比如说它们在生物制药或者在新能源技术方面有新产品出来,全世界都没有,那它们就去生产这些东西,那么它就没有贸易失衡的问题。从事新知识生产的国家,只要是知识断流,就很危险,因为它们原来的工作机会在丧失,没有创新就没有饭吃。美国现在的一些政策不对头,它没有意识到现在的问题是它自己的知识增量为零,是没有新发现导致的问题。现在的一些下猛力的政策动作是回过头来要跟中国抢工作机会。这成本不是差一点,我们的知识积累成本只是你们的一个零头,刺激、财政补贴怎么能搞定呢?所以必须想办法去生产新知识。

我不同意美国的危机是次贷危机的说法,我认为它的本质是知识断流,一是中国的知识流量很大,竞争力大幅度上升,另一个就是美国自己的知识完全断流了。它从 20 世纪 90 年代以来没有什么新的发现、产品问世。

(资料来源:朱锡庆. 创新的秘密与中国后续发展之道 [N]. 南方都市报,2010 - 12 - 20)

本章知识总结

1. 经济增长是指一个经济产量的增加,其中产量既可以表示为经济的总产量,也可以表示为人均产量。经济增长程度可以用增长率来描述。提高增长率的因素主要有劳动力、资本等。

2. 新古典经济增长模型说明,在长期,一个经济体的储蓄率决定其资本存量规模,从而决定其生产水平。储蓄率越高,资本存量越多,产出水平也越高。在新古典经济增长模型中，储蓄率提高引起一个迅速增长的时期，但最终当达到新稳定状态后经济增长保持一个不变的速度。也就是说虽然高储蓄率引起了稳定状态的高产出水平，但储蓄本身不能引起长期的经济增长。

3. 新经济增长理论试图使经济的增长率内生化，也就是说，经济增长不再是由外部因素而是在模型内部被决定的。

 复习与思考

1. 名词解释

经济增长　增长率　资本广化　资本深化　新古典经济增长模型　内生增长理论

2. 简答题

（1）为什么在新古典经济增长模型中，储蓄率的提高在短期内使产量增长率增加，但长期中最终回落到人口增长的水平？

（2）简述新经济增长模型的主要思想

 名校历年考研试题

1. 名词解释：经济增长。（中南财经政法大学 2003 年；北京航空航天大学 2005 年；东北财经大学 2006 年）

2. 名词解释：经济周期。（中南财经政法大学 2001 年；北京化工大学 2005 年；华东理工大学 2005 年；北京交通大学 2006 年；东北财经大学 2006 年）

3. 简述引起生产率增长的因素。（北京工业大学 2009 年）

4. 简要评价新古典经济增长模型。（中国政法大学 2011 年；西安交通大学 2009 年）

第九章 开放的宏观经济和政策

没有一个国家会受到贸易的破坏

——本杰明·富兰克林

内容导读

随着社会的进步和发展,经济一体化的程度越来越高,任何一个国家或地区都与其他地区有一定程度的经济贸易往来。宏观经济运行和宏观经济政策在开放经济条件下有什么新的特点呢?本章对此给出了一个分析框架。放弃了封闭经济的假设,以开放经济的视角考察一国宏观经济的运行。产品跨国流动产生了国际贸易。本章首先介绍国际贸易的基本理论,其次对外汇汇率水平和决定理论做了介绍,最后把 IS – LM 模型扩展到开放经济条件下,形成新的模型,并运用这一模型对宏观经济政策在固定汇率制度和浮动汇率制度下的作用作了分析。

本章主要知识点

- 产生国际贸易的原因以及相关的理论
- 汇率的几种标价方法和汇率制度
- 开放经济条件下,不同宏观经济政策作用效果的原理

 **开篇案例**

看！iPhone 竟然有这么大的经济魔力！iPhone 拉动很多国家和地区的经济增长，成为全球贸易中最重要的产品之一。腾讯科技的贾斯曼 2014 年 11 月 7 日报道，近日有消息称，中国香港地区 9 月的零售业销售额同比升 4.8%，这也是今年 1 月以来最大增幅。香港特别行政区政府发言人表示，此次零售销售额提高的原因就是 iPhone 6 在港上市销售。其实，除香港外，iPhone 还拉动很多国家和地区的经济增长。不信？下面就来看一下 iPhone 的神奇魔力：

(1) 拉动澳大利亚经济复苏。iPhone 6 的火爆销售帮助澳大利亚的整体零售业复苏。澳大利亚的零售业在今年 9 月的销量整体上升了 1.2%，这是自去年 2 月以来最大的增幅。澳大利亚电气产品和电子产品在 9 月销量上涨了 9.2%，也要归功于 iPhone 6 系列智能手机的发布。

(2) 让中国台湾地区工业生产增长 8.6%。中国台湾地区、日本和韩国的公司为 iPhone 供应显示屏、相机镜头和微处理器。这些公司已经宣布营收增长，经济学家和分析师认为苹果效应造成了经济更好的发展。日本政府官员预测，iPhone 6 零件订单增加了 5% 电子设备出口。今年 6 月，中国台湾地区工业生产同比增长 8.6%，这些增长都因供应商与苹果合作。不久之前，有消息称苹果订购了 7000 万－8000 万的 iPhone 6，这也是 iPhone 历史上最大规模出货量。

(3) 带动中美贸易顺差。今年 9 月美国从中国进口商品总量上涨，促使美国对中国贸易逆差创历史新高。美国对中国贸易逆差达 356 亿美元，相当于美国总贸易逆差的 80%。美国进口总额上涨 50 亿美元中，有 30 亿美元来自手机购买。9 月，苹果公司推出 iPhone 6 和 iPhone 6 Plus，两款手机皆由中国装配。

(4) 推动中国台湾地区经济持续增长。中国台湾地区由于得到苹果公司的大量订单，出口增长率快速提升，推动了中国台湾地区制造业的复苏。中国台湾地区公布的 2014 年 GDP 展望中显示，该地区依赖贸易性经济前景大幅改善。7 月份的制造业调查显示，新的出口订单增长率达到 2011 年 1 月份以来最快速度。数据显示，中国台湾地区 7 月份的出口订单比去年同期增长 7.3%，而 6 月份增长率更是达到 10.6%，远远超过预期，也是一年半以来增长速度最快的月份。这些都得益于 iPhone 带来的经济效应。

(资料来源：腾讯科技．http：//tech．qq．com/a/20141107/009460．htm)

第一节
关于产品跨国流动的解释

前面章节我们的讨论都是在封闭经济条件下进行，但是随着经济全球化的不断发展，商品和服务在世界各国范围内的流动大大增加，所以有必要对开放经济条件下的经济理论作出

分析研究。各国为什么要进行国际贸易呢？各国应该如何确定自己生产什么产品？这就涉及国际贸易相关的理论。

一、绝对优势贸易理论

第一个建立起市场经济学分析框架的是18世纪的英国古典经济学家亚当·斯密，他的贸易思想是其整个自由竞争市场经济体系的一个有机组成部分。斯密认为自由竞争和自由贸易是实现自由放任原则的主要内容。在《国富论》中，亚当·斯密通过对国家和家庭进行对比来描述国际贸易的必要性。他认为，既然每个家庭都认为只生产一部分它自己需要的产品而用那些它能出售的产品来购买其他产品是合算的，同样的道理应该适用于每个国家。在斯密的体系中，无论是进口还是出口，都应是市场上的一种自由交换，这种交换的结果是双方都会得到好处。

斯密进一步认为，国际贸易的基础是各国之间生产技术的绝对差别，他认为国际贸易和国际分工的原因及其基础是各国间存在的劳动生产率和生产成本的绝对差别。他用一国中不同人的劳动生产率和职业分工来解释国际贸易的原因：裁缝之所以自己不去制作靴子，是因为从鞋匠那里购买靴子比自己在家生产要便宜；而裁缝擅长做衣服，在做衣服方面裁缝比鞋匠能干，裁缝应该用衣服来换靴子。一个国家也是如此，应该集中生产并出口其具有劳动生产率和生产成本"绝对优势"的产品，进口其不具有"绝对优势"的产品，其结果比自己什么都生产更有利。在贸易理论上，这一学说被称为"绝对优势理论"。

经济学家小传：斯密

亚当·斯密（Adam Smith，1723－1790）于1723年出生在苏格兰法夫郡的克考第。斯密自小博览群书，在14岁时就进入了格拉斯哥大学学习。他选定了人文科学的方向，在逻辑、道德哲学、数学和天文学方面都成绩优异。1740年，他又进入牛津大学深造，闭门苦读了6年。由于某些政治事件的原因，斯密不得不于1746年回到克考第。之后，他经常到爱丁堡作讲演，内容涵盖法学、社会学、政治学和经济学。这时，斯密开始对政治经济学表现出特殊的兴趣。

18世纪50年代，斯密提出了经济自由主义的基本思想。从1751年开始，斯密在格拉斯哥大学连续任教12年，先后讲授逻辑学和道德哲学（即社会科学），颇受学生欢迎。在这段被他称为"一生中最幸福的时期"中，斯密参加了政治经济学俱乐部活动（被称为"俱乐部人"），而且，他每年总要到爱丁堡上二至三个月，宣扬他的经济自由思想。他曾在讲演中说道："应该让人的天性本身自然发展，并在其追求自己的目的和实施其本身计划的过程中给予它充分自由……"

1759年，斯密发表了他的第一部科学巨著《道德情操论》，标志着他的哲学和经济思想的形成。反封建的平等思想在他的学说中占据显著地位，他否定了宗教道德和"天赋道德情操论"，而代之以另一抽象原则——"同情心"。在《道德情操论》创作的过程中，内在兴趣和时代的需要（发展格拉斯哥工商业）使斯密沉湎于政治经济学的研究之中。在1762－1763年的讲稿里，他提出了一系列出色的唯物主义思想，在讲稿的经济学部分中，已出现了在《国富论》中得到发展的思想萌芽。1765－1766年在法国巴黎期间，斯密批判性地借鉴重农主义学派，沿着英国传统的道路，在劳动价值论的基础上创立了自己的经济理论。同法国唯物主义伦理学的重要代表爱尔维修结识后，斯密又将其关于新伦理的思想用于政治经济学，创造了关于人的本性和人与社会相互关系的概念，成了古典学派观点的基础。斯密通过"经济人"这一概念，提出了一个具有重大理论意义和实际意义的问题：关于人的经济活动的动因和动力问题。而"看不见的手"这一提法指出了客观经济规律的自发作用。斯密又把利己主义和经济发展自发规律结合，提出了自然秩序这一概念。这是他放任主义政策的原则和目的。当他最后写作《国富论》时，竞争和自由已成为他的经济学的基石，作为一条主线贯穿于整部《国富论》之中。

1767年春，斯密回到克考第开始写作。1776年3月，《国富论》在伦敦出版并在其后被翻译成多种语言。斯密在著作中坚定地提出经济自由主义，重新定义了价值、劳动分工、生产过程、自由贸易、制度发展、天赋人权、政府的作用和资本的作用。书中所提出的尖锐的社会、政治问题很快引起了广大读者的注意。斯密将其渊博的学问、深刻的洞察力和别具一格的幽默贯注于这部著作之中。《国富论》无疑是政治经济史上最引人入胜的著作之一。当时一位有名的学者指出，这不仅是一篇经济专题论文，而且是"一本描述时代的非常有趣的书"。

斯密成名后，曾在海关工作，但大部分时间还是致力于精炼修改他的这部著作。1790年7月，斯密逝世于爱丁堡，享年68岁。

（资料来源：伊特韦尔，等. 新帕尔格雷夫经济学大辞典. 第4版［M］. 经济科学出版社，1992）

二、比较优势贸易理论

在亚当·斯密之后的另一位著名的古典经济学家是大卫·李嘉图。李嘉图的贸易学说是他整个经济理论体系的一个重要组成部分。他与斯密一样，主张自由贸易，认为每个个人在追求个人利益的同时会自然而然地有利于整个社会。

与重商主义不同，李嘉图认为国际贸易给社会带来利益并非因为一国商品价值总额的增加，而是因为一国商品总量的增加。国际贸易之所以对国家极为有利，是因为"它增加了用收入购买的物品的数量和种类，并且由于商品丰富和价格低廉而为节约和资本积累提供刺激"。同斯密一样，李嘉图强调进口带来的利益，不过他并非只是重复斯密关于自由贸易的好处，而是提出了更加系统的自由贸易理论，他从资源的最有效配置（使用）角度来论证自由贸易与专业分工的必要性。

李嘉图用"比较成本"的概念来分析国际贸易的基础，建立了"比较优势贸易理论"。该理论认为，国际贸易的基础并不限于劳动生产率上的绝对差别，只要各国之间存在着劳动生产率上的相对差别，就会出现生产成本和产品价格的相对差别，从而使各国在不同的产品上具有比较优势，使国际分工和国际贸易成为可能。也就是说，每个国家都应该集中生产并出口其具有"比较优势"的产品，进口其具有"比较劣势"的产品。

关于比较优势，李嘉图有一段著名的论述：英国的情形可能是生产棉布需要100个人劳动一年，而如果酿制葡萄酒则需要120人劳动同样长的时间，因此，英国发现通过出口棉布来进口葡萄酒对自己比较有利。葡萄牙生产葡萄酒可能只需要80人劳动一年，而生产棉布却需要 90 人劳动一年。因此，对葡萄牙来说，出口葡萄酒以交换棉布是有利的。即使葡萄牙进口的商品在本国制造时所需要的劳动少于英国，这种交换仍然会发生。虽然葡萄牙能够以 90 个人的劳动生产棉布，但它宁可从一个需要 100 个人的劳动生产的国家进口棉布。对葡萄牙来说，与其挪用种植葡萄的一部分资本去生产棉布，还不如用资本来生产葡萄酒，因为由此可以从英国换得更多的棉布。

我们可以用一个模型来说明比较优势理论。假设有两个国家，一个是 A 国，一个是 B 国，两国都能生产两种产品——食物和衣物。具体见表 9-1。

表 9-1　　　　　　　　　　　　两种产品的劳动投入

	食物（F）	衣物（C）	自给自足时的价格比（F：C）
国家 A	3 小时/单位	1 小时/单位	1F：3C
国家 B	4 小时/单位	2 小时/单位	1F：2C

从表 9-1 可以看出，A 国无论是生产食物还是衣物所消耗的劳动时间均低于 B 国。按照李嘉图的理论，在开放经济下，两个国家还是可以交换的。因为 A 国在衣物生产上具有比较优势，而 B 国在食物生产上具有比较优势。那么两个国家可以各自生产自己具有比较优势的产品，然后出口进行交换。

与"绝对优势"学说相比，"比较优势"学说更有普遍意义。它不仅在理论上更广泛地论证了贸易的基础，在实践上也部分解释了先进国家与落后国家之间的贸易原因。

经济学家小传：李嘉图

大卫·李嘉图（David Ricardo，1772-1823）于 1772 年生于英国伦敦一个富有的交易所经纪人家庭。他所受的学校教育不多，14 岁就开始跟随父亲在交易所做事。后来，因婚姻和宗教问题与父亲脱离关系，自己经营交易所。他干得非常成功，十年之后就拥有了 200 万英镑的财产。功成名就后，他利用空闲时间学习了自然科学。1799 年李嘉图在巴思逗留期间偶然得到一本《国富论》，成为这本书的一个真正"赞赏者"。当时英国脱离金本位制的特定环境使李嘉图对政治经济学产生了很大的兴趣。最终，他在分析、批判前人经济理论的基础上，结合现实问题，将经济理论推上了一个新的阶段。

李嘉图对经济理论的研究和所写的著作，几乎涉及了经济学中所有方面。他首先研究的是货币。李嘉图是货币数量论的倡导者。他在 1809 年、1811 年发表的几篇文章和几本小册子中，批判了当时的货币流通制度，并且拟定了一个实事求是的纲领，甚至提出要创立新的国家银行，他的建议方式和雄辩的能力得到充分显示。他的货币理论思想主要有：(1) 稳定货币流通是发展经济的最重要的条件；(2) 这种稳定只有在以黄金为基础的条件下才可能实现；(3) 在流通中黄金可以在相当大程度上，甚至完全为按固定平价兑换黄金的纸币所取代。之后，他出版了《论谷物低价对资本利润的影响》一书。在该书中，他主要研究了价值理论。他以斯密的价值理论为出发点研究价值问题，力图在基本点上纠正和揭露斯密价值学说的混乱和矛盾。他坚持了耗费劳动量决定商品价值的原理，并将这一原理始终贯穿在他的经济理论中。他考虑了劳动性质与价值的关系，认为各种不同性质的估价由市场决定，并且主要决定于劳动者的相对熟练程度和所完成的劳动的强度；最不利条件下的劳动决定价值；决定商品价值的是劳动总量，即不仅包括生产该商品时所需的劳动，而且包括生产用于该过程的资本物所需的劳动。

李嘉图对国际贸易理论有开创性的贡献。他是贸易自由的坚定支持者。在他的主要著作《政治经济学及赋税原理》中，李嘉图以一个有关国际贸易的一般理论支持了自己的观点。该理论包括了比较优势学说——该学说或许可以说是政治经济学中最广泛地为人们所接受的"真理"。在《政治经济学及赋税原理》的《论对外贸易》一章中，他对苏格兰和葡萄牙的外贸进行了研究，用精彩的例子"葡萄酒"和"棉布"说明了比较成本，并得到了贸易的结果使贸易参与国更加富裕的结论，即后来所谓的比较优势原则。这个基本思想在后来被无数经济学者引用并发展。他还从比较耗费原则得出了与他的在贸易自由条件下和谐发展国际经济关系理论相适应的结论。

终其一生，李嘉图都以严谨的思维、数学逻辑性和精确性著称。他是古典政治经济学的集大成者。他发展了斯密的工资、利润和地租的观点，级社会三个主要阶层最初收入的观点。他认为，地租只是从利润中扣出的部分，从而利润被说成是收入的最初的基本形式，而资本是收入的基础，即利润实质上就是剩余价值。这又是他在科学上取得的光辉成就之一。1817年4月，他的名著《政治经济学及赋税原理》出版。该书包含了他丰富的经济思想，在经济学说史上有很重要的地位。1819年，他成为一名议员，积极参与讨论银行改革、税收提议等问题，并成为伦敦政治经济俱乐部的奠基人。

（资料来源：伊特韦尔，等. 新帕尔格雷夫经济学大辞典［M］. 北京：经济科学出版社，1992）

三、赫克歇尔－俄林要素禀赋论

比较优势理论对商品跨国贸易作出了有说服力的解释，但是，除了商品劳动生产率的差异之外，其他生产要素也对产品的生产成本有很大的影响。所以在20世纪初，瑞典经济学家赫克歇尔和俄林（简称H－O理论）又从各国的生产要素禀赋的角度对国际贸易给出了解释。

H－O理论产生于对斯密和李嘉图贸易理论的质疑。在斯密和李嘉图的模型中，技术不同是各国在生产成本上产生差异的主要原因。可是，到了20世纪初，各国尤其是欧美之间的交往已经很频繁，技术的传播已不是一件非常困难的事。许多产品在不同国家的生产技术已非常接近甚至相同，但为什么成本差异仍然很大？赫克歇尔认为，除了技术差异以外，一定有其他原因决定各国在不同产品上的比较优势，而其中最重要是各国生产要素的禀赋不同和生产中使用的要素比例不同。

有些产品的生产技术性较高，需要大量的机器设备和资本投入，这种在生产中所需的资本投入比例较高的产品称为资本密集型产品；有些产品的生产则主要是手工操作，需要大量的劳动投入，这种在生产中所需的劳动投入比例较高的产品则称为劳动密集型产品。另外，各国生产要素的储备比例也是不同的。有的国家资本相对雄厚，被称为资本充裕的国家；有的国家人口众多，被称为劳动充裕的国家。当然这里的充裕是一个相对概念，用资本/劳动的比率（人均资本）来衡量。如果美国的人均资本高于中国，美国就是资本充裕的国家，中国则是劳动充裕的国家，但是如果与柬埔寨或孟加拉国等相比，中国也许又算是资本充裕的国家。

由于产品的生产需要使用多种要素，产品的相对成本不仅可以由技术差别决定，也可以由产品生产中的要素比例和一国资源储备的稀缺程度决定。一般来说，劳动力相对充裕的国家，劳动力价格会偏低，因此，劳动密集型产品的生产成本会相对低一些。而在资本相对充足的国家里，资本的价格会相对较低，生产资本密集型产品可能会有利。因此，劳动力相对充裕的国家，一般拥有生产劳动密集型产品的比较优势，而资本相对充裕的国家，则具有生产资本密集型产品的比较优势。根据 H-O 的理论，各国应该集中生产并出口那些能够充分利用本国充裕要素的产品，以换取那些需要密集使用其稀缺要素的产品。换句话说，如果中国是劳动力充裕的国家，中国就应该多生产和出口劳动密集型产品，进口资本密集型产品。这种国际贸易的基础是生产要素的禀赋和使用比例上的相对差别。不同的生产要素禀赋决定了国际贸易的发生和贸易模式。

经济学家小传：赫克歇尔

赫克歇尔（Eli F. Heckscher，1879-1952）于1879年出生在瑞典斯德哥尔摩的一个犹太人家庭。1897年起，在乌普萨拉大学学习历史和经济，并于1907年获得博士学位。毕业后，他曾任斯德哥尔摩大学商学院临时讲师，1909-1929年任经济学和统计学教授。此后，因他在科研方面的过人天赋，学校任命他为新成立的经济史研究所所长。他成功地使经济史成为瑞典各大学一门研究生课程。

他对经济学的贡献主要是在经济理论上的创新和在经济史研究方面引入新的方法论——一种定量研究方法。

他在经济理论方面最重要的贡献是他最著名的两篇文章：《外贸对收入分配的影响》和《间歇性免费商品》。1919 年发表的《外贸对收入分配的影响》是现代赫克歇尔-俄林要素禀赋国际贸易理论的起源。他集中探讨了各国资源要素禀赋构成与商品贸易模式之间的关系，并且，一开始就运用了总体均衡的分析方法。他认为，要素绝对价格的平均化是国际贸易的必然结果。他的论文具有开拓性的意义，其后，这个理论由他的学生俄林进一步加以发展。《间歇性免费商品》（1924）一文提出的不完全竞争理论，比琼·罗宾逊和爱德华·张伯伦的早了 9 年。文章中还探讨了不由市场决定价格的集体财富（即所谓的公共物品）的问题。

在经济史方面，赫克歇尔更享有盛名。主要著作有：《大陆系统：一个经济学的解释》、《重商主义》、《古斯塔夫王朝以来的瑞典经济史》、《历史的唯物主义解释及其他解释》、《经济史研究》等。

赫克歇尔通过对史料提出更广泛的问题或假设，进行深入地批判性研究，从而在经济史和经济理论两个方面架起了桥梁，并把两者有机地结合起来。他是瑞典学派的主要代表人物之一。

（资料来源：伊特韦尔，等. 新帕尔格雷夫经济学大辞典 [M]. 北京：经济科学出版社，1992）

 **经济学家小传：俄林**

  俄林（Bertil Gotthard Ohlin，1899－1979）于1899年4月出生在瑞典南方的一个小村子克利潘。他1917年在隆德大学获得数学、统计学和经济学学位。1919年在赫克歇尔的指导下获得斯德哥尔摩大学工商管理学院经济学学位。1923年在陶西格和威廉斯的指导下获得哈佛大学文科硕士学位。1923年在卡塞尔的指导下获得斯德哥尔摩大学博士学位。1925年任丹麦哥本哈根大学经济学教授，5年后回瑞典在斯德哥尔摩大学商学院从事教学工作，1937年在加利福尼亚大学（伯克利）任客座教授。俄林最为著名的工作是他对国际贸易理论的现代化处理，并由此获得1977年的诺贝尔经济学奖。

  他的研究成果主要表现在国际贸易理论方面，1924年出版《国际贸易理论》，1933年出版其名著《区间贸易和国际贸易论》，1936年出版《国际经济的复兴》，1941年出版《资本市场和利率政策》等。俄林受他的老师赫克歇尔关于生产要素比例的国际贸易理论的影响，并在美国哈佛大学教授威廉斯的指导下，结合瓦尔拉斯和卡塞尔的总体均衡理论进行分析论证，在《区间贸易和国际贸易论》中最终形成了他的贸易理论。因此，俄林的国际贸易理论又被称为赫克歇尔－俄林理论（简称H－O理论）。

  （资料来源：伊特韦尔，等. 新帕尔格雷夫经济学大辞典［M］. 北京：经济科学出版社，1992）

四、规模经济、非完全竞争条件下的新贸易理论

  在H－O理论中，进行贸易的两个国家被假定为是在规模报酬不变的背景下进行贸易。但是在第二次世界大战以后，特别是20世纪50年代末以来，国际贸易出现了许多新的现象，大量存在的贸易是产业内贸易尤其是工业发达国家之间行业内贸易所占的比重已经大大增加，而且产业领先地位不断转移。如何对此作出解释，就对贸易理论提出了新的挑战。美国学者克鲁格曼、赫尔普曼等人运用规模报酬递增和非完全竞争理论对此作出了解释。在规模报酬递增的条件下，当一个国家的某种产品的产量越来越大时，其单位产品成本将会越来越低，或者说同等数量的资源生产的产品数量越来越多，这样当把具有这种特质的产品生产由原来两国生产转为一个国家生产时，每个国家都各自生产规模经济效应明显的产品时，总的产出水平将会提高。

  世界市场上主要出口国的领先或主导地位在不断变化，也有很多实例。有许多产品曾经由少数发达国家生产和出口，在国际市场上占有绝对的领先地位，其他国家不得不从这些国家进口。然而，战后这种产品领先地位在不断发生变化。一些原来进口的国家开始生产并出口这类产品，而最初出口的发达国家反而需要进口。例如纺织业、机电业，甚至汽车制造业，都出现这种情况。纺织品是欧美最早向其他国家大宗输出的产品，20世纪初，洋布占领中国市场，挤垮了土布。几十年后情况则相反，纺织品的主要生产出口国变成了发展中国家，尤其是中国的纺织品，充斥欧美市场，而欧美成了纺织品的净进口国。再比如汽车行业，美国是最早的汽车生产和出口国，现在则大量进口日本汽车。近年来，韩国也成为重要的汽车出口国了。

  这些战后在国际贸易中出现的新现象是对传统贸易理论的挑战，需要用新的理论来作解

释。如何解释贸易模式的动态变化和一些产品中领先地位的变化呢？美国经济学家雷蒙德·弗农分析了产品技术的变化及其对贸易格局的影响，提出了产品周期的学说。

产品周期理论认为，一个新产品的技术发展大致有三个阶段：新产品阶段，成熟阶段，标准化阶段。

在新产品阶段，产品仍属新颖，技术上是新发明。除了发明国以外，其他国家对这一项技术知之不多。而且生产者对于新产品生产技术根据市场反映还在不断摸索和改进。在这一阶段，发明国垄断该产品的生产，满足国内外消费者需求。在成熟阶段，技术已经成熟，生产过程已经比较标准化，成熟的生产技术也随着产品的出口而转移。与此同时，国外的生产也已增加，发明国的出口开始下降，一些产品进口国能够迅速地模仿掌握技术进而开始在本国生产该产品并出口到其他国家。到了标准化阶段，技术已不再是什么新颖的和秘密的了，已经在世界范围内扩散。许多技术都已包含在生产该商品的机器（如装配线）中了。任何国家只要购买了这些机器也就购买了技术，技术本身的重要性已经逐渐消失。至此，新产品的技术也完成了其生命周期。

延伸阅读：世界产业领先地位的变化：钢铁的例子

钢铁工业是世界上最早的工业之一。早在公元前1000多年，古希腊就开始普遍使用铁器。18世纪工业革命之后，蒸汽机的发明和新的棉纺机的使用需要更多的铁、钢和煤。这一需求的增加带动了采矿与冶金技术方面的一系列改进，从而推动了钢铁工业的发展。18世纪钢铁工业最发达的国家是英国。在1800年，英国生产的铁比世界其余地区合在一起还多，铁产量从1770年的5万吨增长到1800年的13万吨，进而增长到1861年的380万吨。在1880年时，英国生产了全世界30%的钢铁。

18世纪后期，工业革命进入了第二阶段。与第一阶段相比，第二阶段的主要特征是科学开始发挥重要作用。在钢铁工业中，许多新的工艺方法（如贝色麦炼钢法，西门子－马丁炼钢法和吉尔克里斯特－托马斯炼钢法）被发明，大大推动了钢铁工业的发展与生产技术的传播。科学和大规模生产的方法使得美国和德国迅速在钢铁工业上赶上并超过了英国。

美国在1880年时已生产了全世界30%的钢铁。1910年的钢铁产量达到2,650多万吨，占世界总产量的将近一半！英国在世界钢铁产量中的比重则下降到10%左右。到了20世纪80年代，英国在世界钢铁市场的份额进一步缩小到2%左右。

与美国同期快速发展钢铁工业的是德国。在1880年，德国的钢铁产量已占全世界的15%，到了1910年，德国的钢产量达到1,370万吨，占世界总产量的比重超过20%，成为仅次于美国的第二大钢铁生产国。

但是无论美国还是德国，其钢铁工业在世界上的地位于第二次世界大战以后逐渐衰弱。1953年以后，美国在世界钢铁工业中的份额逐渐下降。到了1960年，美国的产量份额降至不到30%，德国降为10%左右。到了20世纪80年代，美国只生产全世界10%左右的钢铁，德国也只有5%，取而代之的是当时的苏联和日本。

苏联钢铁工业的发展与计划经济和战争有关。1953年，苏联超过德国，成为世界上第二大钢铁工业大国，生产量占世界总产量的20%以上。这一地位一直保持到20世纪90年代初苏联解体。

日本的钢铁工业在战后得到了很大的发展。50年代初,日本的钢铁产量在世界上的份额只有不到5%。到了70年代,日本生产了世界上将近20%的钢铁,成为仅次于苏联的世界第二大钢铁生产国和最大的钢铁出口国。但是,日本的钢铁大国地位也没有保持多久。到了20世纪80年代末,日本在世界钢铁市场上的份额逐渐减少到10%左右。在这一时期里迅速崛起的新兴钢铁生产强国是韩国。20世纪90年代以来,中国也逐渐成为钢铁的生产与出口国,而当年的世界钢铁霸主美国则不得不靠贸易壁垒来抵御来自中、韩、日以及欧洲的竞争。

(资料来源:斯塔夫里阿诺斯. 全球通史:1500年以后的世界 [M]. 吴象婴. 梁赤民译. 上海:上海社会科学出版社.1992)

第二节 汇率和国际收支

上一节我们研究了商品的跨国流动。商品在各国之间的流动必然会带来国家间货币的兑换,这一节我们来研究汇率以及国际收支。

一、汇率的定义及标价方法

汇率是指一个国家货币折算成另一个国家货币的比率,表示两个国家货币之间的互换关系。国家不同,使用的货币也不同。当一种商品或劳务参与国际交换时,就有一个把商品或劳务以本国货币表示的价格折算成以外币表示的国际价格问题,这种折算就是按汇率进行的。

确定两种货币的比率,首先要确定以哪一国货币为标准,由于确定的标准不同,汇率的标价方法也不同。当前,国际上主要有三种标价方法:直接标价法、间接标价法和美元标价法。

直接标价法是以一定单位(1个或100个外币单位)的外国货币为标准,折算成若干单位的本国货币来表示的方法。在直接标价法下,外国货币为基础货币,本国货币为报价货币。目前,除英国、美国等外,大多数国家都采用直接标价法。我国也采用直接标价法。例如,我国在某日外汇市场的外汇行情为:1美元 = 6.0342/6.0352人民币。在直接标价法下,外国货币数额固定不变,外汇汇率的涨跌都以本国货币数额的变化来表示。本国货币的数量随着外国货币或本国货币币值的变化而变化。当我们看到数值上升时,说明本国货币贬值,外国货币升值;相反,如果数值下降,则表示本国货币升值,外国货币贬值。

间接标价法是以一定单位的本国货币为标准,折算成若干单位的外国货币来表示的方法。在间接标价法下,本国货币为基础货币,外国货币为报价货币。目前世界上只有英国、美国、新西兰和澳大利亚等少数国家采用间接标价法。在间接标价法下,当一定单位的本国货币兑换的外国货币数值变小时,就表示本币贬值了,相反当数值变大时就表示本币升值了。

直接标价法和间接标价法互为倒数,也就是说知道了一种方法得到的汇率值,也就可以推出另一种标价法的数值。如,2007年7月6日,美元兑人民币的汇率,直接标价法表示为1美元对人民币的汇率为1∶7.61元人民币,如果用间接标价法表示则是,1元人民币的汇率为1∶0.131美元。

美元标价法是指以美元为标准来表示各国货币的标价方法。在美元标价法下,所有汇率都是以美元作为基础货币,其他货币为报价货币,即美元数额不变,美元与其他货币的比例关系以其他货币的数额变化来表示。

从经济分析的角度来区分,汇率还可以分为名义汇率、实际汇率和有效汇率。

名义汇率是指没有经过通货膨胀或其他因素调整的汇率,各国外汇市场或外汇管理机构公开发布的汇率都是名义汇率。

实际汇率是指对名义汇率经过通货膨胀因素调整以后的汇率。一般而言,实际汇率等于名义汇率减去通货膨胀率。

名义汇率和实际汇率两者的区别在于,名义汇率没有考虑两国的价格水平,而实际汇率则考虑了两国的价格因素。实际汇率是两国产品的相对价格,它告诉我们能按什么比率用一国的产品交换另一国的产品。

有效汇率是国际金融研究和决策中经常用到的一个重要概念,有效汇率是指一国货币对一组外币汇率的加权平均值,反映该国货币对外币总价值的变化情况。在外汇市场上,一国货币在对某一种货币升值的同时,可能对另一种货币贬值。即使该国货币对所有其他货币贬值(升值),但是贬值(升值)的幅度也会有所不同。因此有效汇率可以综合表示该国货币对外价值的变化情况。国际货币基金组织定期公布17个发达国家的若干种有效汇率指数,包括以贸易比重、劳动力成本、消费物价、批发物价等为权数的、经过加权平均得出的不同类型的有效汇率指数。以贸易为权重的有效汇率的公式为:

$$E = \sum A_i E_i \tag{9.1}$$

其中,E 表示以贸易为权重的有效汇率,A_i 表示第 i 国与本国贸易占本国全部对外贸易的比重或第 i 国在世界贸易中所占的比重,E_i 表示本国货币与第 i 国在一定时期的名义汇率。

二、汇率制度

汇率制度是指一国货币当局对本国汇率水平的确定、汇率变动的基本方式等问题所作的一系列安排或规定。主要的汇率制度有固定汇率制度、浮动汇率制度。

固定汇率制度是指两国的货币比价基本固定,汇率波动幅度被限制在一定范围内的汇率制度。汇率水平与变动要么基于一种共同的基准(如黄金)要么由一国政府部门和货币当局控制或规定。人类经济发展史上到目前为止存在过两种典型的固定汇率制度:一种是金本位制,另一种是布雷顿森林体系下的以美元为基准的汇率制度。

金本位制的特点是用黄金来规定货币所代表的价值,即每种货币都有法定的含金量。两个汇率的制定以两国本位币的含金量为基础,形成汇率之间的固定比值。黄金的自由输入和自由输出保证现实汇率的波动不超过黄金输送点。由于两国货币的金平价是不变动的,所以各国之间的汇率比较稳定。金本位制下固定汇率制是比较典型的固定汇率制度,它为促进国际贸易的发展提供了有利的条件。

第二次世界大战结束以后,布雷顿森林体系确立了以美元为中心的固定汇率制度,即美元与黄金挂钩、其他货币与美元挂钩的"双挂钩"制度。规定1盎司黄金等于35美元的官价,1美元的含金量为0.888671克黄金。其他货币与美元保持固定比价,其波动幅度保持在货币平价上下1%幅度内。各国政府有义务干预金融市场的外汇汇率,以便保持外汇市场的稳定。因此布雷顿森林体系下的固定汇率制,实质上是一种可调整的盯住汇率制,它兼有固定汇率与弹性汇率的特点。

20世纪60年代后,频繁的经济危机以及朝鲜战争和越南战争,导致美国国际收支恶化,经济实力下降,美元地位减弱。而60年代末和70年代初美元先后三次贬值,到1973年西方国家纷纷放弃对美元的固定汇率,采用了浮动汇率制。

浮动汇率制是指各国汇率根据外汇供求状况的变化而变化,政府对汇率不施加任何干预的汇率制度。当外币供过于求时,外币价格下跌,外汇汇率就下降;当外币供不应求时,外币价格上涨,外汇汇率就上升。在浮动汇率制度下,从理论上说政府没有义务维持汇率的稳定。

按照不同的标准,浮动汇率又可以分为不同的类别。

按照浮动的方式,可以分为单独浮动、联合浮动、盯住单一货币、盯住一篮子货币。美国、英国、加拿大、日本、澳大利亚等国采取单独浮动方式,它是指一国货币不与其他国家货币确定固定联系,其汇率根据外汇市场供求变化来确定。联合浮动指国家集团在成员国之间实行固定汇率制,同时对非成员国国家的货币实行同升同降的浮动汇率。盯住单一货币是指本国货币与另一种货币挂钩,本国汇率随后者的变动而变动。盯住一篮子货币是指将本国货币与一篮子外国货币挂钩,这一篮子货币主要由与本国经济联系最为密切的国家的货币和国际支付使用最多的货币组成。如沙特阿拉伯、阿拉伯联合酋长国等国货币就与特别提款权挂钩。

按照政府或货币管理当局是否对汇率进行干预为标准,浮动汇率制度又分为自由浮动汇率制度和有管理浮动汇率制度。前者指汇率水平完全由市场供求来决定,政府对此不做任何干预,又称为清洁浮动。后者是指政府或货币当局通过各种手段对汇率水平进行干预,使市场汇率符合政府的某种目标,也被称为肮脏浮动。

目前西方工业国家主要采取的是管理浮动和联合浮动两种。而大部分的发展中国家实行钉住汇率制,少数实行单独浮动。目前世界各国汇率制度呈现出多样化的局面,以浮动汇率为主的混合汇率体制得到发展。

延伸阅读:韩国的经济危机和经济复苏

虽然经历了朝鲜战争的灾难,然而到了20世纪60年代,韩国经济迅速增长。作为新兴工业化国家之一,韩国成为其他发展中国家的模范。

为了使像现代这样的公司更容易向美国出口产品,并保护那些获得美元贷款的公司,韩国政府将韩元钉住美元。在1997年7月泰国决定放弃钉住汇率制之后,大规模的不稳定性投机又钉住了韩元。外国投资者争相出售他们在韩国的投资并把他们所拥有的韩元兑换成美元。在1997年10月,韩国难以维持钉住汇率制,允许韩元自由浮动。

同其他经历了汇率制度危机的国家一样,韩国也试图通过提高国内利率来维护韩元的币值。结果导致总需求的急剧下降和严重的经济衰退。不过,与其他东南亚国家——尤其是泰国和印度尼西亚——从汇率危机中恢复过来后经济增长速度很慢不同,韩国经济复苏得很快。经历了199年的实际GDP下降之后,韩国很快又恢复了高增长率。为什么韩国的表现比其他东南亚国家要好得多呢?达拉斯联邦储备银行的经济学家Jahyeong Koo 和Sherry L. Kiser认为是以下几个因素共同作用的结果:(1)韩国受益于1997年12月从IMF获得的210亿美元贷款。这笔贷款有助于韩国稳定韩元的币值。(2)即便韩国银行在危机中受损失严重并缩减了贷款,韩国公司仍然能够从股票和债券市场上融资来进行投资。(3)韩国劳动力市场弹性很大,从而公司可以降低工人的工资,也部分冲销了危机对公司获取利润的不利影响。

到2009年,韩国企业已经大部分偿清了20世纪90年代的债务。韩国有能力从汇率危机中恢复过来,并且未遭受像印度尼西亚那样的政治和社会的动荡不安。

(资料来源:R. 格伦·哈伯德. 经济学(宏观)[M]. 王永钦,等译. 北京:机械工业出版社,2011)

三、汇率的决定和相关理论

(一)汇率的决定

如果我们把一国货币当做商品,那么我们就可以用普通的供求模型来分析汇率的决定。

我们以英镑汇率和美元汇率为例(见图9-1)。假定两种货币在市场中的兑换价格不受政府控制,是自由兑换。纵轴表示的是1单位英镑可以兑换的美元的数量。供给曲线向上倾斜,表示的是随着1单位英镑可以兑换的美元的数量的增加,愿意卖出英镑而持有美元的人便会增多;而需求曲线向下倾斜,则表示相反的意思。如图所示,在外汇市场中,对英镑的需求(卖出美元、买入英镑)和英镑的供给(卖出英镑、买入美元)相等时,就可以决定均衡的汇率水平。当影响英镑和美元的因素变动时,两种货币兑换的相对水平将会发生变化。

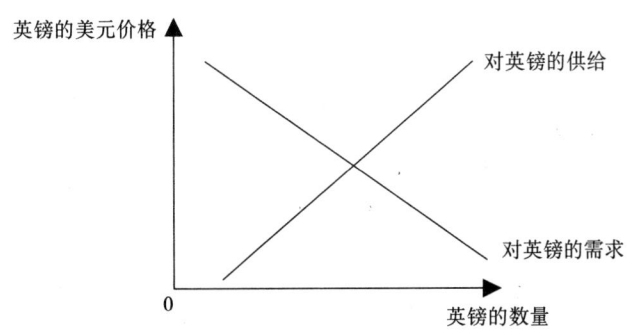

图9-1 英镑对美元的汇率决定

(二) 汇率决定理论

经济学家提出了许多理论解释汇率的决定,这里我们介绍几种有影响的理论模型。

1. 购买力平价理论

购买力平价理论是西方国家汇率理论中最具有影响力的一个理论。它主要形成于第一次世界大战期间和战后初期,最早由瑞典经济学家卡塞尔提出。

购买力平价理论认为:本国人需要外国货币,是因为该外国货币在其发行国有购买力;外国人需要本国货币,则是因为本国货币在本国有购买力。购买力平价有两种形态:绝对购买力平价和相对购买力平价。购买力平价理论认为,按一定比率用本币购买外币,也就是购进了外币的购买力。所以,两国货币之间的兑换率由两国货币的购买力决定。由于货币购买力实际上是一般物价水平的倒数,两国货币的汇率就决定于两国一般物价水平之商。这就是绝对购买力平价。公式是:

$$e = \frac{\Sigma Pa}{\Sigma Pb} \tag{9.2}$$

这里 e 代表名义汇率,也就是 1 单位 b 国货币以 a 国货币表示的价格。ΣPa 为 a 国的一般物价水平,ΣPb 为 b 国的一般物价水平。

绝对购买力平价实际上也是"一价定律",因为按照卡塞尔的理论,如果在自由贸易条件下,各国间贸易无任何费用和关税,由于存在商品套购,而会使世界各地商品价格一致。尽管以各国货币标价的价格不一样,但这只不过是按照汇率把以一国货币表示的价格折算成以另一国货币表示的价格而已。

相对购买力是两国货币的汇率变化决定于它们购买力变化程度之比。假定 a 国货币新汇率为 e_1,旧汇率为 e_0,货币购买力变化率为 Pa,b 国货币购买力变化率为 Pb,则公式为:

$$e_1 = e_0 \times \frac{Pa}{Pb} \tag{9.3}$$

购买力平价理论认为,物价的变化源于货币量的变化。因此,购买力平价理论源于货币数量理论。同绝对购买力平价相比,学术界对相对购买力平价更感兴趣,因为它可用来预测实际汇率。在预测期内,如果两国经济结构不变,两国货币间汇率的变化便反映着两国货币购买力的变化。

延伸阅读:巨无霸指数

巨无霸指数是指以一个非正式的经济指数测量两种货币的汇率在理论上是否合理。这种测量方法假定购买力平价理论成立。购买力平价的大前提为两种货币的汇率会自然调整至同一水平,使一篮子货物在该两种货币的售价相同(一价定律)。在巨无霸指数,该一"篮子"货品就是一个在麦当劳连锁快餐店里售卖的巨无霸汉堡包。选择巨无霸的原因是,巨无霸在多个国家均有供应,而它在各地的制作规格相同,由当地麦当劳的经销商负责为材料议价。这些因素使该指数能有意义地比较各国货币。两国的巨无霸的购买力平价汇率的计算法,是以一个国家的巨无霸的当地货币的价格除以另一个国家的巨无霸的当地货币的价格。该商数用来跟实际的汇率比较:要是商数比汇率低,就表示第一国货币的汇价被低估了(根据购买力平价理论);相反,要是商数比汇率高,则第一国货币的汇价被高估了。

举例而言，假设一个巨无霸在美国的售价为 $2.50，在英国的售价为 £2.00；购买力平价汇率就是 2.50÷2.00=1.25。要是一美元能买入 £0.55（或 £1 = $1.82），则表示就两国巨无霸的售价而言，英镑兑美元的汇价被高估了 45.6%（(1.82-1.25)÷1.25×100%）。

巨无霸指数是由《经济学人》于 1986 年 9 月推出，此后该刊每年出版一次新的指数。该指数在英语国家里衍生了 Burgernomics（汉堡包经济）一词。在 2004 年 1 月，《经济学人》推出了 Tall Latte index（中杯鲜奶咖啡指数）。计算原理一样，但巨无霸被一杯星巴克咖啡取代，标志着该连锁店的全球扩展。在 1997 年，该刊也出版了一份"可口可乐地图"，用每个国家的人均可乐饮用量，比较国与国间的财富，该图显示可乐饮用量越多，国家就越富有。

用汉堡包测量购买力平价是有其限制的，比方说，当地税收、商业竞争力及汉堡包材料的进口税可能无法代表该国的整体经济状况。在许多国家，像在麦当劳这样的国际快餐店进餐要比在当地餐馆贵，而且不同国家对巨无霸的需求也不一样。例如在美国，低收入的家庭可能会一周几次在麦当劳进餐，但在马来西亚，低收入者可能从来就不会去吃巨无霸。尽管如此，巨无霸指数广为经济学家所引述。

（资料来源：MBA 智库百科. http://wiki.mbalib.com）

2. 利率平价理论

利率平价理论，又称远期汇率理论，是由英国经济学家凯恩斯于 1923 年提出，后经西方经济学家发展而成。

利率平价理论产生和发展的历史背景是：随着生产与资本国际化的不断发展，国家或地区间资本移动的规模日益扩大，并成为货币汇率（尤其是短期汇率）决定的一个重要因素，购买力平价理论已不能解释这种新现象，只有用一种新的理论才能解释这一新现象。利率平价理论就是适应这种需要而产生和发展起来的。

利率平价理论认为，两国货币的利差影响并确定了远期汇率与即期汇率的关系。在稳定均衡的外汇市场条件下，两国货币的利差幅度应该等于其远期汇率与即期汇率的差价幅度。利率较低的货币，其远期差价应为升水，升水幅度应等于利差；反之则相反。如果远期差价偏离利差，就会发生套利的活动，引起资本在两国间的流动，从而影响即期汇率和远期汇率的变化，直到远期差价与利差重新一致，市场才重新恢复平衡稳定。

远期差价与利差之间的等量关系用数学公式表示为：

$$P = \frac{F-S}{S} = \frac{1+i}{1+i^*} - 1$$

或 $P = i - i^*$ \hfill (9.4)

其中，P 为远期差价率，S 为即期汇率，F 为远期汇率，i 为本国利率，i^* 为外国利率。$\frac{1+i}{1+i^*}-1$ 可称为相对利差，$i-i^*$ 可称为绝对利差。

利率平价说阐明了利率与汇率之间的关系，合理地解释了利率变动对汇率变动的影响，发展了远期汇率决定的理论。但是，利率平价理论由于忽略了外汇交易的成本因素，也未考虑外汇管制等限制资本流动的因素，而使得按该理论预测的远期汇率同即期汇率的差价与实际相去甚远。

以上是有关汇率最为基本的理论。此外货币主义者也提出了货币汇率理论。其特点是把汇率看成两国货币的相对价格，所以汇率由两国货币市场的货币供求来决定。货币供应量是由国民产出水平决定，如果一国货币供应量的增长速度超过国民产出水平的增长速度，那么该国货币将贬值。与此相关的还有资产市场汇率理论，把货币看成一种与其他资产进行竞争的资产，通过投资者的资产组合调整变化引起相对价格（汇率）的变化等。

延伸阅读：人民币汇率形成机制

1. 我国汇率制度的历史与现状

（1）1994年以前的人民币汇率形成机制。新中国成立以来至改革开放前，人民币汇率由国家实行严格的管理和控制。改革开放前我国的汇率体制经历了新中国成立初期的单一浮动汇率制（1949—1952年）、五六十年代的单一固定汇率制（1953—1972年）和布雷顿森林体系后以"一篮子货币"计算的单一浮动汇率制（1973—1980年）。党的十一届三中全会以后，我国从单一汇率制转为双重汇率制，经历了官方汇率与贸易外汇内部结算价并存（1981—1984年）和官方汇率与外汇调剂价格并存（1985—1993年）两个汇率双轨制时期。

（2）1994—2005年人民币汇率形成机制。1993年12月，国务院正式颁布了《关于进一步改革外汇管理体制的通知》，提出了一系列汇改措施，具体包括：实现人民币官方汇率和外汇调剂价格并轨；建立以市场供求为基础的、单一的、有管理的浮动汇率制；取消外汇留成，实行结售汇制度；建立全国统一的外汇交易市场等。1994年1月1日，人民币官方汇率与外汇调剂价格正式并轨，我国开始实行以市场供求为基础的、单一的、有管理的浮动汇率制。企业和个人按规定向银行买卖外汇，银行进入银行间外汇市场进行交易，形成市场汇率。中央银行设定一定的汇率浮动范围，并通过调控市场保持人民币汇率的稳定。实践证明，这一汇率制度符合中国国情，1997年以前人民币汇率稳中有升，海内外对人民币的信心不断增强，为中国经济的持续快速发展和维护地区乃至世界经济金融的稳定作出了积极贡献。

但此后由于亚洲金融危机爆发，为防止周边国家和地区货币轮番贬值使危机深化，中国作为一个负责任的大国，主动收窄了人民币汇率浮动区间。随着亚洲金融危机的影响逐步减弱，近年来我国经济持续平稳较快发展，经济体制改革不断深化，金融领域改革取得了新的进展，外汇管制进一步放宽，外汇市场建设的深度和广度不断拓展，为完善人民币汇率形成机制创造了条件。

2. 2005年以来人民币汇率形成机制

2005年7月21日，中国再次完善人民币汇率形成机制，人民币对美元一次性升值2%以后，开始实行以市场供求为基础、参考一篮子货币进行调节、有管理的浮动汇率制度。人民币汇率不再钉住单一美元，而是按照我国对外经济发展的实际情况，选择若干种主要货币，赋予相应的权重，组成一个货币篮子。同时，根据国内外经济金融形势，以市场供求为基础，参考一篮子货币计算人民币汇率指数的变化，对人民币汇率进行管理和调节，维护人民币汇率在合理均衡水平上的基本稳定。参考一篮子外币的汇率变化会影响人民币汇率，但参考一篮子货币不等于钉住一篮子货币，它还需要将市场供求关系作为另一个重要依据，据此形成有管理的浮动汇率。与此同时，深化外汇体制改革，理顺外汇供求关系，加快外汇市场培育，使市场决定汇率形成的技术平台基本形成，人民币汇率弹性不断增加。2005年7月21日人民币汇率形成机制改革后，中国人民银行于每个工作日闭市后公布当日银行间外汇市场美元等交易货币对人民币汇率的收盘价，作为下一个工作日该货币对人民币交易的中间价。自2006年1月4日起，中国人民银行授权中国外汇交易中心于每个工作日上午9时15分对外公布当日人民币对美元、欧元、日元和港币汇率中间价，作为当日银行间即期外汇市场以及银行柜台交易汇率的中间价。

2008年金融危机恶化，许多国家货币对美元大幅贬值，而人民币汇率再度收窄了浮动区间，稳定了市场预期，为抵御危机发挥了重要作用，为亚洲乃至全球经济的复苏作出了巨大贡献，也展示了中国促进全球经济平衡的努力。随着全球经济企稳复苏，中国经济回升向好的基础进一步巩固。

2010年6月19日，中国进一步推进人民币汇率形成机制，增强人民币汇率弹性，重在坚持以市场供求为基础，参考一篮子货币进行调节。下表列出了从2005年7月至2011年间人民币汇率形成机制改革的重要事件。

日期	改革大事
2005年7月21日	我国启动人民币汇率形成机制改革，人民币兑美元中间价一次性调高2%，汇率比价为8.11
2005年9月23日	银行间即期外汇市场非美元货币对人民币交易价的幅度从原来的上下1.5%扩大为3%
2006年5月15日	人民币对美元汇率突破8，为7.9982人民币兑1美元
2007年1月15日	人民币对港币汇率突破1，为0.9945人民币兑1港币，人民币汇率13年来首次超过香港
2007年5月18日	银行间及其外汇市场人民币对美元交易价格的幅度由0.3%调到0.5%，从1994年以来首次调整
2008年4月10日	人民币对美元中间价首度破7，为6.9920兑1美元
2008年6月17日	人民币对美元中间价突破了6.90，人民币进入了6.80时代
2010年6月19日	进一步推进人民币汇率形成机制改革

（资料来源：武拉平.宏观经济学案例集［M］.北京：中国人民大学出版社，2013）

四、国际收支

根据国际货币基金组织（IMF）所下的定义，国际收支是指在一定时期内，一国居民与非居民之间经济交易的系统记录。理解这个概念，需要注意下面几个问题。（1）国际收支是一个流量的概念。与国际借贷不同，国际借贷是一个存量的概念。各国经济交往中，经常发生债权债务关系，国家或地区间债权债务关系必须进行清算，这就产生了国际收支，也就是说国际借贷是国际收支产生的原因,有国际借贷必然会产生国际收支。(2) 国际收支反映的是经济交易实质上就是价值的交换,也就是指经济价值从一个经济单位向另一个经济单位的转移。经济交易可以分为五类,包括:金融资产与商品、劳务之间的交换;商品、劳务与商品、劳务之间的交换;金融资产与金融资产的交换;无偿的单方面的商品和劳务转移;无偿的单向的金融资产转移。(3) 国际收支强调的是居民与非居民之间的经济交易。判断一项经济交易是否应包括在国际收支范围内,所依据的不是交易双方的国籍,而是依据交易是否是在该国居民与非居民之间发生的。

国际收支平衡表是一种统计表,是在一定时期内(通常为1年)一国与其他国家间所发生的国际收支按项目分类统计的一览表,它集中反映了该国国际收支的具体构成总貌。国际收支平衡表是按照现代会计学的复式簿记原理编制的,即以借、贷作为符号,每个项目都有借方和贷方两栏,借方记录资产的增加和负债的减少,贷方记录资产的减少和负债的增加。每笔交易都会产生一定金额的一项借方记录和贷方记录,即"有借必有贷,借贷必相等"。记账法则是:凡是引起本国外汇收入的项目,称为正号项目,记入贷方"+";凡是因为本国外汇支出的项目,称为负号项目,记入借方"-"。

国际收支平衡表包括的内容广泛,尽管各国国际收支平衡表内容不尽相同,但是基本构成一致。主要包括以下内容:

(1) 经常项目账户。这是国际收支平衡表中最基本的账户,反映一个国家(或地区)与其他经济体之间除金融项目交易之外所有的交易,通常设货物、服务、收入和经常转移四个子项目。货物贸易主要记录进出口货物的货币收支;服务贸易主要记录服务的输入和输出情况;收入记录生产要素在国际流动所形成的要素报酬收支;经常转移记录实际资源或金融产品的所有权发生变更但没有涉及经济价值回报的平衡账户。

(2) 资本和金融账户。记录资本所有权在国际的流动,由资本账户和金融账户组成。资本账户主要包括资本转移和非生产、非金融资产的收买和放弃;金融账户包括直接投资、证券投资、其他投资和储备投资四个项目。

(3) 平衡项目账户。主要记录净误差与遗漏。这是因为平衡表中的数据来源于不同的渠道,很难实现账户在借方和贷方平衡,但国际收支平衡表的记账原则要求平衡,所以就设立了一个账户来抵消统计误差,这个账户与上述余额做反向等量记账。

以我国 2014 年国际收支为例,具体说明。2014 年第四季度,我国经常项目顺差 4,113 亿元人民币,资本和金融项目逆差 1,871 亿元人民币,国际储备资产减少 1,844 亿元人民币。2014 年,我国经常项目顺差 13,510 亿元人民币,资本和金融项目顺差 2,324 亿元人民币,国际储备资产增加 7,209 亿元人民币。按美元计价,2014 年第四季度,我国经常项目顺差 670 亿美元,其中,按照国际收支统计口径计算(下同),货物贸易顺差 1,734 亿美元,服务贸易逆差 672 亿美元,收益逆差 288 亿美元,经常转移逆差 104 亿美元。资本和金融项目逆差 305 亿美元,其中,直接投资净流入 712 亿美元,证券投资净流入 220 亿美元,其他投资净流出 1,239 亿美元。国际储备资产减少 300 亿美元,其中,外汇储备资产减少 293 亿美元,特别提款权及在国际货币基金组织的储备头寸减少 7 亿美元。按美元计价,2014 年,我国经常项目顺差 2,197 亿美元,其中,货物贸易顺差 4,760 亿美元,服务贸易逆差 1,920 亿美元,收益逆差 341 亿美元,经常转移逆差 302 亿美元。资本和金融项目顺差 382 亿美元,其中,直接投资净流入 2,087 亿美元,证券投资净流入 824 亿美元,其他投资净流出 2,528 亿美元。国际储备资产增加 1,178 亿美元,其中,外汇储备资产增加 1,188 亿美元,特别提款权及在国际货币基金组织的储备头寸减少 10 亿美元(见表 9-2)。

表 9-2　　　　　　　　　　中国 2014 年国际收支平衡表　　　　　　　　单位:亿美元

项目	行次	差额	贷方	借方
一、经常项目	1	2,197	27,992	25,797
A. 货物和服务	2	2,840	25,451	22,611
a. 货物	3	4,760	23,541	18,782
b. 服务	4	-1,920	1,909	3,829
B. 收益	5	-341	2,130	2,471
C. 经常转移	6	-302	411	714
二、资本和金融项目	7	383	25,730	25,347
A. 资本项目	8	0	19	20
B. 金融项目	9	383	25,710	25,328
1. 直接投资	10	2,087	4,352	2,266
2. 证券投资	11	824	1,664	840
3. 其他投资	12	-2,528	19,694	22,222
三、储备资产	13	-1,178	321	1,490
3.1 货币黄金	14	0	0	0
3.2 特别提款权	15	1	1	1
3.3 在基金组织的储备头寸	16	10	13	4
3.4 外汇	17	-1,188	298	1,486
3.5 其他债权	18	0	0	0
四、净误差与遗漏	19	-1,401	0	1,401

资料来源:国家外汇管理局,http://www.safe.gov.cn

延伸阅读:广场协议

从 1980 年起,美国国内经济出现两种变化,首先是对外贸易赤字逐年扩大,到 1984 年高达 1,600 亿美元,占当年 GNP 的 3.6%。其次是政府预算赤字的出现。在双赤字的阴影下,美国政府便以提高国内基本利率引进国际资本来发展经济,外来资本的大量流入使得美元不断升值,美国出口竞争力下降,于是扩大到外贸赤字的危机。在这种赤字危机的压力下,美国寄希望以美元贬值来加强产品对外竞争力,以降低贸易赤字。1977 年,美国卡特政府的财政部长布鲁梅萨(Michael Blumeuthal)以日本和联邦德国的贸易顺差为理由,对外汇市场进行口头干预,希望通过美元贬值的措施来刺激美国的出口,减少美国的贸易逆差。他的讲话导致了投资者疯狂抛售美元，美元对主要工业国家的货币急剧贬值。1977年初，美元兑日元的汇率为1美元兑290日元，1978年秋季最低跌到170日元，跌幅达到41.38%。美国政府震惊了，在1978年秋季，卡特总统发起了一个"拯救美元一篮子计划"，用以支撑美元价格。1979—1980年，世界第二次石油危机爆发，导致美国能源价格大幅上升，美国消费物价指数随之高攀，美国出现严重的通货膨胀，通货膨胀率超过两位数。例如，在1980年初把钱存到银行里去，到年末的实际收益率是负的12.4%。1979年夏天，保罗·沃尔克（Paul A. Volcker）就任美国联邦储备委员会主席。为治理严重的通货膨胀，他连续三次提高官方利率，实施紧缩的货币政策。这一政策的结果是美国出现高达两位数的官方利率和市场利率，短期实际利率（扣除通货膨胀后的实际收益率）从1954—1978年平均接近零的水平，上升到1980—1984年的3%—5%。高利率吸引了大量的海外资金流入美国，导致美元飙升，从1979年底到1984年底，美元汇率上涨了近60%，美元对主要工业国家的汇率超过了布雷顿森林体系瓦解前所达到的水平。美元大幅度升值导致美国的贸易逆差快速扩大，到1984年，美国的经常项目赤字达到创历史纪录的1,000亿美元。

1985年，日本取代美国成为世界上最大的债权国，日本制造的产品充斥全球。日本资本疯狂扩张的脚步令美国人惊呼"日本将和平占领美国！"美国许多制造业大企业领导、国会议员开始坐不住了，他们纷纷游说美国政府，强烈要求当时的里根政府干预外汇市场，让美元贬值，以挽救日益萧条的美国制造业。更有许多经济学家也加入了游说政府改变强势美元立场的队伍。

1985年9月，美国财政部长詹姆斯·贝克、日本财长竹下登、联邦德国财长杰哈特·斯托登伯（Gerhard Stoltenberg）、法国财长皮埃尔·贝格伯（Pierre Beregovoy）、英国财长尼格尔·劳森（Nigel Lawson）等五个发达工业国家财政部长及五国中央银行行长在纽约广场饭店（Plaza Hotel）举行会议，决定五国政府联合干预外汇市场，使美元对主要货币有秩序的下调，以解决美国巨额的贸易赤字。因协议在广场饭店签署，故该协议又被称为"广场协议"（Plaza Accord）。协议中规定日元与马克应大幅升值以挽回被过分高估的美元价格。"广场协议"签订后，五国联合干预外汇市场，各国开始抛售美元，继而形成市场投资者的抛售狂潮，导致美元持续大幅度贬值。

在这之后，以美国财政部长贝克为首的美国政府和以弗日德·伯格斯藤（Fred Bergsten，时任美国国际经济研究所所长）为代表的专家们不断地对美元进行口头干预，表示当时的美元汇率水平仍然偏高，还有下调空间。在美国政府强硬态度的暗示下，美元对日元汇率继续大幅度下跌。"广场协议"，揭开了日元急速升值的序幕。1985年9月，日元汇率在1美元兑250日元上下波动，在"广场协议"生效后不到3个月的时间里，快速升值到1美元兑200日元附近，升幅20%。1986年底，1美元兑152日元，1987年最高达到1美元兑120日元。从日元对美元名义汇率看，1985年2月至1988年11月，升值111%；1990年4月至1995年4月，升值89%；1998年8月至1999年12月，升值41%。从日元实际有效汇率看，1985年第一季度至1988年第一季度，升值54%；1990年第二季度至1995年第二季度，升值51%；1998年第三季度至1999年第四季度，升值28%。

纵观日本经济近三十年来的发展，1985年的"广场协议"是一个转折点。有分析指出，"广场协议"后，受日元升值影响，日本出口竞争力备受打击，经济一蹶不振持续了十几年。甚至在经济学界内有相当一部分人认为,"广场协议"是美国为整垮日本而布下的一个惊天大阴谋。

(资料来源:MBA智库百科. http://wiki.mbalib.com)

第三节 蒙代尔—弗莱明模型及其应用

一、蒙代尔—弗莱明模型简介

20世纪60年代,罗伯特·蒙代尔和J. 马库斯·弗莱明提出了开放经济条件下的蒙代尔—弗莱明模型,即通常所说的经典M-F模型。该模型扩展了对外开放经济条件下不同政策效应的分析,说明了资本是否自由流动以及不同的汇率制度对一国宏观经济的影响。该模型是IS—LM模型的拓展,是一种短期分析,也是一种需求分析。

1963年,蒙代尔在《加拿大经济学杂志》上发表了《固定和浮动汇率下的资本流动和稳定政策》一文。在该文中,蒙代尔分析了开放经济中货币政策和财政政策的短期效应,其观点有划时代的意义。他的基本结论是,宏观稳定政策的效果将随国际资本流动的程度而发生变化,在不同的汇率体制下,宏观政策的效果是完全不同的。在浮动汇率制度下,货币政策有效而财政政策无效;在固定汇率制度下,财政政策有效而货币政策无效。在20世纪60年代,蒙代尔在国际货币基金组织的一位同事弗莱明也对开放经济中的稳定政策进行了相似的研究,他们的模型被称为蒙代尔—弗莱明模型。

经济学家小传:蒙代尔

蒙代尔(Robert A. Mundell),1932年10月出生于加拿大安大略省,经济学供给学派的创始人之一,也是欧洲货币单位的创始人之一,被称为"欧元之父",1999年诺贝尔经济学奖得主。蒙代尔毕业于不列颠哥伦比亚大学和华盛顿大学,后在伦敦经济学院读研究生,1956年获麻省理工学院经济学博士学位。1966至1971年,出任芝加哥大学经济学讲座教授及"Journal of Political Economy"编辑。1974年,出任哥伦比亚大学经济学讲座教授,2001年升任为大学讲座教授。2009年9月,出任香港中文大学博文讲座教授。"欧元之父"蒙代尔教授对制定欧洲共同货币功不可没。由于他对分析不同汇率制度下的货币和财政政策以及对最优货币区理论的卓越贡献,他于1999年获颁诺贝尔经济学奖。同年,他获授加拿大荣誉勋章、2005年获德国Kiel研究所颁发的全球经济奖,并获授大英帝国大十字最高级勋位爵士。蒙代尔教授在国际货币制度的历史研究方面有大量论述,亦曾在各类学术期刊发表过百篇论文。蒙代尔教授获超过五十所大学颁授荣誉教授和荣誉博士衔,亦曾担任多个国际机构及组织的顾问,包括联合国、国际货币基金会、世界银行、欧洲委员会、拉丁美洲、非洲、亚洲及欧洲国家的政府、美国联邦储备局、美国财政部，及加拿大政府。

蒙代尔教授发表了大量有关国际经济学理论的著作和论文，被誉为最优化货币理论之父；他系统地描述了什么是标准的国际宏观经济学模型；蒙代尔教授是货币和财政政策相结合理论的开拓者；他改写了通货膨胀和利息理论；蒙代尔教授与其他经济学家一起，共同倡导利用货币方法来解决支付平衡；此外，他还是供应学派的倡导者之一。蒙代尔教授撰写了大量关于国际货币制度史的文章，对于欧元的创立起了重要的作用。此外，他撰写了大量关于"转型"经济学的文章。1997 年，蒙代尔教授参与创立了 Zagreb 经济学杂志。蒙代尔教授撰写的著作包括：《国际货币制度：冲突和改革》（加拿大私营规划协会，1965）；《人类与经济学》（McGraw – Hill，1968）；《国际经济学》（Macmillan，1968）；《货币理论：世界经济中的利息、通货膨胀和增长》（Pacific Palisades：Goodyear，1971）；《新国际货币制度》（与 J. J. Polak 共同编写）（1977）；《世界经济中的货币历程》（与 Jack Kemp 共同编写）（1983）。其合编的著作包括：《全球失衡》（1990）；《债务、赤字和经济状况》（1991）；《建设新欧洲》（与 M. Baldassarri 共同编写）（1992）；《中国的通货膨胀与增长》（与 M. Guitian 共同编写）（1996）；《欧元作为国际货币制度的稳定器》（与 A. Clesse 共同编写）（2000）。

（资料来源：MBA 智库百科，http：//wiki. mbalib. com）

二、蒙代尔—弗莱明模型分析

1. 假设条件

蒙代尔—弗莱明模型的一个关键假设是所考察的经济是资本能够完全流动的小型开放经济体。这里的小型开放经济体是指对国际形势影响程度小，只是世界市场的一小部分。其对世界的影响，特别是利息率的影响微不足道。资本能够完全流动是指该国政府不阻止国际借贷。由这两个假设，我们可以得到推论，小型开放经济体的利息率 r 等于世界利息率 r_w。因为如果国内利息率低于世界利息率，资本就会流出，本国资金短缺会导致国内利息率上升；如果国内利息率高于世界利息率，资本就会流入，本国资金充裕会导致国内利息率下降。

模型还假设国内物价水平和国外物价水平都是固定的，因此实际汇率与名义汇率是同比例变化。

2. 开放经济下的 IS 曲线

在开放经济条件下，产品市场变为了拥有四个部门的市场，恒等式为：

$$y = c(y) + i(r) + g + nx(\varepsilon) \tag{9.5}$$

这里净出口函数 nx 反向取决于汇率 ε。因为实际汇率与名义汇率同比例变化，那么 $nx(\varepsilon)$ 可以换成 $nx(e)$，e 用来表示实际汇率。

由前面假设可知，国内利息率等于世界利息率，也就是 $r = r_w$，我们可以得到：

$$y = c(y) + i(r_w) + g + nx(e) \tag{9.6}$$

我们把这个方程称为 IS^* 方程，由此可以得到 IS^* 曲线（见图 9 – 2）。

IS^* 曲线向右下方倾斜，这是因为汇率越高，出口就越少，净出口也会越少，进而国民收入越少。也就是说汇率和国民收入呈反向关系。同时也可以看出，如果其他因素不变，政府购买增加时，IS^* 曲线会向右移动；政府购买减少时，IS^* 曲线会向左移动。

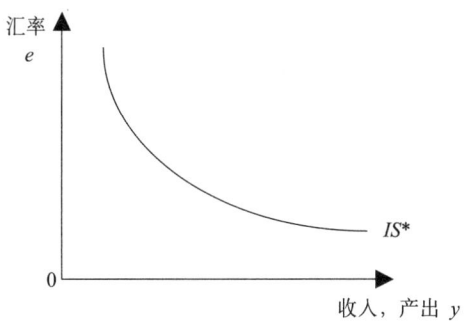

图 9-2　IS^* 曲线

3. 开放经济下的 LM^* 曲线

蒙代尔—弗莱明模型用与 IS-LM 模型相似的一个方程式来代表货币市场：

$$\frac{M}{P} = L(r_w, y) \tag{9.7}$$

这个方程式为 LM^* 的方程式。说明货币市场均衡时，实际的货币供给等于货币需求，货币需求与国内利息率反相关，与国民收入正相关。因为我们假设国内利息率等于世界利息率，所以货币需求也与世界利息率反相关。由方程式我们可以得到 LM^* 的图形（见图 9-3）。

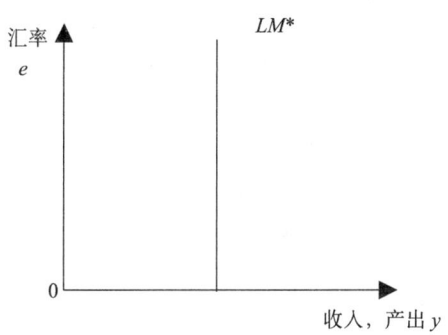

图 9-3　LM^* 曲线

因为 LM^* 方程式里并没有汇率，也是说，对于给定的世界利息率，无论汇率如何变动，都不影响国民收入。LM^* 曲线是垂直于横轴的一条直线。同时由方程式也可以得到，如果货币供给量 M 增加，则 LM^* 曲线向右移动；如果货币供给量 M 减少，则 LM^* 曲线向左移动。

4. 蒙代尔—弗莱明模型均衡情况

我们把前面讲解的开放经济下的 IS^* 曲线和 LM^* 曲线综合在一起，就形成了蒙代尔—弗莱明模型。它可以用前面提到的两个方程式来表示：

$$y = c(y) + i(r_w) + g + nx(e)$$

$$\frac{M}{P} = L(r_w, y)$$

第一个方程描述的是产品市场均衡，第二个方程描述的是货币市场均衡。外生变量包括政府购买 g，货币供给量 M，一般价格水平 P 以及世界利息率 r_w。

图 9-4 是蒙代尔—弗莱明模型的图形表示，均衡点位于 IS^* 和 LM^* 曲线的交点。这个

交点表示产品市场与货币市场都均衡时的汇率与收入水平。

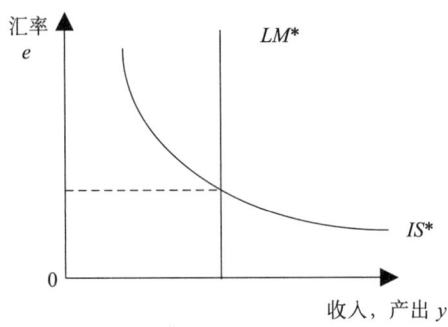

图9-4 蒙代尔—弗莱明模型

5. 蒙代尔—弗莱明模型适用范围及缺陷

蒙代尔自己认为,要对蒙代尔—弗莱明模型的应用有所规定,模型的结论并不适用于所有国家。蒙代尔—弗莱明模型应用最好的三个国家是世界上最大的三个经济体,它们拥有强大的货币,它们实施财政扩张时的各种条件都能够保持货币紧缩。对许多发展中国家来说,货币政策和财政政策没有多大区别。一个原因是因为这些国家没有以本国货币交易的发达资本市场,另一个原因是紧跟财政赤字之后,很快就出现货币扩张。

所有的模型都不可能完美地契合现实,蒙代尔—弗莱明模型也是。关于内外均衡调节政策组合它存在两个重要缺陷。第一,它遗漏了关于国际资本市场中均量均衡的讨论,因为在模型中,蒙代尔认为国际资本流动是利率差别的唯一函数,因而只要存在利差,资本就会一贯的流动从而弥补任何水平的经常项目不平衡,而在现实中各国间的利率差别普遍存在。其次,在外部均衡的标准上,蒙代尔非常强调资本账户,而国际资本流动是利率差别的唯一函数,因此如果一国出现国际收支逆差,只有通过提高国内利率以吸引资本流入。但是这会挤出私人投资,同时该政策又会导致对外债台高筑。

6. 蒙代和货币尔—弗莱明模型的应用

(1) 浮动汇率下的财政政策和货币政策。浮动汇率制度下,汇率由市场的供求情况决定,汇率会对经济状况的变化做出反应。在这个条件下,使用扩张性财政政策,通过增加政府购买或者减税来增加计划支出,会使 IS^* 曲线向右移动。如图9-5所示,会导致汇率上升,收入水平不变。

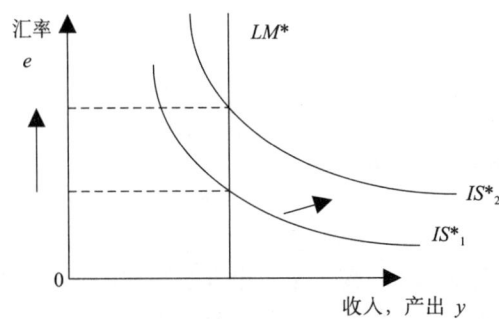

图9-5 浮动汇率下的财政扩张

为什么财政政策对收入完全无影响呢？我们来考察货币市场。货币市场均衡的方程式是：

$$\frac{M}{P} = L(r_w, y)$$

这里，名义货币供给量 M 被央行固定，物价水平由于存在黏性也固定，那么实际的货币供给量 $\frac{M}{P}$ 也就固定了。在一个小型开放的经济中，由于 $r = r_w$，那么当世界利息率固定以后，可以满足这个方程式的只有一个收入水平。也就是当财政政策变动时，这一收入水平保持不变。因此，当政府增加支出或减税时，汇率的升值和净出口的减少必然会大到足以完全抵消政策对收入的扩张作用。

我们再考虑浮动汇率制度下货币政策的影响。

由于假定物价水平是固定的，央行增加货币供给会使得实际货币供给增加，LM^* 曲线向右移动。如图所示，会使得收入提高，汇率降低。

出现这种结果的原因在于，在一个小型开放经济中，名义货币供给量增加会使得国内利息率有下行的压力，因为资本完全流动，投资者会将资金投入到世界上其他的地方，资本流出国内。本国资本流出会使得投资者在外汇市场上抛售本国货币追逐其他国家的货币，导致本国货币贬值。而贬值会刺激本国产品出口，净出口增加，进而国民收入增加。见图9-6。

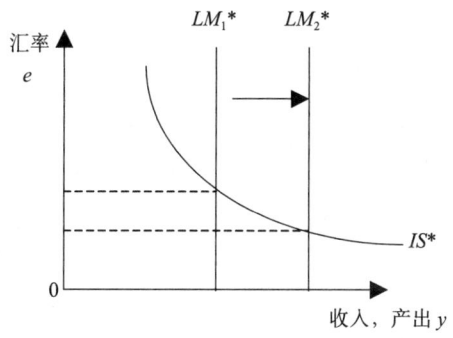

图9-6 浮动汇率下的货币扩张

（2）固定汇率下的财政政策和货币政策。固定汇率制度是指一国中央银行宣布一个汇率值，并随时准备买卖本币把汇率保持在所宣布的水平上。

在固定汇率制度下，政府如果采用扩张的财政政策，通过增加政府购买或者减税来刺激国内支出，会使得 IS^* 曲线右移。如图9-7所示，在右移的过程中，会使得汇率有向上升值的压力。但是由于实施固定汇率制度，央行为了维持汇率不变会在外汇市场上按照固定的汇率增加本国货币供给，也就是卖出本国货币，买入外国货币。所以外汇市场上的套利者就会把外币卖给中央银行。央行在外汇市场上释放本国货币会引起货币扩张，导致 LM^* 曲线向右移动。随着 LM^* 曲线右移，汇率会慢慢下降，最终下降至原来的水平。在这个过程中，国民收入会增加。

我们再来看固定汇率制度下使用扩张的货币政策的情况。扩张的货币政策会使得 LM^* 曲线一开始向右移动，汇率下降。但是由于实施固定汇率制度，央行要维护固定的汇率，所以会在外汇市场上抛售外币，购买本币。而外汇市场上的套利者对汇率下降的反应是向中央银行出售本国货币换取外币，从而货币供给又会慢慢下降，LM^* 曲线会慢慢左移，回到其初始位置。也就是说，在固定汇率下，货币政策通常是无效的（见图 9-8）。

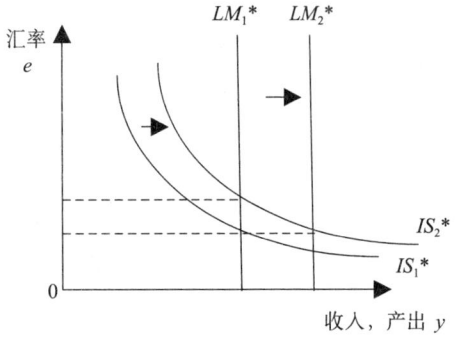

图 9-7　固定汇率下的财政扩张

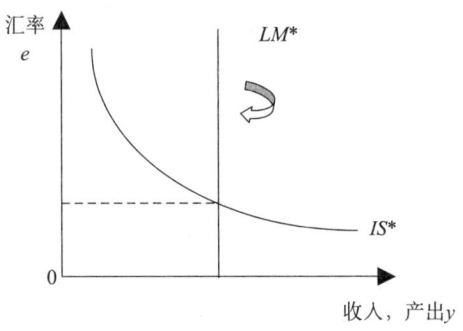

图 9-8　固定汇率下的货币扩张

当然，一个采用固定汇率的国家也可以运用一种货币政策，即改变所固定的汇率水平。通货的官方价格下跌被称为货币贬值（devaluation），通货的官方价格上升被称为货币升值（revaluation）。

补充阅读：为什么美国被称为"世界上最大的债务人"

美国自从 1982 年起，除了 1991 年，经常账户都是赤字。在 1950—1975 年，美国经历了 5 年多的经常账户赤字。很多经济学家认为 20 世纪 80 年代的经常账户赤字和这些年的联邦预算赤字关系密切。高利率吸引了国外投资者购买美国债券，提高了美元和其他货币之间的汇率。高汇率使得美国出口下降，进口增长，导致经常账户赤字。

随着联邦预算赤字在 20 世纪 90 年代中期缩减，并于 20 世纪 90 年代末期消失，美国汇率依然很高——巨大的经常账户赤字再继续——因为虽然利率降低，国外投资者仍坚持在美国投资。在 20 世纪 90 年代后期，世界上很多国家，比如韩国、印度尼西亚、巴西和俄罗斯，都经历着严重的经济问题。在这个过程中，这些国家的很多投资者出售其资产，并在美国进行投资。此外，2000 年春天，对美国股票市场的强偏好吸引了很多投资者。最终，20 世纪 90 年代末，美国私人储蓄急剧下降导致了经常账户的赤字。2007 年和 2008 年美元贬值缩小了经常账户赤字的规模。

持续的经常账户赤字对美国是个问题吗？经常账户赤字导致美国国外净投资为负数。每年国外投资者积累的美国资产都大于美国投资者拥有的国外资产。在 2008 年末，国外投资者拥有大约 3.5 万亿美元的资产，比如股票、债券和工厂，这比美国投资者拥有的国外资产多，这就是为什么美国有时被称为"世界上最大的债务人"。但是，国外投资者持续购买美国股票和债券的意愿以及国外企业在美国建工厂的意愿，可以被视为对美国经济及其消费者购买力具有极大的信心。到 21 世纪前 10 年中期，随着美国私人储蓄率降至历史最低点，只有国外投资者持续的资金流入，才使得美国保持较高的国内投资水平和经济增长。到 2009

年，美国私人储蓄开始增加，但随着联邦预算赤字大幅度增加，公共储蓄迅速变为负值。美国国内投资仍然依赖于国外投资者资金。

（资料来源：R. 格伦·哈伯德，等. 经济学（宏观）[M]. 王永钦，等译. 机械工业出版社，2011）

 ## 本章知识总结

1. 有很多理论解释产品为什么会跨国流动形成国际贸易。绝对优势贸易理论认为劳动的绝对生产率不同，所以每个家庭都应只生产一部分它自己需要的产品而用那些它能出售的产品来购买其他产品是合算的，同样的道理应该适用于每个国家通过也就是说每个国家都应只生产自己具有绝对优势的产品，然后进行交换。

2. 比较优势贸易理论认为劳动的相对生产率不同。当每个国家把自己的生产集中于相对于生产其他产品更有效率的产品上时，通过贸易也会有利于双方。

3. 赫克歇尔—俄林的要素禀赋论认为，各国应该尽可能利用自己具有优势的生产要素来生产产品，通过贸易来换取自己资源稀缺、竞争力差的产品。

4. 规模经济、非完全竞争条件下的新贸易理论认为，规模经济的存在使得各国专注于生产自己具有比较优势的产品，即使是在同一行业或产业内，各国生产同一行业中不同的产品，然后相互进行交换。这样也就解释了产业内贸易的存在。

5. 汇率是一国货币与另一国货币的兑换比率。标价方法分为直接标价法、间接标价法和美元标价法。汇率制度包括固定汇率制度和浮动汇率制度。

6. 名义汇率是用一国货币交换另一国货币的比率，包含物价因素。实际汇率是交换两国生产物品的比率，剔除物价因素。

7. 汇率的决定有很多理论解释，最有影响力的是购买力平价理论和利率平价理论。

8. 国际收支平衡表是一种统计报表，系统记载了在特定时期通常是一个季度或者一年时间里一个经济体与世界其他地方的各种经济交易，按照现代会计学的复式簿记原理编制。通常包括经常项目账户、资本和金融项目账户以及平衡项目账户。

9. 蒙代尔—弗莱明模型是小型开放经济的 IS-LM 模型。它把价格水平作为固定，假定资本完全流动，本国利息率与世界利息率相等，然后说明引起收入和汇率波动的因素。

10. 蒙代尔—弗莱明模型说明在浮动汇率制度下，财政政策不影响总收入，而货币政策能够影响总收入。在固定汇率制度下，财政政策影响总收入，而货币政策不影响总收入。

 ## 复习与思考

1. 名词解释

汇率　直接标价法　间接标价法　固定汇率制度　浮动汇率制度　国际收支

2. 单项选择题

(1) 假定 $MPS = 0.4$，$MPT = 0$，$MPM = 0.1$，如果出口增加 30 亿元，则国内收入将增加（　　）。

A. 75 亿元　　　　B. 45 亿元　　　　C. 15 亿元　　　　D. 60 亿元

(2) 国际收支逆差将导致（　　）。

A. 黄金、外汇储备减少　　　　　　B. 本国货币贬值

C. 国内产出水平下降　　　　　　　D. 以上各项均正确

(3) 下列关于开放经济对内外均衡影响的讨论中，（　　）是不恰当的。

A. 一国的开放程度越高，通过国际贸易渠道对本国的影响越大

B. 如果甲国同乙国的贸易额在乙国的对外贸易中所占的比重很小，则甲国价格的变动对乙国经济的影响就不太重要

C. 任何宏观政策都不能阻止外国经济变动对本国经济的影响

D. 通过国际金融市场间的利率差的调节，是资本国际流动的最主要因素

(4) 如果经常项目账户上出现赤字，则（　　）。

A. 出口和进口都在减少　　　　　　B. 出口和进口相等

C. 出口和进口相等且均减少　　　　D. 出口小于进口

(5) 一国通货与另一国通货交换的市场称为（　　）。

A. 货币市场　　　　　　　　　　　B. 资本市场

C. 外汇市场　　　　　　　　　　　D. 远期外汇市场

(6) 在浮动汇率之下，如果一国通货的汇率上升，那么，该国中央银行就应该（　　）。

A. 增加用自己通货表示的资产的供给

B. 减少用自己通货表示的资产的供给

C. 减少用自己通货表示的资产的需求

D. 什么也不做

(7) 汇率是指（　　）。

A. 两国之间的贸易赤字　　　　　　B. 一国的净资本流入

C. 两种货币的相对价格　　　　　　D. 一国货币的升值率。

(8) 假定美元对日元的汇率从每美元 120 日元变为 110 日元，那么（　　）。

A. 日元对美元贬值，美元对日元升值

B. 日元对美元贬值，美元对日元贬值

C. 日元对美元升值，美元对日元升值

D. 日元对美元升值，美元对日元贬值

(9) 发展中国家主要采取的汇率制度是（　　）。

A. 固定汇率制　　　　　　　　　　B. 浮动汇率制

C. 钉住汇率制　　　　　　　　　　D. 联合浮动制

3. 简答题

(1) 国际收支平衡表中，官方储备交易差额与经常项目、资本项目的关系是怎样的？

(2) 运用小国开放经济长期模型预测，自动取款机的普及导致人们对货币的需求下降，贸易余额、名义汇率和实际汇率将如何变化？

(3) 下列各经济参与者中，哪些在外汇市场上可能是美元的供给者，哪些可能是美元的需求者？

a. 在欧洲旅行的美国人
b. 想购买美国公司股票的英国投资者
c. 向美国出口商品的日本企业
d. 在美国旅行的巴西游客
e. 从美国进口货物的德国企业
f. 想在澳大利亚购置房产的美国投资者

(4) 假如政府成功地提高了汇率，那么谁是受益者，谁是受害者？

(5) 为什么对货币变化的预期那么重要？相对通货膨胀如何影响预期？

4. 论述题

(1) 卡特彼勒公司董事局主席李·摩根在1985年阐述其公司出口面临的困难时说："我们相信日元有20%—300%的升值空间，因为美国制造商发现其劣势就是这一水平。"当摩根讨论关于美观和日元之间的"升值空间"时，他希望美元能换更多还是更少的日元？为什么美元价值在20世纪80年代中期特别高？

(2) 当一国经济既处于通货膨胀又有国际收支赤字状况时，应当采取什么样的政策措施？

(3) 假如资本的国际流动是完全的。在固定汇率制度下和在浮动汇率制度下，一个国家的货币政策和财政政策对经济的影响有什么不同？

5. 计算题

根据如下资料，按支出法计算国内生产总值。

项目	金额（亿元）	项目	金额（亿元）
耐用品支出	318.4	劳务	1,165.7
厂房与设备支出	426	进口	429.9
政府购买支出	748	公司利润	284.5
工资和其他补助	2,172.7	出口	363.7
所得税	435.1	居民住房支出	154.4
非耐用品支出	858.3	企业存货净变动额	56.8

6. 名校历年考研试题

1. 由政府支出增加所导致的挤出效应来自于（　　）。（武汉大学2010年）
   A. 货币供给量的下降　　　　　　　B. 货币需求量的提高
   C. 境外利率的下降　　　　　　　　D. 通货膨胀的恶化

2. 计算下列每种情况时的货币乘数。（南开大学2008年）
   （1）货币供给为5,000亿元，货币基础为2,000亿元
   （2）存款为5,000亿元，通货为1,000亿元，准备金为500亿元
   （3）准备金为500亿元，通货为1,500亿元，准备金与存款的比率为0.1

3. 在一个有家庭、企业、政府和国外的部门构成的四部门经济中，GDP是（　　）的总和？（兰州商学院2010年）
   A. 消费、总投资、政府购买支出和净出口
   B. 消费、净投资、政府购买支出和净出口
   C. 消费、总投资、政府购买支出和总出口
   D. 工资、地租、利息和折旧

4. 在两部门经济中，均衡发生于（　　）之时。（兰州大学2010年）
   A. 实际储蓄等于实际投资　　　　　B. 实际的消费加实际的投资等于产出值
   C. 计划储蓄等于计划投资　　　　　B. 总支出等于企业部门的收入

5. 属于国民收支平衡表中经常项目的是（　　）。（兰州商学院2009年）
   A. 国外政府在本国的存款　　　　　B. 本国在外国发行股票的收入
   C. 外国居民在本国旅游的支出　　　D. 外国居民在本国的投资支出

6. 下列（　　）措施有利于遏制人民币升值的压力。（北京大学2008年）
   A. 提高国内利率，扩大进口　　　　B. 降低国内利率，扩大出口
   C. 提高国内利率，扩大进口　　　　D. 降低国内利率，扩大进口

7. 以下关于中国的对外经济，说法正确的是（　　）。（北京大学2007年）
   A. 因为中国的外贸依存度（进口和出口总额占GDP的比重）大于美国，所以中国的经济肯定比美国开放
   B. 中国大量向美国出口使得美国某些产业的工人失业，同时又大量从美国引入资本导致美国的投资不足，正是这种双重威胁使得美国政府严重关切中国对美国的经济关系
   C. 由于中国的汇率基本上保持不变，则中国的外汇供求一般不会平衡
   D. 中国人均收入的提高，有利于增加中国的进口

第十章 宏观经济学的微观经济基础

消费是所有生产的唯一终点和目的。

——亚当·斯密

内容导读

为了进一步理解整体经济运行,需要进一步理解组成宏观经济运行的家庭和企业,进一步分析家庭和企业的经济行为,使宏观经济理论建立在更加坚实的微观分析基础上。这一章涉及家庭消费和企业投资的相关理论,这些理论虽然分析的是家庭和企业微观经济主体的决策行为,但是,家庭的消费和企业的投资决策影响着宏观经济的长期与短期运行。

本章主要知识点

- 消费函数的理论发展
- 消费与储蓄的相关理论
- 影响消费的其他因素
- 投资理论的相关内容

开篇案例

最近,一项"中国储蓄率世界第一"的数据再次引发社会关注。国务院发展研究中心研究员吴敬琏日前表示,中国最近几年储蓄率在50%左右,居世界第一,但居民储蓄率只是20%左右。储蓄高主要表现在政府和企业,而非居民。造成这个局面的根本原因在于市场体制存在缺陷。另有专家指出,企业储蓄率高暴露出在一次收入分配中,企业回报多,劳动者回报少的痼疾,致使消费不振,加剧了经济结构失衡。将更多政府和企业收入转化为普通居民的"收入"成为当务之急。

居民储蓄率仅为20%

中国的高储蓄率世界闻名。2013年9月,我国居民储蓄余额连续3个月突破43万亿元,人均超过3万元,为全球储蓄余额最多的国家。

长期以来,舆论普遍认为高储蓄率源于中国百姓爱存钱的习俗。然而,事实证明这种认识有很大偏差。实际上,中国国民的高储蓄率中,有很大一部分是政府和企业储蓄高导致的。吴敬琏指出,国民储蓄分三个部分,一般国家都以居民储蓄为首,然后是企业储蓄、政府储蓄,而中国的储蓄结构却刚好相反。"中国储蓄主要是政府储蓄和企业储蓄,而不是居民储蓄。"统计显示,从1992年到2012年,中国国民储蓄率从35%升到了59%,其中,政府储蓄率和企业储蓄率翻了一番,但居民储蓄率却没有变,1992年为20%,2012年依然是20%。

根子在投资分配体制

高储蓄率曾支撑了中国独特的经济增长模式——高投资、高进出口规模,为中国经济发展作出了应有贡献。但在加大消费比重、调整投资和出口为导向的经济结构的今天,高储蓄率的弊端愈来愈明显。

"高储蓄率致使经济结构失衡。总储蓄大于总投资,多的部分只能靠出口消化,导致了出口导向型的经济模式;同时,高储蓄也抑制了消费,不利于扩大内需。"造成中国高储蓄率的原因很多。专家指出,普通劳动者家庭收入增长缓慢,内需不足,社会保障不充分和预期不稳定等,都使居民非常看重储蓄。

此外,投资渠道少也是居民高储蓄的原因之一。"从结构和数据来看,市场投资主体主要是政府和企业,民间的投资渠道则很窄。"

解决国民储蓄率高的问题,除拓宽投资渠道、加大对居民的社保、医疗卫生和教育领域的投入外,更重要的是提高居民收入。其中,扩大国企对全民的分红比例,能起到降低储蓄率和调整经济结构的双重作用。

现在,要调整经济结构,提高消费比重,就要提高百姓收入。"提高百姓收入就要降低国企储蓄率,把更多的钱从银行拿出来给大家分红。"要改革国有资产管理体制,保障国有资产出资人——全体公民的利益。还有专家建议,政府要加大转移支付力度,增加在公共服务和民生领域的消费支出,人民代表大会和社会公众要加强对政府预算的监督,将更多政府收入转化为普通居民的"收入"。

(资料来源:新华网. http://news.xinhuanet.com/world/2014-04-28/c-126439507.htm)

第一节 消费

在宏观经济学中,消费是指一国居民对本国和外国生产的最终产品和服务的支出,它是总支出的最大组成部分。比如,在美国,消费支出占总支出的 65% 左右。一个家庭如何决定把多少收入用于现在的消费和多少收入为了未来而储蓄?这是微观经济学的基本问题,因为它论述的是个别决策者的行为。但这个问题的回答影响着宏观经济所产生的结果。正如前面分析过的,家庭的消费决策影响整体经济长期与短期的行为。

消费决策对长期分析至关重要,这是因为它在经济增长中所起的作用。在第八章的经济增长理论中,我们知道储蓄率是稳定资本存量的关键决定因素,从而也是经济福利水平的关键决定因素。储蓄率衡量的是当前一代为自己的未来和子孙后代留下了多少收入。

消费决策对短期分析至关重要,是因为它在决定总需求中的作用。消费占 GDP 的三分之二,因此,消费的波动是繁荣与衰退的关键因素。前面我们学过的 IS-LM 模型表明消费者支出计划的变动可能是经济波动的来源,而边际消费倾向是财政政策乘数的一个决定因素。

本节主要介绍两个重要的消费理论——欧文·费雪的跨期消费决策理论和罗伯特·霍尔的消费随机游走假说。

一、跨期消费决策理论

凯恩斯所引进的消费函数把现期消费作为现期收入的函数,这是符合人们直觉的最简单的假设。但是,这种假设与现实并不完全相符,当人们决定消费多少和储蓄多少时,他们是既要考虑现在,又要考虑未来。人们今天享受的越多,明天能享受的就越少。在作出这种取舍时,家庭必须提前看到他们在未来预期得到的收入,以及他们希望能支付的产品和服务的消费。1930 年美国经济学家欧文·费雪建立了跨期消费决策模型,该模型划分了不同时期,说明消费者所面临的限制和具有的偏好怎样共同决定了他们的消费和储蓄方面的选择。

1. 跨期预算约束与最优消费选择

大多数人喜欢增加他们的产品和服务的数量和质量——穿更好的衣服,在更好的餐馆吃饭,或者看更多的电影。人们的消费少于他们想要得到的消费的原因是他们的消费受到其收入的限制。换言之,消费者面临他们可以支出多少的限制,称为预算约束(budget constraint)。当他们决定今天消费多少与未来储蓄多少时,他们面临跨期预算约束,它衡量了可用于现在与未来消费的总资源。我们建立费雪模型的第一步就是要考察这种约束。

为了简化分析,我们考虑一个消费者只面临两个时期的消费决策:第一个时期是青年时期,第二个时期是老年时期。在第一个时期消费者取得收入 y_1 并消费 c_1,第二个时期消费者取得收入 y_2 并消费 c_2。假设没有通货膨胀,并且消费者有机会进行借贷或储蓄,所以他在任何一个时期的消费都可以大于或小于那一时期的收入。

现在考虑消费者两个时期的收入如何制约这两个时期的消费。在第一个时期，储蓄等于收入减消费。即：

$$s = y_1 - c_1 \quad (s>0，表示储蓄；s<0，表示借贷) \tag{10.1}$$

在第二个时期，消费等于积累的储蓄，包括储蓄所获得的利息加第二个时期的收入。即：

$$c_2 = (1+r)s + y_2 \tag{10.2}$$

式中，r 为实际利率。由于没有第三个时期，消费者在第二个时期既不储蓄，也不借贷，只是花光所有积蓄。

例如，如果利率是 5%，那么，对于第一时期每 1 美元的储蓄，消费者在第二时期享受 1.05 美元的消费。由于没有第三个时期，消费者在第二个时期并不储蓄。

有一点需要注意，变量 s 可以代表储蓄，也可以代表借贷。如果第一时期的消费小于收入，消费者储蓄，s 大于零。如果第一时期的消费大于收入，消费者借贷，s 小于零。为简单起见，我们假定借贷的利率和储蓄的利率相同。

将 (10.1) 式和 (10.2) 式结合在一起，得到：

$$c_2 = (1+r)(y_1 - c_1) + y_2$$

经整理，有：

$$c_1 + c_2/(1+r) = y_1 + y_2/(1+r) \tag{10.3}$$

(10.3) 式把两个时期的消费与两个时期的收入联系在一起，是表示消费者跨期消费预算约束的标准方法。如果利率为 0，预算约束表明两个时期的总消费等于两个时期的总收入；在利率大于 0 的正常情况下，未来消费和未来收入用 $(1+r)$ 这个因子进行了贴现，贴现后的数值被称为现值，贴现产生于储蓄所获得的利息。也就是说，消费者将现期收入存入银行，可以获得一定比例的利息，所以未来收入的价值低于现期收入的价值。同样，未来消费由赚到的利息的储蓄支付，所以未来消费的成本低于现期消费的成本。因子 $1/(1+r)$ 是用第一期消费衡量的第二期消费的价格；是消费者为得到 1 单位第二期消费所必须放弃的第一期消费的数量。

如图 10-1 所示，消费者的预算约束可用一条向右下方倾斜的直线来表示。由于消费者可以在两期之间借贷，预算约束线表示通过两期消费花光两期收入的所有可能的组合。在预算约束线上标出 A、B、C 三个点：在 A 点，消费者的每期消费正好等于每期收入，两个时期之间既无储蓄又无借贷；在 B 点，消费者在第一期完全不消费（$c_1 = 0$），将所有收入用于储蓄，因此，消费者在第二时期的消费等于两期收入加上储蓄得到的利息 [$c_2 = (1+r)y_1 + y_2$]；在 C 点，消费者计划第二时期不消费，把第二期的收入完全借贷到第一期，因此，第一期的消费等于两期收入减去借贷需要支付的利息 [$c_1 = y_1 + y_2/(1+r)$]。由式 (10.3) 可计算得出预算约束线的斜率为 $-(1+r)$。

A，B，C 三点表示三种比较极端的情况。在 A 点，消费者在每个时期的消费正好等于其收入（$c_1 = y_1$，以及 $c_2 = y_2$），因此在两个时期之间既无储蓄又无借贷。在 B 点，消费者在第一个时期没有消费（$c_1 = 0$），并储蓄了全部收入，因此第二时期的消费 c_2 是 $(1+r)y_1 + y_2$。在 C 点，消费者计划第二期不消费（$c_2 = 0$），并对第二时期收入尽可能多借贷，因此第

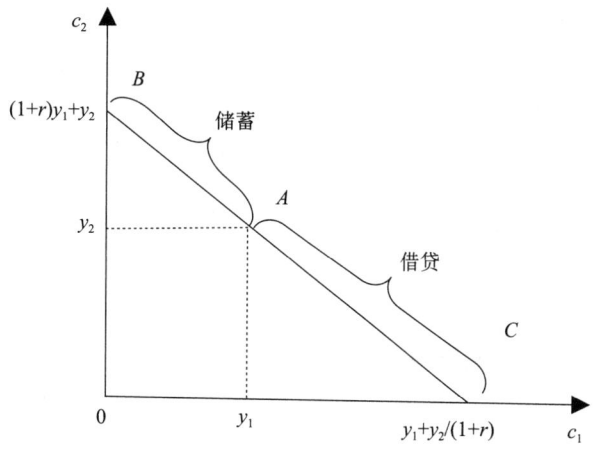

图 10-1 跨期消费的预算约束

一时期消费 c_1 是 $y_1 + y_2/(1+r)$。当然，这些只是消费者可以负担的第一期与第二期消费的许多组合中的三个点：从 B 到 C 的直线上的所有各点都是消费者可以得到的。如果消费者的消费组合位于 AB 之间，表明第一期的消费小于收入，剩余收入储蓄起来，用于第二期。如果消费者的消费组合位于 AC 之间，表明他的第一期消费大于收入，并用借贷来弥补差额。

涉及跨期消费者偏好可以用无差异曲线来表示。无差异曲线表示使消费者获得同样满足的第一期与第二期消费的组合。消费者对同一条无差异曲线上所有点的偏好都是无差异的。如图 10-2 所示，I_1、I_2、I_3 表示消费者的三条无差异曲线，其中消费者对 I_2 曲线上的 A、B、C 三点的偏好是无差异的。如果消费者第一期的消费减少了，比如从 A 点减少到 B 点，那么第二期的消费必须增加，才能使他获得同等的幸福。如果第一期的消费又减少了，从 B 点减到 C 点，那么他所要求作为补偿的第二期消费量更大了。

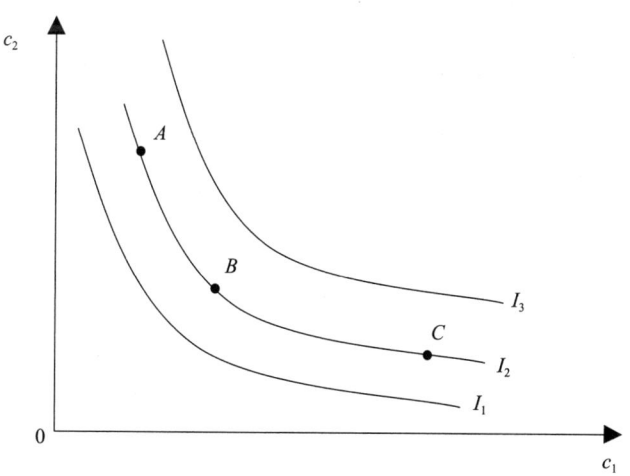

图 10-2 跨期消费的无差异曲线

无差异曲线的斜率表示两期消费之间的边际替代率，即消费者愿意用第二期消费替代第一期消费的比率，当消费者减少第一期消费，则必须增加第二期消费，才能使消费者获得同样的满足，比如从 C 点到 B 点，再到 A 点，随着第一期消费的减少，第二期消费是不断增加的。而且当第一期消费很高而第二期消费很低（C 点）时，边际替代率低，消费者减少 1 单位的第一期消费，只需增加少量第二期消费便能够获得满足；当第一期消费很低而第二期消费已经很高（A 点）时，边际替代率高，消费者减少 1 单位的第一期消费，需要增加大量的第二期消费才能够获得满足。

由于偏好的非饱和性，对于消费者而言，无论第一期还是第二期，更多的消费总是能够带来更大的满足，因此，离原点较远的无差异曲线代表更高的效用水平。

在图 10-2 中，I_3 所代表的效用水平要高于 I_1 和 I_2 所代表的效用水平，但是消费者跨期消费的无差异曲线并不可能无限制地向右上方移动，这取决于两个时期的收入，即前面讨论过的跨期消费预算约束。

在已知消费者的跨期预算约束和偏好的基础上，就可以分析消费者跨期消费的最优决策。消费者跨期消费的最优决策行为必须满足两个条件：一是最优的消费决策必须是消费者最偏好的两期消费组合；二是最优消费决策必须位于给定的预算约束线上。因此，消费者不超出预算约束而能实现的最大效用的跨期消费组合，就是无差异曲线与预算线相切的一点。如图 10-3 中的 E 点。

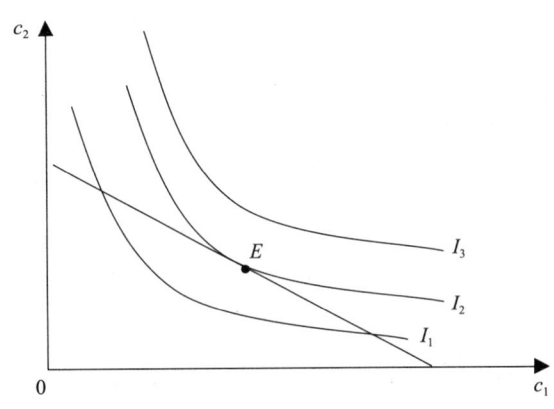

图 10-3 消费者的跨期消费决策

在最优消费决策 E 点上，无差异曲线的斜率等于预算约束线的斜率，无差异曲线的斜率是边际替代率 MRS，预算线的斜率是 $-(1+r)$，因此，消费者跨期消费最优决策的条件为：

$$MRS = -(1+r) \tag{10.4}$$

图 10-3 中的 E 点是消费者跨期消费的最优均衡点，那么这一点是否就是恒定不变的呢？当然不是，因为收入的变动和实际利率的变动都会对消费者决策产生影响。

2. 收入变动对消费的影响

既然我们已经了解了消费者如何作出消费决策，下面我们分析收入的增加如何影响消费。无论 y_1 还是 y_2 的增加，都会使预算线向外移动，较高的预算约束可以使消费者选择第一期与第二期消费的更好的组合，也就是消费者现在可以达到更高的无差异曲线。

如图 10-4 所示，收入增加使得预算线由 AB 外移到 $A'B'$，较高的预算约束可以让消费者选择更好的的消费组合,最优决策由 E_0 点移动到 E_1 点。当然,这种情况仅适用于消费者在两期中所消费的为正常商品的情况。

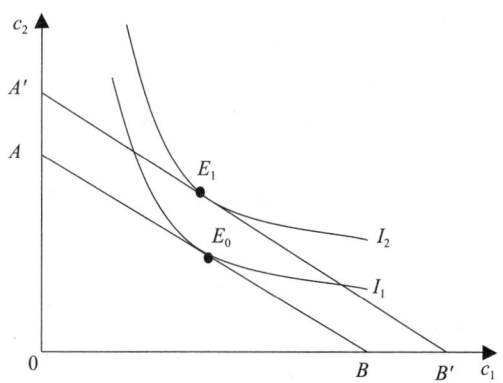

图 10-4 收入增加对消费决策的影响

从图 10-4 中,可以得到的关键结论是:无论收入的增加发生在第一期还是第二期,消费者都把它分摊到两个时期的消费上,这种行为有时被称为消费平稳化(consumption smoothing)。由于消费者在各个时期之间可以借出或借入资金,所以收入的时间与现在消费多少无关(当然,除了未来收入要用利率贴现)。这种分析的结论是,消费取决于现期与未来收益的现值,即取决于:

收入现值 $= y_1 + y_2/(1+r)$ (10.5)

显然,这一结论与凯恩斯提出的现期消费取决于现期收入的论断完全不同,费雪的跨期消费模型说明,消费是以消费者预期在其一生中所得到的资源为基础的。

3. 实际利率变动对消费的影响

现在我们用费雪模型来考虑实际利率变动如何影响消费者的选择,消费者的跨期收入和消费通过利率联系起来,实际利率的变动能够影响消费者的跨期消费决策。要考虑两种情况:消费者最初储蓄的情况和消费者最初借贷的情况。这里我们讨论储蓄的情况。

假定消费者在第一时期储蓄,由于预算约束线的斜率为 $-(1+r)$,r 上升会使得预算约束线围绕两期收入的组合 (y_1, y_2) 点顺时针旋转,变得更陡峭,从而影响消费者在两个时期的消费决策。

如图 10-5 所示,随着 r 的上升,预算约束线由 AB 顺时针旋转到 $A'B'$,最优消费组合由 E_0 点移动到 E_1 点,即第一期消费减少,第二期消费增加。

经济学家把实际利率上升对消费的影响分解为两种效应:收入效应(income effect)与替代效应(substitution effect)。收入效应即利率上升使得消费者收入增加,从而可以向更高的无差异曲线移动,并把增加的收入分到两期的消费中。替代效应即两者消费的相对价格变动造成两期消费量的变动。在第一期储蓄的前提下,当利率上升时,相对于第一期消费,第二期消费变得更为便宜,也就是说由于储蓄赚到的利息更多,消费者为得到一单位第二期消费所牺牲的第一期消费减少了,则消费者应该在第一期减少消费,而在第二期增加消费。

消费者的选择既取决于收入效应又取决于替代效应。在利率上升的情况下,收入效应和替代效应都增加了第二期消费,因此,我们可以得出结论:实际利率的上升增加了第二期的

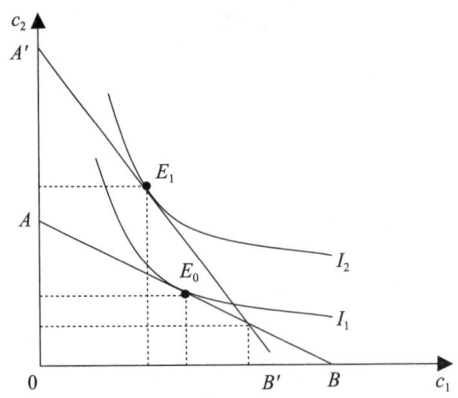

图 10 - 5 真实利率变动对消费决策的影响

消费。但是,这两种效应对第一期消费的影响是相反的,因此,利率的上升既可能增加也可能减少第一期消费。因此,取决于收入和替代效应的相对规模,利率的上升既可能刺激也可能抑制储蓄。

费雪的跨期消费决策模型的关键假设是消费者既可以借贷又可以储蓄,因此,借贷能力使得现期消费可以大于现期收入。从本质上说,当消费者借贷时,他现在消费了一些自己未来的收入。然而对于很多人而言,有时借贷是不可能的,例如,一个希望在佛罗里达享受春假的学生也许不可能用银行贷款来为自己的度假筹资。现实中,由于借贷的限制使得现期消费不能大于现期收入,即:

$c_c \leqslant y_1$

这个公式说明,第一期消费必须小于或等于第一期收入。这种对消费者附加的制约被称为借贷约束(borrowing constraint),有时被称为流动性约束(liquidity constraint)。

图 10 - 6,显示了借贷约束对消费决策的限制,消费者的选择必须既满足实际预算约束,又满足借贷约束,阴影部分代表消费者能选择的第一期消费和第二期消费的所有可能组合。

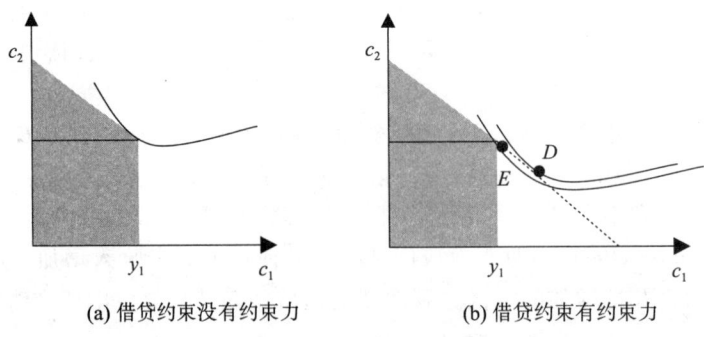

(a) 借贷约束没有约束力 (b) 借贷约束有约束力

图 10 - 6 借贷约束下的跨期消费选择

这里存在两种可能性:一种情况是消费者希望的第一期消费小于当期收入,此时借贷约束没有约束力,并不影响消费,如图 10 - 6(a)所示;另一种情况是消费者希望的第一期消费大于当期收入,然而借贷约束的存在使他不能达到这一目的,消费者能实现的最好选择是完全消费掉第一期的收入，如图 10-6（b）所示，消费者想要实现 D 点的消费组合，但由于借贷约束，只能实现 E 点的消费组合。

借贷约束的分析使我们得出两种消费函数的结论：对于一些消费者来说，借贷约束没有约束性，而且两个时期的消费取决于其一生收入的现值，$y_1 + y_2/(1+r)$。对于另一些消费者来说，借贷约束有约束力，消费函数是 $c_1 = y_1$，$c_2 = y_2$，即对于那些想借贷又借不到的消费者来说，消费只取决于现期收入。

延伸阅读：没有存款的美国人都把钱花在哪了？

从 1959 年到 2014 年间，美国人均月储蓄率最低为 0.8%，最高则在今年 9 月份达到了 5.6%。也就是说美国人的月工资有 100 美元，按照今年的储蓄率，他们只存 5.6 元到银行账户里。他们的钱都用来消费了吗？除了消费之外是否用于其他的投资理财呢？

比起中国人对"未雨绸缪"的钟爱，美国人好像更喜欢"车到山前必有路"。

中国是世界上头号的存款大国，截至去年，中国的人均储蓄率已超过 50%，雄踞全球首位。而"车贷"、"房贷"这样的词在民间正式兴起也不过一二十年的光景。从 20 世纪 90 年代中国住房改革的号角吹响开始，信贷消费悄悄登上历史的舞台，才算真正改变了中国的消费格局。

2011 年初，美国人没有存款的人数比例占到了 27%，与此同时毫无退休保障的人数也达到了 34%。而在 18 到 29 岁的人群中，有将近 70% 的年轻人没有为退休后的生活存钱，这个数值要远远高于他们的父辈。他们的钱都用来消费了吗？除了消费之外是否用于其他的投资理财呢？

2013 年的美国劳工统计局数据显示，美国人的人均年开销为 51,100 美元，平均到每个月约为 4,258 美元。同年的人均税前年收入为 63,784 美元，即月收入 5,315 美元左右。因为不同收入情况所需上缴的所得税不同，因此无法用平均数来衡量税后的工资标准是多少。

除了所得税之外，还有 7.65% 的收入要投入到医保和社保当中去，如果你是老板，那么这个数值还要翻一倍。这样算来，已经没有多余的钱可以用来储蓄了。那么，月均消费的那 4,258 美元都干什么用了？

其中，最大的一笔开销是住房。约占总消费的 33.5%。在纽约这样的大城市尤甚，人们收入的三分之二都贡献给了房租或贷款。

在 2013 年的数据中，拥有房屋者占比 63.7%，比 2012 年的 64.3% 有所下滑。由于各州法律不同，所需缴税的数额也大不相同。在免税州生活怡然自得的低收入家庭，到了重税和高物价的城市基本就要饿死。为了退休后有保障，孩子上大学交得起学费，每年可以抽空去度个假，很多美国家庭在买房还是租房的问题上显得较为理智。

如果你已经决定在某地长久定居，买房可能是更好的选择。那么多大的房子是自己可以支付得起的呢？专家们建议房贷的开销不要超过月工资的 28%，这与前面给出的数据 33.5% 基本不相上下。

曾有外媒指出，中国的年轻人生活得远不如老一代，特别是 25 岁以下的年轻人正面临着就业不景气和住房水平低下的窘境。今年年中的"弃房断供"现象和择偶标准中越来越鲜明的"有车有房"，足以说明目前中国年轻人的压力有多大。我的几个朋友不愿回国的理由都是因为国内的压力太大，这种压力不是来自工作或家庭，而是来自社会。朋友间见面就会讨论房子和车子，以此来判断生活的幸福指数。

相比之下，美国的大环境就稍好一些，因为大部分年轻人都开着普通的二手车，住在租来的房子里，谁会笑话谁呢？尽管如此，这 33.5% 的住房开销仍然让美国人叫苦不迭。

此外，开销中第二高的项目是交通费，约占 17.6%。在一些中小城市，大部分人会选择开车，那么油费和修理费就是每年固定的一笔开销。大城市的人基本会选择公共交通，公交或地铁不仅四通八达在费用上可以接受，最主要的是节省时间。因为在最拥堵的地段，半小时的路开上两三个小时都是家常便饭。

美国人有六成的时间在家吃饭，四成会出去吃。

其次大的一笔开销就是吃吃喝喝了，日常饮食的花费占约 12.9%。美国人有六成的时间在家吃饭，四成会出去吃。这也从一个侧面说明美国的物价不算高，至少餐饮方面的价位在普通百姓可以承受的范围之内。

对于中国的工薪阶层来讲，除了逢年过节，平时应该不会没事就去饭店吃一顿。中美两国的消费差异除了受物价因素影响，文化因素也要考虑在内。美国的小酒吧和快餐店经常有"欢乐时光"，所谓"欢乐时光"大部分是周中下班之后的时间里，顾客会享受一些非常有力度的折扣。而在周末，选择在餐馆与朋友家人聚餐已经成了美国人的一种习惯。

其实美国人也还是懂得"防患于未然"的，10.8% 的支出用在了个人保险和养老金上。在美国，最大的 300 家养老金达到了 6 万亿元的规模。2008 年摩根士丹利统计出全球的养老金超过了 20 万亿美元。我们都知道美国的人口不足中国的四分之一，可见其养老金的数额是相当庞大的。

而在世界范围内，美国的养老制度也是无可匹敌。主要分为两种形式，一种是养老金固定缴款计划，另一种则为养老金的界定利益计划，也是广义上被提到的退休金。

养老金的固定缴款计划主要是雇主担保为每位养老金参与者建立账户，比较普遍的就是 401K 项目，与中国的企业年金类似。上缴的这笔钱可用于投资，比如股票，回报则会在相应的个人账户上增加或减少。这种计划近些年来非常流行，尤其在私营部门有明显优势。

另外的界定利益计划则是把钱放到一个信任的基金中，通过相应的计算公式得到一笔养老金。换句话说，这样的利益要等到退休后才可以拿到，并且所获利益已被界定。这种法定的界定利益计划包括所有除固定缴款计划之外的养老金形式，因此它并没有个人账户。

除了企业主担保的养老保险，还有国家和个人的两个方面。美国的社会保障和针对不同人群设计的福利体系都较为完善，退休人员的覆盖率高达95%。另一方面，家庭或个人也会购买相关的养老保险产品。通常提到的IRA就是个人退休计划的一种。我们前文所提到的10.8%即为除了国家基本保障之外的保险开销。

目前，对美国人来讲最普遍的投资就是养老金，而共同基金、股票、债券等其他理财手段近年来逐渐呈递减趋势。除了金融投资，也有相当一部分美国人把钱用于财产投资。据统计，房屋拥有者的平均财富净值在17万美元左右，而房屋租赁者的平均财富净值则为4,800美元。显而易见，每个国家都有选择房屋保值的人群。除了房产，他们当然还有多种多样的不动产投资途径。

其他占比较大的支出包括医疗保健7.1%，娱乐4.9%，以及穿戴和服务类消费达到3.1%。

造成中美储蓄率极大差异的除了物价、通胀这样的客观因素外，最主要的还是消费理念和传统价值观。同中国家庭一样，美国当然也会有相当一部分有孩子的家庭，会为教育准备一笔钱，这笔钱可能只是普通储蓄，也可能是某类教育基金。

虽然中国的"月光族"越来越多，但还是有很多年轻人会对自己的收入有详细规划，将工资的一部分存到银行里，其他再自行支配。而美国有存钱概念的年轻人基本上寥寥无几，他们大概不会为了省下几美元而放弃星巴克的咖啡或者小酒馆里的一杯马提尼。

（资料来源：新浪财经，2014.11.06）

二、消费的随机游走假说

我们在本书的第三章详细介绍了生命周期的消费理论和永久收入消费理论。这些理论都强调消费取决于人们对长期收入的预期，即消费者的消费决策不仅取决于现期收入而且还根据他们预期未来将得到的收入，因此，持久收入假说强调了消费取决于人们的预期。近年来的消费研究把这个有关消费者的观点与理性预期假设结合在一起。理性预期假设是说，人们运用所有可以得到的信息来作出对未来的最优预期。

1978年，美国经济学家罗伯特·霍尔首次推导出理性预期对消费者行为的影响。他证明了如果持久收入假说是正确的，而且如果消费者有理性预期，那么消费随时间推移而发生的变动就是不可预测的。当一种变量的变动不可预测时，可以说这种变动遵循随机游走（random walk）方式。根据霍尔的观点，持久收入假说与理性预期的结合意味着消费遵循随机游走方式。

霍尔的推理如下：根据持久收入假说，消费者的收入处于变化当中，并且消费者总是尽最大努力使自己的消费在时间上保持稳定。在任何一个时点上，消费者根据当下对一生收入的预期选择消费。随着时间的推移，消费者会根据他们获取的信息重新预期自己一生的收入，从而相应调整自己的消费行为。简单地说，就是消费者消费行为的变化反映了消费者一生收入的意外变动。例如：一个突然升职的人会增加他的消费，但是一个突然被降薪的员工会减少他的消费。如果一个消费者有效利用了所有可以得到的信息进行了理性预期，那么只有不可预测的事件才会令他感到意外，从而改变消费。由此可见，消费的变动是随机游走的。

消费的理性预期研究方法不仅对预测有意义，而且对经济学分析也有意义。由上述讨论可以得知，如果消费者遵循持久收入假说，而且存在理性预期，那么，只有未预期到的政策变动才会影响消费。当这些政策变动改变了消费者预期时，它们就会产生影响。例如，假设政府今年通过了一项在明年生效的增加税收的政策，消费者从得知这一消息开始，就要开始修正他的预期，并减少他们的消费。但当下一年，增税的政策开始实施的时候，由于没有得到新的消息，他们的消费不会改变。

因此，如果消费者有理性预期，决策者不仅可以通过自己的行为影响经济，而且还可以通过公众对政策行为的预期来影响经济。然而，预期是无法直接观察的。因而，往往难以知道财政政策的变动如何改变及何时改变总需求。

三、大卫·莱布森与即时愉快的吸引力

凯恩斯把消费函数称为"基本心理法则"。然而，在此后的消费研究中，心理学所起的作用越来越小。大多数经济学家假定消费者是追求效用最大化的理性人，他们总是在估价其机会，计划得到一生的最大满足。

最近，经济学家又开始回归心理学，他们认为消费决策不是由极度理性的完全相同的"经济人"作出的，而是由真实的人作出的，其行为很可能远远不是理性的。把心理学融入消费研究的最著名的经济学家是哈佛大学教授大卫·莱布森。

莱布森指出，许多消费者评价自己是不完全的决策者。在一项对美国公众的调查中，76%的人说他们没有为退休进行足够的储蓄。在另一项对婴儿潮的调查中，当回答者被问到他们的储蓄占收入的百分比以及他们认为应该储蓄的百分比时，他们的储蓄平均少于11%。

根据莱布森的说法，储蓄不足是与另一个现象相联系的：即时愉快的吸引力。根据以下两个问题；

问题1：你愿意要（A）今天的一块儿糖或（B）明天的两块儿糖。

问题2：你愿意要（A）100天后的一块儿糖或（B）101天后的两块儿糖。

许多人面对这样的选择，对第一个问题回答A，第二个问题回答B。在某种意义上，他们在长期比短期更有耐心。

这给了我们一种可能性，即消费者偏好的可能是前后不一致的（time inconsistent），他们可能仅仅因为时间的流逝而改变其决策。一个面对问题2的人可能选择B，为多得一块儿糖而多等一天。但100天过去后，当他面对问题1时，即刻满足的吸引力可能使他变心。

我们在生活中的很多情况下都能看到这种行为。一个减肥节食的人吃饭时可能会吃两份，同时向自己保证，明天不吃。一个人可能多抽一支烟，同时向自己保证，这是最后一支。一个消费者可能在商场挥霍时，同时向自己保证，从明天开始缩减开支，增加储蓄，但是当明天到来的时候，又有了新的欲望需要即刻满足。

这些观察所提出的问题，对于更好地研究消费者行为具有重要意义。同时它对储蓄和税收政策会产生什么样的影响，是经济学以后要研究的问题。

第二节 投 资

生产和消费是经济活动的两个方面,在上一节分析了消费问题之后,本节继续分析生产中的一个重要问题——投资。投资是 GDP 中最大的一个组成部分。在衰退时期产品与服务支出下降时,大部分的下降通常都是由于投资支出的下降引起的。比如,美国 1982 年的严重衰退期,从 1981 年第 3 季度的顶峰到 1982 年第 4 季度的谷底,实际 GDP 减少了 1,050 亿美元。同一时期投资支出减少了 1,520 亿美元,总计大于整个支出的减少。

宏观经济学中,投资就是资本存量的增加,是个流量概念。投资是购置物质资本的活动,是总需求的一部分。投资可以分为固定投资与存货投资,其中固定投资又可分为企业固定投资和住房投资两部分。

一、企业固定投资

投资支出中占比最大的一项是企业固定投资,约占投资支出的四分之三,企业固定投资(business fixed investment),又称为企业固定资产投资,是指企业购买的机器、设备、厂房等固定资本,包括净投资和重置投资。净投资是资本存量的净增加,重置投资则是用于购置新机器设备以替代已经磨损而丧失生产能力的机器设备的资本。企业生产和服务中使用的机器设备和建筑物构成企业固定投资的存量,或称为资本存量。资本存量在一定时期内的变动,即企业在一定时期内追加的资本存量就是企业固定投资。

现实中的大多数企业同时具备两种职能:一是生产职能,即生产产品和提供服务;二是投资职能,即为了未来生产而进行资本品投资。在这里可以把企业的这两种职能分开,即假设市场中存在两种企业:生产企业通过租赁资本来生产产品和提供服务;租赁企业则专门从事固定资产的投资,他们购买资本品,然后转租给生产企业。当然,现实生活中的大多数企业履行这两种职能,它们生产产品与服务,同时也为未来生产而进行资本投资。只是,我们在这里为了分析问题的简化,把企业分成单独的两类。我们把这种模型称为新古典投资模型。

1. 最优资本存量的决定

首先考虑典型的生产企业。生产企业使用资本和劳动生产产品和服务,追求利润最大化。假定企业对资本和劳动的使用可以相互替代,生产给定的产品可以使用不同的资本和劳动的组合。如果劳动相对便宜,企业多增加劳动的使用,减少资本的使用;如果资本相对便宜,企业则增加资本的投入,减少劳动投入。企业在生产的过程中,根据资本的边际收益与资本的边际成本决定资本的使用量,即资本存量。在微观经济学里,我们知道,资本的边际产品 MPK 是增加一单位资本所增加的产品生产的数量。对于竞争性企业而言,资本的边际收益等于资本的边际产量乘以产品价格,而资本的边际成本可以理解为资本的租赁成本,即租赁价格。为了实现利润最大化,企业增加租赁资本,由于存在边际收益递减规律,随着资本的增加,资本的边际收益不断减小,直到资本的边际收益减少到等于实际租赁价格为止。企业按照租金率 R 租赁资本并以价格 P 出售其产品,因此,企业每单位资本的实际成本为 R/P。

投资作为对资本租用量进行选择的问题,如图 10-8 所示,在以资本存量为横轴、资本租赁价格 P 和边际收益 R 为纵轴的坐标系中,资本的边际收益曲线向右下方倾斜,即随着企业对资本使用量的增加,资本的边际收益递减。于是,资本的边际收益和租赁价格的交点决定了企业的最优资本存量 K_0。

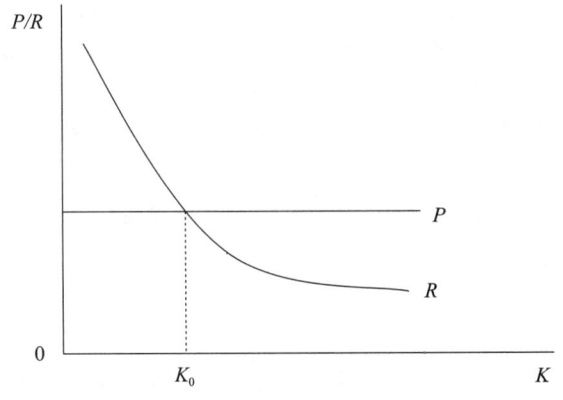

图 10-8 最优资本存量的决定

在企业租赁资本的情况下,投资的边际成本就是租赁价格。那么资本的租赁价格又是怎么确定的呢?跟普通商品价格确定一样,资本的租赁价格是由资本供给 S 和需求 D 共同决定的。

生产企业对资本的需求由资本的边际收益决定。资本的市场需求就是所有企业对资本需求,是资本边际收益曲线的加总。在任何一个点上,市场上的资本存量是固定的,因此,资本供给曲线是垂直的。资本供求的均衡点决定了资本的租赁价格。企业按照租金率 R 租赁资本并以价格 P 出售其产品,因此企业每单位资本的实际租赁价格可以表示为 R/P。如图 10-9 所示。

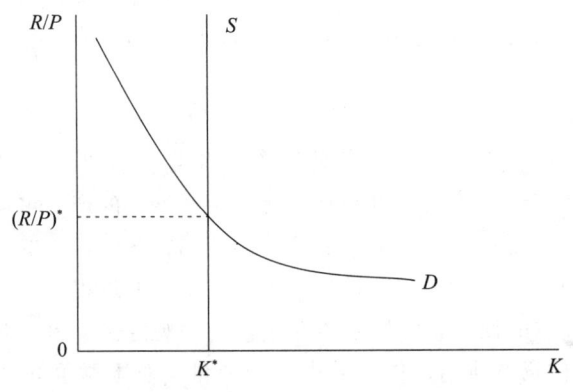

图 10-9 资本租赁价格的决定

接下来，我们引入一个特定的生产函数，即柯布—道格拉斯生产函数来说明企业对最优资本存量的选择。许多经济学家认为，柯布—道格拉斯生产函数非常接近于现实经济中把资本与劳动转化为产品和服务的情况。

柯布—道格拉斯生产函数为：

$$Q = AK^{\alpha}L^{1-\alpha} \tag{10.6}$$

式中，Q 为产出，K 为资本，L 为劳动，A 为衡量技术水平的参数，而 α 为 0—1 之间的一个参数，它是衡量资本在产出中的份额。

柯布—道格拉斯生产函数中资本的边际产量是：

$$MPK = \alpha A \ (L/K)^{1-\alpha} \tag{10.7}$$

由于处于均衡状态，实际租赁价格等于资本的边际产量，我们可以写成：

$$R/P = \alpha A \ (L/K)^{1-\alpha} \tag{10.8}$$

这一表达式确定了决定实际租赁价格的变量。它说明以下问题：

（1）资本存量越低，资本的实际租赁价格越高；

（2）所雇用的劳动量越多，资本的实际租赁价格越高；

（3）技术越好，资本的实际租赁价格越高。

比如资本存量减少（由于地震）、增加就业（由于总需求扩张）、改进技术等，均可以提高资本的均衡实际租赁价格。

分析了生产企业的情况，下面接着分析租赁企业。租赁企业的职能是购买资本品，然后把它们租赁出去，比如，汽车租赁公司。租赁企业所从事的投资活动同样存在收益与成本。资本的收益来源于租赁企业将资本租赁给生产企业所得的收入，出租每单位资本得到的实际租赁价格为 R/P。拥有资本的成本更为复杂，对于租出一单位资本的每个时期，租赁企业要承担三种成本：

（1）利息成本。当一个租赁企业借款购买打算出租的每单位资本时，它必须为贷款支付利息。如果 P_k 是一单位资本的购买价格，i 是名义利率，那么 iP_k 就是利息成本。值得注意的是，即使租赁企业没有借贷，这种利息成本也存在，因为如果企业用自己手头的资金购买一单位资本，它就相当于损失了把这部分资金存入银行可以赚到的利息。在这两种情况下，利息成本都等于 iP_k。

（2）价格波动成本。当租赁企业租出成本时，资本的价格会变动。如果资本价格下降，企业就有损失，因此企业资产的价值下降了。如果资本价格上升，企业就有收益，因为企业资产的价值上升了。这种损失或收益的成本是 $-\Delta P_K$。

（3）资本折旧成本。当资本租出时，它会磨损和消耗，这称为折旧（depreciation）如果 δ 是折旧率——每个时期由于磨损和消耗损失的价值的比例——那么折旧的美元成本是 δP_K。

因此，租赁企业出租一单位资本的成本可以表示为：

$$\begin{aligned}\text{单位资本的成本} &= iP_k - \Delta P_k + \delta P_k \\ &= P_k \ (i - \Delta P_k/P_k + \delta)\end{aligned} \tag{10.9}$$

资本的成本取决于资本的价格、利率、资本的价格变动的比率，以及折旧率。

例如：考虑一个汽车租赁公司的资本成本。公司购买了每辆为 1 万美元的汽车，并把它们出租给其他企业。公司面临的利率 i 是每年 10%，因此，利息成本 iP_k 是公司拥有的每辆汽车 1,000 美元。汽车价格每年上升 6%，因此，除去磨损和消耗，企业得到资本收益 ΔP_K 为每年 600 美元。汽车折旧为每年 20%。因此，由于磨损和消耗而产生的损失 δP_K 是每年 2,000 美元。这样，公司的资本成本为：

$$资本成本 = 1,000 - 600 + 2,000$$
$$= 2,400（美元）$$

汽车租赁公司在其资本存量中持有一辆汽车每年的成本是 2,400 美元。为了使资本成本更加简化，我们假设资本品的价格与其他产品一起上升。在这种情况下，$\Delta P_k/P_k$ 等于整体通货膨胀率 Π。由于 $i - \Pi$ 等于实际利率 r，我们可以把资本的成本写成：

$$单位资本的成本 = P_k(r+\delta) \tag{10.10}$$

这个公式说明，资本的成本取决于资本的价格、实际利率以及折旧率。

2. 最优资本存量的动态调整

由前面的分析可得，最优资本存量，即资本的租赁价格等于资本的边际收益的资本存量。达到最优资本存量是企业实现利润最大化的条件之一，然而在现实中，企业实际的资本存量通常与最优资本存量不符。由于迅速调整投资的成本较高，企业通常会逐步调整实际的资本存量，以便达到最优资本存量。下面介绍一种资本存量的动态调整模型——可变加速模型。

显然，现在的投资决定未来的资本供给，反过来也可以说，现在的最优投资水平取决于未来的最优资本存量。假设调整过程是逐期实现的，既有资本存量与最优资本存量之间的缺口越大，企业的调整幅度越大，即投资率越快。设 K_{-1} 为上期结束时的资本存量，K^* 为最优资本存量，那么两者的缺口就是 $(K^* - K_{-1})$；再设 γ 为资本缺口的调整速度，即填补投资缺口的比例，一般而言，$0 < \gamma < 1$。于是，现期结束时的资本存量为：

$$K = K_{-1} + \lambda(K^* - K_{-1}) \tag{10.11}$$

(10.11) 式表明，要将资本存量从 K_{-1} 增加到 K 的水平，企业必须实现净投资

$$I = K - K_{-1} = \lambda(K^* - K_{-1}) \tag{10.12}$$

逐期投资累计完成的缺口份额 $X(t)$ 可以简单计算如下：

第 1 期：$X(1) = \lambda$

第 2 期：$X(2) = \lambda + (1-\lambda)\lambda$

第 3 期：$X(3) = \lambda + (1-\lambda)\lambda + (1-\lambda)(1-\lambda)\lambda$

……

第 t 期：$X(t) = \lambda + (1-\lambda)\lambda + (1-\lambda)^2\lambda + \cdots + (1-\lambda)^{t-1}\lambda = 1 - (1-\lambda)^t$

$\lambda + (1-\lambda)\lambda + (1-\lambda)^2\lambda + \cdots + (1-\lambda)^{t-1}\lambda = 1 - (1-\lambda)^t$

当 $\lambda = 0.5$，且 $t = 1, 2, 3, \cdots$ 时，所对应的 $X(t)$ 分别如表 10-1 和图 10-10 所示。

表 10-1　　　　　　　　逐期投资累计完成的缺口份额

t	1	2	3	4	5	6	…
$X(t)$	0.5	0.75	0.875	0.9375	0.96875	0.984375	…

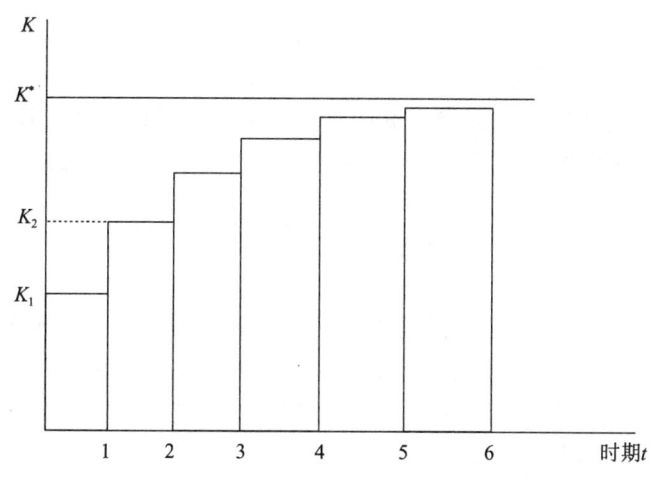

图 10-10 逐期投资累计完成的缺口份额

以上分析表明，如果 $\lambda = 0.5$，意味着每年投资能够弥补缺口的一半，经过大约 4 年之后，才会接近实现当期的最优投资水平，从而接近达到当期的最优资本存量。但需要注意的是，我们一直假定厂商在当期的最优资本存量 K^* 在 $t=1$，$t=2$，$t=3$ 等各期均保持不变，而事实上，到了第 t 期，由于新信息的获取，厂商必然又会对最优资本存量作出新的判断。

总之，企业总是逐期不断地调整固定投资，目的是实现资本存量的最优，虽然各期的最优资本存量目标一直处于不断的变化之中。因此，对投资波动的理解主要在于：K^* 本身的不稳定性以及不断地趋于 K^*。

二、住房投资

目前，住房是居民生活中很重要的一项投资。

住房是一种使用年限很长的特殊产品，住房一旦建成，只要适当维护，就可以使用很长时间。住房存量是每年新建住房的积累，由于其不易损耗的特性，每年新建住房与现存住房相比，占比很小。因此，对住房投资理论的分析包括两方面：一是存量均衡，现有住房存量决定住房相对价格；二是流量供给，住房相对价格又决定新住房投资的流量。

图 10-11（a）表示住房的相对价格 P_H/P（住房价格相对于平均价格水平），是如何由现有住房存量的供给与需求所决定的。任何一个时点，住房的供给都是固定的，在横轴为住房资本存量 K_H，纵轴为住房相对价格 P_H/P 的坐标系中，我们用一条垂直的供给曲线 S_s 来表示这一存量。同时住房需求曲线 D_0（或者 D_1）向右下方倾斜，这是因为住房的相对价格越低，人们对住房的需求越大。住房需求曲线的位置取决于以下三个因素：

第一，人们的财富。人们拥有的财富越多，对住房的需求越大，因此财富的增加会使得住房需求曲线从 D_0 右移到 D_1；反之，财富的减少会使住房需求曲线左移。

第二，拥有住房的真实净收益。净收益等于总收益减去总成本。总收益包括房主居住自有住房获得的隐性收益、出租住房获得的租金以及住房增值所产生的资本收益。总成本包括抵押贷款、物业费、物业税和折旧等等。住房净收益增加，如住房资本收益上涨或抵押贷款利率下降等，会使住房需求增加，住房需求曲线从 D_0 右移到 D_1；反之，住房净收益减少则会使住房需求曲线左移。

第三，其他资产的真实净收益。作为一种资产投资方式的住房需求，取决于它与其他资产相比的相对收益。例如股票、债券等资产收益下降，投资住房就是较好的选择。也就是说，其他资产收益减少会推动住房需求曲线右移；反之，其他资产收益增加会使住房需求曲线向左移动。

图 10-11（b）表示住房的相对价格 P_H/P 如何决定新住房的供给。在以住房投资流量 I_H 为横轴，住房相对价格 P_H/P 为纵轴的坐标系中，S_F 曲线表示新住房的供给曲线。与普通商品的供给曲线一样，新住房的供给曲线向右上方倾斜，表示新住房供给量随着住房市场价格的上升而增加。生产企业投入资本建设住房，然后按市场价格出售，其成本取决于平均价格水平（它反映了木材、砖、钢材等的成本），其收益取决于住房价格，因此，随着住房相对价格的上升，建房利润上涨，住房供给量就增加。

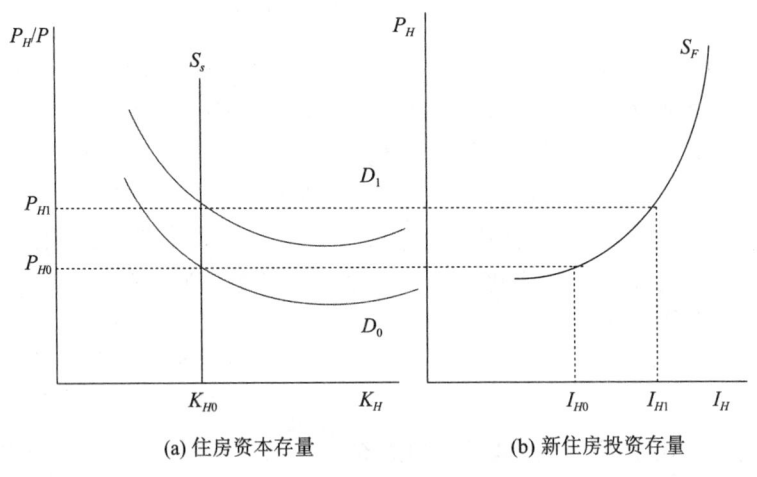

(a) 住房资本存量　　(b) 新住房投资存量

图 10-11　住房市场

住房资本存量与新住房投资流量之间通过住房相对价格紧密联系。在短期，由于新住房投资与现有的住房存量相比微不足道，新住房投资对住房价格的影响甚微，因此，住房存量市场上的供给与需求决定住房价格，同时，住房价格的高低决定新住房的供给。然后再长期，日积月累的新住房投资会增加住房存量，使得供给曲线 S_s 右移，在住房需求不变的情况下，这会降低住房相对价格，从而减少新住房的投资，进而减少新住房的供给。

对住房投资理论的进一步分析，可得出如下两点结论：

第一，在长期，住房存量也会损耗，即折旧。因此，在一个人口和财富都维持不变的社会中，当住房存量保持不变时，就可以实现住房市场的长期均衡，此时，投资等于折旧，或者净投资为零。如果人口或财富以固定比率增长，均衡状态的投资率必须等于折旧率与住房存量的增长率之和。

第二，由于新住房的建成需要耗费一定的时间（一年甚至更长），因此住房价格的变动与新住房的供给之间存在一定的时滞性。住房的供给实际上不是对现期住房价格作出反应，而是对预期住房建成后的价格作出反应。一般而言，住房投资理论适用于很多耐用消费品。

延伸阅读：你可以负担多高价格的住房？

当某人用抵押贷款购买一所房子时，银行往往给贷款规模设置一个上限。这一上限取决于个人的收入和市场利率。银行一种典型的规定是，每月支付的抵押贷款——包括利息和偿还的本金——不超过债务人每月收入的28%。

下表显示了利率是如何影响贷款上限的。在这个例子中，买房者的年收入为3万美元，并且申请30年抵押贷款。假设银行采用标准的28%贷款规模限制。

假设：30年抵押贷款，每年收入3万美元，抵押贷款的限额为收入的28%。

正如你可以看到的，如果买房者如同许多人一样面临借贷制约，那么，利率较小的变动也会对买房者可以用于住房支出的数额产生相当大的影响。利率从8%上升到10%，使最大贷款额从95,398美元减少为79,766美元——减少了16%。因此，利率的上升减少了住房需求，又压低了住房价格，减少了居住投资。

高利率是如何减少抵押贷款资格和住房需求的

利率（%）	最大的可能贷款（美元）
5	130,397
6	116,754
7	105,215
8	95,398
9	86,997
10	79,766
11	73,504
12	68,053

值得注意——而又有点儿令人费解的是，银行用名义利率而不是实际利率进行这种计算。实际利率衡量了借贷买房的实际成本，因为住房价格将正常地随总体通货膨胀率上升。然而在计算抵押贷款资格时银行规定用名义利率。由于银行的这些规定，居住投资取决于实际利率也取决于名义利率。

（资料来源：曼昆．宏观经济学（第五版）[M]．北京：中国人民大学出版社，2005）

三、存货投资

存货是指企业作为储备的产品，包括原材料、在生产过程中的产品，以及产成品。数量不大却有着重大的意义，它是支出中最小的一部分，平均占GDP的1%左右，但是存货投资的变动，却对经济波动产生明显的影响。在衰退时期，当产品售出后企业不再补充自己的存货，存货投资变为负数。因此，存货的变动是经济周期波动的一个重要标志。

企业持有存货的原因是多方面的，主要包括：

第一，保证生产的平稳化。企业所生产的产品在市场上的需求存在波动性，伴随市场需求的波动，产品的销量也会经历高涨和低落。由于企业可以持有一定数量的存货，因此，企业不必随时调整生产以适应销量的变化，减少因频繁调整生产线和产量而造成的损失。当销售低落时，企业的生产多于销售，并把额外的产品作为存货。当销售高涨时，企业的生产小于销售，并把存货中的产品拿出来作为补充。

第二，避免脱销。产品的生产需要时间，不可能瞬间完成，企业常常需要在了解顾客需求水平之前作出生产决策，为了避免产品销量意外高涨而脱销，企业需要持有一定数量的存货。比如，一个出版商在知道一种新书的受欢迎程度之前，必须决定这本书印多少册，如果需求大于生产，而且没有存货，该产品就会在一个时期内脱销，企业将损失销售收入和利润。

第三，提高经营效率。与频繁少量订货相比，企业大量订货以持有库存的成本更低一些。比如制造企业持有零部件存货可以减少当机器设备发生故障时装配线停止运行的时间，从而节省成本，减少损失。

第四，生产过程中的产品。有些库存是生产过程中不可避免的，因为有的产品在生产过程中有很多道工序，因此，生产需要时间，当一种产品仅仅是部分完成时，其部件被作为企业存货的一部分。

市场经济条件下，在经济繁荣时期，企业预期未来的销售将增加，从而会加快生产，导致产量超过销量，存货逐步增加，这使企业存货投资增加。而当经济开始衰退时，随着市场需求下降，产量会超过销量，企业非自愿地增加了存货。在衰退过程中，生产的大幅减少可能会使企业非自愿地减少存货；当经济萧条到来时，企业发现产量大于销量，存货过多，于是自动减少生产，自愿削减存货。因此，存货投资在经济周期中的作用是自愿存货变动和非自愿的存货变动的混合。经济周期中存货的这种变动称为存货周期。

存货投资的周期变动可以引用一种简单的模型来说明，即加速模型。这个模型是半个世纪前提出来的，它有时适用于各种类型的投资。存货的加速模型假设，企业持有的存货量与企业的产出水平是成比例的，存货投资的数量取决于产出增长的快慢。当产出高时，制造企业就需要更多的原料，而且生产线上的产品也较多，仓库和货架上存放的产品也就更丰富。企业存货量与产出水平之间的关系可以表示为：

$$N = aY \tag{10.13}$$

式中，N 为存货量；Y 为产量；a 为存货占产量的比例。

由于存货投资 I 是存货量的变动 ΔN，于是有：

$$I = \Delta N = aY \tag{10.14}$$

加速模型表明，存货投资与产出的变动成比例。当产出增加时，企业想持有更多地存货量，因此存货投资很高；当产出减少时，企业想持有的存货量减少，存货投资为负。

补充阅读：可预期的收入变动会引起可预期的消费变动吗？

在有关消费者行为的许多事实中，有一个事实是无可争议的：在经济周期中收入与消费同时波动。当经济陷入衰退时，收入和消费都下降；而当经济繁荣时，收入和消费都迅速上升。

这一事实本身对持久收入假说的理性预期版本并没有说明什么。大多数短期波动都是不可预期的。因此，当经济陷入衰退时，典型消费者得到有关自己一生收入的坏消息，这样消费自然减少。因而经济繁荣时，典型消费者得到好消息，因此消费增加。这种行为并不一定违背消费的变动不可预期的随机游走理论。

但假设我们可以确定某些可预测的（predictable）收入变动，根据随机游走理论，这些收入的变动不会使消费者改变他们的支出计划。如果消费者预期收取增加或减少，他们对那种信息的反应就应该是已经调整了自己的消费。因此，可预期的收入变动不应该引起可预期的消费变动。

然而，有关消费和收入的数据看来并不符合随机游走理论的这种含义。当人们预期收入减少1美元时，消费平均同时减少约50美分。换言之，预期的收入变动所引起的预期的消费大约一半的变动。

为什么会是这样呢？对这种行为的一种可能的解释是一些消费者并没有理性预期。相反，他们对未来收入的预期可能过分地依据现期收入。因此，当收入增加或减少时（即使是可预期的），他们的行为仿佛得到了有关自己一生资源的消息，并因此改变自己的消费。另一种可能的解释是，一些消费者借贷制约，因此他们的消费只能根据现期收入。无论哪一种解释正确，凯恩斯最初的消费函数看来又开始更有吸引力。这就是说，现期收入在决定消费支出时看来比随机游走理论所提出的作用更大。

（资料来源：曼昆．宏观经济学（第五版）[M]．北京：中国人民大学出版社，2005）

本章知识总结

1. 跨期消费决策。在欧文·费雪的跨期消费决策模型中，消费者面临实际预算约束并选择达到一生最高满足水平的现期与未来消费。只要消费者可以储蓄和借贷，消费就取决于消费者一生的资源。

2. 随机游走假说。霍尔的随机游走假说把持久收入假说与消费者对未来收入有着理性预期的假设结合起来，认为消费者的消费变动是不可预测的，因为消费者只有在接到关于其一生资源的消息时，才会改变其消费。只有消费者未预期到的政策变动才会影响消费。

3. 投资。

（1）资本的边际产量决定了资本的实际租赁价格。

（2）实际利率、折旧率，以及资本品的相对价格决定了资本的成本。

（3）根据新古典模型，在资本租赁价格高于资本的成本时，企业就增加投资；资本租赁价格低于资本的成本时，企业就减少投资。

（4）住房投资取决于住房的相对价格。

（5）企业投资存货的目的有：生产平稳化、把存货作为一种生产要素、避免产品脱销以及存货作为生产过程中的产品。根据加速模型，存货量取决于GDP水平、存货投资取决于GDP的变动。

 复习与思考

简答题

1. 利用费雪模型分析第二期收入的增加，比较消费者面临约束性预算制约的情况和没有约束性预算制约的情况有哪些不同？

2. 解释为什么如果消费者遵循持久收入假说而又有理性预期，消费的变动就是不可预期的？

3. 假设消费者在第一期进行借贷，利用费雪模型分析利率变动对消费决策的影响，并画图说明其收入效应和替代效应。

4. 阐述企业持有存货的原因有哪些？

5. 试分析利率的上升对住房投资流量的影响是什么？

6. 画图分析消费者收入变动对消费决策的影响。

7. 假定在完全竞争市场中，某企业的生产函数 $Q = AK^{\alpha}L^{1-\alpha}$，产量 $Q = 100$，$\alpha = 0.3$，资本的租金率 $R = 0.1$，企业产品价格 $P = 1$。

（1）计算最优资本存量。

（2）假设 Q 预期上升到 120，最优资本存量是多少？

（3）假定最优资本存量在 5 年内保持不变，现有的资本存量为 100，企业会逐调整资本存量使其接近于最优值，设 $\lambda = 0.3$。第一年的投资量是多少？第二年的资本存量是多少？

8. 假定住房存量的供给函数 $S_s = 100$，需求函数 $D = Y - 0.5P$，住房流量供给函数 $S_F = 2P$，式中，P 为住房价格，Y 为收入。当 $Y = 200$ 元时，住房的均衡价格是多少？当收入增加到 500 元，并假定住房能瞬间建好，则短期住房的价格是多少？新建住房价格为多少？

9. 假定你是一个追求跨期效用最大化的消费者，正处于青年时期，下述事件的发生将如何影响你现期的消费行为？

（1）一位失散多年的亲戚突然与你联系，并在其遗嘱中将你列为其巨额财产的唯一继承人；

（2）你目前从事的的行业属于夕阳产业，未来几年你可能会下岗；

（3）医生根据你的身体状况预测你可以活到 90 岁。

10. 假设甲、乙两个消费者按照费雪的跨期消费模型来进行消费决策。甲在两期各收入 1,000 元，乙在第一期收入为 0，第二期收入为 2,100 元，储蓄或者借贷的利率均为 r。

（1）如果两人在每一期都消费 1,000 元，利率为多少？

（2）如果利率上升，甲在两期的消费会发生什么变化？利率上升后，他的消费状况是变好还是变坏？

（3）如果利率上升，乙在两期的消费会发生什么变化？利率上升后，他的消费状况是变好还是变坏？

11. 假定现在的消费者可以按照 r_s 储蓄，按照 r_b 借贷，且 $r_s < r_b$。

（1）在消费者第一期消费小于第一期收入的情况下，消费者的预算约束是什么？
（2）在消费者第一期消费大于第一期收入的情况下，消费者的预算约束是什么？
（3）画出两条预算约束线以及代表消费者可以选择的第一期与第二期组合的阴影面积。
（4）现在加上你画的消费者无差异曲线，说明三种可能的结果：一种是消费者有储蓄，第一种是消费者有借贷，而第三种是消费者既无储蓄又无借贷。
（5）什么决定了这三种情况中每一种情况下的第一期消费？

12. 解释下列情况下借贷约束增加还是减少了财政政策影响总需求的潜力：
（1）暂时减税。
（2）宣布未来减税。

名校历年考研试题

1. 同一条无差异曲线上的不同点表示（　　）。（南开大学 2012 年）
   A. 效用水平相同，但所消费的两种商品组合比例不同
   B. 效用水平不同，但所消费的两种商品组合比例相同
   C. 效用水平不同，但所消费的两种商品组合比例也不相同
   D. 效用水平相同，且所消费的两种商品组合比例也相同

2. 无差异曲线上任一点上商品 X 和商品 Y 的边际替代率等于他们的（　　）。（武汉大学 2012 年）
   A. 价格之比   B. 数量之比
   C. 边际效用之比   D. 总效用之比

附　录

本书相关经济学专业词汇中英文对照表[*]

A

absolute advantage　绝对优势
accounting profit　会计利润
aggregate demand and aggregate supply model　总需求—总供给模型
aggregate demand curve（AD）　总需求曲线
aggregate expenditure（AE）　总支出
aggregate expenditure model　总支出模型
allocative efficiency　配置效率
asset　资产
autarky　自给自足
automatic stabilizers　自动稳定器
autonomous expenditure　自主支出

B

balance of payment　收支账户
balance of trade　贸易余额
balance sheet　资产负债表
bank panic　银行危机
bank run　挤兑
black market　黑市
bond　债券
Bretton Woods System　布雷顿森林体系

---

* 参考 R·格伦·哈伯德. 经济学 [M]. 北京：机械工业出版社，2011.

budget deficit 预算赤字
business cycle 经济周期

C

capital 资本
capital account 资本账户
capital controls 资本管制
cash flow 现金流
catch‐up 赶超
centrally planned economy 中央计划经济
circular‐flow diagram 循环流图
closed economy 封闭经济
commodity money 商品货币
comparative advantage 比较优势
competitive market equilibrium 竞争性市场均衡
complements 互补品
consumer price index (CPI) 消费价格指数
consumer surplus 消费者剩余
consumption 消费
consumption function 消费函数
contractionary monetary policy 紧缩性货币政策
corporate governance 公司治理
corporation 公司制企业
coupon payment 息票支付
crowding out 挤出效应
currency appreciation 货币升值
currency depreciation 货币贬值
current account 经常账户
cyclical unemployment 周期性失业
cyclically adjust budget deficit or surplus 周期性调整的预算赤字或者盈余

D

deadweight loss 无谓损失
deflation 通货紧缩
demand curve 需求曲线
demand schedule 需求表

demographic 人口特征
devaluation 贬值
direct finance 直接融资
discount loans 贴现贷款
discount rate 贴现率
discourage workers 消极工人
disinflation 反通货膨胀
dividends 股息
dumping 倾销

E

economic efficiency 经济效率
economic growth 经济增长
economic growth model 经济增长模型
economic profit 经济利润
economic surplus 经济剩余
economic variable 经济变量
economics 经济学
efficiency wage 效率工资
endogenous growth theory 内生增长理论
entrepreneur 企业家
equity 公平
euro 欧元
excess reserves 超额准备金
exchanger ate system 汇率制度
expansion 扩张
expansionary monetary policy 扩张性货币政策
explicit cost 显成本
exports 出口
external economics 外部经济

F

factor market 要素市场
federal funds rate 联邦基金利率
Federal Open Market Committee（FOMC） 联邦公开市场委员会
Federal Reserve System 联邦储备局（美国中央银行）

flat money 法定货币
final good or service 最终产品或服务
financial account 金融账户
financial system 金融体系
fiscal policy 财政政策
fixed exchange rate system 固定汇率制度
floating currency 浮动货币
foreign direct investment 外国证券投资
fractional reserve banking system 部分准备金银行体系
free market 自由市场
frictional unemployment 摩擦性失业

G

GDP deflator GDP 平减指数
globalization 全球化
gross domestic product (GDP) 国内生产总值

H

human capital 人力资本

I

implicit cost 隐型成本
import 进口
income effect 收入效应
income statement 利润表
indirect finance 间接融资
Industrial Revolution 工业革命
Inferior good 劣质品
inflation rate 通货膨胀率
inflation targeting 盯住通货膨胀
interest rate 利率
intermediate good orservice 中间品或服务
international monetary fund (IMF) 国际货币基金组织
inventories 存货
investment 投资

K

Keynesian revolution   凯恩斯革命

L

labor force   劳动力
labor force participation rate   劳动力参与率
labor productivity   劳动生产率
law of demand   需求法则
law of supply   供给法则
liability   责任
limited liability   有限责任
long－run aggregate supply curve（LRAS）   长期总供给曲线
long－run economic growth   长期经济增长

M

M_1 货币供给最狭窄的定义
M_2 货币供给较宽的定义
macroeconomics   宏观经济学
managed float exchange rate system   有管理的浮动汇率制
marginal analysis   边际分析
marginal benefit   边际收益
marginal propensity to consume（MPC）   边际消费倾向
marginal propensity to save（MPS）   边际储蓄倾向
market   市场
market demand   市场需求
market economy   市场经济
market equilibrium   市场均衡
market for loanable funds   可贷资金市场
menu costs   菜单成本
microeconomics   微观经济学
mixed economy   混合经济
monetarism   货币主义
monetary growth rule   货币增长率法则
monetary policy   货币政策

money 货币
multinational enterprise 跨国公司
multiplier 乘数
multiplier effect 乘数效应

N

natural rate of unemployment 自然失业率
net exports 净出口
net foreign investment 国外净投资
new classical macroeconomics 新古典宏观经济学
nominal exchange rate 名义汇率
nominal GDP 名义 GDP
nominal interest rate 名义利率
normal good 正常品
normative analysis 规范分析

O

open economy 开放经济
open market operation 公开市场操作
opportunity cost 机会成本

P

partnership 合伙制企业
patent 专利
pegging 钉住
per-worker production function 单位工人生产函数
Philips curve 菲利普斯曲线
positive analysis 实证分析
potential GDP 潜在 GDP
present value 现值
price ceiling 最高限价
price floor 最低限价
price level 价格水平
principal-agent problem 委托—代理问题
production price index (PPI) 生产价格指数

producer surplus 生产者剩余
production possibility frontier (PPF) 生产可能性边界
productive efficiency 生产效率
property rights 产权
protectionism 保护主义
purchasing power parity 购买力平价

Q

quantity demanded 需求量
quantity supplied 供给量
quantity theory of money 货币数量理论
quota 配额

R

rational expectations 理性预期
real business cycle model 实际经济周期模型
real exchange rate 真实汇率
real GDP 实际 GDP
real interest rate 实际利率
recession 衰退
required reserve ratio 法定准备金率
required reserves 法定准备金
revaluation 升值
rule of law 法治

S

saving and investment equation 储蓄和投资方程
scarcity 稀缺
separation of ownership from control 所有权和控制权的分离
shortage 短缺
short-run aggregate supply curve (SRAS) 短期总供给曲线
simple deposit multiplier 简单货币乘数
sole proprietorship 独营企业
speculators 投机者
stagflation 滞胀

stock 股票
stockholders, equity 股东权益
structural relationship 结构关系
structural unemployment 结构性失业
substitutes 替代品
substitution effect 替代效应
supply curve 供给曲线
supply schedule 供给表
supply shock 供给冲击
surplus 过剩

T

tarrif 关税
tax incidence 税收归宿
tax wadge 税收楔子
Taylor rule 泰勒法则
technological change 技术变革
terms of trade 贸易条件
trade 交易
trade-off 权衡取舍
transfer payments 转移支付

U

underground economy 地下经济
unemployment rate 失业率

V

value added 附加值
velocity of money 货币流通速度
voluntary exchange 自愿交换
voluntary export restraint (VER) 自愿出口限制

W

World Trade Organization (WTO) 世界贸易组织

参考文献

1. 保罗·A. 萨缪尔森，威廉·D. 诺德豪斯. 经济学（第17版）[M]. 北京：人民邮电出版社，2004.
2. 高鸿业. 西方经济学（宏观部分）（第5版）[M]. 北京：中国人民大学出版社，2010.
3. 祁华清. 宏观经济学（第1版）[M]. 北京：清华大学出版社，2007.
4. 萨缪尔森，诺德豪斯. 经济学（第12版）[M]. 北京：中国发展出版社，1992.
5. 尹伯成. 西方经济学简明教程（第4版）[M]. 上海：上海人民出版社，2003.
6. 曼昆. 宏观经济学（第4版）[M]. 北京：中国人民大学出版社，2000.
7. 赵英军. 西方经济学（宏观部分）（第3版）[M]. 北京：机械工业出版社，2014.
8. 王志伟，胡东华. 宏观经济学（西方经济学·下）[M]. 武汉：武汉大学出版社，2014.
9. R. 格伦. 哈伯德，安东尼·P. 奥布莱恩. 经济学（宏观）（第3版）[M]. 北京：机械工业出版社，2011.
10. 尹伯成. 西方经济学学说史——从市场经济视角的考察（第1版）[M]. 上海：复旦大学出版社，2004.
11. 张满银. 宏观经济学（第1版）[M]. 北京：机械工业出版社，2008.
12. 武拉平. 宏观经济学案例集（第1版）[M]. 北京：中国人民大学出版社，2012.
13. 多恩布什，费希尔，斯塔兹. 宏观经济学（第7版）[M]. 北京：中国人民大学出版社，2000.
14. 曼昆. 经济学原理（上、下）（第1版）[M]. 北京：北京大学出版社，1999.
15. 姜波克. 国际金融新编（第4版）[M]. 上海：复旦大学出版社，2010.
16. 海闻，P. 林德特，王新奎. 国际贸易（第1版）[M]. 上海：上海人民出版社. 2012.
17. 斯底格里茨. 经济学（第1版）[M]. 北京：中国人民大学出版社，1997.
18. 樊纲，张曙光. 公有制宏观经济理论大纲（第1版）[M]. 上海：三联出版社，1990.
19. 北京大学中国经济研究中心宏观组. 中国通货紧缩研究（1998—2000）（第1版）[M]. 北京：北京大学出版社，2000.
20. 坎贝尔·麦克康奈尔. 经济学——原理、问题和政策（上）（第14版）[M]. 北京：北京大学出版社. 2000.
21. 梁小民. 西方经济学教程（第1版）[M]. 北京：中国统计出版社，1993.
22. 蔡继明. 宏观经济学（第1版）[M]. 北京：人民出版社，2002.

后 记

本书由天津商业大学宝德学院长期从事经济学理论教学和科研工作的教师编写。郭静、李亚娜任主编。各章具体分工如下：郭静：第三章、第四章、第六章、第七章、第八章、第九章；李亚娜：第一章、第二章、第五章、第十章；毛丽芹负责词汇表部分编写。郭静承担全书的统稿总纂工作。

在本书编写过程中，参阅了许多国内外著名学者的宏观经济学教材，同时也上网搜集了大量的资料，这里不能一一指出其出处。中国财政经济出版社对本书的出版给予了大力支持，在此一并表示衷心的感谢！

编 者

2016 年 5 月于天津